ZAI XUEKE JIAOXUE ZHONG SHISHI KECHIXU FAZHAN JIAOYU (GAOZHONGBAN)

可持续发展教育实施指南 ②

在学科教学中实施可持续发展教育（高中版）

Guiding Handbook on Education for Sustainable Development ②
ESD in Discipline-based Teaching (For Senior High Schools)

■ 张铁道／主编

钱丽霞　贾美华／副主编

教育科学出版社
·北京·

本书编委会

顾　　问：罗　洁
主　　编：张铁道
副 主 编：钱丽霞　贾美华
编　　委：（按姓氏音序排列）
　　　　　贾美华　蓝　维　刘　健　钱丽霞
　　　　　王　鹏　杨继英　张铁道　赵　薇

编写人员：（按姓氏音序排列）
专题指导：贾美华　蓝　维　李　佳　林春腾　刘　健
　　　　　钱丽霞　王　瑾　王　鹏　王巧玲　徐新容
学科教学指导意见：
　　　　　蔡　雷　曹付生　陈　飞　崔　丽　鄂文艳
　　　　　郭兴举　韩立新　金光泽　荆晓燕　黎　红
　　　　　李荔萍　梁洪来　梁　炬　马一平　孙秀平
　　　　　唐翠萍　王冰冰　王春红　王继良　王　鹏
　　　　　王世宏　王素敏　王　玉　徐虹霞　张凤军
　　　　　张立燕　张逸红　周　杰
学科教学实践案例：
　　　　　高笑旭　荆晓燕　祁建欣　单玉坤　沈　莉
　　　　　宋　歌　孙　超　孙秀平　王春红　王　键
　　　　　王世宏　王　玉　肖伟华　徐虹霞　张爱娣
　　　　　张凤军　张逸红　朱　军

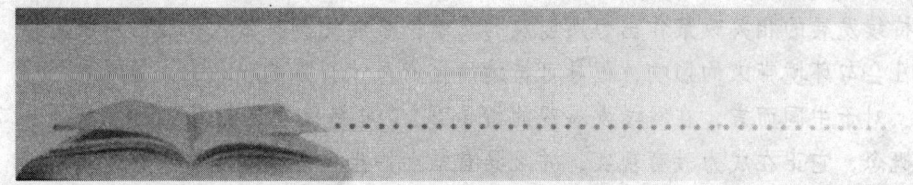

前　言

伴随全球范围日益增长的人口规模及其消费需求而来的资源短缺和环境恶化，对人类的生存和发展已经构成严重威胁。如何实现人类社会的可持续发展，已经成为世界各国政府和人民的普遍诉求。以唤醒全人类，特别是青少年"既能满足当代人的需求，又不牺牲后代人满足其需求的能力"的可持续发展意识，培育他们积极参与可持续发展实践能力为主旨的可持续发展教育（英文缩写 ESD）便应运而生。

2002 年，可持续发展世界首脑会议大力倡导开展"可持续发展教育十年"（英文缩写 DESD）活动；2005 年，联合国正式颁布了《联合国可持续发展教育十年（2005—2014）国际实施计划》（以下简称《十年计划》），鼓励各成员国政府将可持续发展相关内容融入各国教育政策中，提出建立一个更加可持续发展与公正的社会，促进人们行为的积极变化；强调教育与学习在追求可持续发展过程中起核心作用；同时提出，利用正规教育、非正规教育或非正式教育，从早期教育到成人教育、职业教育、教师培训、高等教育等，重新定位课程、教学、考试等教育方式，进行可持续发展教育。

《十年计划》从可持续发展价值观及其对未来公民素质培养的要求出发，特别是从优先发展的基础教育领域出发，提出了促进教育改革具有更加全面和长远的发展目标及实施规划，为受教育者全面和谐地发展、提升教育质量起到促进作用。

可持续发展教育内容涉及威胁人类未来发展的社会、文化、环境、经济等领域中的攸关问题，如贫困、人口增长、卫生与健康、大气污染、气候变暖、过度消费与资源浪费等。因此，《十年计划》要求通过综合的、跨学科的途径，理解人类所面临的严重生存挑战，帮助受教育者认识自身在解决可持续发展问题中的社会角色与责任，鼓励其自觉参与到推动可持续发展进程中去；帮助受教育者认识到地球环境与资源的脆弱性，为制定有利于社会、经济、环境可持续发展的相关政策作出力所能及的贡献；帮助受教育者认识经济增长可能给社会与环境带来的影响，倡导可持续的生产与消费方式。

对于中国而言，在科学发展观的指导下，"可持续发展教育"已不只是一个概念，它正在成为教育现实，并且具有强大的生命力和发展力。学校是实施可持续发展教育的主战场。当前，新一轮基础教育课程改革正在全国范围内有序地推进，新课改注重培养青少年自主意识与实践能力的目标与可持续发展教育的目标有着密切的联系。为此，教育者应将可持续发展理念与内容有机地融入到基础教育课程改革之中，丰富学科教与学的内容和方式。

在实施可持续发展教育过程中，学科教学是主渠道。各学科教学要在深入把握各学科课程标准基本要求的基础上，充分挖掘各学科内容与可持续发展教育的结合点；同时，也应突破传统的教学方式，尝试通过跨学科等新型的综合性教学方式，或利用游戏活动等学生参与性强的教学形式，以促进学生对可持续发展问题的综合性理解、可持续发展价值观的形成和实践能力的提升等。

2007年12月，北京市教育委员会正式颁布了《北京市中小学可持续发展教育指导纲要》。本书即依据上述文件精神，针对"初中学科教学中如何开展可持续发展教育"而编写的一本教师指导用书。本书除"前言"、"使用指南"外，分"专题指导"与"学科教学指导意见与教学实践案例"两部分。

其中，"专题指导"部分是对"学科教学指导意见与教学实践案例"所涉及的内容进行的总体阐释，旨在提升教师对可持续发展教育的理解，明确课程改革中实施可持续发展教育的必要性和重要性，掌握学科、跨学科、游戏活动等实施可持续发展教育的基本方法，提升教师在学科教学中实施可持续发展教育的实践能力。

"学科教学指导意见与教学实践案例"部分是"专题指导"在学科中的具体体现，旨在帮助教师明确某一学科与可持续发展教育的关系、学科中的可持续发展教育内容以及如何在课堂教学中实施可持续发展教育。这一部分分别列举了高中思想政治、语文、数学、英语、历史、地理、物理、化学、生物、音乐、体育与健康、美术12个学科指导意见；同时，针对不同学科，选取了大量具有借鉴意义的学科、跨学科教学实践案例。希望广大学科教师能在自身教学中，创造更可行、有效的可持续发展教育的教学设计和实施方法。

本书是几个课题共同推进的研究与实践成果，其中包括两个全国教育科学"十一五"规划教育部规划课题"可持续发展教育区域推进策略研究"和"核心价值观视阈下世界遗产教育实施策略研究"、北京市哲学社会科学规划项目"首都中小学可持续发展意识培养的资源整合模式研究"、北京教育科学规划办"十一五"规划重点课题"北京农村中小学可持续发展教育资源整合模式研究"等。全书基本框架由张铁道、钱丽霞、贾美华、王鹏等共同研讨确定。全书总统稿工作由张铁道、钱丽霞完成,"专题指导"部分统稿工作由钱丽霞完成,"学科教学指导意见与教学实践案例"部分统稿工作由钱丽霞、王鹏、贾美华、王巧玲、徐新容完成。本书"使用指南"由张铁道、钱丽霞撰写,其英文由张婷婷翻译、张铁道校译;"专题指导Ⅰ"由刘健撰写;"专题指导Ⅱ"由蓝维、李佳撰写;"专题指导Ⅲ"由王鹏、贾美华撰写;"专题指导Ⅳ"由林春腾、钱丽霞、徐新容撰写;"专题指导Ⅴ"由王瑾、王巧玲撰写。

参与本书编写的单位包括:北京教育科学研究院可持续发展教育研究中心与基础教育教学研究中心、人民教育出版社、教育科学出版社、首都师范大学政法学院与生命科学学院、北京市西城区教育研修学院、北京市石景山区人民政府督学室、北京市第五中学分校、北京市第八中学、北京市第九中学、北京市第十三中学、北京市第六十五中学、北京市第一五九中学、北京市第一六一中学、北京宏志中学、北京师范大学附属实验中学、北京师范大学第二附属中学、北京市鲁迅中学、北京理工大学附属中学、北京市中关村中学、北京航空航天大学附属中学、北京钢铁学院附属中学、北京市苹果园中学。

衷心感谢联合国教科文组织协会亚太地区联合会陶西平主席、中国联合国教科文组织全国委员会杜越副秘书长给予本研究的领导;感谢北京市教育委员会罗洁副主任、北京教育科学研究院时龙院长对本书亲临指导;感谢金利、刘宇新、丁明怡、陈新忠、张静、高振奋、陶昌宏、黄冬芳、朱立祥、沈一民、田晶、祝庆武等在本书写作过程中提供的无私帮助。衷心感谢教育科学出版社所广一社长、李东总编辑和责编刘灿为本书出版付出的辛勤劳动。

张铁道
2010年8月26日

使用指南

借助课程内容更新与教学方式改革，在中小学推进可持续发展教育已成为各国落实联合国"可持续发展教育十年"计划的一个重点实践领域。然而，作为一项教学革新探索，目前已有的实践活动还分散在不同学校和地区，缺乏应有的交流与分享。为此，我们开展了总结研究，并在分析归纳成功经验基础上编写了"可持续发展教育实施指南"系列丛书，旨在传播可持续发展教育相关的基本理念，提供实施可持续发展教育的方法，为促进学校教育培养学习者获得可持续发展价值观念、行为习惯和生活方式提供可行的指导。

作为"可持续发展教育实施指南"系列丛书之一的《在学科教学中实施可持续发展教育》分为小学版、初中版和高中版。每个版本由"专题指导"、"学科教学指导意见与教学实践案例"等部分组成，为不同学段一线教师以及相关人员提供学科教学领域实施可持续发展教育的具体指导。

"专题指导"这一部分是对本书"学科教学指导意见与教学实践案例"部分所涉及的相关理念、具体内容以及实施方法进行的总体阐释，旨在帮助使用者全面理解与把握课程改革中实施可持续发展教育的必要性，学科教学中进行可持续发展价值观教育的重要性，学科、跨学科、游戏活动等实施可持续发展教育的基本方法。

"专题指导"部分包含如下五方面内容。

Ⅰ 为什么要在课程改革中实施可持续发展教育

本专题重点介绍在课程改革中实施可持续发展教育的必要性。可持续发展教育既是可持续发展战略的重要组成部分，又是实施可持续发展战略的手段。可持续发展教育是一种通过教育达到可持续发展目标的教育理念，可持续发展教育有其基本内涵、主要内容及所倡导的教学方法。

Ⅱ 如何在学科教学中进行可持续发展价值观教育

在这一专题中重点探讨了"什么是可持续发展价值观教育"、"为什么要进行可持续发展价值观教育"以及"如何在学科教学中进行可持续发展价值观教育"三方面问题。

Ⅲ 如何在学科教学中实施可持续发展教育

本专题介绍学科教师如何在学科教学中实施可持续发展教育,并提示教师在学科教学中实施可持续发展教育值得注意的问题。

Ⅳ 如何跨学科实施可持续发展教育

本专题重点探讨了什么是跨学科、为什么要倡导跨学科实施可持续发展教育、跨学科实施可持续发展教育的方式以及跨学科实施可持续发展教育应具备的基本条件等。

Ⅴ 如何在可持续发展教育中开展游戏活动

游戏活动是将抽象的可持续发展概念变为具体生动、易于掌握且深受学生喜爱的内容的教育方法之一。游戏活动可分为侧重掌握可持续发展核心知识目标类、侧重提高可持续发展实践能力目标类和侧重可持续发展价值观形成目标类。在实施过程中应注意遵循参与性、宽容性、沟通性、适度性、安全性等原则。

"学科教学指导意见与教学实践案例" 这一部分是"专题指导"内容在高中相关学科中的具体体现,涉及思想政治、语文、数学、英语、历史、地理、物理、化学、生物、音乐、体育与健康、美术12个学科。

本书涉及的12个学科实施可持续发展教育的指导意见均依据教育部制定颁布的学科课程标准撰写,参考的教材包括人民教育出版社、北京出版集团、人民美术出版社、中国地图出版社、人民音乐出版社、湖南文艺出版社等出版的各学科多个版本的教材,提供了用可持续发展教育理念审视学科课程的目标要求、学科与可持续发展教育相关的内容与要求、学科教学实施可持续发展教育建议等内容。

为配合学科教学指导意见的有效实施,本书在各学科教学指导意见之后,均提供了该学科实施可持续发展教育有借鉴价值的教学实践案例。另外,还提供了3个跨学科实施可持续发展教育的教学实践案例,旨在引导教师加强学科间的联系,消除某些"无用"的重复,提高教与学的效率。

User Guide

Promoting Education for Sustainable Development (ESD) in primary and high schools by updating curriculum contents and reforming teaching methods has become a key field of practice for many countries to implement the UN Decade of Education for Sustainable Development (DESD). However, current practices and activities are still scattered in different schools and regions and in lack of sharing and dissemination. Therefore, after careful literature review and research, we compiled the *Guiding Handbook on Education for Sustainable Development* on the basis of successful experiences with an aim at promoting basic concepts related to ESD, providing methods for its implementation, and facilitating school practice with applicable instructions in fostering learners with values and concepts, behavioral habits and life styles towards sustainable development.

There are three versions of *ESD in Discipline-based Teaching*, namely version for primary school for junior high school and that for senior high school. In order for practical use, each version is composed by "thematic instructions" and "instructions for discipline-based teaching and cases of teaching practices" sections, which provide specific instructions for school teachers and related persons on the implementation of ESD in the field of discipline-based teaching.

The "**thematic instructions**" section provides a general description of relevant concepts, specific contents and application methods involved in the "instructions for discipline-based teaching and cases of teaching practices" section of the book. It is aimed at helping the users establish a thorough understanding and grasp of the necessity of implementing ESD in discipline-based teaching and basic methods to implement ESD through discipline-based and interdisciplinary teaching as well as games.

The "thematic instructions" section includes the following five aspects:

I Why should we implement ESD in curriculum reform?

This subject is focused on introducing the necessity of implementing ESD in curriculum reform. ESD is not just an important component of the sustainable development strategy but also a means to achieve it. ESD is an educational concept which achieves sustainable development targets through education. It has its own basic connotation, main contents and special teaching methods.

II How can we carry out values education for sustainable development in discipline-based teaching?

This subject mainly discusses issues in the three perspectives: "What is values education for sustainable development?" "Why should we carry out values education for sustainable development?" and "How can we carry out values education for sustainable development in discipline-based teaching?"

III How can we implement ESD in discipline-based teaching?

This subject will introduce how teachers in different disciplines can implement ESD in their discipline-based teaching and bring up issues worth noticing in implementation to their attention.

IV How can we implement ESD through interdisciplinary teaching?

This subject mainly discusses: "What is interdisciplinary teaching?" "Why should we advocate the implementation of ESD through interdisciplinary teaching?" "What are the means and basic requirements for implementation of ESD in interdisciplinary teaching?"

V How can we involve games in ESD?

Game is one of the educational approaches to turn abstract concepts into concrete and vivid contents that are easy to grasp and popular among students. These games can be classified into three types: those that emphasize the mastery of core concepts of sustainable development are the first type, those that focus on improving the practical skills are the second, and those that target at forming sustainable development values are the third. The principles of participation, tolerance, communication, appropriateness and safety need to be abode by while applying the games.

The "**instructions for discipline-based teaching and cases of teaching practices**" section is a concrete embodiment of the "thematic instructions" section in relevant 12 subjects of senior high schools, which are Citizenship and Politics, Chinese, Mathematics, English, History, Geography, Physics, Chemistry, Biology, Music,

Physical Education and Health, and Fine Arts.

The instructions and suggestions involved in this book on the implementation of ESD in the above-mentioned 12 subjects are all based upon the national curriculum benchmark and textbooks of the subjects prescribed by related authorities. Its contents include targets and requirements of subject/curriculum from the perspective of ESD concepts, contents and requirements of the subjects in relation to ESD, suggestions for ESD subjects teaching in school, and etc.

In order to facilitate effective application of the disciplinary instructions, the handbook complements the instructions for each discipline with practical cases that can be used as a reference. Besides, three cases for implementing ESD through interdisciplinary teaching are provided to offer guidance to teachers in enhancing interdisciplinary relations, eliminating useless repetitions and improving learning efficiency.

目 录

专题指导

I 为什么要在课程改革中实施可持续发展教育 ················ (3)

    一、可持续发展教育产生的背景 ····························· (3)

    二、什么是可持续发展教育 ································· (5)

    三、可持续发展教育与课程改革有何联系 ····················· (8)

II 如何在学科教学中进行可持续发展价值观教育 ············· (14)

    一、什么是可持续发展价值观教育 ·························· (14)

    二、为什么要进行可持续发展价值观教育 ···················· (18)

    三、如何在学科教学中进行可持续发展价值观教育 ············ (19)

III 如何在学科教学中实施可持续发展教育 ·················· (28)

    一、为什么要在学科教学中实施可持续发展教育 ·············· (28)

    二、如何在学科教学中实施可持续发展教育 ·················· (30)

    三、在学科教学中实施可持续发展教育应注意的问题 ·········· (41)

IV 如何跨学科实施可持续发展教育 ························ (45)

    一、什么是跨学科 ······································· (45)

    二、为什么要跨学科实施可持续发展教育 ···················· (47)

    三、跨学科实施可持续发展教育可采用何种方式 ·············· (50)

    四、跨学科实施可持续发展教育可采取什么步骤 ·············· (53)

    五、跨学科实施可持续发展教育应优先考虑哪些问题 ·········· (55)

Ⅴ 如何在可持续发展教育中开展游戏活动 ·················· (60)

  一、为什么要在可持续发展教育中开展游戏活动 ·················· (60)
  二、如何在可持续发展教育中运用游戏活动 ························ (61)
  三、可持续发展教育中运用游戏活动需注意哪些问题 ············ (69)

学科教学指导意见与教学实践案例

Ⅰ 思想政治 ·· (73)
  ⅰ 学科教学实施可持续发展教育指导意见 ························ (73)
  ⅱ 学科教学实施可持续发展教育实践案例 ························ (86)

Ⅱ 语文 ·· (94)
  ⅰ 学科教学实施可持续发展教育指导意见 ························ (94)
  ⅱ 学科教学实施可持续发展教育实践案例 ······················· (114)

Ⅲ 数学 ··· (123)
  ⅰ 学科教学实施可持续发展教育指导意见 ······················· (123)
  ⅱ 学科教学实施可持续发展教育实践案例 ······················· (139)

Ⅳ 英语 ··· (147)
  ⅰ 学科教学实施可持续发展教育指导意见 ······················· (147)
  ⅱ 学科教学实施可持续发展教育实践案例 ······················· (162)

Ⅴ 历史 ··· (169)
  ⅰ 学科教学实施可持续发展教育指导意见 ······················· (169)
  ⅱ 学科教学实施可持续发展教育实践案例 ······················· (202)

Ⅵ 地理 ··· (209)
  ⅰ 学科教学实施可持续发展教育指导意见 ······················· (209)
  ⅱ 学科教学实施可持续发展教育实践案例 ······················· (230)

Ⅶ 物理 ……………………………………………………………… (237)
  ⅰ 学科教学实施可持续发展教育指导意见 ……………………… (237)
  ⅱ 学科教学实施可持续发展教育实践案例 ……………………… (251)

Ⅷ 化学 ……………………………………………………………… (261)
  ⅰ 学科教学实施可持续发展教育指导意见 ……………………… (261)
  ⅱ 学科教学实施可持续发展教育实践案例 ……………………… (282)

Ⅸ 生物 ……………………………………………………………… (290)
  ⅰ 学科教学实施可持续发展教育指导意见 ……………………… (290)
  ⅱ 学科教学实施可持续发展教育实践案例 ……………………… (303)

Ⅹ 音乐 ……………………………………………………………… (312)
  ⅰ 学科教学实施可持续发展教育指导意见 ……………………… (312)
  ⅱ 学科教学实施可持续发展教育实践案例 ……………………… (340)

Ⅺ 体育与健康 ……………………………………………………… (351)
  ⅰ 学科教学实施可持续发展教育指导意见 ……………………… (351)
  ⅱ 学科教学实施可持续发展教育实践案例 ……………………… (363)

Ⅻ 美术 ……………………………………………………………… (368)
  ⅰ 学科教学实施可持续发展教育指导意见 ……………………… (368)
  ⅱ 学科教学实施可持续发展教育实践案例 ……………………… (382)

ⅩⅢ 跨学科 ………………………………………………………… (388)
  ⅰ 生物、思想政治跨学科实施可持续发展教育教学实践案例 … (388)
  ⅱ 地理、物理跨学科实施可持续发展教育教学实践案例 ……… (396)
  ⅲ 语文、思想政治跨学科实施可持续发展教育教学实践案例 … (404)

Contents

Thematic Instructions

I Why should we implement ESD in curriculum reform? .... (3)

   1. Background of ESD .... (3)
   2. Definition of ESD .... (5)
   3. ESD and Curriculum Reform .... (8)

II How can we carry out values education for sustainable development in discipline-based teaching? .... (14)

   1. What is value education for sustainable development? .... (14)
   2. Why should we carry out value education for sustainable development? .... (18)
   3. How can we carry out values education for sustainable development in discipline-based teaching? .... (19)

III How can we implement ESD in discipline-based teaching? .... (28)

   1. Why should we implement ESD in discipline-based teaching? .... (28)
   2. How to implement ESD in discipline-based teaching? .... (30)
   3. Issues worth noticing in implementation .... (41)

IV How can we implement ESD through interdisciplinary teaching? ... (45)

   1. What is interdisciplinary teaching? .... (45)
   2. Why should we advocate the implementation of ESD through interdisciplinary teaching? .... (47)
   3. Means and methods for implementation of ESD in interdisciplinary teaching .... (50)
   4. Basic steps for implementation of ESD in interdisciplinary teaching .... (53)
   5. Priorities need to be considered for implementation of ESD in

    interdisciplinary teaching ································· (55)

V How can we involve games in ESD? ························· (60)

    1. Why should we involve games in ESD? ··················· (60)
    2. How to use games in ESD? ······························· (61)
    3. Issues worth noticing for involving games in ESD ········ (69)

Instructions for Discipline-based Teaching and Cases of Teaching Practices

---

I Citizenship and Politics ································· (73)

    i Instruction for implementing ESD in discipline-based teaching ········ (73)
    ii Case of implementing ESD in discipline-based teaching ··············· (86)

II Chinese ··· (94)

    i Instruction for implementing ESD in discipline-based teaching ········ (94)
    ii Case of implementing ESD in discipline-based teaching ············· (114)

III Mathematics ·· (123)

    i Instruction for implementing ESD in discipline-based teaching ······· (123)
    ii Case of implementing ESD in discipline-based teaching ············· (139)

IV English ·· (147)

    i Instruction for implementing ESD in discipline-based teaching ······· (147)
    ii Case of implementing ESD in discipline-based teaching ············· (162)

V History ·· (169)

    i Instruction for implementing ESD in discipline-based teaching ······· (169)
    ii Case of implementing ESD in discipline-based teaching ············· (202)

VI Geography ··· (209)

    i Instruction for implementing ESD in discipline-based teaching ······· (209)
    ii Case of implementing ESD in discipline-based teaching ············· (230)

VII Physics ·· (237)

    i   Instruction for implementing ESD in discipline-based teaching ···················· (237)
    ii Cases of implementing ESD in discipline-based teaching ························ (251)

VIII Chemistry ·· (261)

    i   Instruction for implementing ESD in discipline-based teaching ···················· (261)
    ii Cases of implementing ESD in discipline-based teaching ························ (282)

IX Biology ·· (290)

    i   Instruction for implementing ESD in discipline-based teaching ···················· (290)
    ii Cases of implementing ESD in discipline-based teaching ························ (303)

X Music ·· (312)

    i   Instruction for implementing ESD in discipline-based teaching ···················· (312)
    ii Case of implementing ESD in discipline-based teaching ························· (340)

XI Physical Education and Health ·· (351)

    i   Instruction for implementing ESD in discipline-based teaching ···················· (351)
    ii Case of implementing ESD in discipline-based teaching ························· (363)

XII Fine Arts ·· (368)

    i   Instruction for implementing ESD in discipline-based teaching ···················· (368)
    ii Case of implementing ESD in discipline-based teaching ························· (382)

XIII Interdisciplinary Cases ·· (388)

    i   Interdisciplinary case of implementing ESD: Biology, Citizenship and Politics ······ (388)
    ii Interdisciplinary case of implementing ESD: Geography and Physics ·············· (396)
    iii Interdisciplinary case of implementing ESD: Chinese, Citizenship and
       Politics ·· (404)

专题指导

Ⅰ 为什么要在课程改革中实施可持续发展教育

一、可持续发展教育产生的背景

(一) 可持续发展教育的缘起

20世纪80年代末至90年代初,可持续发展教育伴随可持续发展战略的提出而产生。可持续发展教育是可持续发展战略的重要组成部分,又是实现可持续发展战略的手段。(北京师范大学环境教育中心 等,1999)[40]

1992年,联合国在巴西里约热内卢召开"环境与发展会议",将环境与发展紧密地联系起来,正式提出实施可持续发展战略,促进了可持续发展思想在世界各国的认同。大会通过的《21世纪议程》明确提出了"面向可持续发展重建教育",指出"教育是促进可持续发展和提高人们解决环境与发展问题的能力的关键。基础教育是环境与发展教育的支柱……对培养符合可持续发展和社会大众有效参与决策的价值观和态度、技能和行为也是必不可少的"。大会"授权国际环境教育计划调整到可持续发展的方向","在世界范围内开展环境教育以求得持续发展"。从此以后,环境教育已不再是仅仅对应环境问题的教育,它与和平、发展及人口等教育相融合,形成了一个新的教育发展方向——"为了可持续发展的环境教育"。(中华人民共和国教育部,2003)[3]

1994年,根据联合国教科文组织第27次大会的建议,成立了一个"教育为可持续未来服务"(Education for Sustainable Future)的跨学科计划——"环境和人口教育与为人类发展的信息计划"(Environmental and Population Education and Information for Human Development),即EPD教育项目。EPD教育项目的优先工作是"发展可持续发展教育的概念,使之作为把不同学科和参与者(包括环境和人口教育)集中在一起的工作平台"。联合国教科文组织第28次大会认为,环境教育和发展教育是可持续发展教育不可或缺的组成部分,EPD教育项目是原有"国际环境教育计划"的继续和深入,并成为联合国教科文组织研究可持续发展教育和进行有关实践的推进项目。

1997年,联合国教科文组织在希腊的塞萨洛尼召开了"环境与社会国际会议——教育和公众意识为可持续未来服务"。会议发表了《塞萨洛尼宣言》,指出环境教育是"为了环境和可持续发展的教育"。至此,面向可持续发展的环境教育成为国际社会和各国发展教育的战略选择,成为可持续发展框架下的教育的新模式。(中华人民共和国教育部,2003)[3-4]

2002年,联合国在南非约翰内斯堡召开"可持续发展世界首脑会议"。会议充分肯定了"可持续发展教育"的重要性,强调进行可持续发展教育不仅意味着将环境保护列入课程,而且意味着促进经济目标、社会需求和生态责任之间的平衡发展。会议建议开展"可持续发展教育十年"活动。

(二) 从环境教育到可持续发展教育

环境教育是可持续发展教育的重要组成部分和基础,同时,可持续发展教育是从环境教育扩展发展起来的,两者之间存在紧密的联系。从环境教育到可持续发展教育,这是历史发展的必然过程,它与人们对环境问题的认识过程有关。

从1972年的斯德哥尔摩联合国"人类环境会议"至2002年的约翰内斯堡联合国"可持续发展世界首脑会议",经过了30年的时间。在这30年中,新的环境问题不断涌现,人类对环境的认识不断加深,环境教育所涵盖的内容在拓宽。环境教育的重心由原来单纯的自然环境保护和环境问题认知,转移到现在的对整个人类历史上的发展模式的反思、对现代工业文明的审视、对未来生存形态的思考。这正是可持续发展的思想在环境教育中的反映,而这一趋势在巴西里约热内卢得到了确立,并在希腊的塞萨洛尼升华为"为可持续性的教育"。从目标、内容、原则、方法等方面来看,现代的环境教育不仅继承了传统环境教育的内容,而且与可持续发展观相结合,有了新的扩展,并有了新的名称——可持续发展教育。

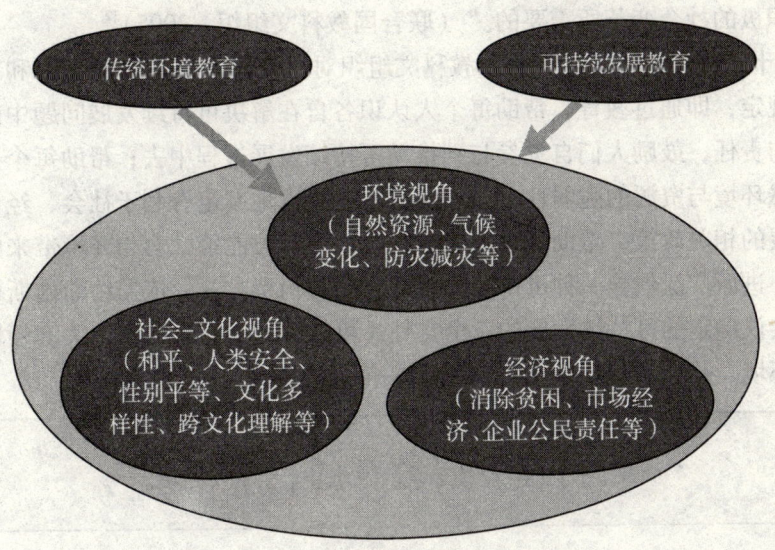

图 1-1-1　从环境教育到可持续发展教育

二、什么是可持续发展教育

（一）联合国教科文组织对可持续发展教育内涵的界定

2002 年 12 月，联合国第 57 届大会通过了第 254 号决议，将 2005—2014 年确定为"可持续发展教育十年"（英文缩写 DESD），指定联合国教科文组织领导"可持续发展教育十年"活动的开展并组织制定《联合国可持续发展教育十年（2005—2014）国际实施计划》（以下简称《十年计划》）。联合国教科文组织在广泛征询联合国各机构、一些国家政府、民间团体和非政府组织，以及学者和专家意见的基础上，经由该组织的一个高级工作小组审阅，于 2005 年 3 月 1 日正式公布了《十年计划》。

图 1-1-2　联合国"可持续发展教育十年"的标志

联合国的《十年计划》明确了未来十年实施可持续发展教育的战略构想，即"把可持续发展观念贯穿到学习的各个方面，以改变人们的行为方式，建设一个全民的更加可持续发展和公正的社会"。其基本思想是："世界上每个人都有机会从教育中学习价值观念、行为和生活方式，这些是可持续的未来发

展和积极的社会变革所需要的。"（联合国教科文组织，2005）[12]

《十年计划》表达了联合国教科文组织对可持续发展教育的理解和对其内涵的规定，即通过教育，帮助每个人认识各自在解决可持续发展问题中的社会角色与责任，鼓励人们自觉参与到推动可持续发展进程中去；帮助每个人认识到地球环境与资源的脆弱性，并以此为前提负责地制定有利于社会、经济可持续发展的相关政策；帮助每个人认识到经济增长可能给社会与环境带来的负面影响，进而广泛倡导一种可持续的生产方式与消费方式。依据约翰内斯堡世界首脑会议确定的可持续发展的三个支柱，可持续发展教育的三个关键领域被确定为环境、社会（包括文化）和经济，每个领域涵盖若干主题。

可持续发展教育的三个领域

环境领域
- 自然资源 natural resources
- 气候变化 climate change
- 农村发展 rural development
- 可持续城市化 sustainable urbanization
- 防灾减灾 disaster prevention and mitigation

经济领域
- 消除贫困 poverty reduction
- 企业公民责任与问责制 corporate responsibility and accountability
- 市场经济 market economy

社会-文化领域
- 人权 human rights
- 和平与人类安全 peace and human security
- 性别平等 gender equality
- 文化多样性与跨文化理解 cultural diversity, intercultural understanding
- 健康 health
- 艾滋病 HIV/AIDS
- 政府管理 governance

图1-1-3　《十年计划》界定的可持续发展教育涉及的相关领域

《十年计划》把可持续发展教育的特征归纳为以下几点（联合国教科文组织，2005）[13]：

- 跨学科性和整体性：可持续发展学习根植于整个课程体系中，而不是一个单独的学科；
- 价值驱动：强调可持续发展的观念和原则；
- 批判性思考和解决问题：帮助树立解决可持续发展中遇到的困境和挑战的信心；
- 多种方式：文字、艺术、戏剧、辩论、体验……采用不同的教学方法；
- 参与决策：学习者可以参与决定他们将如何学习；

- 应用性：学习与每个人的个人生活和职业活动相结合；
- 地方性：学习不仅针对全球性问题，也针对地方性问题，并使用学习者最常用的语言。

（二）可持续发展教育内涵的本土化理解

《十年计划》要求各国政府把"可持续发展教育十年"目标落实到各国教育发展战略和行动计划中。该文件强调，"可持续发展教育十年"是联合国各成员国共同采取的行动，将在各成员国实行。开展"可持续发展教育十年"活动，推进可持续发展教育已成为联合国各成员国的责任与工作。中国作为联合国的常任理事国，对于联合国通过的文件和决议，有责任认真执行，以履行国际承诺的责任。

当前，我国中央政府倡导科学发展观，这一发展观是中国特色的可持续发展理念的具体体现。如何把全球共识与中国政府所提出的科学发展观和构建社会主义和谐社会的目标体现在我国教育的改革和实践中，是当今教育工作者面临的一个重大课题。专家认为要落实科学发展观，就要大力开展可持续发展教育（章新胜，2006）[1]，培养大批正确理解可持续发展思想并有能力推动可持续发展进程的建设者和接班人。因此，广泛开展可持续发展教育势在必行。

中国教育界对可持续发展教育的研究与实践工作可以追溯到20世纪90年代。1997年，中国教育部、世界自然基金会（WWF）和BP有限公司共同发起并实施的"中国中小学绿色教育行动"，启动了全国范围内的以环境教育为主的可持续发展教育的研究与实践。1998年，中国联合国教科文组织全国委员会委托北京教育科学研究院在全国范围内开展以环境、人口与发展教育（简称"EPD教育项目"）为主的可持续发展教育。这些项目的开启，标志着中国特色的可持续发展教育拉开了帷幕。随后10多年的探索与实践，特别是《十年计划》的发布，使得"可持续发展教育"这个词汇开始在相关研究机构和学校取代了"环境教育"、"EPD教育"等术语。

"中国中小学绿色教育行动"项目促成教育部在2003年颁布了第一部国家级环境教育文件《中小学环境教育实施指南》（以下简称《指南》）。《指南》的出台，使可持续发展教育从以行动为主的执行项目提升到了中央政府的政策指导层面上，确保了重新定位于"为了可持续发展"的环境教育是新的国家课程中一个不可缺少的组成部分。《指南》强调不仅要重视学生对自然生态知识的学习，而且更要重视培养学生有利于可持续发展的技能、态度与价值观，以及为建设一个可持续的未来而采取行动的积极性与主动性。

2007年12月，北京市教育委员会依据科学发展观以及《十年计划》的精神，为促进首都教育现代化进程，针对基础教育改革与发展的需要，颁布了实施可持续发展教育的政策文件《北京市中小学可持续发展教育指导纲要》（以下简称《纲要》），《纲要》为北京市各区县教育主管部门、学校推进可持续发展教育提供了政策保障和实施策略。《纲要》的颁布，标志着北京市将关于可持续发展的国际教育新观念融入到首都教育现代化进程中，标志着北京可持续发展教育从项目推进转向政府主导下的系统化、规范化、经常化工作。

《纲要》界定了可持续发展教育的主要内容，明确指出可持续发展教育的内容主要涉及社会、文化、环境与经济领域的九个主题，其中社会领域包括生命与安全、公民权利与责任、和谐社会等主题，文化领域包括中华优秀传统文化及世界遗产教育、文化多样性等主题，环境领域包括环境保护、自然灾害预防等主题，经济领域包括循环经济与绿色消费、农村发展与可持续城市化等主题；其重点在于帮助和引导中小学生了解首都社会、文化、环境与经济领域可持续发展的相关知识，正确理解人与自然、人与社会、人与人之间的关系，形成可持续发展需要的价值观念、行为习惯和生活方式。

三、可持续发展教育与课程改革有何联系

中国第八次基础教育课程改革于1999年正式启动，2001年教育部颁布了《基础教育课程改革纲要（试行）》和中小学义务教育阶段18门学科的国家课程标准。可持续发展教育为21世纪我国深化教育改革与发展提供了新的机遇，补充了新的内容，搭建了新的平台。大力开展可持续发展教育，有利于进一步推动全国教育改革与发展。

（一）可持续发展教育与新课改理念、目标的一致性

1. 从课改的背景上看

本次课程改革把"人类的生存和发展面临着困境"作为改革的时代背景之一。教育部基础教育司组织编写的《走进新课程——与课程实施者对话》一书，在回答"当前整个时代发展具有哪些特征？对基础教育提出了哪些新的要求？"时，明确提出"人类的生存和发展面临着困境"是当前时代发展所具有的显著特征。书中进一步指出：这种困境主要是指人类目前面临的诸如生态环境的恶化、自然资源的短缺、人口迅速膨胀等威胁着人类自身生存和发展的一系列重大问题。在工业经济时代，社会的发展主要依赖于科学技术的进

步,然而,科学技术本身是一把双刃剑,它既会造福于人类,也会给人类带来灾难。事实上,目前人类所面临的困境乃是人类自身在善良动机下滥用技术的"副产品"。应该特别指出的是,除了人与自然的和谐关系被破坏之外,由于工具理性对价值理性的长期压制,人类生存和发展的困境还表现为人的精神力量、道德力量的削弱以至丧失,而这恰恰是任何现代科学技术或物质力量都无能为力的事情。正是由于对上述问题的清醒认识,人们开始对工业化以来的社会发展模式进行深刻的反思,并从20世纪70年代起,提出了诸如协调发展、文化价值重构等各种新的发展模式。1992年在巴西里约热内卢召开的联合国"环境与发展会议"上,包括我国在内的180多个国家和70多个国际组织的代表共同提出了可持续发展的新战略和新观念。总之,为了人类的生存和可持续发展,在21世纪,除了必须对人类既往的所作所为进行客观的评价之外,我们还必须妥善处理物质文明和精神文明之间的关系问题。可以说,本次课程改革正是为解决人类生存与发展的危机、为了可持续的未来而作出的教育上的变革。

2. 从理念和培养目标上看

在课程理念方面,新一轮的基础教育课程改革明确提出,"为了每一个学生的发展"是本次改革的基本价值取向。这是《基础教育课程改革纲要(试行)》的基本精神,是本次课程改革的灵魂。而可持续发展教育正是以人为核心,以人的全面发展为目标,是"为一切人的发展和人的全面发展"。由此可见,在促进个体全面发展这一方面,本次基础教育课程改革的基本理念与可持续发展教育的基本理念获得了高度的统一。如果说,可持续发展教育的基本理念在很大程度上还仅仅是一种教育的理想图景和理论构想,那么基础教育课程改革的基本理念就是这种图景的现实表达和设想的实践验证。这些课程理念既是课程改革价值观的具体化和新课程的基本价值追求,又是可持续发展教育倡导的基本课程方向。(人民教育出版社环境教育中心,2008)[28]

新课程的培养目标指出,要使学生"具有社会责任感,努力为人民服务;具有初步的创新精神、实践能力、科学和人文素养以及环境意识"。可持续发展教育所追求的目标,包括提升学生可持续发展意识和认知,通过知识、技能和价值观的改变,让学生成为积极主动、有责任感的公民,能够在日常生活中采取行动,参与到生态可持续、民主、公平的现代社会的建设当中。这说明新课程改革与可持续发展教育的培养目标具有一致性。

（二）可持续发展教育促进新课程具体目标的达成

为了实现新课程的培养目标，《基础教育课程改革纲要（试行）》提出课程改革涉及课程功能、结构、内容、实施、评价与管理六个方面的具体目标，这些目标构成了新一轮基础教育课程改革的总体框架。在基础教育领域大力实施可持续发展教育，对于全面推进教育教学创新，完成课程改革提出的六个具体目标具有十分重要的现实意义。

1. 可持续发展教育促进课程功能的转变

本次课程改革首先确立了课程功能的转变，即改变课程过于注重知识传授的倾向，强调形成积极主动的学习态度，使获得基础知识与基本技能的过程同时成为学会学习和形成正确价值观的过程。

可持续发展教育是以学习者为中心的教育，强调学习者主动学习而不是被动地接受教育。可持续发展教育的实施有利于课程功能从单纯注重传授知识转变为引导学生学会学习、学会合作、学会生存、学会做人，有助于培养学生具有社会责任感、终身学习的愿望和能力、环境素养和可持续发展意识。

2. 可持续发展教育有助于实现课程结构的转变

新一轮基础教育课程改革，对现行课程结构进行了重大调整，减少了课程门类，对各门具体课程之间的比重进行了调整，使科学、综合实践等课程的比重呈上升趋势；改变了课程结构过于强调学科本位、科目过多和缺乏整合的现状，整体设置九年一贯课程门类和课时比例，并设置了综合课程，以适应不同地区和学生发展的需求。

可持续发展教育具有跨学科性和整合性的特征，重视不同课程领域对学生发展的独特价值，淡化学科界限，强调学科间的联系与课程综合。在思维方法上，可持续发展教育强调联系，强调运用跨学科和超学科的方法发现与思考问题。可持续发展整合、综合、整体的观念反映在学校教育中，直接表现为要求课程的综合化。此外，可持续发展教育强调整体的教育观，认为所有的教育因素（课程、教学、结构、组织、氛围等）都是相互联系和相互影响的，只有把这些因素看做一个整体，并使之与教育者和学习者相和谐时，教育才会最有效。

3. 可持续发展教育促进课程内容与生活和时代的联系

新课程明确提出了改变课程内容"繁、难、偏、旧"和过于注重书本知识的现状，加强课程内容与学生生活以及现代社会和科技发展的联系，关注学生的学习兴趣和经验，精选终身学习必备的基础知识和技能。课程内容的这一转变，力图反映现代科技发展的新成果，使课程具有时代精神。此外，不再单纯以学科为中心组织教学内容，不再刻意追求学科体系的严密性、完整性、逻辑性，注重与学生的经验结合在一起，使新知识、新概念的形成建立在学生现实生活的基础上。

可持续发展教育具有应用性特点，倡导学习与每个人的个人生活和职业活动相结合，这有助于促进课程内容选择上的转变，有效地改变学生学习生活和现实世界相脱节的状况，极大地调动学生学习的主动性和积极性。联合国教科文组织可持续发展教育顾问约翰·菲恩（John Fien）指出，可持续发展教育"使学习者集中注意生活中的重要问题，例如：谋生而不损害环境的途径；与周围的人和平相处的方式——不论与同城或同村的人，还是与其他国家的人，都可以和平共处；解决不平等问题——有些地方，有的人生活极其贫困，而有的人挥霍无度——的办法；以及如何做一个积极的、有见识的公民，以推动可持续发展未来的实现"。（钱丽霞，2005）[95]

4. 可持续发展教育倡导教学方式的转变

新课程改革要求改变课程实施过于强调接受学习、死记硬背、机械训练的现状，倡导学生主动参与、乐于探究、勤于动手，培养学生搜集和处理信息的能力、获取新知识的能力、分析和解决问题的能力以及交流与合作的能力。

可持续发展教育提倡多元的教学方式，认为参与式教学和探究式学习是开展可持续发展教育的关键。在可持续发展教育实践者看来，"教什么"和"怎么教"是同样重要的。可持续发展教育之所以引起中国正规教育界的重视，是因为可持续发展教育所倡导的"主体探究－综合渗透"的教学模式，及随之而来的教育理念上的一些内容，正好与中国新一轮基础教育课程改革的精神相吻合，从而对中国的基础教育改革正在和将要起到积极的推动作用。（张伟，田青，2001）[123] 目前，可持续教育工作者热衷于推广参与式的教学活动，例如侧重于掌握可持续发展核心知识的"猜猜看"游戏、侧重于提高可持续发展实践能力的"大海捕鱼"游戏、侧重于形成可持续发展价值观的"手绢还是纸巾"活动（以上三个游戏详见本书第一部分第V章的相关内容）等，这些游戏活动一旦教师亲身经历过，都会被其吸引和感染，然后在自己的课堂上进行复制和再现，并不断与学生们一起探索，发掘新点子、新办法来使教学活动变得更易操作、互动性更强。

5. 可持续发展教育评价与新课程评价理念相一致

关于课程评价的改革，《基础教育课程改革纲要（试行）》明确提出了建立与素质教育理念相一致的评价与考试制度，即要建立一种发展性的评价体系，改变以往课程评价过分强调的甄别与选拔功能，发挥评价促进学生发展、教师提高和改进教学实践的功能。

可持续发展教育的课程评价，关注的不仅是学生在知识和技能上的收获，而且更加关注学生对可持续发展的理解、个人潜力的发挥以及价值观的形成，并进一步生成新的理想、信念、设想和行动。

6. 可持续发展教育有利于三级课程的整体把握

新课程管理的改革明确提出了实施三级课程管理制度，即改变课程管理过于集中的状况，实行国家、地方、学校三级课程管理，增强课程对地方、学校及学生的适应性。同时，在新的课程计划内，给地方和学校两级留出了10%～12%的空间，由地方和学校自主开发课程。为了实现上述目标，本次课程改革重新划分了国家、地方、学校在基础教育课程管理中的职责分工，调整了国家课程在整个课程计划中所占的比重，在课程内容和课时安排上增加了一定的弹性，让地方和学校拥有相应的选择余地。

可持续发展教育的一个显著特征就是地方性，即鼓励学习者联系本地的实际情况，在全球的视野中处理本地的问题。可持续发展教育特别提倡本土知识的学习，认为本土知识是地方课程和校本课程的最佳载体。从更深层次的意义上说，对本土知识的固守反映了可持续发展教育对文化多样性的重视。在新课程实施中，可持续发展教育提倡通过国家课程、地方课程与校本课程的互动，充分利用各地的自然、经济、文化、历史、人文资源，以及物质与非物质的诸多遗产，将可持续发展的意识与理念播种到学生的心田，使可持续发展的种子生根发芽。

可持续发展教育植根于整个课程体系中，特别强调整体性。教育工作者不应把"可持续发展教育"看做学校"新增学科"的课程，它是整体或者"整个学校"学习的内容，有利于实现原有的教育目标，是贯穿学习者的整个学习过程的"红线"。目前在学校课程的实施层面上，国家课程、地方课程和校本课程在课程内容、课程管理等方面存在重复、交叉和割裂的现象，这给学校课程的整体建设带来了困惑，也给一线教师带来了负担。为此，学校需要深入学习和运用可持续发展教育的理念并加以有效实施，在保障充分发挥三级课程功能的基础上，探索在课程内容、学习方法、评价方式等方面进行有效整合，保证三级课程相互关系的整体把握，全面推进素质教育。

（三）新课改为可持续发展教育提供了政策保障与实施空间

本次基础教育课程改革所倡导的政策方向、所提倡的基本观念（教师观、学生观、教学观）、所实行的课程模式，都具有创新性和改革的意义，且其与可持续发展教育的基本取向和理念是一致的。可以说，本次课程改革为可持续发展教育提供了契机。（人民教育出版社环境教育中心，2008）[30]

我国基础教育课程改革非常重视可持续发展教育。新的课程方案、学科课程标准、教材都更加丰富和明确了有关可持续发展教育的培养目标、课程目标、内容标准和教学内容，为可持续发展教育在中小学的实施提供了政策保障和实施空间。在义务教育阶段，本次课程改革中新设置的综合实践活动、地方与学校课程相加起来，占义务教育阶段课时总量的16%～20%。这部分的课程容量就完全可以用可持续发展教育的内容来充实，现实的情况也是如此。同样，高中新课程方案中的综合实践活动（包括研究性学习、社区服务和社会实践，共计23个学分）和选修学分Ⅱ（6个学分），也为可持续发展教育提供了可行的课程政策空间。

参考文献

[1] 北京师范大学环境教育中心，等.1999.可持续发展教育教师培训手册[M].北京：北京师范大学出版社.

[2] 联合国教科文组织.2005.联合国教育促进可持续发展十年（2005—2014年）国际实施计划[M]//钱丽霞.教育促进可持续发展——国际研究与实践的趋势.北京：教育科学出版社：9-70.

[3] 钱丽霞.2005.教育促进可持续发展——国际研究与实践的趋势[M].北京：教育科学出版社.

[4] 人民教育出版社环境教育中心.2008.学校中的可持续发展教育[M].北京：人民教育出版社.

[5] 张伟，田青.2001.整合与扩展——从环境教育到可持续发展教育[M].北京：学苑出版社.

[6] 章新胜.2006.以科学发展观为指导 推动可持续发展教育[M].北京：教育科学出版社.

[7] 中华人民共和国教育部.2003.中小学环境教育实施指南（试行）[M].北京：北京师范大学出版社.

[8] 朱慕菊.2002.走进新课程——与课程实施者对话[M].北京：北京师范大学出版社.

II 如何在学科教学中进行可持续发展价值观教育

可持续发展教育本质上是价值观教育,是促使学生形成可持续发展价值观的教育。如何创设学生个体价值观形成和发展的条件,选择价值观教育的有效方法,是在学科教学中进行可持续发展价值观教育必须关注的。

一、什么是可持续发展价值观教育

当我们开始关注可持续发展价值观教育的时候,首先要明确如下几个概念,即什么是可持续发展,什么是可持续发展教育,什么是价值观教育,什么是可持续发展观,以及可持续发展教育与价值观教育的相互关系。

可持续发展是"既能满足当代人的需求,又不牺牲后代人满足其需求的能力的发展"(WCED,1987,转引自:钱丽霞,2005)[19],它是一个综合性的概念,涵盖了环境、经济、社会和文化等领域。教育是促进可持续发展的重要动力和先决条件,而可持续发展教育则是以尊重为核心的价值观教育,目的在于使受教育者获得为积极参与可持续发展所需要的科学知识、价值观念、行为习惯和生活方式,进而促进社会、文化、经济与环境的可持续发展。由此可见,价值观教育便成为我们首先应该明确的概念。

(一) 价值观教育的界定

1. 价值观的界定

价值观是人们对于价值的基本观点和看法。首先,价值观是从主体角度出发的,既可以是一种个体现象,也可以是一种社会现象;其次,价值观是人们对于"意义"的选择和确定,是对事物"值得与否"的观念;最后,价值观虽然是作为一种观念或思想的形式存在,但其最终指向是行为,并对行为具有解释、预测和导向的功能。

众所周知,在社会生活的各个领域都存在着价值观,反映了人们在不同领域的实践中形成的对事物与人的价值关系的认识。而不同主体也必然有其特定的价值观。因此，我们可以从不同角度给予价值观相应的分类：从社会生活的角度可以划分为政治价值观、经济价值观、道德价值观、环境价值观、宗教价值观和人生价值观等；从主体的角度可以分为社会主流价值观、群体价值观和个体价值观等。

需要特别指出的是，在一般情况下，"价值观"和"价值观念"是作为同一概念使用的，人们对此并不加以特别仔细的区分。但严格来说，价值观与价值观念是有区别的。价值观，是关于价值的总的看法，而价值观念，则是对某类事物价值的具体看法。价值观更为抽象，涵盖的范围也比价值观念大，它是各种价值观念的抽象、概括和提升；价值观念则是对具体对象的观点和看法，是价值观的体现和具体化。

因此，在价值观教育过程中，我们帮助学生建构的首先是具体的价值观念，学生需要在不断建构和调整价值观念的基础上，不断建立和完善其价值观。

2. 价值观教育的界定

价值观教育是以特定群体（如学生）为主体，通过教育的方式，引导该群体认识、选择并确定事物的意义，帮助他们建构价值观念的过程。

根据上述我们对价值观的分类，价值观教育的种类也可以此来划分，即社会生活角度的政治价值观教育、经济价值观教育、道德价值观教育、环境价值观教育、宗教价值观教育和人生价值观教育等，以及不同主体角度的社会主流价值观教育、群体价值观教育和个体价值观教育等。

一般意义上的价值观教育是指社会主流价值观的教育，所探讨的是学生在社会主流价值观的形成、认同和变化上的问题。可持续发展教育就是一种社会主流价值观教育。

（二）可持续发展教育是一种价值观教育

1. 可持续发展观本质上是关于发展的价值观

可持续发展观是当今时代人类对于世界发展的看法，是人们对社会发展与永续和谐之间关系的觉醒与选择，它是人们对社会、环境、经济与文化及其与人类相互关系的认识，以及在此基础上形成的具有指导性的准则。"可持续发展"本身就是一种价值观，是关于发展的价值观。

"可持续发展"是一个动态的、不断演进的概念，可持续发展观的内容已经大大突破了以环境保护为主的理念，从生态与环境全面延展至经济、社会和文化等涉及人类幸福的诸多领域。从20世纪80年代到今天，可持续发展观已发展成为一种综合性的关于发展的价值观。它涵盖了人类生存、生产、生活与发展的物质的与非物质的所有方面。随着时代的变革和社会发展，随着人类对社会、经济、环境、文化等认识的不断深化，可持续发展观的内容还将进一步得到丰富与发展。

2. 可持续发展教育是关于发展的价值观教育

一方面，我们说，可持续发展教育的内容是随着可持续发展观的不断丰富而发展的。可持续发展观现已成为一种综合性的价值观，这意味着可持续发展教育所包含的领域也必然得到扩展与延伸，这既是一种空前的挑战，又是一种突破性的发展。目前，可持续发展教育的内容已涉及社会、文化、环境与经济领域的九个主题。另一方面，可持续发展教育是以培养学生的可持续发展观来促进人类社会可持续性发展的，通过教育的方式，使学生学习到可持续的未来发展与积极的社会变革所需要的价值观念、行为习惯和生活方式。因此，可持续发展教育的过程就是学生建构可持续发展所需价值观念的过程，即关于发展的价值观教育的过程。

3. 可持续发展教育是以"尊重"为核心的价值观教育

可持续发展教育主要涉及社会、文化、环境与经济这四大领域的九个主题。其价值核心是"尊重"：尊重他人，包括现代和未来的人们；尊重差异与多样性；尊重环境；尊重我们居住的星球上的资源。它力图促进以下四个方面的价值观念的形成："尊重全世界所有人的尊严和人权，承诺对所有人的社会和经济公正；尊重后代人的人权，承诺代际间的责任；尊重和关心大社区生活的多样性，包括保护与恢复地球生态系统；尊重文化多样性，承诺在地方和全球建设宽容、非暴力、和平的文化。"（联合国教科文组织，2005）[12-13,26] "尊重"作为可持续发展价值观的核心，也必然成为可持续发展价值观教育的核心。可持续发展教育就是使人们通过教育过程理解自己和他人，理解人类与自然、社会的联系，这种理解是人类在面对众多"价值"与"意义"时的基本看法和选择，是形成尊重价值观的坚实基础。

（三）对可持续发展价值观教育的理解，即对"四个尊重"的解读

1. 尊重当代人与后代人

尊重当代人与后代人强调的是以"公平"与"平等"为主体的价值观体系。尊重当代人即尊重不同国家、地区、种族、民族、肤色、信仰、年龄、性别、职业的人，以共同的责任、协调的行动维护我们共同的家园；尊重后代人即尊重不同时代的人，也就是当代人的行为不应对后代人满足其发展的需要造

成危害，必须保障后代人的生存和发展权利，以使人类的发展能够在时间上延续。

在可持续发展价值观教育中，教师要引导学生认识和谐对于人与人关系的重要意义，了解人与人相处的基本原则，包括平等待人、关心助人、善于交往、宽容大度、相互合作等；同时，也要使学生认识到战争给人类带来巨大危害，和平对于世界各国的重要意义。要使学生认识到当代人的活动和发展不能影响后代人的生存与发展，应学会珍惜资源，作出长远的规划。

2. 尊重差异与多样性

尊重差异与多样性强调的是以"友好"和"认同"为主体的价值观。在承认自然和人类社会存在差异性的前提下，树立尊重差异与多样性的观念。

尊重差异与多样性包括对生物差异与多样性的尊重和对文化差异与多样性的尊重。生物多样性是实施可持续发展、保证地球生物圈与人类延续的物质基础。每个生命形式有理由独立于它对人们的价值外，得到友好的尊重和保护。在可持续发展观教育过程中，教师要引导学生初步树立保护地球生物的意识，了解当地生物多样性的特点，关注当地稀有濒危生物的保护现状，而"友好"就是引导他们正确对待地球生物的重要价值准则。

文化多样性则是指文化在不同时代和不同地方具有各种不同的表现形式，具体表现在语言、艺术、音乐、宗教信仰、社会结构、土地管理制度、产业结构、膳食以及无数其他人类社会特征的多样性上。文化多样性是交流、革新和创造的源泉。从这个意义上讲，文化多样性是人类的共同遗产。在可持续发展价值观教育过程中，一方面，教师要引导学生树立各种文化间要相互理解和彼此尊重的观念，也就是文化认同的价值观念，理解和尊重各民族的文化传统、生活习惯和风土人情，从而增进民族团结与和睦关系；另一方面，在传承中华优秀传统文化的背景下，通过可持续发展价值观教育，使学生了解并认同家乡与祖国的传统文化，认识并热爱中国的世界文化遗产，从而使本民族文化得以可持续发展。

3. 尊重环境

尊重环境强调的是以"责任"为主体的价值观体系。"尊重环境"把人与环境的伦理关系放到了一个重要位置。人类身处环境之中，与其他生命体和非生命体存在着公共利益，这种公共利益不但包含人类利益，而且高于人类利益。人类的利益是具有局限性的，它只能存在于地球的公共利益中。人与环境的关系便是人类利益与环境中的公共利益的关系，在这种关系中，人必然对环境及其连带的公共利益承担责任。在可持续发展价值观教育过程中，教师可以通过使学生了解影响家乡生态环境的常见问题,来激发并培养学生保护环境的责任意识与尊重环境的价值观念。

4. 尊重地球资源

尊重地球资源强调的是以"珍惜"和"节制"为主体的价值观。在可持续发展价值观教育过程中,教师应当让学生认识到地球资源是人类赖以生存和发展的基础,地球上的自然资源是有限的,"地球、生命、人类"系统的平衡与物质的生产和调节能力也是有限的,人类必须在地球资源容量允许的范围内去谋求发展的目标,在自然系统平衡的限度内开发资源,科学、合理地利用资源,尤其是珍惜和节制对非再生资源的使用和开发,完善资源的使用方式和开发方式,引导学生树立节约、高效、合理、公平利用资源的价值观念。

二、为什么要进行可持续发展价值观教育

(一)它是对国际社会普遍认同的可持续发展理念的积极回应

"可持续发展"是国际社会普遍认同并具体实施的发展战略,是一种普世价值观。要达成可持续发展,就需要跨地域、跨行业、跨学科的合作与努力。"其中,教育在公民养成与实现各国与全球及人类社会的可持续发展中发挥着不可替代或者不可或缺的关键作用。"(钱丽霞,2005)[3] 这意味着我们要把可持续发展的价值观贯穿到教育的各个方面,以改变人们的行为方式,建设一个全民的更加可持续发展的和公正的社会。可持续发展价值观教育就是这样一种教育,它旨在使学生能够正确理解自己和他人,以及与自然和社会环境的联系,从而形成可持续发展所需要的以尊重为核心的价值观念、行为方式和生活方式。因此,我们说可持续发展价值观教育是促进和实现可持续发展的重要动力,是对可持续发展理念的积极回应。

(二)它是实现学生全面和谐发展的重要手段

教育的最终目标是实现人的全面和谐发展,这意味着学生在知识、能力、情感、价值观念与行为方式上的全面协调发展。可持续发展价值观教育是引导学生学会正确地看待社会、人生以及自己的生活和生命,使他们学习到可持续的未来发展与积极的社会变革所需要的科学知识、价值观念、行为习惯和生活方式。在这一过程中,学生亲历了认知、判断、感受、选择、行为及巩固等一系列逐渐深入的层次,学会了在面对他人、社会和人生的过程中,应当以何种

价值观去积极地处理各类关系。这一过程使学生的认知、情感和行为得以全面整合，成为实现学生全面和谐发展的重要手段。

（三）它是达成新课程功能转变的重要途径

21世纪伊始，我国启动了一场被称为"基础教育的一次深刻革命"的课程改革。本次课程改革的具体目标之一，就是要"改变课程过于注重知识传授的倾向，强调形成积极主动的学习态度，使获得基础知识与基本技能的过程同时成为学会学习和形成正确价值观的过程"（中华人民共和国教育部，2001）。对学生情感、态度与价值观的培养首次被提升到课程目标的高度。在这种背景下，价值观教育成为实现价值观目标的重要途径，也成为实施新课程功能转变的必然选择。

可持续发展观是当代最先进的发展价值观之一，是人们对人与社会、人与环境、人与经济以及人与文化之间关系的重新解读与选择。因此，可持续发展观使得新课程中的价值观培养目标也具有了时代性和可操作性，与此同时，可持续发展价值观教育也成为促进新课程中价值观目标得以实现的一个具象化途径，它将价值观教育赋予了现代特征，为价值观教育的实施构建了新的平台。

三、如何在学科教学中进行可持续发展价值观教育

（一）在学科教学中实施可持续发展价值观教育的方法

1. 价值澄清法

价值澄清法是由美国学者路易斯·拉斯（Louis Raths）、梅里尔·哈明（Merrill Harmin）、悉尼·西蒙（Sidney Simon）等人于20世纪70年代提出来的，是指由教师向学生提供有关某一问题的不同价值观，引导学生选择或提出自己的价值观，通过讨论争议，消除不恰当的价值观，确认恰当的价值观的教学过程。"价值澄清可被定义为一种方法，即利用问题和活动来教评价过程，而且，帮助人们熟练地把评价过程应用到他们的生活中价值丰富的领域。"（冯增俊，1993）[84]价值澄清理论认为，价值观接受的过程实际上就是从选择、评价，再到行动的过程，分为以下七个步骤：自由地选择、从各种可供选择的项目中进行选择、在仔细考虑后果之后进行选择、赞同与珍视、确认、依据选择行动、重复该行动。

根据我们对价值澄清法的理解，在可持续发展价值观教育过程中运用价值

澄清法可以遵循如下几个步骤。

①将某一领域中的有关可持续发展主题的价值观展示给学生。

②引导学生进行初步的决策：学生认识并识别供选择的价值观；学生考虑每一种价值观的可能后果；学生各自选择他们认为最佳的价值观。

③组织集体讨论：学生阐述自己的选择理由并为之辩护。

④给学生机会，让他们调整自己的选择，作出最后的决策，作为集体讨论的结果。学生可改变或重申自己对此问题的立场。

现以"为什么要挽救热带雨林"为例，说明价值澄清法的运用。首先，教师把学生分成若干小组，每个小组提出一个列表，说明他们认为热带雨林应该得到保护的原因。随后，当学生们讨论过后，每个小组指定发言人对他们提出的原因作报告。之后，向学生分发"为什么要挽救热带雨林"的复印件，上面列出通常给出的关于热带雨林应该得到保护的10个原因；要求小组成员比较列出的原因，并且决定他们是否要在自己的列表上添加一些原因，也可以讨论细微的差别。讨论原因之后，让每个小组再次聚到一起并按下面的办法对原因列表进行分等：第一，让小组设法达成有关保护热带雨林的两个最重要的原因的一致意见，同时关注在集体讨论中的各种不同的观点；第二，讨论热带雨林正在遭到破坏的一些原因（为了得到贵重的硬木材，或者为了经营大牧场，等等）；第三，要求学生们再看一看主要的原因列表，并决定他们认为哪个原因最能使世界各地的人们信服保护世界的热带雨林是非常重要的。

教师在这一过程中需要思考的是，这些原因与学生们所认为重要的原因一样吗？如果不一样如何区分它们？在讨论之后，让每个小组准备一个成果展示，说明热带雨林被破坏带来的影响，以及帮助保护世界的热带雨林为什么是很重要的。

2. 价值分析法

价值分析法是运用科学的归纳方法逻辑地思考价值观。该方法是20世纪60年代末70年代初由杰罗尔德·库姆斯（Jerrold Coomls）、米尔顿·穆克斯（Milton Meux）、詹姆斯·查德威克（James Chadwick）等一批教育家、哲学家和心理学家共同提出和发展起来的。价值分析法的主要目的，就是带动学生学会以一种高度系统的逻辑性方法来思考价值观，作出正确的判断和决定。这种方法更适用于高年级的学生，因为他们已经开始形成抽象思维能力，能够对现存的价值观提出质疑。通过价值分析，可促进学生探索具有积极意义的价值观。

在价值分析的过程中，首先由教师向学生提供某一可持续发展问题的背景资料，包括各不同群体的态度。学生通过查阅资料或调查，了解不同的甚至冲突的观点及其蕴涵的价值观。在这一过程中，教师要引导学生识别不同群体的价值观和相关的行为，分析利益冲突的价值观来源，分析价值观及其行为产生的后果。例如，某一河流有建水电站、旅游、鱼类养殖等用途，教师可针对此问题采用价值分析的方法。教师先让学生观看录像内容或阅读文献资料，了解各方群体的观点：公共事业机构人士认为水电站的建设具有高度的积极价值；旅游业人士认为旅游价值应当维护；鱼类养殖者希望保护鱼类生存环境；环保倡导者认为应当排除人为因素对河流的影响。教师可通过诸如问答形式等引导学生识别不同群体价值观的冲突点以及相关行为，分析其利益冲突的根源。最后由教师对学生的讨论结果进行归纳，引导学生预测并比较各种价值观及其行为可能产生的后果。在这一过程中，教师不能向学生呈现最终的一致性答案，而应根据教学目标，画龙点睛地使学生明确本课中包含的原理、概念，从而有效地提高学生在环境领域的可持续发展意识，促进学生发展自己的相对稳定的可持续发展价值观。

又如，教师在教授高中语文必修课程之阅读与鉴赏《拿来主义》一课时，也可以通过价值分析法，即引导学生识别并分析对外来文化的几种不同态度，帮助其了解并尊重世界文化的多样性以及全球化背景下世界文化的发展趋势，从而使其逐渐形成并确定对待外国文化的正确态度。

3. 价值发现法

价值发现法是指由教师或者学生提出含有价值观目标的课题或学习任务，在问题情境中，在教师的引导下，学生自主学习并探究价值观念，包括制订或设计方案、收集资料、解释资料、评价与交流学习结果等流程。它是学生在建构价值观念时，发现、分析、得出结论以及自我内化的一个过程。例如，教师在教授高中数学必修1中的"指数函数与对数函数"时，可以利用人口增长问题，让学生掌握函数的应用。在这一探究过程中，学生统计近几年我国人口的总数，估算出自然年平均增长率，再从理论上计算某年的人口，讨论、思考人口过快增长所带来的问题；了解人口增长的基本状况以及人口与环境和谐的关系，理解控制人口增长的必要性，从而促进其自觉提升对国家与社会可持续发展的关注度（其中包含农村发展与可持续城市化等可持续发展问题），进而形成一种科学、客观的社会责任感。又如，"树立正确的消费观"是高中思想政治必修1"经济生活"的教学内容，是对学生进行绿色消费教育的重要内容。就本教学内容而言，教师可以安排学生通过调查、比较与分析等探究任务，使学生了解各种消费心理与消费行为，学会辨析和澄清多元的消费观念，从而树立正确的消费观，并在实际生活中作出正确与合理的道德判断，做一名理智的消费者。

需要特别说明的是，运用价值发现法应注意以下几个问题。

①价值发现必须有符合学生需要和认知水平的探究任务。探究任务提出的恰当与否，直接关系到价值观目标落实的有效与否。教师在提出探究任务时，一定要注意任务本身是否符合学生的现实需要，并针对学生现有的认知和能力水平，使任务难度具有适宜的挑战性，以此激发学生的探究热情，促进价值发现的成功完成。

②价值发现必须具有丰富的学习资源。实施价值发现法，教师必须为学生提供一定的背景信息，使参与的每一位学生有大致相同的理解起点；同时准备较为充足的素材资料，或为学生提供查找素材的方向和方法，让学生亲自对材料进行感知、理解、分析、综合并得出结论。

③价值发现应遵循一定的阶段和环节。价值发现法没有固定的教学程序，但应遵循一定的环节：其一，创设问题情境，激发学生的探究热情；其二，引导和帮助学生探究发现价值观念；其三，将探究结果运用到新问题中去，使价值观目标得以践行和提升。

④价值发现需要有和谐的学习环境。融洽的课堂氛围是价值发现法得以开展的重要条件。只有在民主、和谐、宽松的环境里，学生才能独立地探索并发表个人的见解，从而形成相应的价值观念。因此，教师在此过程中，应当尊重学生的感受，耐心倾听学生所表达的观点，并在此基础上促进学生间的交流与分享，帮助他们解决价值发现过程中出现的问题，引导学生沿着主要问题的方向建构价值观念。

4. 模拟体验法

在课堂教学中，教师不可能让学生都通过身临其境的方式来获得对可持续发展价值观的感悟和体验，因此，创设一个恰当的模拟情境让学生从中获得感悟和体验是十分重要的。

首先，模拟情境的设计要得当，要有真实性。活动情境创设质量的高低直接影响体验的有效性和价值观获得的真实性。其次，在模拟体验过程中，教师要注意引导。学生在情境中活动时，教师要在学生的认知、情感和行为上进行得当的引导，要把学生从物境引入心境，使其对价值观的感悟不断提升。最后，加强反思，促进升华。反思是深入领悟价值观的过程，经历反思才能将活动中的感受和心灵体验激活和催化，从而获得对价值观更新更高意义程度上的建构。例如，教师在讲授人教版普通高中课标教材《英语1》中的"Unit 1

Friendship"时,就可以鼓励学生通过编排情景剧的方式,使用问候、告别、感谢等常用的日常交际表达,从而让学生在具体的模拟情境中,体会如何通过语言表达促进和谐人际关系的达成,帮助其形成尊重他人的可持续发展价值观念。

需要特别指出的是,在课堂教学中,渗透可持续发展价值观教育的任何一种方法都有其独特的作用,但在一定程度上也具有一定的片面性,因此,教师要想全面、有效地实现可持续发展价值观教育的目标,就必须将几种方式结合利用。例如,在价值分析法中加入模拟体验法等,进行综合且深入的分析。另外,教师还应努力在实践中不断探索新的可持续发展价值观教育方法。

(二) 可持续发展价值观教育在学科教学中的实现过程

可持续发展价值观教育在学科教学中的实现过程,实际上是价值观在学科教学中的形成过程,它可以帮助教师准确地把握价值观目标与学习活动、学习内容与教学方法的相互关联,使教学过程更具有整体性和线索性。需要特别指出的是,对这一实现过程的阐述,存在着以下几个基本假设:第一,该实现过程并不是一元化的,即不存在唯一的可持续发展价值观教育的实现过程;第二,实现过程必须以帮助学生学习可持续发展价值观为第一原则;第三,可持续发展价值观教育的实现过程应考虑到学生在学习可持续发展价值观过程中的相关影响因素和依托条件。

图1-2-1 学科教学中可持续发展价值观教育的实现过程

结合上述基本假设,我们将"提出隐含价值观念的问题——以认知定向价值观念——感受并选择价值观念——移情巩固价值观念——提升与践行价值观念"作为渗透可持续发展价值观教育的基本课堂教学思路,但这些环节的把握并非是独立于我们的教学过程之外的,而是与教学过程中的"明确或渗透教学目标(价值观目标)——学习相关概念、原理与方法——探究、拓展与运用——交流、合作与分享——课堂小结与延伸"这一系列环节相互对应与渗透的。教师要善于将课堂教学过程与可持续发展价值观教育的实现过程结合在一起,在达成学科知识与技能、过程与方法目标的同时,实现学科关于可持续发展价值观的目标。

我们以"关注当今城市建设——城市建设开发与古建筑的保护"(人美版高二年级)这一课题为例①,详细阐述可持续发展价值观教育在学科教学中的实现过程。这一课题是以城市建设开发与古建筑的保护为研究对象,以案例教学为中心展开,以"如何解决保护与开发的矛盾"为可持续发展教育渗透点,旨在促进学生在自主探究的基础上形成尊重多元文化的可持续发展价值观念。

1. 提出隐含价值观念的问题

以问题的形式导入新课,通常是进入新课时引起学生注意的较好方式。根据某一现象,提出隐含可持续发展价值观的问题,引发学生全面辩证地思考,此环节的设计能为学生可持续发展价值观的形成起到重要的铺垫作用。

播放新、旧北京城面貌对比的视频片段(由教师整理的资源),让学生直观了解城市建设开发的重要性和古建筑保护的紧迫性,教师在此基础上提出问题:(1)看了上述的视频和教材图片,你有哪些感受?(2)为什么要探讨城市建设开发与古建筑的保护?由此,学生会根据新、旧北京城对比,发表自己对所看视频的观后感,并列举出记忆中"消失的古建筑"和身边的"古建筑遗存",开始意识到城市建设开发与古建筑的保护是摆在我们面前的一个具体而又实际的问题。

教师运用生动直观的视频资料,引导学生加强对古建筑越来越少的危机感的认识,从而激发学生进一步探究如何对古建筑进行保护的动机。

隐含价值观念问题的提出通常有两种形式:第一,根据现状启发学生自己提出问题;第二,教师向学生直接展示一个或几个现实存在的可持续发展问题,然后由学生对此展开讨论并尝试提出解决方案。在第一种形式中,教师可以借助媒体报道或耳闻目睹的周围事物引发学生对问题的发现和思考。一般而言,现实中的很多问题并不具有显著的对错特征,教师应选择具有一定潜在问题的社会现象作为问题提出的载体,引发学生全面辩证地思考。在第二种形式中,教师直接向学生展示现实存在的探究性问题,然后由学生对问题的现状和解决方法进行讨论,最后提出可行的解决方案。所展示的问题,应当针对学生的年龄和学科知识特点的不同而有所区别。

2. 以认知定向价值观念

以认知定向价值观念,意味着教师要引导学生学习相关理论知识,让学生在相应理念的指导下分析并解决问题。

通过引导学生学习《威尼斯宪章》和《中华人民共和国文物保护法》等

---

① 教学设计(楷体字部分)由北京市第九中学王世宏老师提供,引入本书时略有改动。

文件资料，以帮助其了解文物保护的法律法规以及文物建筑的价值界定。

随后，让学生了解苏州、北京、南京、湘西凤凰等地的古建筑，感受城市风貌的点睛之笔；认识巴黎城市轴线的延伸与新区建设的特点，由此，使其明确城市建设开发与古建筑的保护应该是相互依存的关系，理解古建筑是城市文化的重要组成部分，在对比中，反思"名城"的"名"要靠古今共同的创造与维护，并需要一代代不断延续。

在提出问题引发学生思考的过程中，学生对学习内容的认知影响着他们对问题的分析和解决的导向。一般情况下，教师在提出问题后，应当结合对学科中的基本概念、原理和内容的讲解引发学生对学习内容的思考（即发挥学生认知因素的作用），组织并引导学生在现象或问题提出后，有方向性地分析问题，并通过对此类学习内容认知因素的把握，提升学生对该类可持续发展价值观问题的敏感程度，激发其积极性和主动性。

3. 感受并选择价值观念

让学生感受并选择价值观念，需要教师设置具体情境（或实验）——将情境（或实验）设计为学生面临的一种实际问题或考验，使他们在认知的基础上亲身感受、分析并作出选择，提高其探究的欲望。

在理论认知的基础上，学生对问题的解决就会体现全面辩证的特点。此环节主要体现为小组合作探究（学习）。

首先，由教师再次提出具体的探究问题：城市建设开发与古建筑保护有哪些矛盾？如何协调城市建设开发与古建筑保护？

随后，由学生根据本组案例调查的内容阐明其观点，提出开发与保护的建议。（课前准备阶段，学生以自愿结合的分组方式及组员责任原则划分成若干合作学习小组，收集、整理身边的城市建设开发与古建筑的保护案例。）

石景山模式口地区古建筑遗存调查汇报（分组演示PPT）：

◆ "驼铃古道"组汇报：古隘口、龙形古道、过街楼及古井（结合街景写生、照片或视频）；

◆ "古镇民居"组汇报：不同风格的旧时民居、宅院（结合四合院平面图、照片或视频）；

◆ "寺庙及古墓"组汇报：法海寺、承恩寺及田义墓（结合突出寺庙特色的写生、照片或视频）；

◆ "北京九中与模式口地区的发展"组汇报（结合本地区的整体开发效果图或电脑动画）。

从身边的实例入手，用调查汇报（PPT演示）的方式，结合实地写生和拍摄的照片和视频，使学生积极主动地去探讨如何协调城市建设开发与古建筑保护的矛盾，并提出建议。这一探究过程也是学生开始自主建构"保护古建筑从身边做起"的可持续发展价值观念的过程。

这一过程是学生获得可持续发展价值观的关键环节。学生在通过认知因素的作用发现问题后，教师要引导学生对问题进行价值分析，初步选择并确定他们在这一问题上的价值观念。

在这个过程中，首先，学生会根据提出的问题区分并判断价值观念；其次，学生会根据自己的认知、需要和经历的不同，对某一种或某一类价值观念产生个体的倾向；再次，学生会对价值观念作出必要的选择，并为自己所选择的价值观念提供必要的资料支持，并确定资料的有效性及其与价值观之间的必然联系，在此过程中，学生会有意或无意地对自己所选择的价值观念进行后果性的思考。

4. 移情巩固价值观念

移情巩固价值观念意味着教师应鼓励并引导学生通过相互间的交流分享，促进学生可持续发展价值观的建构与巩固。

教师引导学生总结并分享从课前预习、调查研究到课上学习全过程中的感受。通过学生之间的互动交流，让他们产生情感共鸣并巩固其保护古建筑的责任感。

在这一环节中，教师应引导并组织学生对自己的感受、思考与选择作出清晰的表达和传递；与此同时，学生也应在此过程中，学会倾听并理解他人的选择，并在此基础上，思考并审视自己所选择的价值观念，或作出调整或坚定选择。

5. 提升与践行价值观念

教师在上述环节的基础上，通过新的案例帮助学生提升与践行可持续发展价值观念。

课后，师生共同向有关部门（城市规划、文物保护等）提交关于石景山模式口地区的古建筑保护建议，进一步延伸学生在课堂中形成的可持续发展价值观念，即保护古建筑就是对历史和文化的尊重与传承的重要体现。在调查研究与报告撰写过程中，教师要充分发挥学生的主体参与性，使学生将可持续发展价值观念得以更好地提升和践行。

在这一环节中，教师可以安排或设置关于此类可持续发展价值观念的新问题，或让学生结合自身情况设计某一行动方案，让学生在新问题或新方案中践行他们最终确定的价值观念。

值得注意的是，教师在整个可持续发展价值观教育的过程中，应努力扮演好以下角色：①活动的设计者——教师宜根据教学内容和学生需要，选取或自行设计适宜的与可持续发展价值观相应的教学活动，教师也可根据教学情境的需要，把现有的教学活动改编运用，以保持教学设计的弹性；②学生可持续发展价值观建构的促进者——教师宜营造一个尊重、信赖、合作、自由的学习环境，扮演一个辅导者，与学生一起投入到学习情境中；③可持续发展价值观的分享者——在适当的时候，教师可介入活动中，坦诚地说出自己的观点，也可以修正自己的价值观，为学生起示范的作用。

参考文献

[1] 陈章龙，周莉.2004.价值观研究［M］.南京：南京师范大学出版社.

[2] 冯增俊.1993.当代西方学校道德教育［M］.广州：广东教育出版社.

[3] 傅维利.1995.关于价值观教育的几点思考［J］.高等师范教育研究（4）：10－13，66.

[4] 黄宇，田青，郭玉峰.2003.学校中的环境教育——计划与实施［M］.北京：化学工业出版社.

[5] 加涅.2007.教学设计原理［M］.王小明，等，译.上海：华东师范大学出版社.

[6] 加涅.1999.学习的条件和教学论［M］.皮连生，等，译.上海：华东师范大学出版社.

[7] 克拉斯沃尔，布卢姆.1989.教育目标分类学：第二分册 情感领域［M］.上海：华东师范大学出版社.

[8] 李子健.1998.中小学环境教育理论与实践［M］.北京：北京师范大学出版社.

[9] 刘济良.2007.价值观教育［M］.北京：教育科学出版社.

[10] 联合国教科文组织.2005.联合国教育促进可持续发展十年（2005—2014年）国际实施计划［M］//钱丽霞.教育促进可持续发展——国际研究与实践的趋势.北京：教育科学出版社：9－70.

[11] 钱丽霞.2005.教育促进可持续发展——国际研究与实践的趋势［M］.北京：教育科学出版社.

[12] 辛志勇，姜琨.2005.论青少年的价值观教育［J］.人民教育（18）：5－9.

[13] 袁贵仁.2006.价值观的理论与实践［M］.北京：北京师范大学出版社.

[14] 中华人民共和国教育部.2001.基础教育课程改革纲要（试行）［EB/OL］.（2001－06－07）［2009－03－20］.http：//www.moe.edu.cn/edoas/website18/32/info732.htm.

[15] 祝怀新.2005.环境教育的理论与实践［M］.北京：中国环境科学出版社.

III 如何在学科教学中实施可持续发展教育

根据《联合国可持续发展教育十年（2005—2014）国际实施计划》的基本精神及《中小学环境教育实施指南》与我国课程改革的具体要求，利用学科教学主渠道实施可持续发展教育是十分必要的。《北京市中小学可持续发展教育指导纲要》（以下简称《纲要》）中明确指出："各学科教学要结合学科的特点，依据课程标准的有关要求，充分挖掘现行教材中有利于实施可持续发展教育的渗透点，多方利用社会教育资源，扎实开展可持续发展教育。"（北京市教育委员会，2007）[246]

一、为什么要在学科教学中实施可持续发展教育

（一）在学科教学中实施可持续发展教育的必要性

义务教育和普通高中教育是国民素质教育的起点，学生作为接受教育的主体，他们在校的大部分时间都是在课堂中度过的，因此，要使可持续发展教育在学校教育中真正落到实处，就应该发挥课堂作为培养人的主阵地的重要作用，充分抓住学科教学这一主渠道。只有通过长期、润物细无声和潜移默化的教育，才能帮助学生逐步形成可持续发展所需要的科学知识、价值观念、行为习惯与生活方式，才能提高学生的自主探究能力，帮助他们形成批判性思考问题的方式，才能培养学生的创新意识和创造能力，使他们具备不断创新、不断发展的竞争能力，达到 21 世纪人才的规格要求，使素质教育落到实处，实现学生全面发展。

（二）在学科教学中实施可持续发展教育的基本内涵与基本定位

1. 在学科教学中实施可持续发展教育的基本内涵

在学科教学中实施可持续发展教育，即依据各学科的教学任务，将可持续发展教育的相关内容，包括知识、技能、意识、情感、态度、价值观等，有机

地融合到各门学科教学之中，化整为零地实现各学科的教学目标要求以及融合可持续发展价值观的教育目标，为中小学生形成可持续发展价值观和积极投身于可持续发展活动奠定良好的知识、能力与情感基础。

2. 在学科教学中实施可持续发展教育的基本定位

在学科教学中实施可持续发展教育的基本定位，是以可持续发展教育促进教学方式的变革，提升学科教学内涵，提高教学质量。可持续发展教育不是要在现行各学科之外增加一个新学科，而是希望现行各学科教师在教学中，引导学生关注本学科内容中与可持续发展紧密相关的实际问题，培养学生综合性和批判性地思考和解决可持续发展实际问题的能力，进而从根本上提高各学科本身的教学质量。

（三）在学科教学中实施可持续发展教育的"两点论"原则

所谓在学科教学中实施可持续发展教育的"两点论"原则，即在学科教学中实施可持续发展教育应同时满足两个基本要求：第一，学科教学内容与可持续发展教育相关教育主题应具有关联性；第二，实施可持续发展教育的教学过程应同步设计教师的教学方式与学生的学习方式。

首先，所谓学科教学内容与可持续发展教育相关教育主题应具有关联性，即学科实施可持续发展教育的教学内容应该与《纲要》中规定的可持续发展教育的四大领域九个主题中的某一个或某几个主题相关联，即社会领域的生命与安全教育、公民权利与责任教育、和谐社会教育，文化领域的中华优秀传统文化与世界遗产教育、文化多样性教育；环境领域的环境保护与污染防治教育、自然灾害预防教育，经济领域的循环经济与绿色消费教育、农村发展与可持续城市化教育。① 教学内容的选择应体现以尊重为核心的可持续发展价值观，即尊重人，包括当代人与后代人；尊重差异与多样性；尊重环境；尊重我们居住的星球上的资源。

其次，在新课程背景下实施可持续发展教育的教学过程应同步设计教师的教学方式与学生的学习方式。也就是说，一方面，要了解学生，鼓励探究，发挥学生的主体作用；另一方面，要分析和研究课程标准与教材，挖掘教材内容与可持续发展教育的结合点，有针对性地实施可持续发展教育。在教学过程的设计上，教师应将出发点定位于培养学生具有可持续发展意识、技能与学习习惯，

---

① 关于可持续发展教育的内容，可参考《可持续发展教育实施指南①在我们的学校引入可持续发展教育》（教育科学出版社，2008）。

具有终身学习能力；在教学目标的制订上要注重把握可持续发展价值观；在教学内容的呈现上，要注重从单一学科教学内容拓展到与社会、文化、环境和经济领域的可持续发展问题有关的综合内容；在教学方法的选择上，要注重建立师—生、生—生、师生与社会合作的关系，注重学生的课前预习探究、课堂合作探究及课后应用实践，最终提高学生参与解决可持续发展实际问题的能力。

二、如何在学科教学中实施可持续发展教育

（一）如何挖掘各学科教学内容与可持续发展教育的结合点

1. 教师在备课中要树立主动挖掘学科教学内容与可持续发展教育结合点的意识

在学科教学中实施可持续发展教育，并不是要求教师在各学科每一节课的教学中都必须找到学科教学内容与可持续发展教育的结合点，我们必须承认，不是所有的教学内容都与可持续发展教育相关联。教师在进行每一课的课堂教学设计时，要有意识地思考该教学内容是否可以与可持续发展教育相联系，如果有联系，应在课堂教学设计中有意识地挖掘能够自然融合可持续发展价值观的结合点。

为准确把握可持续发展教育结合点，教师必须加强学习，要根据《十年计划》《指南》《纲要》及本书第二部分中的各学科实施可持续发展教育指导意见的基本精神，准确、全面地把握可持续发展教育的内涵和各学科涉及的可持续发展教育内容，领会可持续发展教育的实质和精髓。在教育教学活动设计中，要注重建构学生在学习与发展过程中的主体地位，注重培养学生终身学习与终身发展所需要的探究精神与能力，以及可持续发展所需要的价值观、行为方式和能力。

2. 准确把握学科教学内容与可持续发展教育的结合点与贯穿线

所谓把握学科教学内容与可持续发展教育的结合点，即确定该教学内容是否与可持续发展教育有关，若有关，是属于可持续发展社会、文化、经济以及环境哪个领域哪方面的问题，这些问题可用本课什么知识加以解决。

所谓把握学科教学内容与可持续发展教育的贯穿线，即根据某教学内容与可持续发展教育的结合点，设计其贯穿整个教学的简要思路。具体而言，有些教学内容就是可持续发展教育所涉及的主题，这些教学内容与可持续发展教育的结合应结合本学科知识教学进行，教师应将重点放在设计教学中的各种活

动。有些教学内容本身与可持续发展教育涉及的主题没有直接联系，但是教师可以引入与可持续发展教育相关主题有关的素材设计具体的教学环节，这些教学内容与可持续发展教育的结合可以在课前进行，教师重在对学生课前预习的指导和设计课堂中展示学生预习成果的教学环节；也可以在知识拓展环节进行，教师重在设计本学科知识的教学与实施可持续发展教育之间的衔接。

案例1-3-1

人教版历史必修模块1中的"抗日战争"一课从日本发动战争和侵略罪行的角度入手，分析了战争爆发的必然性、日军罪行产生的原因及对现在的影响，多个角度渗透了可持续发展价值观。

※**本课可持续发展教育结合点及贯穿线**

结合点：本课属于社会领域生命与安全教育及和谐社会教育、环境领域环境保护与污染防治教育，使学生了解日本在沦陷区实行野蛮的"扫荡"和"三光政策"、使用生化武器的历史史实，进而理解日本帝国主义在侵略战争中所施行的屠杀暴行以及对中国人民生命的侵犯和对财产的掠夺。

贯穿线：

第一环节：将学生分成小组，按类别去收集日军侵华的罪行，概括侵华日军的滔天罪行。同时，收集日本使用生化武器及其遗留的化学武器伤害中国人民的事实，讨论生化武器对环境的破坏，分析侵略战争带来的长期危害。

第二环节：课堂上出示日本老兵永富博道等人的回忆录，中日战争的材料、照片，深层次挖掘日军罪行产生的原因，让学生形成正确的战争责任观和理性的爱国主义精神。

第三环节：通过分析日本侵略者从人性变为反人类的兽性的原因，客观反思战争对两国的影响，认识到世界各国相互依存的关系，进而认识到只有争取和平，才能实现人类社会的可持续发展。

（本案例由北京市第一六一中学张明明提供）

案例1-3-2

人教版物理选修模块3中的"电动势"一课重在突出电源中"非静电力"的存在，使学生从能量转化的角度理解"非静电力做功使其他形式的能转为电势能"，而电动势则是反映电源把其他形式的能转化成电能的本领的物理量。另外，电源内阻 r 也是电源的重要参数，而且外电路的电压会随内阻上电压的变化而变化，这也是学习"闭合电路欧姆定律"的基础。同时，电动势和内阻同为电源的重要参数，通过联系实际，学生可较充分地了解化学电池的特点和危害，融入"环境保护、绿色消费、安全"的可持续发展价值观。

※本课可持续发展教育结合点及贯穿线

结合点：本课属于社会领域生命与安全教育、环境领域环境保护与污染防治教育、经济领域循环经济与绿色消费教育，使学生在学习物理知识的基础上，提高自我保护的基本技能，了解主要环境污染状况、发生的原因及防治，了解节约资源的措施。

贯穿线：

1. 社会领域生命与安全教育：通过让学生自制化学电池，提示学生做有一定危险性的实验时，一定要做到胆大心细，要善于保护自己。

2. 环境领域环境保护与污染防治教育：学生通过对化学电池的结构及原理的学习，意识到化学电池对人体的危害和对环境的污染；唤起学生保护环境的意识，鼓励学生行动起来对废旧电池进行回收处理。

3. 经济领域循环经济与绿色消费教育：学生通过讨论如何购买电池，识辨不法商贩"以旧充新"的不法行为；通过讨论旧电池的再利用，唤起学生节约资源的意识。

（本案例由北京市鲁迅中学徐虹霞提供）

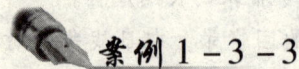
案例 1-3-3

人美版美术必修模块中的"关注当今城市建设——城市建设开发与古建筑的保护"一课，针对中国的许多城市在建设开发的过程中出现大面积的旧城改造、新区建设，难以避免会遇到古建筑的存留以及如何保护的问题，为学生提供了利用教材和身边典型案例进行研究的机会，帮助学生学会正确地认识文物古迹的价值，懂得保护身边的古建筑，尽早树立起尊重文物、尊重历史的观念。

※本课可持续发展教育结合点及贯穿线

结合点：本课属于文化领域中华优秀传统文化及世界遗产教育、环境领域环境保护与污染防治教育及文化多样性教育、经济领域可持续城市化教育，即探讨在城市开发与建设过程中如何解决古建筑的保护问题。

贯穿线：

第一环节：引导学生通过对教材内容中的典型案例进行预习，明确我们要做什么，怎么做。

第二环节：进一步在身边发现城市建设与古建筑开发与保护的实例，并进行调查、探究。在探究的过程中，注重提高学生运用美术知识解决实际问题的能力，并且通过综合运用其他学科相关知识，强化学生在解决问题的过程中体验各学科知识之间的内在联系。

第三环节：通过互相交流的方式，分享尽可能多的信息，使学生从中得到合作学习的有益体验；并指导学生就城市建设和古迹保护向有关部门献计献策，为建设、美化城市尽到自己的责任和义务。

（本案例由北京市第九中学王世宏提供）

（二）学科教学实施可持续发展教育如何制订教学目标

制订学科实施可持续发展教育的教学目标，应根据新课程要求把握的"三维"教学目标，即知识与技能目标，过程与方法目标和情感、态度与价值观目标。在"三维"教学目标的制订上，教师应切实做到三者的和谐统一，遵循如下基本原则：倡导并优先考虑情感、态度与价值观目标，过程与方法目标是组织和呈现教学内容的主导，知识与技能目标是支撑全部课程目标的基础，二者要服从和服务于情感、态度与价值观目标。

首先，可持续发展教育的本质是价值观的教育，因此要特别关注情感、态度与价值观目标。应强调通过加强可持续发展价值观和主流价值标准的引导，使学生紧密结合与自己息息相关的实际生活，通过探究学习和社会实践，切实提高参与现代社会生活的能力，初步形成正确的世界观、人生观和价值观，为终身发展奠定基础。

其次，就过程与方法目标而言，应培养学生掌握多样化的学习方式，特别是自主探究与合作的学习方式，全方位培养学生终身学习和终身发展所需要的综合素质，使学生的主体意识、能动性和创造性不断得到发展。要使学生经过学习，能够参与讨论本地及全球性的可持续发展问题，并能有针对性地采取行动。

最后，知识与技能是解决人类自身及人类社会可持续发展进程中各类问题的基础，各学科教学内容中都或多或少地涉及与社会、文化、环境和经济等领域的可持续发展教育内容相关的知识，因此，各学科教学也必然承担着帮助学生掌握这些知识的基本任务。在制订知识与技能目标时要首先完成学科基本教学要求，要注意深浅适中，过于浅显或过于深奥都不利于培养学生分析问题、解决问题的能力，从而影响学生形成正确的情感、态度与价值观。

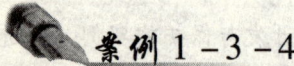

案例1-3-4

人教版地理必修模块3中的"第四章 区域农业发展——以我国东北地区为例"要求学生通过对东北农业可持续发展的对策措施进行案例分析，科学地看待农业发展的前景，应用因地制宜的原则去实现不同区域农业的可持续发展。

※**知识与技能目标**

1. 以东北地区农业发展为例，了解东北地区农业发展的成就，以及农业由于在开发利用中不合理的行为而出现的问题，进而分析东北地区农业可持续发展的途径和方法。

2. 根据资料，针对区域农业发展中的问题，分析归纳区域农业可持续发展的途径和方法。

※**过程与方法目标**

使学生掌握通过案例分析现实问题的一般方法，在分析案例过程中学会如何去发现问题、分析问题和解决问题，进而培养学生具体问题具体分析的态度，形成理论联系实际的思维方法。

※**情感、态度与价值观目标**

认识人类的生产活动要尊重自然规律，理解人与自然和谐发展的意义，树立可持续发展的观念。

（本案例由北京市中关村中学刘文静提供）

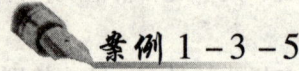

案例1-3-5

人教版化学必修模块2中的"资源的综合利用——环境保护"一课，教师依据化学学科的教学任务，着重使学生认识资源在生产、生活中可能带来的环境问题及其危害，以及相应的化学解决方法。

※**知识与技能目标**

1. 认识煤、石油、天然气是人类的主要能源，了解其主要成分和用途。

2. 通过乙烯的聚合反应了解常见高分子材料的合成，知道日常生活中这些材料的应用。

3. 了解形成酸雨的主要物质是硫氧化物和氮氧化物，了解水体的氮、磷污染问题。

4. 了解一些污染的来源和控制方法，以及化学在环境保护方面的重要作用。

5. 了解化学方法在实现物质间转化中的作用；知道在化学合成中应遵循"绿色化学"思想，了解"原子经济"的概念。

※过程与方法目标

1. 设计学案，提出问题，指导学生通过阅读课文、参考书、查找资料进行自学。在学案中设计相关的总结表格，引导学生梳理知识，学习用对比的方法进行学习。

2. 通过课堂小组合作学习，师生共同交流、讨论，理解有关煤、石油和天然气的综合利用及意义，提高学生合作学习的能力。

3. 在课堂讨论交流中，引导学生关注环保问题，理解绿色化学的原则及意义。

※情感、态度与价值观目标

1. 引导学生认识化学在自然资源综合利用和环境保护方面的重要作用和价值。

2. 引导学生体会、认识在化学合成中遵循"绿色化学"思想的重要性。

3. 引导学生关注社会，培养责任感。

（本案例由北京理工大学附属中学荆晓燕提供）

（三）学科教学实施可持续发展教育如何选择教学方法

《十年计划》指出：可持续发展教育具有跨学科性和整体性、价值驱动、批判性思考和解决问题、多种方式、参与决策、应用性和地方性等基本特点。（联合国教科文组织，2005）[13]这些基本特点决定了在学科教学中实施可持续发展教育要避免简单地说教，而应尽可能鼓励与引导学生自己发现并合理解决身边的可持续发展问题。这与新课程的基本理念，即强调培养学生具有批判性地思考与解决问题的能力是不谋而合的。在学科教学中实施可持续发展教育的教学方法有很多，本专题结合新课程改革的基本理念重点介绍以下三种方法。

1. 在探究式教学中实施可持续发展教育

狭义的探究式教学可以理解为一种课程形态，即在课程计划中规定一定课时数，以利于学生从事探究性学习的教学活动。当前教育界广泛关注、探讨和推行的探究式教学指广义的探究式教学，即从学科领域中选择和确定研究主题，在教学中创设一种类似于学术（或科学）研究的情境，通过学生自主和独立地发现问题、调查、收集与处理信息、实验、操作、表达与交流等探索活动，获得知识、技能、情感、态度与价值观的发展，提高创新精神及实践能力的教学方式。它一般包括明确探究问题、确定探究方向、组织探究、收集资料、整理资料、得出结论、考虑社会活动等要素。

探究式教学的本质与核心是学生知识的自主建构，基本目标是使学生通过亲身经历探究过程，获得直接经验与深层次的情感体验，提高综合运用所学知识批判性地思考与解决问题的能力，进而养成科学精神和科学态度。探究式教学在观念上的平等、开放、民主，在过程中的自主、体验、个性，在形式上的生动、多样、有趣，使其成为最能体现可持续发展教育核心思想的最有效、最具特色的教学方法，它既是实现可持续发展教育目标的手段，本身也是可持续发展教育的组成部分。

具体来说，教师在教学实践中应做到以下三个方面。首先，根据学生认知水平与兴趣选择提出具有一定开放性与实践性的有价值的探究问题，这些问题应基于教材、源于教材、高于教材，具有一定的深度和梯度。其次，指导学生有目的地收集并筛选能够解决探究问题的论据与资料，并在此基础上，引导学生对探究学习主题进行深入的思考与研究，从而将探究活动引向深入。教师要鼓励学生提出问题，争论问题，进行思维的碰撞，使学生的探究行为具有一定的提升。最后，引导学生自己思考与生成结论，展示并合理表述探究结论，并对形成的结论进行检验。对尚存疑问的问题，教师要鼓励学生大胆质疑，引导学生辨别其真伪对错，进行有创意的思考。

案例1-3-6

本书第二部分中的"数学学科教学实施可持续发展教育指导意见"提出，在讲授"双曲线型冷却塔问题"这一内容时，教师可以让学生通过探究，了解双曲线型冷却塔的工作原理以及资源回收与再利用的意义及措施，养成资源节约意识，并了解循环经济的理念。

本书第二部分中的"地理学科教学实施可持续发展教育指导意见"提出，在讲授"中外著名旅游景观欣赏"这一内容时，教师可以引导学生收集中国的和世界其他国家的世界遗产的相关资料，并就世界遗产的分布、种类及特色等问题在班级进行展示交流。

本书第二部分中的"化学学科教学实施可持续发展教育指导意见"提出，在讲授"改善大气质量"这一内容时，教师可以引导学生了解奥运期间，为改善北京的空气质量，政府和社会采取了哪些措施，还存在哪些问题，并利用所学的化学知识探究我们可以为改善大气质量做些什么。

本书第二部分中的"体育与健康学科教学实施可持续发展教育指导意见"提出，在讲授"全面发展体能"这一内容时，教师应首先教会学生科学锻炼身体及科学发展体能的内容和方法，同时更应着重引导学生通过探究，结合个人的不同情况，设计制订适合个人体能发展的计划。

2. 在体验式教学中实施可持续发展教育

体验式教学是一种基于学习者自身直接经验的教学方式，即根据教材的需要，通过教师组织真实的或者模拟的社会实践活动，使学生获得丰富的感性认识，从而加深对理性知识的理解。

可持续发展教育关注学生的生活经验与真实的情感体验，强调通过学生的主体参与获得为促进可持续的未来发展所需要的知识与技能，强调正确的价值观的引导与学生的生活体验和自我实现相统一的原则，使社会规范的学习实现真正的内化，而这种内化的过程就是学生体验、感悟的过程。

体验式教学可以分为情境与活动体验教学、角色体验教学、考察体验教学等。情境与活动体验教学，即教师根据教学内容为学生创设体验的情境与氛围，并精心设计与学生已有的生活经验相联系的各种活动，让学生不知不觉地进入某种情境中去感受、去体验、去探索，从而唤醒学生已有的经验，并将其与眼前的情境相通融，进而达到自我感悟、自我升华的内化效果。角色体验教学是指教师引导学生进行角色模拟与体验，包括对人物的模拟和对事件的模拟。教师可以根据学科教学内容与可持续发展教育的结合点，有针对性地设计，使学生参与角色扮演、小品表演、课本剧表演、模拟情境经历等角色体验。通过角色体验，学生可以对自己较陌生的角色有一定的感性认识，从而提升其观察与分析社会、文化、环境、经济现象的能力。考察体验教学是指教师引导学生通过实地考察、观察、问卷调查、座谈、访谈、读书、网络调查等形式获取第一手资料。教师要鼓励学生走出课堂，进行社会考察活动。学生的体验既可以是课前的收集信息资料，也可以是课后的社会实践活动。

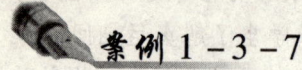案例 1-3-7

本书第二部分中的"思想政治学科教学实施可持续发展教育指导意见"提出，在讲授"我国公民的政治参与"这一内容时，教师可开展主题辩论会、模拟法庭等活动，使学生理解公民在政治、经济、文化生活中应享有的权利和应履行的义务，敢于和善于承担责任。

本书第二部分中的"英语学科教学实施可持续发展教育指导意见"提出，在教授"Working the land"这一内容时，教师可设计分角色口语练习活动，学生通过扮演不同角色，理解农民与建筑商之间的关于土地资源合理利用的对话。

本书第二部分中的"生物学科教学实施可持续发展教育指导意见"提出，在讲授"生物资源的保护与利用"这一内容时，教师可以创设情境，使学生模拟对某个环境事件或资源利用计划作出决策。

本书第二部分中的"美术学科教学实施可持续发展教育指导意见"提出，在讲授"学习中国传统工艺美术和民间美术"这一教学内容时，教师可以利用当地传统文化资源，让学生参观博物馆、工艺坊，走访民间艺人，通过考察了解传统的工艺美术。

3. 在合作式教学中实施可持续发展教育

合作式教学是指教师为学生创设小组或团队共同完成的目标与任务，明确小组中各成员的责任，并指导学生开展合作活动的教学方式。它是一种以教学目标为导向，以异质小组为基本组织形式，以教学各动态因素的互动合作为动力源，以团体成绩为奖励依据的一种教学活动和策略体系。

新课程改革背景下的合作式教学一般以小组为单位，组织学生进行专题资料的收集与整理、专题采访、专题讨论与辩论等活动，旨在使每位学生在认知、情感、行为、能力等方面均得到提高。可持续发展教育具有跨学科性与综合性等特点，它所涉及的问题与多个学科相关，在学科教学中利用合作式教学实施可持续发展教育，有利于学生从多个角度认识与思考某一问题，也有利于学生合作技能的提高。

在具体实践中教师应做到以下五个方面。第一，精选符合学生生活实际及认知规律的、较复杂、较综合或者存在争议的教学内容作为合作学习主题。要在合作学习之前为学生留有足够的独立思考时间，因为只有学生对某一问题百思不得其解时进行的合作学习才最有效。第二，实现分组的互补效应。应遵循"组内异质、组间同质"的原则，以实现"组内合作、组间竞争"。第三，还应明确为各小组确定合作学习的任务与目标。第四，在课前或课堂中，为学生提供充裕的操作、探究、讨论、交流的时间，使所有学生在思想和认识上有所碰撞，让不同层次学生的智慧都能得到展示，以促成生生与师生互动。第五，应充分发挥教师在合作式教学中作为促进者、合作者、帮助者、激励者的作用。

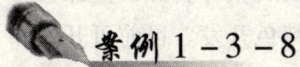

案例1-3-8

本书第二部分中的"语文学科教学实施可持续发展教育指导意见"提出，在讲授《三棵树》这一内容时，教师可引导学生以诗中的"三棵树"为本，理解诗人对砍伐树木的行为有一种无声的批判，也表达了对世界上一切受伤害的人和事物的真挚同情。同时，组织学生分组编一个"我"与"树"之间的小故事。

本书第二部分中的"历史学科教学实施可持续发展教育指导意见"提出，在讲授"古代中国的发明与发现"这一内容时，教师可以让学生分小组收集资料，并选择一项科技成就进行介绍，使学生理解中国古代文明推动了人类社会的进步。

本书第二部分中的"物理学科教学实施可持续发展教育指导意见"提出，在讲授"机械能和能源"这一内容时，教师可指导学生调查功率与油耗（电耗）的关系，开展针对节能、开发新型能源问题的讨论，进而了解能源与人类生存和社会发展的关系。

本书第二部分中的"音乐学科教学实施可持续发展教育指导意见"提出，在教授《真的爱你》这一内容时，教师可以引导学生在学习演奏并与乐队共同排练作品的过程中培养主动与他人合作的精神，在讨论环节中将自己的见解与他人交流，培养团队精神，懂得感恩与回报是和谐社会精神世界的基础。

（四）如何整合教育资源为可持续发展教育服务

1. 学科课程资源的开发与利用

在各学科课程标准中都有专门的章节论述各门学科可利用的资源，以及如何开发与利用这些资源。教师应充分利用这些资源为实施可持续发展教育服务。

首先，课程改革的今天，虽然教材不是教学的至高权威和唯一依据，但它依然是开展教学活动的主要依据，各种版本教材仍然是最直接、最好的课程资源。教师应根据可持续发展的教育理念创造性地使用教材，合理地调整教材的体系结构，根据学生的生活实际选择教学内容、更新教学内容，挖掘教材中的可持续发展教育结合点。要做教材的研发者，而不仅仅是教材的执行者。

其次，学校要从具体的学校特点、教师特点、学生特点出发，发挥各自的优势，根据实际情况选择、利用、丰富、拓展可持续发展教育资源，使课程资源的开发呈现出多样性、丰富性、独特性，有效实现特色开发。目前可开发和利用的资源是多种多样的，包括文字与音像资源（报刊、书籍、图片、录音、录像、影视作品等）、实践活动资源（图书馆、阅览室、实验室、博物馆、纪念馆、文化馆、自然和人文景观、机关、企业、事业单位等）、信息化资源（利用信息技术和网络技术，收集网上资源，包括文字资料、多媒体资料、教学课件等）。

最后，学校还应充分挖掘和利用已开发的与可持续发展教育有关的地方课程与校本课程资源为学科教学服务，从关注国家课程、地方课程和校本课程的整合性、选择性和均衡性等角度，积极推进整体课程建设。当前，各级层面已开发的与可持续发展教育有关的地方课程与校本课程资源很多，其中的一些内容与国家课程相关学科的教学内容有一定的重复和交叉，这些资源完全可以被利用来为相关学科教学服务。因此，学校应系统思考国家课程、地方课程与校本课程三级课程的优化整合问题，优化课程与教学内容，提高教学效率，切实减轻学生负担。

2. 地域资源的开发与利用

学校应根据地域特点，考虑城乡差异和地区差异，创造性地开发有地方特色的区域资源，充分利用当地资源进行可持续发展教育。学校应考虑组织教师和学生共同开发具有区域特色的可持续发展教育校本教育资源，编写、开发有区域特色的可持续发展校本教材，利用区域资源进行教学。与此同时，学校也应针对可持续发展教育的相关主题，充分利用地区或学校已有的教育实践基地，或开发新的教育实践基地，让学生有亲身参与实践的机会，从而有效地促进学生进一步了解与可持续发展相关的知识，并培养相应的实践技能。

3. 借鉴其他学科资源

可持续发展教育的一大特点是跨学科性。目前在我国还没有专门的可持续发展教育课程，可持续发展教育主要是结合各学科教学实施。但可持续发展教育同时又具有综合性，完成可持续发展教育的目标仅仅依靠单一学科的知识是不够的。

从教师的角度讲，教师在进行与可持续发展教育有关的教学时，应有意识地思考本学科的相关知识与其他学科的相关知识间的联系，有疑问要主动与其他学科教师沟通。

从学校管理者角度讲，学校教科研管理人员应为不同学科教师创造集体学习与研讨的机会，打破学科间的壁垒，使不同学科教师能够相互借鉴。例如，学校可以尝试让一些有一定学科联系的教师成立研讨与备课组，定期交流与研讨，找出各学科间知识的共通性，从而从根本上提高教师素质。

案例 1-3-9

人教版语文必修模块 2 中《故都的秋》一课，教师充分调动了学生学习的积极性，从不同角度充分开发与利用了网络资源、学校周边的资源及跨学科资源。

1. 网络资源：课前充分利用学校图书馆、互联网等资源查找相关资料，了解北京的现在和过去，并查找作者及其他名家介绍北京的一些作品，如汪曾祺的《胡同文化》、老舍的《想北平》等。

2. 学校周边的资源：引导学生课前利用本地区资源进行实地考察，了解学校附近的北京居民，尤其是老北京居民的日常起居，老北京的风俗习惯、自然风物特点等；课上以学生共同品味秋天的"故都韵味"为主，拓展延伸现代北京大都市的特点，二者形成对比，使学生更多更深刻地了解"北京的符号"；课下的延伸以实践活动的形式展开。

3. 跨学科资源：向历史教师了解老北京的风土人情，向地理教师了解人们的居住特点，向生物教师请教北京树木的种类、牵牛花的特点，等等，用于本课教学中。

（本案例由北京市第九中学高笑旭提供）

三、在学科教学中实施可持续发展教育应注意的问题

（一）应在保有学科特色的基础上适时适度地实施可持续发展教育

在学科教学中实施可持续发展教育，并不是这方面的内容越多，效果就越

好,而是要遵循实事求是的原则,具体问题具体分析,要把握好学科教学实施可持续发展教育的"度"。具体来说,教师既要在教材中充分挖掘教学内容与可持续发展教育的结合点,又要时刻掌握好分寸并把握好尺度。在学科教学中实施可持续发展教育的首要目标是完成本学科的基本教学任务,因此,不能为进行可持续发展教育而冲淡了学科教学本身的特点。同时,在课堂教学中也应适时提出可持续发展问题,要力求自然、和谐,达到"润物细无声"的效果,应努力避免牵强附会,防止"两张皮"与"贴标签"情况的发生。在教学过程中,教师应避免大段地说教,要通过具体事例、现象,让学生体验和顿悟,达到师生共鸣。

(二)加强地区与校本培训,鼓励教师实践,构建有特色的学科教学实施可持续发展教育实践模式

为更加深入地在学科教学中实施可持续发展教育,应加强地区与校本培训。要组织教师学习《十年计划》以及《纲要》,进一步系统认识可持续发展教育的基本内涵与基本内容,完成从 EPD 到 ESD 的转变。此外,要组织教师认真学习《纲要》配套文件,即《北京市中小学学科实施可持续发展教育指导意见》,深入领会各学科与可持续发展教育的关系、各学科与可持续发展教育有关的内容,以及在各学科教学中实施可持续发展教育的途径与方法。同时,学校应有计划地组织教师系统地挖掘各学科能够进行可持续发展教育的结合点,并探索将这一结合点融入教学全过程的具体途径。应鼓励开展多学科实施可持续发展教育专题研讨活动,多开展示课,使教师在实践中发现问题,促进教师共同成长。

参考文献

[1] 北京教育科学研究院基础教育教学研究中心.2006. 基础教育课程改革实施中的中小学各科教学方式研究 [M]. 北京:首都师范大学出版社.

[2] 北京市教育委员会.2007. 北京市中小学可持续发展教育指导纲要 [M]//罗洁,钱丽霞,等.2008. 可持续发展教育实施指南①在我们的学校引入可持续发展教育. 北京:教育科学出版社:244-249.

[3] 联合国教科文组织.2005. 联合国教育促进可持续发展十年(2005—2014 年)国际实施计划 [M]//钱丽霞. 教育促进可持续发展——国际研究与实践的趋势 [M]. 北京:教育科学出版社:9-70.

[4] 中华人民共和国教育部.2003. 中小学环境教育实施指南(试行)[M]. 北京:北京师范大学出版社.

附：学科教学实施可持续发展教育教案设计表

一、教学背景分析

学科		所用教材		任课教师		班级	
课　　题							
本课教学目标							
重　　点							
难　　点							
可持续发展教育点及设计思路							
教材分析							
教学方法							
教学资源开发与利用的基本思路							

二、教学过程

时间	课前预习探究任务	预习内容	预习方式与要求	预期效果

提示①：为了使学习过程前移，本环节要求教师设计课前预习内容、预习方式与要求及预期效果，使学生学会发现问题，带着有准备的头脑进课堂。

时间	课堂教学任务	教师活动	学生活动	预期效果

提示：根据学科教学目标要求，设计课堂教学任务；教学设计要求体现"主体探究、综合渗透、合作活动、知行并进"的原则；同时要同步设计教与学的活动，指导学生关注并参与解决当地可持续发展问题。

---

① 教案设计表中"提示"部分内容供参考，可不列入教学设计中。

时间	课后延伸任务	内容	方式与要求	预期效果

提示：本环节通过布置作业，进一步巩固本节课需要完成的学习任务，并为后续教学提出学习任务。

三、教学反思

Ⅳ 如何跨学科实施可持续发展教育

《联合国可持续发展教育十年（2005—2014）国际实施计划》的总体目标提出，把可持续发展观念贯穿到学习的各个方面，以改变人们的行为方式，建设一个全民的更加可持续发展和公正的社会。（联合国教科文组织，2005）[12]可持续发展学习根植于整个课程中（联合国教科文组织，2005）[28]，因此，可持续发展教育具有跨学科性和整体性的特点。

一、什么是跨学科

"跨学科"（interdisciplinary）一词最早收录于1937年版的英国《新韦氏大词典》和《牛津英语词典增补本》。它是在"学科、训练"（discipline）的形容词"disciplinary"基础上加前缀"inter"（在……间，在……中，跨介）构成的。《英华大词典》（商务印书馆1984年版）将"跨学科"（interdisciplinary）一词解释为："涉及两种以上训练的；涉及两门以上学科的。"

"跨学科"的基本含义是，打破学科界限，进行涉及两门或两门以上学科、把不同学科理论或方法有机地融为一体的研究或教育活动，既包括自然科学、人文科学、社会科学各自学科领域内的交叉，也包括三类学科之间的交叉。

跨学科实施可持续发展教育是区别于学科实施可持续发展教育而提出的一种教学方式。学科实施可持续发展教育是指，通过各门学科课程的实施，化整为零地实现可持续发展教育的目的与目标。跨学科实施可持续发展教育是指，通过两门或两门以上学科，选取与可持续发展教育相关的内容为论题，将它们有机地融合在一起，有针对性地并系统地实施可持续发展教育的教学活动（见图1-4-1）。

那么，跨学科实施可持续发展教育有何优势呢？

首先，跨学科的方式打破了学科界限，架起了各学科间的桥梁，消除了某些"无用"的重复，提高了学习的效率。教学实践中实施跨学科，把相关的学科按照一定的逻辑关系重新排列组合、分工合作完成教学活动，可以充分发挥教学团体的团队精神，使教学资源得到充分有效的利用。教师把一些零星的

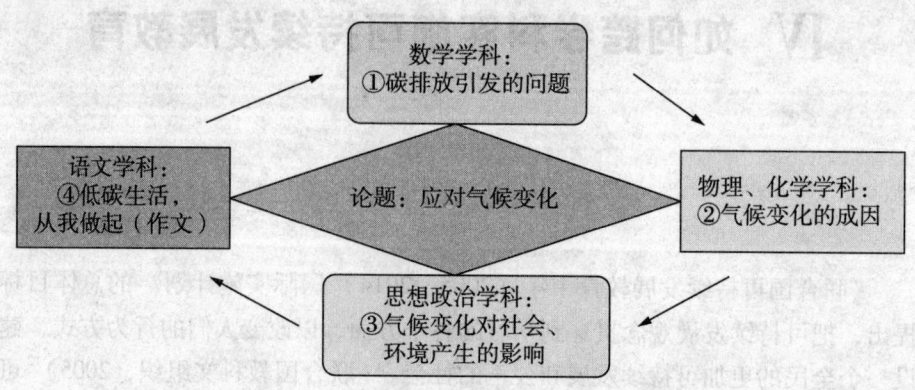

图1-4-1 跨学科实施ESD的流程示例

知识、概念的片段予以有机整合,形成系统的、完整的概念或知识,有利于学生从整体上把握。例如,高中生物、思想政治学科中都有"绿色消费"的教育内容,生物与思想政治教师可以"绿色消费教育"为主题共同完成教学活动,从"一次性筷子使用问题"的探讨入手,使学生在设定的辩题中自觉使用生物学科中"森林资源合理开发"的有关内容,思想政治教师引导学生在合作讨论中,运用哲学原理思考问题,逐渐形成联系地、全面地、发展地看问题的辩证思维能力。在课后延伸部分的宣传画比赛中,还会使学生的美术赏析和创作能力得以提升(具体见本书第388～396页北京市中关村中学生物、思想政治跨学科实施可持续发展教育教学实践案例)。

其次,由各学科的教师组成的教学团体,通过在多学科综合的基础上开展教学,向学生提供多种经验,有利于学生多视角、全方位地认识问题和掌握解决问题的方法,促进学生综合判断、选择能力的培养,加深学生对学习综合性和可持续发展问题的多学科性的理解。例如,教师在指导高中学生进行研究性学习时,对于很多研究专题都是采用跨学科方式进行,教师的辅导团队对学生全面认识问题有极大的帮助。如北京市第十三中学"校园古建筑研究",结合了地理教学中地图的制作、历史教学中明清历史、美术教学中中国古建筑等学科内容,使学生在研究的过程中增强了对学校的情感,也对中国的文化遗产有了更清晰和深刻的认识。

二、为什么要跨学科实施可持续发展教育

（一）可持续发展教育是一个聚集多学科的综合整体

可持续发展是一项复杂的事业，与生活的每一个方面相联系。在规划与实施"可持续发展教育十年"的过程中，保持这些联系非常重要。（联合国教科文组织，2005）[29]

可持续发展中的生命与安全、公民权利与责任、和谐社会、中华优秀传统文化及世界遗产保护、文化多样性、环境保护、自然灾害预防、循环经济与绿色消费、农村发展与可持续城市化等值得教育关注的问题，广泛涉及社会学、伦理学、生态学、生物学、物理学、化学、地理学、经济学、历史学及文化、艺术等各个方面。由此可以看出，可持续发展问题是综合性的，这些问题虽然有不同类型，但是它们之间是相互联系并相互渗透、重叠的。例如，大气污染通过酸雨可以污染水体、土壤和生物；水体污染的影响往往可以波及环境整体。解决可持续发展问题的方法和技术显然也是综合的，既涉及工程、技术措施，也有经济、法律的措施，还有化学、物理、生态学等手段（见图1-4-2）。因此，无论是培养学生的可持续发展意识，还是加深他们对可持续发展问题的理解，或提高其解决社会、文化、环境、经济领域中可持续发展问题的技能和树立正确的可持续发展价值观念，都有赖于各学科教师从多学科视角审视，从整体上认识并公正、全面地解释可持续发展涉及的各方面因素，以实现提高教育质量的目的。这就需要跨学科实施可持续发展教育。

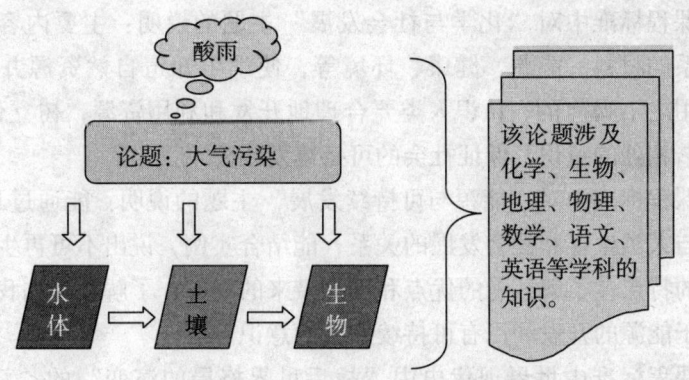

图1-4-2　大气通过酸雨影响环境

（二）课改为跨学科实施可持续发展教育搭建了平台

《基础教育课程改革纲要（试行）》提出：改变课程结构过于强调学科本位、科目过多和缺乏整合的现状，整体设置九年一贯课程门类和课时比例，并设置综合课程，以适应不同地区和学生发展的需求。（中华人民共和国教育部，2001）为了体现课程结构的均衡性、综合性和选择性，保证学生全面、均衡、富有个性地发展，《基础教育课程改革纲要（试行）》提出的课程结构的这种转变，本身就是强调学科间的相互联系和有机整合，这与可持续发展教育跨学科性和整合性的特点遥相呼应。

课程综合化是当前世界范围内课程改革的一大趋势，事实上，在我国，对于课程综合化已经很少有人反对，问题的关键在于，到底应该如何实现综合。可持续发展教育是我们在以分科教学为主的教学制度下、基于国家课程体系的综合课程开发的一个新的载体，它的有效实施为教师尝试综合课程开发提供了一个平台，教师可以在与不同学科教师的合作中，了解同年级其他学科的教学内容，发现可以在本学科教学中运用的知识和方法，从而在一定程度上改变了教师的知识结构，扩展了他们的知识范围。

1. 课标注入了可持续发展教育的内容要求

目前实施的各学科课程标准中，如生物、物理、化学、地理、历史、思想政治等学科，都有明确的可持续发展教育的内容要求（详见本书第二部分中各学科的学科教学实施可持续发展教育指导意见）。在此以可持续发展教育经济领域的"资源能源"的教育内容为例，予以简要说明。

地理课程标准中"区域地理环境与人类活动"内容标准要求：以某区域为例，分析该区域能源和矿产资源的合理开发与区域可持续发展的关系。

化学课程标准中对"化学与社会发展"主题的说明：主要内容包括与化学密切联系的材料、能源、健康、环境等，使学生知道自然资源并不是"取之不尽，用之不竭"的；认识人类要合理地开发和利用资源，树立保护环境、与自然和谐相处的意识，保证社会的可持续发展。

物理课程标准中对"能源与可持续发展"主题的说明：能通过具体事例，说出能源与人类生存和社会发展的关系；能结合实例，说出不可再生能源和可再生能源的特点；了解核能的优点和可能带来的问题；了解世界和我国的能源状况；对于能源的开发利用有可持续发展的意识。

历史课程标准中世界现代史中"战后世界格局的演变"的"活动建议"提出：通过查阅报纸杂志、收听收看广播电视、进行社会调查等形式，了解当前人类面临的共同问题，并就其中的某一方面，如人口、资源、环境和社会问题等，写出调查报告，学习从事社会调查的方法。

2. 课程改革的目标要求为跨学科实施可持续发展教育搭建了实践平台

目前，以学科为本位的"惯性"直接影响着课程结构走向综合化，加之教师专业知识所限，不知且无意识建立学科间的相关联系，一些教师孤立地从某一学科角度，分析像社会领域中"生命与人类安全"、文化领域中"文化多样性与跨文化理解"、环境领域中"气候变化"与"自然灾害预防"和经济领域中"绿色消费"与"农村发展与可持续城市化"等综合性问题，多数只停留在表面或对某个因素的分析上，很难给予学生科学、全面的解释。

《十年计划》提出"跨学科和整体性"地实施可持续发展教育的要求。这一要求为实现课程结构综合的目标搭建了实践的平台，一些学校也为此在课程改革中进行创新实践。例如，北京市中关村中学的校长以及科研室，在组织全校教师学习《北京市中小学可持续发展教育指导纲要》并开展课改实验过程中，号召不同学科教师组成研究合作体，大胆开展跨学科教学实验。其中，思想政治、生物、美术教师打破了学科界限，将高中生物选修课、思想政治必修课、美术选修课结合，围绕"倡导绿色消费"这一主题进行合作教学（见图1-4-3），从"一次性筷子使用问题"的探讨入手，使学生在设定的辩题中自觉使用生物学科中"森林资源合理开发"的有关内容，同时在合作讨论中，

图1-4-3　生物、思想政治、美术学科知识有机整合图

运用联系的、全面的、发展的哲学观点分析问题，再通过设计"倡导绿色消费"的宣传画，真正使绿色消费观念入脑、入心，形成有关环境保护和资源合理利用的行为和意识，使之落实到全体师生的行动中，从而改变自身行为方式。课后，几位学科教师共同感觉，各学科的学习内容有机整合，是教师教学的需要，也是学生学习的需要。

（三）跨学科实施可持续发展教育有助于提高学生综合分析问题及解决问题的能力

目前，社会、环境、经济可持续发展中涉及的问题具有复杂性，如果只是就事论事，不能从根本上认识问题，是无法让学生从本质上全面了解可持续发展问题及其涉及的范围的，也无法让他们认清可持续发展问题中相互作用的各种因素及产生的后果和影响。这样就不能使学生形成良好的综合分析问题的素养，对问题解决难以产生有效的作用。一般而言，教师是受过某一领域专门训练的人才，可持续发展教育无法要求，也不可能期望他们成为具有所有领域知识技能的全才。因此，一方面应加强教师跨学科实践的培训，加深理解可持续发展问题的复杂性，掌握应付复杂的可持续发展问题的最基本的知识与技能；另一方面应在课程改革中鼓励教师在适当的情况下，进行跨学科实施可持续发展教育的教学实践，培养学生从小整体认识问题的意识和协调、持久地解决问题的技能。

三、跨学科实施可持续发展教育可采用何种方式

在国外，跨学科进行环境与可持续发展教育已多年。许多研究者在设定某一主题或重要概念之后，再以该主题或重要概念为基础来整合学科课程内容，并从与主题关联学科内容探究出跨学科常用模式，如并列、共有、网状、串联、整合等方式（见图1-4-4）。这些方法为确立学科间的联系、确定各学科在完成同一主题教育任务中的功能与作用奠定了基础。

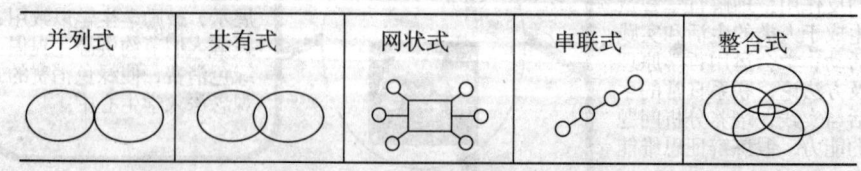

图1-4-4　跨学科实施可持续发展教育教学内容整合关系图

并列式：不同学科以分立的主题或单元进行教学。虽然不同学科仍采用独立教学，但是其教学内容却经过重新排列，在同一时间段内，不同学科的教学内容具有相似性或共同性，以帮助学生在不同学科的概念间建立关联。

共有式：把两个不同学科合在一起，利用相互重叠的概念、技能或态度作为组织因素，形成主题或单元，涵盖两个学科共有的教学内容或活动。

网状式：选择一个具有丰富意义的核心主题来整合不同学科的教学内容，将这个主题伸入到各个学科，围绕主题形成一个多学科相连的网状结构。

串联式：把重要的概念以一条主线贯穿起来，使不同学科建立联系。

整合式：从多个不同的学科中提取出重叠的概念、观点加以整合，形成主题。

其中，共有式、整合式的主题是用归纳方式形成的，而网状式、串联式的主题是以演绎方式形成的。

近年来，一些一线教师依据我国现行的教育体制及教学管理方式，从教师之间的合作关系及授课方式出发，又总结出牵挂式、互动式、板块式等跨学科教学的实施方式。

（一）牵挂式（单独式）

牵挂式亦称单独式跨学科方式，是指教师在单独设计教学时，主动了解与教学相关的其他学科知识，以便在本学科课堂上引发学生对其他学科间知识的联系与思考，进而实现全面、完整的情感、态度与价值观念。例如，高中地理课标要求："以某区域为例，分析该区域农业生产的条件、布局特点和问题，了解农业持续发展的方法和途径"。地理教师在讲授"中国东北农业发展"这一内容时，可从了解农耕文化的视角，与历史学科知识结合；从了解国家政策对经济发展影响的角度，与思想政治学科结合，在结合地形、地貌、气候、水文等地理要素的基础上，使学生全面了解保持中国东北农业可持续发展所需要的条件（见图1-4-5）。

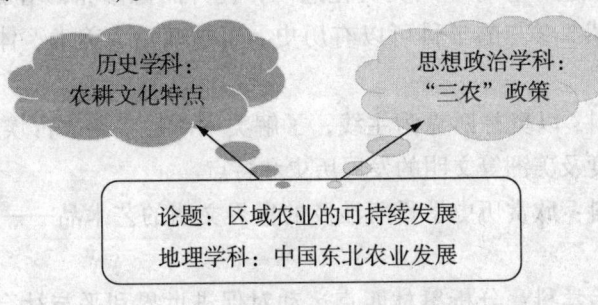

图1-4-5 牵挂式跨学科实施ESD示例

（二）互动式

互动式跨学科是指，不同学科教师依据各自学科的任务并围绕共同关注的论题（与可持续发展教育相关的），共同确定教学目标、教学内容，设计教学过程及分工，在同一节课上，根据教学内容交互组织教学活动。例如，高中生物、思想政治学科均有与可持续发展教育相关的"绿色消费"内容，这两个学科的教师可以按照学科知识要求以及学科特点，有机整合教学内容（见图1-4-6）。

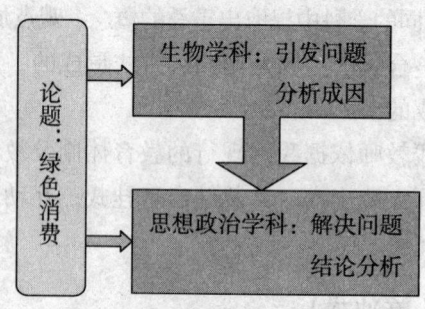

1-4-6 互动式跨学科实施 ESD 示例

（三）板块式（典型式）

板块式（典型式）跨学科是指，多学科教师依据各自学科的任务并围绕共同关注的论题（与可持续发展教育相关的），共同确定教学目标、教学内容，设计教学过程及分工，打破常规课时界限，在同一班级轮流进行合乎一定逻辑知识关系以及发挥各自学科专长的教学活动，从不同视角学习、讨论同一主题。如"奥林匹克与世界文明"论题，结合北京主办的2008年奥运会，教师通过将北京奥运会与希腊奥运会进行对比，帮助学生从多元（历史的、文化的）角度认识艺术，尊重人类文化遗产，提升品德修养，增加学生历史认知及民族自豪感。参与的学科可以有历史、思想政治、美术、体育等（见图1-4-7）。

◆历史学科：以奥林匹克为主线，了解美索不达米亚、古埃及、古希腊、古罗马、古印度及美洲等文明的发展历史和特点。

◆美术学科：欣赏历史学科所涉及的世界文明的艺术品——绘画、雕塑、建筑等。

◆思想政治学科：分析奥林匹克运动对促进世界和平与社会经济发展的作用。

◆体育学科：了解奥林匹克竞赛项目的发展、变化以及竞赛规则等，体验部分竞赛项目。

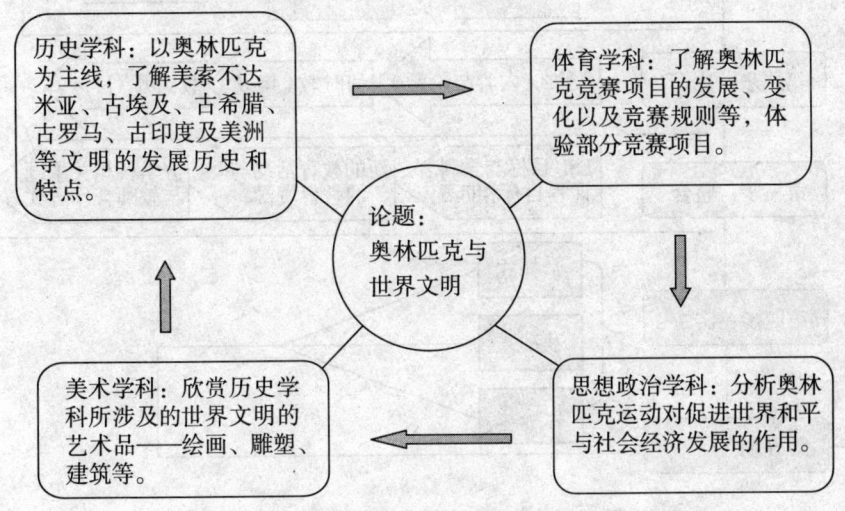

图1-4-7 板块式跨学科实施ESD示例

实践证明，牵挂（独立）式跨学科方式在现有教学管理模式下比较易于操作。只要学科教师有主动与其他学科建立联系的意识，注意多角度分析、认识问题，善于借鉴其他学科知识为本学科教学服务，就可发挥跨学科的作用。但目前中小学教师受学识水平、交往范围、对问题认识深度的限制，在单一学科中诠释不同学科与本学科知识间的有机联系存在一定的难度。

从目前实施情况看，板块式与互动式是理论上最佳的跨学科方式，是课程综合化的具体实现策略之一。这两种方式操作起来，对教师综合素质的提高以及形成教师间的合作研究团队，对培养学生关注与全面认识和解决社会、环境、经济以及文化领域中的可持续发展问题，有很好的效果。但是，这两种方式对现有教学体制提出了很大的挑战，首先需要学校统筹安排授课时间，其次需要调配人员，操作难度比较大。

四、跨学科实施可持续发展教育可采取什么步骤

一般课程改革中进行跨学科实践可以采取评价、决定、整合、实施、反思几个步骤（见图1-4-8）。

第一步：评价。指对相关年级中涉及的可持续发展教育问题、学校中师生

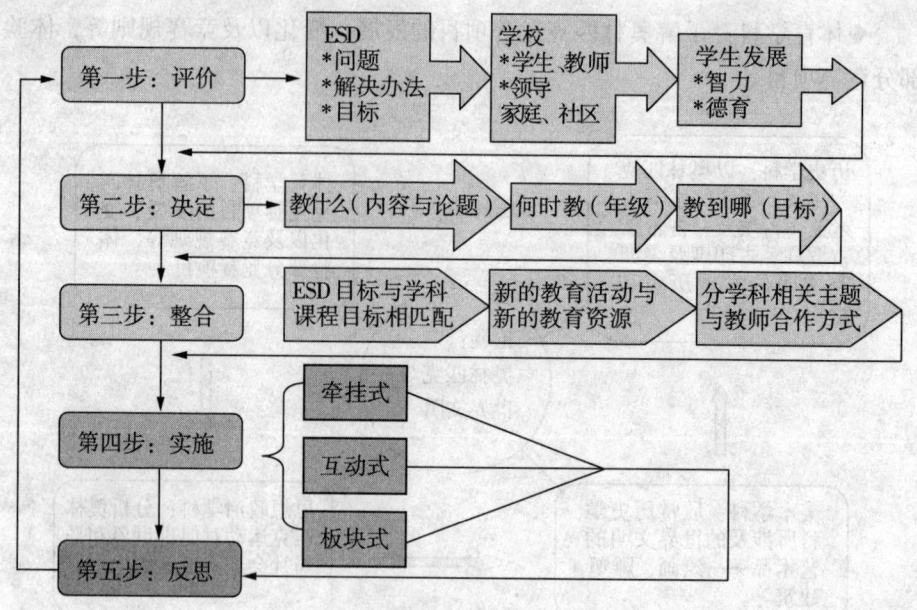

图1-4-8 跨学科实施ESD基本步骤

及相关人员的基本情况以及家庭和社区的情况、学生心智水平进行一个基本判断,目的是通过了解学生的认知基础和需求,挖掘可使用的课程资源,为确定教育目标、如何进行学科间的联系奠定基础。

第二步:决定。指在确定问题范围后,进一步明确教什么、何时教和教到哪,即明确各学科的教学目标。

第三步:整合。指将ESD目标与学科课程目标相匹配后,通过选择、改编、整合、删减、补充、拓展、重构等方式,对原有课程进行再加工、再创造,确定符合可持续发展教育内容的教育论题;考虑需开展的活动以及使用的相关资源,并在此基础上明确各学科的分主题以及教师合作方式等。

第四步:实施。指通过合作确定教学计划,包括教学目标、教学资源、教学方法、评价方法、教师合作方式、各学科教师的任务、实施程序等具体内容,利用牵挂、互动或板块等方式进行跨学科实践。

第五步:反思。指对整个教学设计、合作实施过程以及产生的效果影响进行总结评价。

无论采用什么方式,都需要采用上述基本步骤。其关键步骤是第三步,它决定着实施的效果;区别在于第四步,实施过程中教师的合作方式有所不同。

五、跨学科实施可持续发展教育应优先考虑哪些问题

综上所述可以看出,可持续发展教育倡导的跨学科教学既顺应了课程改革的要求,同时也为实现课程改革目标带来了新的挑战。从目前的实践经验看,并不是所有课程内容都适合采用跨学科方式教学,实施过程中需优先考虑如下问题。

(一) 寻找各学科需进行跨学科教学的实践论题

跨学科教学的前提条件是,有一个多学科聚焦的核心论题,即有多学科共同关注的问题。此论题应是各学科均涉及的知识内容,且又属于可持续发展教育四大领域九大主题范围内的问题。核心论题产生的主要途径如下。

1. 从课程标准中寻找

从同一年级的不同学科课程标准中找出相互关联的可持续发展教育结合点,整合为一个教育论题,按照学科特点制订若干学科的次主题,分别由相关学科教师在相对集中的时间进行教学,使学生形成对这个论题的整体而全面的认识,这是产出论题的首要途径。

2. 从社会热点中寻找

从现实社会中"规避风险"、"保护世界文化遗产"、"全球气候变暖"和"绿色消费"等综合问题中寻找跨学科论题。学科教学结合社会热点问题,整合相关教育资源,并多学科合作、分工,有助于学生加深对该论题的理解。

3. 从现实生活实践中寻找

从学生感兴趣的生活问题出发选择跨学科论题是另一个途径。例如,很多学校有来自不同地域、不同民族的学生,为增进相互之间的了解与理解,可以"尊重地域、民族多元文化特点"为论题,进行和谐班级文化教育;又如针对学生关注的"家庭水、电、纸张等资源节约"的问题,可结合学科教学任务形成跨学科论题。

(二) 为跨学科教学实践提供必要的政策保障

进行跨学科教学实践的重要条件是,打破常规课时,具有多学科组合的政策保障机制。从目前已尝试跨学科教学实践的学校案例分析,多学科的组合需要对原有的课时进行科学的调整,需要重组教师团队,需要提供多学科整合必备的人、财、物等方面的资源。这一切不仅需要学校出台相关的政策予以保

障，同时还需要学校领导及相关部门为教师的创新实践出主意、想办法，并进行必要的协调与指导。

（三）增强学科间相互联系的意识，形成研究共同体

进行跨学科教学的关键条件是，教师有较强的学科联系的意识，形成跨学科的研究共同体，即形成教师研究的团队。学校应通过不断的学习，开阔教师的思路，增强教师学科间相互联系的意识，通过不断的研究与磨合，让教师在教学实践中学会合作，形成研究团队。

建立研究共同体可以促进教师的专业发展。在研究共同体中，教师们交流观点、碰撞思想、探讨教学设计和解决问题的方案，每位参与者可以不断吸取自身发展所需要的养分，不断进步。

（四）统筹安排，巧妙设计跨学科教学实践过程

进行跨学科教学的难点是按照研究论题的逻辑关系，统筹安排，巧妙设计跨学科教学实践过程。在跨学科教学实践中，发现一个有价值、综合性强的问题不是很容易的事情，尤其是发现一个各学科均涉及的需要解决的可持续发展教育问题就更不容易了。但是，问题一经产生，势必需要经过分析问题的成因、寻求解决问题的方法以及形成对问题正确的价值观念等过程。我们可以从前述板块式（典型式）实施可持续发展教育案例中看到，众多的学科中都产生了以"奥林匹克与世界文明"为论题的教育问题，各学科课标内容要求有所侧重，如果将其作为跨学科研究的论题，就需要认真分析各学科探讨问题的性质以及相互间的联系（见图1-4-9）。各学科教师只有明确各自的任务以及在整个问题中的地位与作用，巧妙设计，才有可能按照解决问题的逻辑关系进行统筹安排。当然，所谓逻辑关系不等于一成不变的模式，在教学实践中，可以依据学科特点以及教师特点进行科学安排。

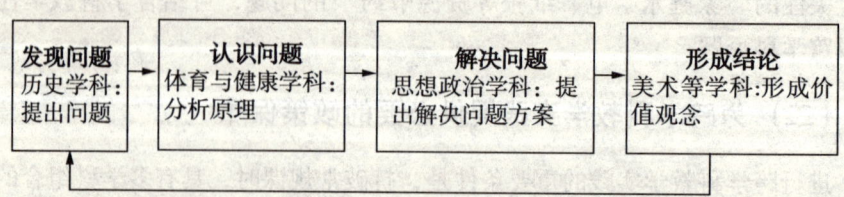

图1-4-9 跨学科教学实践过程

参考文献

[1] 北京市教育委员会. 2007. 北京市中小学可持续发展教育指导纲要[M]//罗洁，钱丽霞，等. 2008. 可持续发展教育实施指南① 在我们的学校引入可持续发展教育. 北京：教育科学出版社：244-249.

[2] 黄宇，田青，郭玉峰. 2003. 学校中的环境教育——计划与实施[M]. 北京：化学工业出版社.

[3] 李子健. 1998. 中小学环境教育理论与实践[M]. 北京：北京师范大学出版社.

[4] 联合国教科文组织. 2005. 联合国教育促进可持续发展十年（2005—2014年）国际实施计划[M]//钱丽霞. 教育促进可持续发展——国际研究与实践的趋势. 北京：教育科学出版社：9-70.

[5] Joy A. Palmer. 2002. 21世纪的环境教育[M]. 田青，刘丰，等，译. 北京：中国轻工业出版社.

[6] 徐辉，祝怀新. 1999. 国际环境教育的理论与实践[M]. 北京：人民教育出版社.

[7] 张伟，田青. 2001. 整合与扩展——从环境教育到可持续发展教育[M]. 北京：学苑出版社.

[8] 中华人民共和国教育部. 2001. 基础教育课程改革纲要（试行）[EB/OL]. (2001-06-07)[2009-03-20]. http://www.moe.edu.cn/edoas/website18/32/info732.htm.

附：跨学科实施可持续发展教育教学设计表

一、基本情况

单 位				时间		
论 题						
学科名称	教材版本	教学内容	授课教师	授课时间	班（年）级	
方式	（1）牵挂式（ ）；（2）互动式（ ）；（3）板块式（ ）；（4）其他（ ）					

二、背景分析

背景分析	跨学科主题确定的分析
	分学科内容确定的分析
	分学科关联度分析

三、目标与思路

跨学科教学目标	总目标（三维目标）：
	学科教学分目标：
跨学科教学重难点	教学重点：
	教学难点：
跨学科教学思路	
跨学科教学资源利用的思路	

四、跨学科教学过程（每一教学过程由"课前预习—课中教学—课后延伸"三部分组成）

时间	课前预习任务	预习活动内容	预习方式与要求	预期效果
提示①：本环节展示教师课前跨学科相关设计、准备过程，明确学生课前探究任务，在此基础上，通过课前预习活动以及相关预习方式与要求，引导学生发现相关问题，使学生带着问题进入课堂。				

时间	课堂教学任务	教师活动	学生活动	预期效果
提示：根据跨学科教学思路，明确所涉及学科的教学任务；教学设计要体现"主体探究、综合渗透、合作活动、知行并进"原则；同时在同步设计教与学活动中，指导学生关注并参与解决当地可持续发展问题。				

时间	课后延伸任务	内容	方式与要求	预期效果
提示：本环节通过布置作业，进一步巩固本节课所需要完成的学习任务，并为后续教学提出学习任务。				

五、教学反思

---

① 教学设计表中"提示"部分内容供参考，可不列入教学设计中。

V 如何在可持续发展教育中开展游戏活动

一、为什么要在可持续发展教育中开展游戏活动

游戏活动形式活泼、内容丰富、易于掌握，它以其参与性、趣味性及体验性的特征深受学生喜爱，是进行可持续发展教育较为有效的方式之一。游戏活动可将复杂的概念转化成具体活动，使受教育者在活动中保持学习热情，理解可持续发展教育相关概念以及掌握相关知识，逐渐形成可持续发展价值观。

游戏活动有助于学生形成可持续发展价值观。可持续发展教育本质上是价值观教育，是关于发展的并以尊重为核心的教育。价值观作为一种观念或思想，较为抽象和概括，学生难以理解，而游戏活动可以很好地将可持续发展价值观的教育转变为一个从兴趣出发的由浅入深的过程。在游戏活动的具体情境中，学生身临其境，对事物形成自己的感悟与想法。可能这些想法还不够成熟与完善，但通过与老师及其他同学的交流进行不断修正，可以形成、完善学生的可持续发展价值观。

游戏活动有助于学生理解可持续发展教育内容。可持续发展教育内容涉及经济、环境、社会和文化四个领域，范围广，跨学科性强，具有综合性强的特点。游戏活动可以通过某一主题综合化地展现可持续发展的相关问题所涉及的各个领域。例如"大海捕鱼"（见本节案例 1-5-2），通过模拟人类捕鱼活动，向学生展现了捕鱼活动在经济发展、生态环境等方面的影响，可激发学生对可持续发展理念的深入思考。

游戏活动有助于提高学生可持续发展实践能力。可持续发展问题已成为全世界关注的热门话题，可持续发展教育倡导学生参与到可持续发展的实践中去，将所学的知识运用到实际问题的分析与解决上。一方面，游戏活动的设计理念来源于生活的真实情况，游戏提供了模拟真实情况的情境，学生所学易于联系实践，运用到现实问题中。另一方面，由于游戏活动是一种虚拟活动，学生在解决问题过程中错误的方式和方法可以很快地被修正而不会带来任何负面

作用。同时，游戏活动中的竞争与合作，还培养了学生的集体责任感与团队合作精神。学生通过在情境中了解问题、探究原因、采取措施解决问题，提高了自我学习的能力，获得了运用所学知识的机会，掌握了解决问题的能力，从而为在现实社会中实践奠定了良好的基础。

二、如何在可持续发展教育中运用游戏活动

根据可持续发展教育目标的侧重点，可将游戏活动归为侧重掌握可持续发展核心知识目标类游戏活动、侧重提高可持续发展实践能力目标类游戏活动和侧重可持续发展价值观形成目标类游戏活动三类。

（一）侧重掌握可持续发展核心知识目标类游戏活动

此类游戏活动的基本特征是关注知识的了解、理解、掌握与运用，强调知识的准确性与完整性。

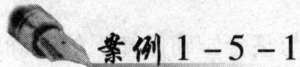
案例1-5-1

猜　猜　看

游戏名称：猜猜看

适合对象：高中生

游戏背景：人音版普通高中课程标准实验教科书《音乐鉴赏》中第四单元"国之瑰宝——京剧"第八节《京剧大师梅兰芳》体现了课标中"弘扬民族音乐"的基本理念。本课选取了《霸王别姬》与《贵妃醉酒》中的两个唱段为重点欣赏内容，意图是引导学生感受和体验我国最具代表性的戏剧种类——京剧。由于学生在小学和初中阶段对京剧有了初步的接触与模糊的认识，因此本课侧重于使学生认识、了解京剧的发展简史、音乐形式、风格特征及亲身体验京剧韵味等，进而在欣赏更多的京剧唱段时能理解这种戏剧艺术的表现形式，学会对它们进行评价。

游戏过程：

1. 教师随机发给学生1张有规定动作的卡片，如推门、兰花指等，选几名学生起立想象后做动作。

2. 请其他学生猜测动作表现的内容。

3. 教师对动作进行讲解，并指导全班学生尝试做这个动作。

4. 选出3名动作标准的学生展示，巩固所学知识。

5. 教师总结。

案例启示：

本游戏引导学生从肢体语言表现上感受京剧细腻的风格，让学生亲身体验这些动作表现出来的效果，使他们能从更深层次感受京剧的魅力。同时，用生动活泼的形式，巩固课程所要求的戏剧知识。

高中生已具备信息收集与梳理的能力，因此可以在教师的引导下，独立完成此类游戏的开发。首先，鼓励学生在网络中搜寻更多与主题相关的信息，学生将掌握的信息进行分享与梳理，教师给予适当的指导。其次，可将学生分成小组进行游戏活动的设计，并将所设计的游戏加以应用。教师在游戏设计方法上可以给予适当的指导，但应更加关注学生在知识分类梳理方面的问题。最后，教师对重要的知识概念进行总结与提升。整个过程中，学生完成了知识的获取、分类与整理的工作，加强与深化了对知识的理解。

〔本案例由北京师范大学励耘实验学校（原北京市八大处中学）甘琳提供〕

本类活动在设计上，首先要将知识结构进行梳理与整合，确保知识的准确性，并以一种巧妙的方式串联起来；其次是根据教学内容选择学生活动的形式、设计游戏活动的过程；最后要注意活动的总结，巩固所涉及的知识。本类活动的实施要点在于保持学生对于游戏活动的兴趣与积极性，重点在于对知识的总结。

（二）侧重提高可持续发展实践能力目标类游戏活动

此类游戏活动的基本特征是关注学生技能的掌握，如发现、分析与解决问题的能力，信息搜索、分类与提炼的能力，人际沟通与交往的能力等，强调技能的培养与训练。

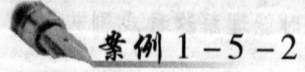

案例 1-5-2

大海捕鱼①

游戏名称：大海捕鱼

---

① 引自："青少年爱水行动"项目协调小组. 学校中的可持续发展教育——"青少年爱水行动"项目实践［M］. 北京：人民教育出版社，2008.

适合对象：高中生

游戏材料：豆子（代表鱼）；盆或碗（代表大海）；筷子（代表捕鱼工具）；大、小纸船（代表大、小渔船）；捕鱼业绩表

游戏背景：本游戏模拟了人类海中捕鱼活动的过程，学生在这个过程中学习如何平衡经济效益与环境可持续发展之间的关系。

游戏过程：

1. 每5人一组，每人将获得一套捕鱼工具（一双筷子、一只小纸船），大海中鱼的总数为40条；

2. 组内每人将依次在大海里捕鱼，小船每次最多捕6条鱼，且每人每次无论捕多少条鱼都要交税（1条鱼），放在一旁，并将捕鱼数量记录在统计表格中；

3. 一组的学生每人完成一次捕捞后，向海中补充鱼，补充的数量上限为海里现有鱼的数量，但补充后海中鱼的总数不超过40条；

4. 每组学生全部捕鱼一次为一轮，三轮后对海里的鱼进行统计，统计出捕鱼最多的个人和小组以及最少的个人和小组，并请海里剩余鱼最多的小组谈谈他们捕鱼的经验；

5. 第二轮捕鱼，规则相同，增加大船，但大船要用已捕的鱼来换，12条鱼可以换一艘大船。大船一次最多可以捕12条鱼，但需要缴纳2条鱼的税；

6. 第二轮结束后统计结果，请学生对两轮的结果进行讨论。

（1）为什么要在每次捕鱼活动之后，给海里补充鱼？

（2）补充鱼的规则是什么？这与自然界中的哪种现象比较类似？引出"自然资源"的概念。

（3）如果组内每完成一轮捕鱼，代表一代人的行为，讨论每一代人的行为对后代会有哪些影响，引出可持续发展的代际公平原则。

（4）捕鱼游戏给我们带来了怎样的启示？

（5）如何更好地在社会发展中贯彻可持续发展的概念？

注意事项：

（1）材料上，代表鱼的豆子可以选择黄豆等较大颗粒的豆子，或者火柴、小木棍等，只要有足够数量都可以；大海也可以用粗布等代替；捕鱼工具可以省略为徒手捕鱼；大小纸船可以用图片代替。

（2）每一轮补充与海中剩余同样数量的鱼，代表自然界中的动物繁育，但不超过40条，代表海中生物的承受能力是有限的。

附：捕鱼业绩表

轮次 \ 组员	组员1	组员2	组员3	组员4	组员5	总　计	海里剩余的鱼
第一次							
第二次							
第三次							
第一轮结果							
第一次							
第二次							
第三次							
第二轮结果							

案例启示：

1. 明确需要提升的可持续发展实践技能，选取可持续发展教育有关内容的活动主题是活动设计的起始环节。本案例重点提升学生分析与解决可持续发展目标下环境与经济平衡问题的能力。

2. 技能的训练是活动设计的主要环节。本案例学生可能开始考虑不够周全，会导致海中鱼数量急剧减少，甚至出现无鱼可捕的情况。当发现这个问题后，学生会和小组其他成员共同协调来解决这个问题，寻找保持海中鱼可供持续捕捞的方法。

3. 实践参与是运用技能、提高能力的关键环节。本案例鼓励学生边总结经验教训边进行探究，并将游戏与现实情况进行对比。

附件：

课堂实践：《通向可持续发展的道路》教学设计

一、教学背景分析

学科	地理	所用教材	中图版高中《地理》必修2	任课教师	丁利	班级	高一（11）
课题	通向可持续发展的道路						
本课教学目标	1. 能够举例说明可持续发展理念下的发展观、资源观、环境观、伦理观、消费观与传统的这些观念的差异。 2. 通过角色扮演、游戏等，体会在生产过程中如何平衡经济效益与环境可持续发展之间的关系，在日常生活中我们应如何转变观念，养成利于可持续发展的生活方式和行为习惯。 3. 通过生活中的故事，领悟走可持续发展之路是人类的必然选择，认识在可持续发展过程中，个人应具备的态度和责任，帮助学生对自己日常生活中的环境行为进行反思与评价，鼓励学生积极参与可持续发展的实践活动。						
重点	如何理解可持续发展强调的发展观、资源观、消费观与传统的这些观念的差异。						
难点	如何用形象直观的方式，让学生深刻感受到可持续发展关系到每个人，让学生深切地感受到必须从自身做起改变公众行为。						
可持续发展教育点及设计思路	1. 利用"猎人与野兔"的故事扮演，引导学生分析可持续发展的资源观、伦理观与传统的资源观、伦理观有何不同。 2. 利用"大海捕鱼"游戏，让学生体会和探讨如何平衡经济效益与环境可持续发展之间的关系。 3. 通过角色体验，让学生体验停电对人类生活生产的影响，感受自然界对人类的价值。 4. 利用"算一算"的活动，让学生亲身感受水资源、电力资源是如何从我们身边浪费掉的，我们如何调整自身行为，为养成利于可持续发展的生活方式。 5. 通过课外调查活动，计算我们每天使用的纸张要消耗掉多少森林资源，调查纸张的重复使用率，找出节约用纸的方法。 6. 每个人提出5种改变自己生活方式、善待地球的具体做法。						
教材分析	本课的教学内容主要是让学生了解实现可持续发展的做法，首先要转变观念（发展观、资源观、环境观、伦理观、消费观），更重要的是要全社会从生产方式、消费方式、社会行为等方面进行全新的改变，特别是我们每个人要从自己的生活方式、消费方式上身体力行，为社会的可持续发展作出自己的贡献，善待地球，从我做起。						
教学方法	本课教学以情境教学活动为主，同时又融入了探究学习，并与信息技术整合。学生在一个个精心创设的活动中感悟、体验、探究，自己得出解决问题的方法。						

续表

教学资源开发与利用的基本思路	1. 网络资源：课前利用网络收集数据、图片资料，制作成课件，课上在教学中呈现给学生，让他们体验、感悟，提高教学实效性。 2. 跨学科资源：整合其他学科资源，如物理知识"电能消耗的计算"，化学知识"一个塑料袋的生产需要消耗的石油能源"。 3. 德育教育资源：课后开展"善待地球，从我做起"主题活动。

二、教学过程

课前预习任务	预习内容	预习方式与要求	预期效果
1. 体验停电（停水）的感受。 2. 计算家中采用不同生活方式一天的耗电量（用水量）。 3. 观察家中可以节约用电（用水）的地方。	1. 在家中自觉停电（停水）半天，记录对自身生活的影响；设想整个城市停电（停水）半天对生产生活带来的影响。 2. 记录正常生活状态下一天的耗电量（用水量）和采取节约用电措施后一天的耗电量（用水量）。	1. 在家中自觉停电（停水）半天，体验对生活工作等方面的影响，并作记录。 2. 通过记录电表（水表）数字，计算家中采用不同生活方式一天的耗电量（用水量）。 3. 观察家中可以节约用电（用水）的途径，做好记录。 4. 记录生活中浪费电（水）的种种现象。	让学生通过感性体验和数据统计，对比发现生活方式的改变给资源、能源消费量带来的变化，感受可持续发展从观念到实践需要公众的参与。

课堂教学任务	教师活动	学生活动	预期效果
导入新课	设置情境： 一个猎人和他的孙子一起上山捕猎，发现了6只落入陷阱的野兔正绝望地挣扎希望逃出陷阱，此时猎人会怎么办呢？ 提出问题： 1. 你们为什么采取不同的策略对待野兔？ 2. 这两种不同的捕猎策略背后体现了两种怎样不同的资源观？	两组学生分别扮演相同的角色，表演猎人对待野兔的两种不同方式。 阐述自己组为什么要如此对待野兔。 学生回答讨论。	两组学生对待野兔的方式不同。 引出两种不同的资源观、伦理观。 引出传统的资源观与可持续发展背景下资源观差异的讨论。

续表

课堂教学任务	教师活动	学生活动	预期效果
展开关于可持续发展的观念和传统的发展观、资源观、环境观、伦理观、消费观的差异的探讨	设置情境： 游戏活动：大海捕鱼 游戏规则： 1. 组内每人依次在大海里捕鱼，小船每次最多捕6条小鱼，且每人每次无论捕多少鱼都要缴税（1条），放在一旁。 2. 一组的学生每人完成一次捕捞后，向海中补充鱼，补充的数量上限为海里现有鱼的数量，但补充后海中鱼的总数不超过40条。 3. 第二轮捕鱼，规则相同，增加大船，但大船要用已捕的鱼来换，12条鱼可以换一艘大船。大船一次最多可以捕12条鱼，但需要缴纳2条鱼的税。 提出问题： 1. 这个捕鱼游戏体现了可持续发展中的什么原则？ 2. 为什么有的组剩下的鱼多，有的组剩下的鱼少？这意味着什么？	1. 每5人一组，每人将获得一套捕鱼工具：一双筷子、一只小纸船。大海中鱼的总数为40条；豆子代表鱼。 2. 组内每人依次在大海里捕鱼，将捕鱼量记录在统计表格中。 3. 每组学生全部捕鱼一次为一轮，三轮后对海里的鱼进行统计，统计出捕鱼最多的个人和组、最少的个人和组。请海里剩余鱼最多的组谈谈他们捕鱼的经验。 全班交流收获和感悟。	通过游戏模拟人类在海中捕鱼活动的过程，学生在这个过程中学习如何平衡经济效益与环境可持续发展之间的关系。 感悟到可持续的发展观与传统的发展观是不同的。
深入探究经济发展与环境可持续发展之间的平衡关系	活动：渔业工作会议 设置情境： 某市的一次渔业发展会议欲就本市渔业的可持续发展作出统筹规划，请渔政部的部长、渔业公司经理及渔民代表各自阐述自己的观点。 提出问题： 你们认为在发展经济的过程中，如何既获得良好的生态效益又获得良好的经济效益？ 小结： 可持续发展从理论到实践的过程，是一个转变观念调整行为的过程，这既包括政府行为，也包括市场行为和公众自身的行为。	根据自己扮演的角色和理解，阐述自己的观点。 学生讨论交流。	通过角色扮演和交流，体会政府、企业和公众如何调整生产行为、生活方式，以做到可持续发展。

续表

课堂教学任务	教师活动	学生活动	预期效果
探讨可持续发展背景下政府、企业、公众如何调整自己的行为	提出问题： 1. 有多少资源就从我们的生活中、从我们的指间溜走，从我们的身边浪费了呢？ 2. 我们如何从自身的行为做起？ 提出问题： 还有哪些生活方式可以减少资源浪费、提高资源能源的利用率，促进可持续发展？	汇报课前预习任务： 1. 停电、停水的影响； 2. 计算一天家庭生活的耗电量、用水量； 3. 列举浪费电、水的种种表现； 4. 计算不同生活方式下用电、用水量的差异。 提出节约用电、用水的途径和措施。 课后调查完成。	体会资源能源对人类生产生活的重要性。 通过数字对比，感受在我们生活中资源的浪费。 思考节能的生活方式。

课后延伸任务	内　容	方式与要求	预期效果
调查学校一天的纸张用量（公用），调查学生一天纸张的消耗量，调查纸张重复利用率。	调查办公及学生试卷、作业等的纸张消耗量，调查纸张的重复利用情况。 请每人写出 5 条生活方式的变化。	向全校发出一份"善待地球，从我做起"倡议书，号召大家节约用水、用电、用纸，适度消费、绿色出行等，用环保的生活方式善待地球，为子孙后代的可持续发展尽力。	通过主题班会、主题宣传活动、社会公益宣传活动，让可持续发展理念被更多的人了解和接受，并付诸行动。

三、教学反思

学生：通过这样一节课，我们在游戏中感悟到了许多原来并未意识到的问题，非常有趣、生动。只要用心，就可以改变，让我们从"心"开始，"守护地球"。

教师：这样一节看似枯燥的课，在游戏中学生体验到了可持续发展并不是一个抽象的概念，并不是一件遥远的事情，它就在我们身边，其实每个人都可以做到。这种教学方式对我来说也是一种挑战，是一种观念的变革。各种游戏、活动的设计，是需要精心策划的，不能为游戏而游戏。一个成功的游戏活动应该包含丰富的寓意和哲理，但是要注意游戏活动不能过度，教师要在游戏的过程中把握好度，及时引导和掌控。

（本案例由中国人民大学附属中学丁利提供）

（三）侧重可持续发展价值观形成目标类游戏活动

此类游戏活动的基本特征是关注学生价值观的形成与完善，强调情感共鸣与认同。

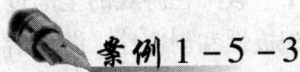
案例1-5-3

手绢还是纸巾[①]

游戏名称：手绢还是纸巾
适合对象：高中生
游戏材料：学生提前调查的相关资料
游戏背景：
这是一个辩论赛游戏，论题是"我们餐后擦嘴用手绢还是纸巾"。
例如，手绢的优点是可重复使用，缺点是清洗中洗涤剂会造成污染；纸巾的优点是方便且不用清洗，缺点是丢弃后成为垃圾且携带细菌。
游戏过程：
1. 辩论前将论题提供给双方，然后各自准备。
2. 辩论分成三个阶段：陈述各自观点、双方自由辩论和总结陈述。
3. 辩论后引导学生就此问题进行讨论。
案例启示：
1. 明确需要引导的可持续发展价值观是活动设计的起始环节。本案例重点在于引导学生反思与辩论日常生活中的行为的对与错，从而寻求有益于环境保护的生活方式。
2. 价值澄清是价值观不断完善的关键环节。本案例中让学生充分表达他们的想法，通过交流形成各自的价值判断标准。同时，针对游戏中的问题，与同伴进行辩论，可以加深学生对问题的理解，引导学生对自己的价值观不断进行修正。

三、可持续发展教育中运用游戏活动需注意哪些问题

在可持续发展教育游戏活动的实施过程中需要注意以下问题。

[①] 转引自：黄宇，田青，郭玉峰. 学校中的环境教育——计划与实施[M]. 北京：化学工业出版社，2003.

第一,游戏应根据教学内容适度选择,不能过多集中地运用游戏而干扰学生对相关知识点的学习。另外,在每个游戏前应充分介绍游戏的背景与相关信息,在游戏后应对所进行的游戏进行详细的分析,并引导学生进行积极的思考与辩论,使游戏活动效果进一步提升。

第二,游戏活动过程中应该让更多的学生参与其中。教师在游戏的全部过程中都要给学生参与的机会,充分调动所有参与者的积极性和创造性。游戏活动的选择与运用应照顾到全体,可多采用小组活动的形式,征求更多参与者的意见与建议。

第三,游戏过程中应鼓励参与者提出各种想法,对所有参与者的想法不进行批评,给参与者创造自由的思想空间,鼓励创新。同时,教师在游戏活动中不宜过分强调游戏的胜负结果,且应给予失利一方更多的帮助与鼓励。

第四,游戏过程中应增加参与者之间的了解与合作,使其进行充分、平等的双向交流。沟通是解决问题的一项重要的能力,游戏活动中学生通过相互交流才能更好地进行合作,从而获得自我提高。

第五,游戏过程中应特别注意参与者的安全,避免不必要的伤害。在游戏材料的选择上特别要注意材料的安全性,提前做好预防工作;在游戏空间的选择上应注意预留足够的活动空间;另外,竞赛活动中参与者产生矛盾后,教师应马上干涉,进行引导,以防止出现安全问题。

除此以外,在游戏活动的设计上还要尽量注意保持游戏的趣味性与通俗性。

参考文献

[1] 陈琳.2007.游戏活动教学,好处多多[EB/OL].(2007-12-25)[2008-09-28]. http://www.yxedu.net/show.aspx?id=18042&cid=129.

[2] 国家环境保护局宣传教育中心.1999.环境教育教师指南[M].北京:气象出版社.

[3] 黄宇,田青,郭玉峰.2003.学校中的环境教育——计划与实施[M].北京:化学工业出版社.

学科教学指导意见与教学实践案例

中华林学会出版委员会
国家级期刊

Ⅰ 思想政治

ⅰ 学科教学实施可持续发展教育指导意见

思想政治课程以马克思主义基本观点教育为核心，通过马克思列宁主义、毛泽东思想、邓小平理论、"三个代表"重要思想和科学发展观的教育，帮助学生认识人生、认识社会，逐步树立建设中国特色社会主义的共同理想，初步形成科学的世界观、人生观和价值观。

可持续发展教育是思想政治课程的有机组成部分，该课程涉及的诸多问题与可持续发展教育紧密相连，在根本目标方面具有极高的一致性。这在情感、态度与价值观目标中体现得尤为明显。高中阶段是学生世界观、人生观、价值观形成的重要时期。思想政治课程可以充分发挥其德育功能，进行可持续发展价值观教育。为此，教师应立足于学生现实的生活经验，着眼于学生的发展需求，引导学生积极参加社会实践，关注社会、文化、环境、经济领域的相关问题，把理论观点的阐述寓于社会生活的主题之中，构建学科知识与生活现象、理论逻辑与生活逻辑有机结合的课程体系，促使学生形成可持续发展的价值观念、行为和生活方式。

新课程体系下思想政治学科教学要求将书本知识与实践体验相结合，将学生现有的生活经验与教学内容相结合，将学生发展的需要与教材基本观点、教育的价值取向相结合，将学生自主思考探究学习与教师的点拨引导相结合，注重过程和目标的达成。所以，在引领学生认识社会、适应社会、融入社会的实践活动中，应特别关注学生的情感、态度和行为表现，将教学内容活动化、学科知识生活化，引导学生通过体验、活动、思考、讨论、交流、感悟等形式，感受经济、政治、文化等领域应用知识的价值和理性思考的意义，将知识内化为自己的品质，外化为行为方式，使学生在充满教学民主的过程中，提高主动学习和发展的能力，促进"三维"教学目标的有机达成。教师要善于全面把握和领会可持续发展教育的实质和精髓，在传授学生相关知识的同时，更要注重培养学生终身学习与发展所需要的主动探究精神与能力。

一、用可持续发展教育理念审视思想政治课程的目标要求

在新课程体系下,思想政治课程的诸多教学目标与可持续发展教育的目标具有极高的一致性和相通性。在思想政治学科教学中进行可持续发展教育,要注意知识、能力和情感、态度与价值观"三维"目标的和谐统一,特别要注重可持续发展价值观教育。

※知识目标

培养学生的爱国主义、集体主义和社会主义思想情感,使学生获得正确选择人生发展道路的相关知识,初步形成正确的世界观、人生观和价值观。

※能力目标

培养学生具备作出正确的价值判断和行为选择的能力,提高主动参与经济、政治、文化生活的能力,提高在社会生活中正确处理竞争与合作关系的能力,增强依法办事、依法律己和依法维护自身权益的能力,发展采用多种方法特别是现代信息技术,收集和处理各领域社会信息的能力。

※情感、态度与价值观目标

引导学生关心祖国命运,增强民族自尊心、自信心和自豪感,弘扬中华民族精神,树立为实现中华民族伟大复兴而奋斗的志向;关注社会发展,积极参加社会实践,诚实守信,增强社会责任感和民主法制观念,培养公民意识;尊重科学,追求真理,具有科学态度和创新精神;热爱生活,积极参加健康有益的文化活动,保持昂扬向上的精神状态,追求更高的思想道德目标;热爱和平,尊重世界各民族的优秀文化,关注全人类的共同利益,培养世界眼光。

二、思想政治课程中与可持续发展教育相关的内容与要求[①]

思想政治课程包括十个模块,其中必修模块有四个,即经济生活、政治生活、文化生活、生活与哲学;选修模块有六个,即科学社会主义常识、经济学常识、国家和国际组织常识、科学思维常识、生活中的法律常识、公民道德与

---

① 本部分内容参考《普通高中思想政治课程标准》、人民教育出版社普通高中课程标准实验教科书(以下简称"人教版教材")《思想政治》。

伦理常识。该学科各模块中都有很多内容与可持续发展教育直接相关，是实施可持续发展教育的显性学科。

※必修模块

★必修模块1：经济生活

经济生活模块不仅描述了我国社会主义初级阶段的基本经济制度和现实生活中常见的经济现象，也融入了党开创社会主义建设新局面的最新理论成果。在该模块教学中应引导学生树立科学发展观，提高科学参与经济生活的能力，坚定建设中国特色社会主义的理想信念，为开展可持续发展教育铺设便利的平台。

★必修模块2：政治生活

学生通过学习政治生活模块，能够了解参与民主选举、民主决策、民主管理、民主监督的意义、途径和方式，了解公民在政治生活中怎样依法行使权利、履行义务，从而进一步增强公民意识和国家观念，坚定正确的政治方向，这正是可持续发展教育要求培养的观念和能力。

★必修模块3：文化生活

尊重本国本民族的优秀传统文化，尊重文化多样性，倡导跨文化的国际理解，是可持续发展教育的重要内容。文化生活模块能够帮助学生在感悟中华文化隽永魅力、弘扬和培育民族精神的同时，正确对待文化的多样性，尊重世界各民族的优秀文化，关注全人类的共同利益，培养世界眼光，这些与可持续发展教育的基本要求直接相关。

★必修模块4：生活与哲学

生活与哲学模块能够引导学生紧密结合与自己息息相关的经济、政治、文化生活，经历探究学习和社会实践的过程，领悟辩证唯物主义和历史唯物主义的基本观点和方法，切实提高参与现代社会生活的能力，初步形成正确的世界观、人生观、价值观。可持续发展教育本质上是以尊重为核心的价值观教育，生活与哲学模块积极利用能够培养可持续发展价值观的问题、情境和案例，帮助学生树立可持续发展价值观，这与可持续发展教育的核心相吻合。

※选修模块

★选修模块1：科学社会主义常识

科学社会主义常识模块介绍了社会主义由空想变为科学、由理想变成现实的历程，以及中国人民当年选择社会主义的历史史实和今天建设社会主义的感人篇章，从中我们可以看到中国共产党为实现共产主义远大理想而奋斗的光辉业绩。这些古今中外的史实资料好比能量的聚积，催发着学生的想象力和创造力。可持续发展教育要培养和开发的就是这种能力,这是取之不竭的社会发展动力。

★选修模块2：经济学常识

经济学常识模块以近代市场经济的发展脉络为线索，结合不同时期的政治、经济、文化条件，使学生把握马克思主义经济学理论的精髓，理解社会主义市场经济的探索过程，坚定建设中国特色社会主义的理想信念，为开展可持续发展教育铺设便利的平台。

★选修模块3：国家和国际组织常识

国家和国际组织常识模块引领学生以国际政治视野观察国际政治现象，理解和拥护我国的国际态度，维护世界的和平与发展，维护世界多样性和发展模式多样化，提倡各种文明、不同社会制度和发展道路的国家彼此尊重，在求同存异中共同发展，以开放的心态，胸怀祖国，放眼世界，确立为实现中华民族伟大复兴而奋斗的志向，这些都是可持续发展教育的基本内容。

★选修模块4：科学思维常识

科学思维常识模块着重培养学生学会科学思维，要求学生遵循逻辑思维的要求，把握辩证思维的方法，提升创新思维能力和思维品质，创造幸福的生活和美好的未来。从根本上说，这有利于学生形成正确的世界观、人生观、价值观，它与可持续发展教育的核心相吻合。

★选修模块5：生活中的法律常识

生活中的法律常识模块以与学生生活息息相关的法律常识为载体，让每个学生都做到知法、懂法、守法、用法、护法，把法律作为自己行为选择的准绳，依法律己，依法做事，依法维护自己的合法权益，维护社会安定，构建和谐社会。该模块以权利和义务为主线，使学生深入了解法律上权利与义务的统一性与一致性，而这正是可持续发展教育的重要内容。

★选修模块6：公民道德与伦理常识

公民道德与伦理常识模块一方面有助于学生更自觉、更理性地接受与社会主义市场经济相适应、与社会主义法律相协调、与中华美德相承接的社会主义思想道德；另一方面，面对急剧变化的社会生活，了解一些现代应用伦理，有益于培养学生强烈的社会责任感，也有益于树立以人为本，全面、协调、可持续的科学发展观，提高构建社会主义和谐社会的能力，这正是对学生进行可持续发展教育的应有之义。

（一）社会领域

主题	内容标准领域	具体目标	内容示例	与可持续发展教育的结合点	教学提示
生命与安全教育	必修4：生活与哲学	探寻实现人生价值的条件和途径，理解只有对社会作出贡献，才是真正有价值的人生。	《实现人生的价值》第四单元第十二课	探寻实现人生价值的条件与途径，从日常的点滴做起实现人生的价值，学会选择。	可组织讨论：在面对人生的挫折与成功、曲折与前进、机遇与挑战时，如何作出正确的选择，实现人生价值？
	选修6：公民道德与伦理常识	了解在生命科学与技术方面正在取得的进展，如试管婴儿、代孕技术、克隆技术等，评析由此而产生的伦理冲突。	《生命科技与生命伦理》专题四第二框	反思与评析生命伦理与网络伦理，明确在科技发展中应尊重生命，弘扬科学精神。	可组织讨论：面对试管婴儿、代孕技术、克隆技术等，我们应如何面对科技进步中的伦理冲突？
公民权利与责任教育	必修1：经济生活	理解依法纳税是公民的基本义务。	《征税和纳税》第三单元第八课	了解公民在参与经济生活中的权利与义务。	
	必修2：政治生活	引述宪法对公民政治权利和义务的有关规定，说明公民有序参与政治生活的意义。	《我国公民的政治参与》第一单元第二课	了解公民在参与政治生活中的权利与义务。	可组织案例研讨、主题辩论会、模拟法庭等，使学生理解在政治、经济、文化生活中，每个公民享有的权利和应履行的义务，敢于和善于承担责任。
	选修5：生活中的法律常识	了解公民在民事权利与义务、信守合同与违约、就业与创业、婚姻与家庭、法律与就业方面所享有的权利和应承担的义务。	《民事权利和义务》《信守合同与违约》《劳动就业与守法经营》《家庭与婚姻》《法律救济》专题二、三、四、五、六	了解相关法律对公民权利和义务的规定，懂得既要依法维护和行使自己的权利，也要尊重他人享有的合法权利，并自觉履行义务。	

续表

主题	内容标准领域	具体目标	内容示例	与可持续发展教育的结合点	教学提示
公民权利与责任教育	选修3：国家和国际组织常识	分析我国国家权力机关和人民的关系、中央和地方的关系等，阐述民主集中制的组织和活动原则。	《按照民主集中制建立的新型政体》专题四第二框	落实民主集中制，必须坚持"个人服从组织，少数服从多数，下级服从上级，地方服从中央"的原则。	可通过分析民主集中制的具体体现，使学生体验行使公民权利、履行公民义务的原则性要求。
和谐社会教育	必修1：经济生活	阐释我国实行按劳分配为主体、多种分配方式并存的分配制度，解析"效率优先，兼顾公平"的原则。	提高效率促进公平 第三单元综合探究	理解我国现阶段的分配制度有利于平衡各种利益冲突，构建和谐分配关系，实现人与社会的和谐发展。	让学生通过查阅资料以及社会调查等方式，举例说明"效率优先，兼顾公平"在构建社会主义和谐社会中发挥的重要作用。
	必修2：政治生活	引述有关资料，表明和平与发展是当今时代的主题；展示世界的多极化趋势和国际竞争的特点；阐明我国外交政策的宗旨是维护世界和平，促进共同发展。	《维护世界和平 促进共同发展》第四单元第九课	理解我国政府在促进社会和谐发展中发挥的重要作用；理解世界各国在经济、政治、文化等方面的相互依存关系，树立维护世界和平、促进共同发展的理念。	可联系国际热点问题，举例说明和平与发展是当今时代的主题，在分析国际局势和国际竞争特点的同时，使学生深刻体会和平与发展的重要性。
		说明政府部门和公职人员依法行使职权对我们生活的影响和作用，增强公民依法办事、依法律己和依法维护自身权益的能力。	《政府的职能：管理与服务》《政府的权力：依法行使》第二单元第三课、第四课	政府机关及其公务员依法行政，审慎用权，民主决策，可以化解政府与人民之间的矛盾，实现不同利益群体的和谐发展。	通过列举生活中的实例，评议政府履行职责的表现，引导学生学会正确看待现实社会中的不和谐现象，积极为构建更加美好和谐的社会作出努力。

续表

主题	内容标准领域	具体目标	内容示例	与可持续发展教育的结合点	教学提示
和谐社会教育	必修2：政治生活	阐述民族区域自治制度是符合我国国情的一项基本制度。	《民族区域自治制度：适合国情的基本政治制度》第三单元第七课	理解实行民族区域自治制度有利于协调不同民族间的关系，实现求同存异，和谐相处。	引导学生通过回顾历史上民族间的矛盾与冲突，正视今天的平等繁荣，认识到好的政策是民族和谐的保证。
	必修4：生活与哲学	观察社会现象和自然现象，领会世界是普遍联系的，学会用联系的观点看问题，理解联系的普遍性、客观性、多样性及其要求。	《唯物辩证法的联系观》第三单元第七课	用哲学观点分析和谐社会理念。	指导学生运用联系的原理阐释可持续发展蕴涵的哲学道理，进而深刻理解可持续发展就是要促进经济社会发展和人的全面发展相统一，实现经济发展与人口、资源、环境相协调。
	选修3：国家和国际组织常识	比较人民代表大会制度与西方议会民主制度的特点，说明人民代表大会制度是适合我国国情的好制度。	《人民代表大会制度具有强大生命力》专题四第三框	扩大民主，有利于保障安定和谐的政治局面；高度集中，有利于保障稳定的社会秩序。	可通过分析讲解，使学生切实感受人民代表大会制度的优越性，理解人民代表大会制度是民主和集中的统一，是社会和谐的有力保障，进而拥护人民代表大会制度。
	选修6：公民道德与伦理常识	了解公民道德建设的内容与要求，辨析现代经济活动中的伦理要求。	《公民的道德生活》《社会主义市场经济的伦理要求》专题二、三	明确扮演不同的社会角色应自觉遵守社会公德，从而构建和谐社会。	可通过课堂讨论与角色扮演等方式，使学生理解社会中各种道德规范在构建社会主义和谐社会中所发挥的作用。

（二）文化领域

主题	内容标准领域	具体目标	内容示例	与可持续发展教育的结合点	教学提示
中华优秀传统文化及世界遗产教育	必修3：文化生活	解析中华传统文化在现实生活中的作用，阐述继承传统文化要取其精华，去其糟粕的道理。	《文化的继承性与文化发展》第二单元第四课	积极保护和传扬中国传统文化。	可通过列举继承传统文化的各种表现，使学生明白继承传统文化的态度，为中国传统文化注入时代精神。
		运用中华文化发展的典型事例，说明文化的力量深深熔铸在民族的生命力、创造力和凝聚力之中。	《我们的中华文化》第三单元第六课	理解中华民族厚重的文化底蕴和强大的民族凝聚力，形成认同感和归属感；同时懂得汲取世界先进文化精华。	可举例说明中华文化源远流长、博大精深，增强学生的民族自豪感、自信心。
		运用中华文化发展的典型事例，说明文化的力量深深熔铸在民族的生命力、创造力和凝聚力之中；归纳以爱国主义为核心的中华民族精神的表现，理解立足于中国特色社会主义现代化建设的实践，弘扬民族精神的意义。	《我们的民族精神》第三单元第七课	理解个人感情与民族文化和国家命运间的联系，提高文化认同感，弘扬和培育民族精神。	可让学生查找体现民族精神的资料并在课堂上演示，开展"我看民族精神"的演讲活动。
文化多样性教育	必修2：政治生活	了解我国的基本宗教政策。	《我国的民族区域自治制度及宗教政策》第三单元第七课	了解世界以及我国的各种宗教，理解公民享有宗教信仰的自由。	可让学生查找多种多样的宗教文化的相关资料。
	必修3：文化生活	赏析不同民族文化的精粹，展现不同民族文化的差异，确认文化多样性的价值，树立尊重不同民族文化的观念。	《文化的多样性与文化传播》第二单元第三课	了解文化的多样性和丰富性，尊重不同文化与习俗，努力推进不同文化间的交流与传播，使学生在文化领域形成正确的价值判断。	演示资料：各民族传统节日各具民族文化韵味，让学生体会不同文明间的借鉴、交流和融合是人类社会向前发展的伟大动力。

（三）环境领域

主题	内容标准领域	具体目标	内容示例	与可持续发展教育的结合点	教学提示
环境保护与污染防治教育	必修4：生活与哲学	观察社会现象和自然现象，解析客观规律是可以认识和掌握的事例，印证人们在尊重客观规律的基础上，能够发挥主观能动性，自觉地把握客观规律。	《探究世界的本质》第二单元第四课	从哲学层面理解应在尊重客观规律的基础上发挥人的主观能动性，认识尊重自然、保护环境的重要意义。	①可组织学生开展关于环境的哲学与伦理学研讨；②可以学校所在地区为对象，组织学生调查当地的环境问题以及引起这些问题的原因，并向有关部门提出合理建议。
	选修6：公民道德与伦理常识	考察人类活动与生态环境相互影响的过程，印证人与自然相互依存的关系，理解调整人与自然的关系日益成为重要的伦理问题，从伦理意义上解释可持续发展的观点。	《对环境的伦理关怀》专题五	理解环境伦理，从伦理学角度解释可持续发展的观点，树立环保意识，落实环保行动。	

（四）经济领域

主题	内容标准领域	具体目标	内容示例	与可持续发展教育的结合点	教学提示
循环经济与绿色消费教育	必修1：经济生活	辨析消费观念的变化，树立正确的消费观。	《多彩的消费》第一单元第三课	了解各种消费心理与消费行为，学会选择合理的消费与绿色消费，做理智的消费者，树立正确的消费观。	可以消费为题组织主题班会或研究性学习，使学生树立适度消费的正确消费观。
	必修2：政治生活	列举生活中的实例，评议政府履行职责的表现，说明政府部门和公职人员依法行使职权对我们生活的影响和作用。	《我国政府是人民的政府》第二单元第三课	认识到政府、企业在生产中应承担节约资源、保护环境的责任。	可组织学生进行社会调查：社区、政府承担节约资源、保护环境的责任的基本情况。

续表

主题	内容标准领域	具体目标	内容示例	与可持续发展教育的结合点	教学提示
循环经济与绿色消费教育	选修2：经济学常识	说明发展循环经济与可持续发展的关系。	《完善社会主义市场经济体制》专题五第四框	感受到发展循环经济、建设资源节约—环境友好型社会是我国社会主义市场经济持续发展的需要。	可组织专题调研或"节能减排"专题讲座。
农村发展与可持续城市化教育	必修1：经济生活	描绘小康社会经济建设的目标，说明全面建设小康社会，最根本的是以经济建设为中心，不断解放和发展社会生产力。	《社会发展观和小康社会的经济建设》第四单元第十课	明确我国的各项基本国策与发展战略在促进农村发展以及城市化过程中的重要作用，增强为实现中华民族伟大复兴贡献力量的使命感。	可组织学生进行专题研讨：农村发展以及城市化进程中的基本经验与主要问题。
	选修1：科学社会主义常识	了解开创中国特色社会主义事业的新篇章。	《谱写中国特色社会主义的新篇章》专题四		
	选修2：经济学常识	了解中国特色社会主义市场经济的探索。	《中国社会主义市场经济的探索》专题五		

三、思想政治学科教学实施可持续发展教育的建议

为了将可持续发展教育相关内容纳入思想政治学科教学的整个过程中，有效地实施可持续发展教育，教师应注重从可持续发展教育问题的生成、结合点的挖掘、目标制订与实施策略及资源的开发利用等方面，进行有针对性的设计。

（一）如何提出思想政治学科教学中值得关注的可持续发展教育问题

在思想政治学科教学中实施可持续发展教育，首先要有问题意识，即知道什么属于可持续发展教育需要解决的问题，哪些可持续发展教育中涉及的问题

与思想政治学科有关联，属于可持续发展教育哪个领域哪个专题的问题，可用思想政治学科的什么知识解决。因此，教师在问题的生成阶段，一要了解学科教学的内容，二要明确可持续发展教育的领域与目标，三要了解学生的认知水平，实现三者的统一。

例如，"树立正确的消费观"是人教版《思想政治》必修1：《经济生活》的教学内容，是对学生进行"绿色消费教育"的重要内容。此部分教学，教师可利用调查、比较与分析等途径，帮助学生了解各种消费心理与消费行为，学会辨析和澄清多元的消费观念，从而树立正确的消费观，并在实际生活中作出正确与合理的道德判断，做一名理智的消费者。

又如，"中国的和平发展"是人教版《思想政治》必修2：《政治生活》综合探究的教学内容，是"和谐社会教育"中"和平与人类安全教育"的重要内容。本教学内容要求通过学生自主探究学习来完成，教师要在总的探究主题下，将学生分成若干小组进行探究学习，并为各组学生确定若干探究专题，使学生明确探究学习的任务与具体要求。学生通过自主探究，理解和平与发展是当今时代的两大主题，了解我国的和平发展道路，从而树立维护世界和平，促进共同发展的理念以及为实现中华民族伟大复兴而奋斗的志向。

再如，"世界文化的多样性"是人教版《思想政治》必修3：《文化生活》的教学内容，是对学生进行"文化多样性教育"的重要内容。教师要充分发挥信息资源的共享与交互功能，有意识地收集能够体现多元文化特点的丰富信息与资料，使学生感受世界文化的多样性，理解文化多样性的含义与表现，懂得既要认同本民族文化，又要尊重其他民族文化；懂得不同民族之间应该相互尊重，在发展本民族文化的同时，共同维护、促进文化的多样性，从而最终形成尊重文化多样性的价值观。

（二）如何挖掘思想政治学科教学实施可持续发展教育的结合点

1. 教师要树立可持续发展教育的意识

育人者要自育，自育先行。这就需要教师自己首先转变教育理念，具有可持续发展教育的意识。首先，教师必须学习、了解可持续发展教育的内涵和相关内容，全面把握和领会可持续发展教育的实质和精髓，以便更有效地开展相关教学活动；其次，教师在教育教学活动中要注重建构学生在学习与发展过程中的主体地位，注重培养学生终身学习与终身发展所需要的主动探究精神与能力，以及可持续发展所需要的价值观、行为方式和能力。

2. 教师要根据思想政治学科不同模块的特点和不同教学内容，选取不同方式和途径，有针对性地进行挖掘

可持续发展教育的落实首先要求教师根据学科教学内容的不同，准确把握教学目标，选择与可持续教育相关的教学资源。教师应立足于教材，充分挖掘教材中的资源（知识点、教材中的图文资料、数据表格等）。以"经济生活"模块为例，在人教版教材中的"树立正确的消费观"一课中，教材提供了"白色垃圾"、"绿色消费健康生活"、"怎样看待'打包'现象"三个图加文字的教学资源，教师可以直接使用或进一步挖掘，设计"在学校和社区中设立废旧电池回收箱，宣传和倡导废旧电池回收"的活动，使可持续发展的观念落实到学生的具体行动上。此外，还可以根据教学内容充分拓展和开发教材外贴近学生实际的教学资源，进行实例的补充、信息的拓展、活动的设计等。

再如，"生活与哲学"模块主要培养学生科学的思维方法，而各种观点、理论的学习，更多的是依托于分析发生在我们身边的具体事例来进行。因此，要积极利用能够培养学生可持续发展价值观的问题、情境和案例，把环境污染、资源短缺与匮乏、人口问题、经济发展的不平衡、气候变化、环境与经济的协调、人与自然的和谐相处、"五个统筹"的要求等有关材料引入到教学过程中来，使学生在探究思考的过程中掌握哲学原理，同时对可持续发展的理念有更深入的认识，逐渐形成可持续发展价值观。

3. 可持续发展教育方式的多样化

在思想政治学科中实施可持续发展的具体方式是多样的，但并不是所有的教学内容都适合进行可持续发展教育。因此，教师应具体问题具体分析，根据教学目标、教学内容和各地区、各学校的实际，采用案例教学法、综合实践活动、跨学科主题实践活动、与各部门配合的专题教育活动、课题研究、论文交流、辩论等方式开展教学，也可组织讲座或参观、调查、撰写论文、设计展板等活动。

（三）如何开发、利用与思想政治学科相关的可持续发展教育资源

当前可以开发与利用的可持续发展教育资源是多种多样的，包括文字与音像资源（思想政治教材，其他涉及经济、政治、文化、哲学等各类社会科学以及时事政治等方面的报刊、书籍、图片、录音、录像、影视作品等），实践活动资源（参观博物馆、纪念馆、文化馆、自然和人文景观、教育基地等，调查、访谈，等等），信息化资源（利用信息技术和网络技术，收集网上资源，包括文字资料、多媒体资料、教学课件等），等等。可持续发展教育资

开发的主体有很多，有教师自主开发，师生共同开发，校际之间、区域之间的合作开发，学校与相关部门合作开发等。

1. 充分发挥教材的作用

在挖掘可持续发展教育问题上，教师一定要充分利用教材的内容，从社会、文化、环境、经济四大领域的九个主题中挖掘各模块教材中的相关内容，充分利用教材中的各种资源（图文资料、数据表格等），发挥好教材的作用。在教学内容上，应着重把握可持续发展科学知识与科学思想内容的渗透，注重可持续发展价值观教育。例如，在人教版《思想政治》必修2《政治生活》第一单元第一课"政治权利和义务：参与政治生活的基础和准则"中，教师可以结合教材内容对学生进行公民权利与责任的教育，通过教学使学生能正确表述中国公民享有的政治权利和自由以及应履行的政治性义务，提高主动参与政治生活的能力，增强依法办事、依法律己和依法维护自身权益的能力，增强公民权利意识和社会责任感。

2. 充分挖掘社区资源开展可持续发展教育

在思想政治学科教学中，教师要从地域、学校、教师和学生特点出发，发挥各自的优势，根据实际情况选择、利用、丰富、拓展可持续发展教育资源，使课程资源的开发呈现出多样性、丰富性、独特性，有效实现特色开发。教学中应充分借助教师和学生的经验，遵循学生的心理、生理特点及认知规律，借助报刊、媒体、网络和各种社区资源，选取鲜活、翔实的资料进行教学，引领学生关注和探究可持续发展问题，如环境问题、人口问题、社会发展的不和谐问题、资源问题、防止重大疾病和灾害问题、民主问题、科学发展观问题、和平与发展问题、公民的权利与责任问题、循环经济与绿色消费问题，等等，从而有效地落实可持续发展教育。在教学中，教师要积极利用相关问题、情境和案例，把环境污染、资源短缺与匮乏、人口问题、经济发展的不平衡、气候变化、环境与经济的协调、人与自然的和谐相处、"五个统筹"的要求等有关材料引入教学，使学生逐步形成可持续发展价值观。

3. 通过时事政治教育开展可持续发展教育

通过各种方式学习时事，关注、探究可持续发展教育问题，是思想政治学科进行可持续发展教育的一条有效途径。从历年的高考试题中我们可以看出，那些体现国家意志和被广泛关注的大事和热点，具有战略性的、事关人类社会未来的事件，是高考命题的重点关注对象。那些长效的、事关人类生存环境和国计民生、有重大影响的持续性热点，尤其值得我们关注。建设社会主义和谐社会、落实科学发展观、"三农"问题、建设社会主义新农村、效率与公平等问题，都是可持续发展教育的重要内容，也是时事政治的热点问题。这些问题在党和国家的重要会议、文件、主要领导人讲话、相关报纸杂志的热点专题中都有反映。

ii 学科教学实施可持续发展教育实践案例

【设 计 者】 北京市中关村中学　朱　军
【年　　级】 高中二年级
【所用教材】 人教版教材《思想政治》必修4
【课　　题】 《矛盾的同一性和斗争性——我们来说说亲子关系》（第三单元第九课）

一、教学背景分析

（一）本课教学目标

※知识与技能目标

1. 知识方面：识记矛盾的含义，理解矛盾的同一性和斗争性的辩证关系及其重要意义；运用矛盾的同一性和斗争性辩证关系原理，分析社会生活中的重大问题。

2. 能力方面：初步形成运用矛盾的同一性和斗争性相统一的观点认识和把握事物的能力，理解矛盾双方的对立统一关系，推动着事物不断运动、变化和发展，形成辩证思维能力和抽象思维能力。

※过程与方法目标

1. 掌握事例分析法与讨论法。

2. 学会采用由具体到抽象，再由抽象到具体的学习思路，即先从具体事例入手，通过分析，总结矛盾内涵，然后运用矛盾概念去分析具体的事例。

※情感、态度与价值观目标

通过对矛盾双方在一定条件下可以相互转化原理的学习，明确没有一定的条件，矛盾双方是不会转化的，进而认识到无论在个人成长或是社会进步、国家发展等各方面，都必须发挥主观能动性，努力创造条件，促使矛盾向着有利的方向转化，从而自觉运用矛盾双方互相转化的道理，正确认识和处理个人与社会等各种辩证关系。

（二）本课教学重点与难点

※教学重点

1. 矛盾的概念。
2. 矛盾对立统一的两个基本属性。
3. 统一性和对立性的基本含义。
4. 矛盾的同一性和斗争性的关系。

※教学难点

1. 哲学上讲的"对立"、"斗争"和日常生活中特别是政治用语中的"对立"、"斗争"的关系。
2. 矛盾的同一性和斗争性在事物发展中的作用。
3. 矛盾双方的对立和统一，始终是不可分割的。

（三）可持续发展教育点及设计思路

※可持续发展教育点

社会领域"和谐社会"主题中"理解人与人和谐相处的重要性，建立和谐的人际关系，妥善处理人际冲突"的相关内容。

※渗透可持续发展教育的设计思路

总体思路：通过对亲子关系的分析，学会坚持唯物辩证法的矛盾观，敢于面对矛盾的存在，勇于承认和揭露矛盾；通过分析矛盾双方既对立又统一的关系，理解矛盾的同一性是以差别和对立为前提的，没有斗争性就没有同一性，就不会有事物的存在和发展，从而认识家庭中亲子关系的矛盾本质，理解人与人和谐相处的重要性，建立和谐的人际关系，妥善处理人际冲突，感悟人生，感恩家庭、他人与社会。

具体思路：

1. 课前准备阶段：组织学生广泛收集父亲节、母亲节的相关资料，让父母与孩子分别写出孩子成长中的困惑等，引导学生主动参与，引发思考兴趣，以调动学生后期的课堂讨论参与度。

2. 课程实施阶段："矛盾定义"部分，针对当今亲子间日常生活的"矛盾"，组织学生讨论，理解矛盾的斗争性；通过引导学生理解父母行为的初衷，讨论理解矛盾的同一性，进而理解亲子间关系的同一性和斗争性的辩证关系，以此达到课程标准中的基本要求：运用生活中的事例，说明事物自身"对立统一"的辩证关系；理解矛盾分析方法的普遍意义。

3. 课后延伸阶段：通过撰写"关于中关村中学学生家庭亲子状况调查报告"和"中关村地区和谐社区之家庭建设方案"等活动，以期通过对亲子关系的分析，把握新形势下中小学生亲子关系现状，为有效改善亲子关系提出一定的对策建议。

（四）教材分析

"矛盾的同一性和斗争性"是教材中"矛盾是事物发展的源泉和动力"一框中的第一目。教学中的逻辑顺序是：世界上的一切事物都包含着两个方面——矛盾的定义——矛盾的两种基本属性——矛盾的同一性——矛盾的斗争性——同一性和斗争性的辩证关系，重点是让学生理解世界上的一切事物都包含着矛盾，没有矛盾就没有世界。

对矛盾概念的准确理解是把握对立统一规律原理和矛盾分析方法的基础和关键，是培养学生辩证思维能力的基础和起点。同时，矛盾概念又是教学的难点。由于学生缺乏对此问题的认识，从学生学习的角度看，学生容易将哲学意义的矛盾与日常生活中所说的矛盾相混淆，对具体矛盾与哲学意义上抽象矛盾的关系不易准确理解。

（五）教学方法

对于采集信息的分析，采用讨论法，激发学生课堂参与，积极思考；对不能直接感知的内容，采用图示示意法，便于学生理解抽象概念；对理论的总结，采用归纳法，提高学生总结基本知识的素养。

（六）教学资源开发与利用的基本思路

1. 信息资源：引入动画片《猫和老鼠》，理解矛盾的对立；分析寓言《自相矛盾》，区别哲学矛盾与逻辑矛盾的内涵；欣赏古典诗词、哲学名言等，理解实际生活中各个层面的矛盾现象；分析寓言《塞翁失马》，理解矛盾双方在一定条件下各向其相反方向转化；引入故事《苹果树》、播放 Flash《天下父母心》，提升课堂讨论深度，深入教学内容。

2. 家长资源：充分利用丰富的家庭资源，了解学生家庭状况。课前请学生家长事先瞒着学生写好给孩子的一封信。教学过程中逐步引导学生思考亲子关系，引发学生深入思索，在教学过程即将结束时，将家长给孩子的这封信交给学生，促进学生与家长的沟通。

3. 跨学科资源：利用语文教材《背影》《触龙说赵太后》《项脊轩志》等篇目内容。

二、教学过程

（一）指导预习探究

【内容】

1. 理解教材漫画，给漫画增加续集。

2. 指导学生广泛收集父亲节、母亲节的相关资料，写一篇反映当今父母与子女关系的作文。

【预习方式与要求】

1. 学生方面：（1）通过预习教材内容，对教材漫画进行再开发，为教材漫画配续集；（2）通过报纸、电视、互联网等媒介收集、筛选关于父亲节、母亲节的相关资料；（3）根据自己的真实感受写出对亲子关系看法的作文。

2. 家长方面：给孩子写一封信，根据自己的真情实感，写出给孩子取名的经过、对孩子寄予的希望，以及作为父母在教子方面的困惑。

【预期效果】

1. 学生全员参加，主动参与，为课堂讨论增加兴奋点，引发学生思考兴趣。

2. 家长积极配合，课堂内外实现立体互动。

（二）课堂教学过程

【第一环节】借助案例导入新课（5分钟）

1. 播放视频：播放动画片《猫和老鼠》片段。（学生观看。）

2. 引发讨论：猫和老鼠自古以来就是天敌，猫捉老鼠，天经地义。假定有一户农家，刚刚喜逢丰收，可是家中有老鼠时常偷粮食，为了保护粮食，主人养了一只很聪明的猫，而你就是那只"聪明"的猫，你会怎么做？（学生讨论。）

【本环节预期效果】创设问题情境，将学生注意力从动画片转移集中到参与、分析、解决问题中，提高学生学习兴趣。

【第二环节】借助寓言故事，理解"逻辑矛盾"的内涵（2分钟）

1. 引发思考：讲解寓言故事《自相矛盾》，引导学生分析讨论"逻辑矛盾"产生的原因。（学生讨论。）

2. 小结：形式逻辑的矛盾要求人们在叙述问题时，严格遵守逻辑规律，即对同一事物、同一时间、同一关系，不能既肯定又否定。违反这条规则，就会引起思想混乱。

【本环节预期效果】通过寓言故事，引导学生理解"逻辑矛盾"的内涵。

【第三环节】运用生活中的实例，理解"哲学矛盾"的斗争性（5分钟）

1. 提问：举出生活中矛盾着的对立双方。（学生思考并列举，如有无、生死、祸福、上下、冷暖、好坏、优劣、胜败、化合与分解、作用力与反作用力、战争与和平、自由与纪律……）

2. 讲授：通过分析自然界与人类社会矛盾斗争性的具体表现，讲授矛斗争性的内涵，即矛盾双方相互排斥、相互对立的属性。（学生倾听。）

3. 讲授：哲学意义上的"斗争"和具体矛盾中的"斗争"是共性和个性的关系。（学生倾听。）

【本环节预期效果】在举例中引导学生注意学科交差，感悟哲学与具体学科的关系；指导学生运用常识，从具体走向抽象，深刻理解哲学本质与生活现象之间的辩证关系。

【第四环节】借助教材资源，对教材原有的示意图进行重新开发，挖掘教材示例的新用途，引导学生理解"矛盾双方也是统一的"（10分钟）

1. 读图思考：引导学生分析课本图片（见图1），提问：漫画中的他敢剪吗？为什么？（学生讨论并回答。）

2. 引发深入思考：矛盾双方在一定条件下处于平衡状态，构成了矛盾统一体，图中（见图2）的状态下他是否敢剪？为什么？（学生讨论并回答。）

3. 讲解：矛盾同一性的内涵，即矛盾双方相互吸引、相互联结的属性和趋势。（学生倾听。）

4. 讲解：矛盾双方在一定条件下相互依存；矛盾双方依据一定的条件相互转化。（学生倾听。）

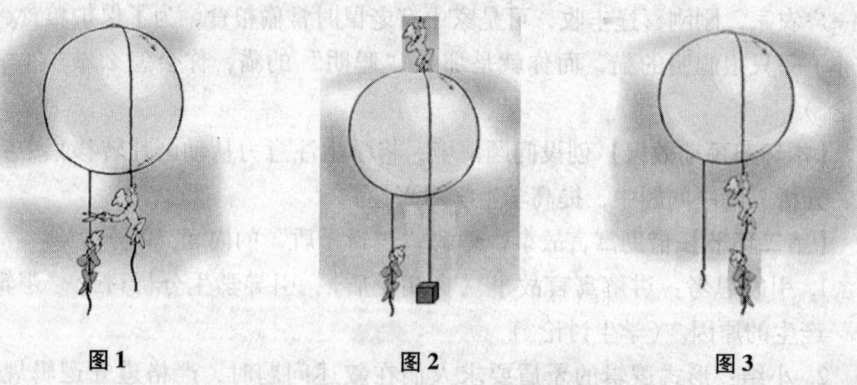

图1　　　　　　　　　图2　　　　　　　　　图3

5. 分析：讲解寓言《塞翁失马》，并提问：寓言中包含了哪些哲学寓意？（学生思考并回答。）

6. 讨论：作为矛盾双方，亲子间的对立能否转化？亲子间矛盾应当如何转化？在我们的学习和生活中，当遇到挫折时，我们如何看待它？（学生讨论并回答。）

【本环节预期效果】

1. 利用学生创作的漫画续集，调动课堂气氛，引发学生对知识点细节的探讨，深入理解矛盾内涵；培养学生获取有效资源，并能对其进行分析、整理、理解的能力。

2. 培养学生的发散思维，以学生生活中所见、所闻的事物为引入点，通过学生的语言表述、问题解释，进一步激发学生的学习兴趣。

【第五环节】运用抽象思维分析矛盾对立统一之间的辩证关系（8分钟）

1. 讲解：矛盾同一性与斗争性的辩证关系：同一性离不开斗争性，同一以差别和对立为前提；斗争性离不开同一性，斗争性寓于同一性之中。

2. 提问：漫画续编中（见图2、图3）的这种情况能否出现？为什么？（学生分析总结，说明图3表明统一离不开对立，图2说明对立离不开统一。）

3. 组织讨论：在一个家庭中能否只有"对立"或只有"统一"？（学生思考并自己得出结论：对立离不开统一。只有具有某种共同基础、相互依存的东西，才能呈现出相互排斥的倾向。如果不是相互依存，而是彻底分离、毫不相干的东西，就无排斥可言。总之，对立是统一中的对立，统一是对立面的统一。）

【本环节预期效果】利用学生创作的漫画续集，调动课堂气氛，引发学生对知识点细节的探讨，深入理解矛盾内涵；培养学生获取有效资源，并能对其进行分析、整理、理解的能力。

【第六环节】借助学生平时感受，对社会、社区、家庭等关系进行分析（10分钟）

1. 谈话：家庭是社会的一个细胞，父母对子女都寄予了深切的期望，他们用各种方式表达着自己的一份深情。请同学们阅读课前父母写给自己的一封信，反思自己在家庭中的表现，反省自己所持的态度。（学生阅读家长信，进行思考，激发情感。）

2. 进一步激发学生情感：讲解《苹果树》（见图4）的故事。（学生感悟父母对自己寄予的希望。）

图4

3. 提问：运用哲学原理中的对立统一关系，分析亲子关系中的对立统一关系究竟是什么样的关系？现在父母与子女间关系的现状如何？我们应该如何正确处理这些关系？（学生畅谈自己对亲子关系的认识，谈自己的困惑，尤其是统一关系中，如何实现在一定条件下相互转化。）

4. 引入高潮：播放视频《天下父母心》，引导学生现场创作诗歌，探讨建设和谐社会、和谐社区、和谐家庭的设想。（学生即兴创作。）

【本环节预期效果】培养学生的发散思维，以学生生活中所见、所闻的事物为引入点，通过学生的语言表述、问题解释，进一步激发学生的学习兴趣。

（三）课后延伸

【内容】研究性学习作业：撰写"关于中关村中学学生家庭亲子状况调查报告"和"中关村地区和谐社区之家庭建设方案"。

【方式与要求】学生3~4人为一组，自由结合，题目可在两个中任选；教师从调查方法、获取资料途径、写作要求等方面进行指导。

【预期效果】培养学生积累和整理资料、处理和使用数据、全面应用知识的能力；促进学生间相互的支持、配合，有效地完成合作学习；充分发挥学生的学习自主性。

专家点评：

朱军老师设计的《矛盾的同一性和斗争性——我们来说说亲子关系》一课利用思想政治学科的教学内容，有效地实施了可持续发展教育"和谐社会"等主题的教学，有利于学生从哲学的层面理解建立和谐人际关系的重要性。总体来说，具有以下特点：

第一，教学切入点准而巧。对于容易与生活理解相冲突的哲学概念"矛盾"，朱老师恰当地选用了"亲子关系"作为分析对象，帮助学生准确理解唯物辩证法的矛盾观，正确认识家庭中亲子关系的矛盾本质，理解人与人和谐相处的重要性，进而建立和谐的人际关系，妥善处理人际冲突。在教学中，亲子交流活动让每个学生深深体会到感恩之情。

第二，教学资源丰富而有效。课前，学生们广泛收集父亲节、母亲节的相关资料，父母与孩子分别写出孩子成长中的困惑等活动，为引导学生主动参与，积极思考，充分讨论提供了有针对性的资源；课上，朱老师引入了动画片《猫和老鼠》、寓言《自相矛盾》、寓言《塞翁失马》、故事《苹果树》和Flash《天下父母心》等资源，为学生创设了有趣味、有吸引力的学习氛围，有助于学生理解和运用学到的哲学观点；课后，两个拓展作业：撰写"关于中关村中学生家庭亲子状况调查报告"和"中关村地区和谐社区之家庭建设方案"，有助于学生进一步理解观点，改善与父母的关系。

（金　利）

Ⅱ 语 文

i 学科教学实施可持续发展教育指导意见

语文是最重要的交际工具，是人类文化的重要组成部分。工具性与人文性的统一是语文课程的基本特点。语文素养是学生学好其他课程的基础，也是学生全面发展和终身发展的基础。语文课程应该致力于学生语文素养的形成与发展。高中语文课程要充分发挥其促进学生发展的独特功能，使全体高中学生获得应该具备的语文素养，并为学生的不同发展倾向提供更大的学习空间；要为造就时代所需要的多方面人才，弘扬和培育民族精神，增强民族创造力和凝聚力发挥应有的作用。

语文课程对可持续发展教育四个领域的诸多主题均有所涉及，是实施可持续发展教育的良好载体。教师在教学中应有意识地挖掘学科教学与可持续发展教育的结合点，在语文学科教学中发现开展可持续发展教育的生成点，在保持语文学科特点的前提下合理有效地实施可持续发展教育。

一、用可持续发展教育理念审视语文课程的目标要求

第一，在语文学科实施可持续发展教育，应鼓励学生与文本展开对话，通过阅读和思考，体味大自然和人生的多姿多彩，激发珍爱自然、热爱生活的感情；探讨人生价值和时代精神，树立积极向上的人生理想，增强为民族振兴而努力的使命感和社会责任感。应使学生通过体会中华文化的博大精深、源远流长，引导学生增强文化意识，重视人类文化遗产的传承，尊重和理解多元文化，关注当代文化生活，学习对文化现象的剖析，积极参与先进文化的传播和交流。

第二，在语文学科实施可持续发展教育，应鼓励学生注重跨领域学习，拓展语文学习的范围，通过广泛的实践，提高语文综合应用能力。应注重使学生养成独立思考和质疑探究的习惯，注意观察语言、文学和中外文化现

象，学习从习以为常的事实和过程中发现问题，培养探究意识和发现问题的敏感性。要鼓励学生对未知世界始终怀有强烈的兴趣和激情，敢于探异求新，走进新的学习领域，尝试新的方法，追求思维的创新、表达的创新。要引导学生在探究活动中，勇于提出自己的见解，并乐于与他人进行交流和思想碰撞，尊重他人的成果，在相互切磋中，不断提高探究能力，逐步养成严谨、求实的学风。

第三，在语文学科实施可持续发展教育，应用可持续发展教育的眼光关注教材，从社会、文化、环境、经济四个领域审视教材，关注教材中的可持续发展教育内容，在优质高效地完成语文学科教学任务的同时合理有效地实施可持续发展教育。

第四，在语文学科实施可持续发展教育，应增强课程资源意识。各地区都蕴藏着自然、社会、人文等多方面与可持续发展教育有关的语文课程资源，应将可持续发展教育课程资源的开发作为语文课程资源开发的重要组成部分。

二、语文课程中与可持续发展教育相关的内容与要求[①]

※必修模块

★阅读与鉴赏

1. 在阅读与鉴赏活动中，不断充实精神生活，完善自我人格，提升人生境界，逐步加深对个人与国家、个人与社会、个人与自然关系的思考和认识。

2. 发展独立阅读的能力。善于发现问题、提出问题，对文本能作出自己的分析判断，努力从不同的角度和层面进行阐发、评价和质疑，可持续发展角度是其中之一。

3. 注重个性化的阅读，应相机引导学生调动生活经验和知识积累中与可持续发展教育相关的部分介入阅读体验，在主动积极的思维和情感活动中，获得独特的感受和体验，发展想象能力、思辨能力和批判能力。

[①] 本部分内容参考《普通高中语文课程标准》、人民教育出版社普通高中课程标准实验教科书（以下简称"人教版教材"）及北京普通高中课程改革实验教材（以下简称"北京版教材"）《语文》。表格中标"○"为人教版教材示例，标有"★"为北京版教材示例。

4. 学习鉴赏中外文学作品，具有积极的鉴赏态度，注重审美体验，陶冶性情，涵养心灵。努力探索作品中蕴涵的民族心理和时代精神，了解人类丰富的社会生活和情感世界。引导学生认识并尊重文化的多样性，培养具有跨文化理解力的公民。

5. 学习中国古代优秀作品，体会其中蕴涵的中华民族精神，为形成一定的传统文化底蕴奠定基础。同时，深刻理解优秀的本民族文化，培养强烈的民族自豪感和自信心，增强热爱民族文化、发扬民族文化的使命感。

★表达与交流

1. 学会多角度地观察生活，并从可持续发展的角度丰富生活经历和情感体验，对自然、社会和人生有自己的感受和思考。

2. 寻找与可持续发展教育有关的写作点，考虑不同的目的要求，以负责的态度陈述自己的看法，表达真情实感，培育科学理性精神。同时，在生活和学习中多方面地积累素材，多想多写，做到有感而发，力求有个性、有创意地表达，根据个人特长和兴趣自主写作。

3. 寻找有关可持续发展教育的热点话题，增强人际交往能力；学会演讲，做到观点鲜明，材料充分、生动，有说服力和感染力，力求有个性和风度；在讨论或辩论中积极主动地发言，恰当地应对和辩驳。

※选修模块

★诗歌与散文

1. 阅读古今中外优秀的诗歌、散文作品，理解作品的思想内涵，探索作品的丰富意蕴，领悟作品的艺术魅力；用历史眼光和现代观念审视古代诗文的思想内容，并给予恰当的评价。

2. 学习古代诗词格律，了解相关的中国古代文化常识，丰富传统文化基础知识的积累。

3. 学习鉴赏诗歌、散文的基本方法，初步把握中外诗歌、散文各自的艺术特性，注意从不同角度和层面发现作品意蕴，不断获得新的阅读体验。

4. 寻找与可持续发展教育相结合的创作角度，尝试进行诗歌、散文等文学创作，组织文学社团，展示成果，交流体会。

★小说与戏剧

1. 培养阅读古今中外各类小说、戏剧作品（包括影视剧本）的兴趣，从优秀的小说、戏剧作品中吸取思想、感情和艺术的营养，丰富、深化对历史、社会和人生的认识，提高文学修养。

2. 形成良好的文化心态，学会尊重、理解作品所体现的不同时代、不同民族、不同流派风格的文化，承认并尊重文化的多样性，理解作品所表现出来的价值判断和审美取向，并能够作出恰当的评价。

3. 尝试对感兴趣的古今中外小说、戏剧进行比较研究或专题研究。

4. 留心观察社会生活，丰富人生体验，有意识地积累创作素材，尝试创作与可持续发展教育题材有关的小说或剧本，并进行相互交流。

★新闻与传记

1. 了解新闻、通讯（包括特写、报告文学等）作品的社会功用，养成及时关注和阅读与可持续发展相关的新闻事件的习惯，关心国内外大事及社会生活，能迅速、准确地捕捉基本信息，就所涉及的事件和观点作出自己的评判。

2. 广泛收集与可持续发展相关的资料，根据表达需要和体裁要求，对资料进行核实、筛选、提炼，尝试新闻、通讯的写作。

3. 阅读古今中外人物传记、回忆录等作品，把握基本事实，了解传主的人生轨迹，从中获得有益的人生启示，从生命伦理、公民权利与责任等角度形成有一定深度的思考和判断。

★语言文字应用

1. 注意在生活和跨学科的学习中学语文、用语文，能综合运用在语文与其他学科中获得的知识、能力和方法，读懂与自己学识程度相当的著作，运用多种方式展开交流和讨论。

2. 在参加实践活动中增强口头应用的能力，提高语言文字应用能力，能根据交际的需要，选择恰当的时机和场合，提出话题，敏捷应对，注意表达效果；参加演讲与辩论，学习主持集会、演出等活动。

3. 观察语言文字应用中的新现象（如新词的出现），思考语言文字发展中的新问题，努力在语言文字应用过程中有所创新。

4. 引导学生关注生活中的可持续发展教育资源，拓展运用语言文字交流的途径，学会用现代信息技术辅助交流，如使用计算机进行编辑、版面设计，制作个人网页和演示文稿。

★文化论著选读与专题研讨

1. 选读古今中外的文化论著，拓宽文化视野和思维空间，培养科学精神，提高文化修养；以发展的眼光和开放的心态看待传统文化和外来文化，尊重、保护和发展文化多样性；关注当代文化生活，能通过多种途径，开展文化专题研讨；思考人生价值和时代精神，增强使命感和责任感，努力形成自己的思想、行为准则。

2. 关注现实生活和社会发展，对感兴趣的问题进行思考，参考有关论著，学习对当代社会生活中的问题和中外文化现象作出分析和解释，积极参与先进文化的传播和交流，提高自己的思考、交流能力和认识水平；了解全球化背景下世界文化的发展趋势，理解世界"和平文化"。

（一）社会领域

主题	内容标准领域	具体目标	内容示例	与可持续发展教育的结合点	教学提示
生命与安全教育	必修：阅读与鉴赏	在阅读与鉴赏活动中，不断充实精神生活，完善自我人格，提升人生境界。	○《热爱生命》必修4第三单元第10课	反思并树立正确的生命伦理观；懂得善待生命，合理解决人生中的种种冲突。	引导学生讨论生命的意义、如何实现生命的价值等，通过讨论懂得尊重生命、珍视生命、热爱生命。
	必修：表达与交流	学会多角度地观察生活，丰富生活经历和情感体验，对自然、社会和人生有自己的感受和思考。	○《善待生命》必修3之"表达与交流"		结合课后写作练习五，可以先课上展开讨论或辩论，引导学生珍惜生命、正确面对挫折，课后布置写作作业。
	选修：诗歌与散文	学习鉴赏诗歌、散文的基本方法，初步把握中外诗歌、散文各自的艺术特性，注意从不同角度和层面发现作品意蕴，不断获得新的阅读体验。	★《致橡树》必修2第二单元第7课	学会健康地与异性交往，树立两性平等意识。	引导学生讨论木棉和橡树二者之间的关系，探讨什么是正确的爱情观、女性观，建立正确的两性交往观念。

续表

主题	内容标准领域	具体目标	内容示例	与可持续发展教育的结合点	教学提示
生命与安全教育	选修：小说与戏剧	留心观察社会生活，丰富人生体验，有意识地积累创作素材，尝试创作小说、剧本，相互交流。	○校园安全剧小说与戏剧选修类之创作实践	关注校园安全，了解身边的安全问题。	引导学生观察学校生活，创作有关校园安全的小说，或编写、演出有关校园安全的短剧。
	选修：语言文字应用	拓展运用语言文字交流的途径，学会用现代信息技术辅助交流，如使用计算机进行编辑、版面设计，制作个人网页和演示文稿等。	○语言的艺术选修之《语言文字应用》第六课		制作一个"安全校园行"网页，对校园安全进行宣传。
公民权利与责任教育	必修：阅读与鉴赏	在阅读与鉴赏活动中，不断充实精神生活，完善自我人格，提升人生境界，逐步加深对个人与国家、个人与社会的思考和认识。	○《就任北京大学校长之演说》必修2第四单元第11课	使学生形成一定的公民意识，懂得自觉分担社会责任。	引导学生理解蔡元培就任北大校长对学生提出的要求，探讨个体与社会的关系及个体需承担的社会责任。
	选修：诗歌与散文	尝试进行诗歌、散文的创作，组织文学社团，展示成果，交流体会。	○公民之歌诗歌与散文类选修之创作实践	理解公民权利与责任，并能进行文学创作。	引导学生在讨论的基础上创作诗歌作品并交流。

续表

主题	内容标准领域	具体目标	内容示例	与可持续发展教育的结合点	教学提示
公民权利与责任教育	选修：小说与戏剧	培养阅读古今中外各类小说的兴趣，从优秀的小说中吸取思想、感情和艺术的营养，丰富、深化对历史、社会和人生的认识，提高文学修养。	○《炮兽》选修之《外国小说欣赏》第二单元	使学生学会勇于承担自己应承担的责任。	鼓励学生对照文章反思自己在面对失误时，是否也有"炮长"那样改正错误的勇气。
	选修：新闻与传记	阅读古今中外的人物传记、回忆录等作品，能把握基本事实，了解传主的人生轨迹，从中获得有益的人生启示，形成有一定深度的思考和判断。	○《马克思：献身于实现人类理想的社会》选修之《中外传记作品选读》第六课	掌握公民责任的具体内涵，认真履行公民义务。	①引导学生了解马克思的精神世界，感受其品格力量，理解公民责任的具体内涵；②采访社区工作人员，写一篇新闻或通讯。
	选修：语言文字应用	能考虑不同的目的要求，以负责的态度陈述自己的看法，表达真情实感，培育科学理性精神。	○《学做一个人》选修之《演讲与辩论》第三单元	使学生形成一定的公民意识，懂得自觉分担社会责任。	通过召开主题班会、指导学生发表成人演说等形式引导学生思考人生的意义和价值，明白成人不仅意味着享受权利，还意味着应承担责任。
和谐社会教育	必修：阅读与鉴赏	努力探索作品中蕴涵的民族心理和时代精神，了解人类丰富的社会生活和情感世界。	★《葡萄的精灵》必修3第一单元第3课	懂得民族团结、民族之间互相尊重理解的重要意义，为构建和谐社会努力。	①引导学生了解我国多民族的状况，为促进多民族融合努力；②引导学生课下研究新疆民族问题，了解民族团结对于国家和平稳定的重要性。
			○《我有一个梦想》必修2第四单元第12课	掌握分析与处理社会不和谐现象的途径和方法。	引导学生了解种族歧视这一社会问题，培养学生尊重人、尊重差异的价值观。

续表

主题	内容标准领域	具体目标	内容示例	与可持续发展教育的结合点	教学提示
和谐社会教育	选修：诗歌与散文	阅读古今中外优秀的诗歌、散文作品，理解作品的思想内涵，探索作品的丰富意蕴。	○《信条》必修4第三单元第10课	保持和谐健康的人生状态，形成和谐相处的人际关系。	①组织学生思考讨论生活的准则和人际交往的原则，确立自己生活的信条；②可组织开展以《生活的准则》为题的作文比赛。
	选修：小说与戏剧	从戏剧作品中吸取思想、感情和艺术的营养，丰富、深化对历史、社会和人生的认识，提高文学修养。	○《<音乐之声>：乘着歌声飞翔》选修之《影视名作欣赏》第六课	理解人与人的和谐相处需要爱和敬。	引导学生理解作品中的玛丽亚与孩子们相处的秘诀和玛丽亚歌声的作用。
			★《变形记》必修5第二单元第8课	掌握分析与处理社会不和谐现象的途径和方法。	引导学生讨论如何建立人与社会及人与人之间的和谐关系。
	选修：新闻与传记	阅读新闻、通讯（包括特写、报告文学等）作品，了解其社会功用。	○社论两篇选修之《新闻阅读与实践》第五章第12课	理解尊重、捍卫国家主权，具有民族认同感是国际和谐的重要表现形式。	组织学生以记者小组的形式撰写身边和谐社会新闻两则。
			★《包身工》选修1专题三第10课	学会分析与应对社会不和谐现象的途径与方法。	①引导学生关注包身工的生命状态和工作环境之间的关系，从而关注社会环境对个体生命的影响；②引导学生积极思考创设和谐社会的方法和途径。
	选修：语言文字应用	增强人际交往能力，在讨论或辩论中积极主动地发言，恰当地应对和辩驳。	○交朋友应该多多益善还是少而精选修之《演讲与辩论》第五单元	学会如何建立和谐的人际关系。	围绕"如何交友"的话题，组织学生讨论、辩论，引导学生学会尊重他人，尊重人的差异性。

续表

主题	内容标准领域	具体目标	内容示例	与可持续发展教育的结合点	教学提示
和谐社会教育	选修：文化论著选读与专题研讨	选读古今中外文化论著，拓宽文化视野和思维空间，培养科学精神，提高文化修养，以发展的眼光和开放的心态看待传统文化。	○《论语》选读之"己所不欲，勿施于人" 选修之《先秦诸子研读》第一单元	保持和谐健康的人生状态，形成和谐相处的人际关系。	引导学生用可持续发展的眼光看待古代文化，挖掘古代文化中的现代意义。

（二）文化领域

主题	内容标准领域	具体目标	内容示例	与可持续发展教育的结合点	教学提示
中华优秀传统文化及世界遗产教育	必修：阅读与欣赏	学习鉴赏中外文学作品，具有积极的鉴赏态度，注重审美体验，陶冶性情，涵养心灵；努力探索作品中蕴涵的民族心理和时代精神，了解人类丰富的社会生活和情感世界。	○《故都的秋》必修2第一单元第2课	了解传统文化中的"北京的符号"，体会北京的历史变迁与发展变化，加深对北京的热爱。	可让学生课下查阅资料或请教历史、地理老师等，了解老北京人的文化与生活特点。
			○《边城》必修5第一单元第3课	了解我国各地的风土民情，了解中国传统文化特征与精神。	①让学生了解湘西民间独具的风俗美、风情美，欣赏如诗如画的边城风景； ②引导学生研究环境和风土人情间的关系。
			○《中国建筑的特征》必修5第四单元第11课	了解中国传统建筑的基础知识。	带领学生去公园实地观察中国古建筑的特点，体会以"体形环境"为内核，追求社会、历史和环境和谐统一的艺术精神。

续表

主题	内容标准领域	具体目标	内容示例	与可持续发展教育的结合点	教学提示
中华优秀传统文化及世界遗产教育	必修：阅读与欣赏	学习鉴赏中外文学作品，具有积极的鉴赏态度，注重审美体验，陶冶性情，涵养心灵；努力探索作品中蕴涵的民族心理和时代精神，了解人类丰富的社会生活和情感世界。	○★《牡丹亭》选修之《中外戏剧名作欣赏》第三单元 必修2第三单元第10课	了解中国传统艺术的独特价值。	引导学生了解昆曲的基本知识，观赏相关曲目的表演，体会昆曲艺术的独特性，培养昆曲观众。
			★《断魂枪》必修1第二单元第7课	了解中国传统文化的独特价值。	引导学生体会断魂枪作为传统文化的象征意义，了解传统文化受到外来文化冲击时主人公的心态。
	必修：阅读与欣赏	阅读古今中外优秀的诗歌、散文作品，理解作品的思想内涵，探索作品的丰富意蕴，领悟作品的艺术魅力；用历史的眼光和现代的观念审视古代诗文的思想内容，并给予恰当的评价。	○《离骚》必修2第二单元第5课	理解强烈的忧国忧民的情感和忠贞爱国之怀是中华民族宝贵的精神遗产。	通过引导学生听名家诵读，查阅相关资料，加深其对屈原精神的理解、认同和对屈原的崇敬之感。
	选修：小说与戏剧	培养阅读古今中外各类戏剧作品（包括影视剧本）的兴趣，理解作品所表现出来的价值判断和审美取向，作出恰当的评价。	★《秦腔》选修2专题四第16课	了解中国传统地方艺术的独特价值。	引导学生了解秦腔的基本知识，观赏相关曲目的表演，了解不同地域独特的民间艺术样式。
			○《＜卧虎藏龙＞：侠与人，心与剑》选修之《影视名作欣赏》第五课	了解中国传统文化的独特价值。	结合剧本，播放影片（或片段），引导学生认真体会大量运用中华民族元素——竹林、笛声、宝剑、武术等的审美意味。
			○《＜故宫＞：中华文明的盛宴》选修之《影视名作欣赏》第九课	了解中国世界文化遗产的独特价值。	带领学生参观故宫，指导学生做故宫讲解员，写讲解词。

续表

主题	内容标准领域	具体目标	内容示例	与可持续发展教育的结合点	教学提示
中华优秀传统文化及世界遗产教育	选修：语言文字应用	考查学生对语言文字现象的敏锐性和探究兴趣，考查其能否运用一些基本的知识和方法分析、探究语言文字问题。	○《神奇的汉字》选修之《语言文字运用》第三课	理解中国语言文化是中华优秀传统文化的重要组成部分。	运用汉字结构原理，提出自己班级（社区）标志的文字或图案设计方案。
		注意在生活和跨学科的学习中学语文、用语文，能综合运用在语文与其他学科中获得的知识、能力和方法，读懂与自己学识程度相当的著作。	○《中华文化的智慧之花——熟语》选修之《语言文字应用》第四课		①可开展中国成语、熟语解词、造句或讲故事竞赛；②引导学生了解熟语背后的相关典故、文化现象、民族心理。
	选修：文化论著选读与专题研讨	选读文化论著，拓宽文化视野和思维空间，提高文化修养；以发展的眼光和开放的心态看待传统文化。	○先秦诸子选读 选修之《先秦诸子选读》全册各篇 ★诸子选文各篇 选修2第二、三专题	理解国学经典中中国传统文化要素及中国传统精神心理文化。	①指导学生研读原文，比较诸子百家各自的思想学说；②引导学生思考诸子思想对于现代社会的意义；③引导学生调查各国孔子学院的状况，了解中国传统文化在世界的地位。
文化多样性教育	必修：阅读与鉴赏	发展独立阅读的能力。善于发现问题、提出问题，对文本能作出自己的分析判断。	○《拿来主义》必修4第三单元第8课	了解文化多样性及全球化背景下世界文化的发展趋势，正确对待外来文化。	通过分析对待外来文化的几种不同观点，引导学生讨论对待外来文化的正确态度。

续表

主题	内容标准领域	具体目标	内容示例	与可持续发展教育的结合点	教学提示
文化多样性教育	选修：小说与戏剧	尝试对感兴趣的古今中外小说、戏剧进行比较研究或专题研究。	○《莎士比亚与＜罗密欧与朱丽叶＞》选修之《中外戏剧名作赏析》第二单元	理解中西方文化的差异，培养跨文化的理解力。	引导学生从故事情节、人物心理、戏剧形式等方面与越剧《梁山伯与祝英台》比较，感受中西方文化的不同。
	选修：新闻与传记	阅读古今中外的人物传记、回忆录等作品，从中获得有益的人生启示，并形成有一定深度的思考和判断。	○《杨振宁：合璧中西文化的骄子》选修之《中外传记作品选读》第八课	理解中西科学文化的"合璧"对人的影响。	①引导学生分析中国传统文化对杨振宁的影响作用，加深对传统文化的理解和热爱；②组织学生思考与讨论中西方教育和文化的不同，懂得扬长避短，发挥自己的潜能。
	选修：语言文字应用	观察语言文字应用中的新现象，思考语言文字发展中的新问题，努力在语言文字应用过程中有所创新。	○《走进汉语的世界》选修之《语言文字应用》第一课	了解语言文化的多样性，能够对中外文化现象作出分析和解释。	指导学生在课下收集一些外语例子，编成表格，对照汉语，体会汉语和外语各自的妙处。
	选修：文化论著选读与专题研讨	以发展的眼光和开放的心态看待传统文化，关注当代文化生活，能通过多种途径，开展文化专题研讨。	○中国民俗文化 选修之《中国民俗文化》全册各篇	了解中国民族文化的多样性。	①指导学生调查社区、家庭对中国民俗文化的传承情况；②引导学生积极参与和保护民俗文化的多样性。

（三）环境领域

主题	内容标准领域	具体目标	内容示例	与可持续发展教育的结合点	教学提示
环境保护与污染防治教育	必修：阅读与鉴赏	注重个性化的阅读，充分调动自己的生活经验和知识积累，在主动积极的思维和情感活动中，获得独特的感受和体验。	○《动物游戏之谜》必修3第四单元第12课 ★《这个世界的音乐》必修1第三单元第11课	了解并尊重生物的多样性。	带领学生了解一些动物的习性，观察校园、家庭的各种动物和植物，写观察小品。
			○《作为生物的社会》必修5第四单元第12课 ★《动物的疼痛》必修1第三单元第12课	理解人类必须认识到自己与生活于其中的环境是相互依存、相互联系的。	引导学生思考并设想人类应该怎样做才能使自己"对于如何前进会有一个更清楚的概念"。
	选修：诗歌与散文	学习鉴赏诗歌、散文的基本方法，初步把握中外诗歌、散文各自的艺术特性，注意从不同角度和层面发现作品意蕴，不断获得新的阅读体验。	○《三棵树》选修之《外国诗歌散文欣赏》第一单元第3课	避免乱砍滥伐的行为，增强保护环境的意识，同情世界上一切受伤害的人和事物。	指导学生以诗中的"三棵树"为基础，编一个"我"与"树"之间的小故事，并组织学生交流。
			○《寂寞》选修之《外国诗歌散文欣赏》第七单元第2课	懂得关爱大自然的环境，增强保护环境的意识。	①引导学生在感受瓦尔登湖美丽的湖光水色的同时，体会作者皈依大自然的心愿和面对人类文明发展对大自然产生破坏时而感到痛心；②指导学生考察学校周边水域的环境问题，并提出合理化建议。
自然灾害预防教育	选修：语言文字应用	观察语言文字应用中的新现象，思考语言文字发展中的新问题，努力在语言文字应用过程中有所创新。	○《每年一部"新词典"——新词语》选修之《语言文字运用》第四课	关注与防灾减灾有关的新词语。	指导学生围绕自然灾害预防话题，收集、整理相关新词语，编写"新词典"。

（四）经济领域

主题	内容标准领域	具体目标	内容示例	与可持续发展教育的结合点	教学提示
循环经济与绿色消费教育	必修：阅读与欣赏	用历史的眼光和现代的观念审视古代诗文的思想内容，并给予恰当的评价。	○《寡人之于国》必修3第三单元第8课	理解能源是应该被循环利用的，人类不能因自己的强大，肆无忌惮地向大自然索取。	①引导学生思考中国古代文化中的循环经济理念；②引导学生通过查找资料等多种方式，认识人类应该尊重自然规律。
农村发展与可持续城市化教育	必修：阅读与欣赏	从优秀的小说、戏剧作品中吸取思想、感情和艺术的营养，丰富、深化对历史、社会和人生的认识，提高文学修养。	★《狗儿爷涅槃》必修4第二单元第8课	了解在历史变迁的过程中农村的发展与变化。	引导学生理解作者对农民命运的关注和思考，并结合社会主义新农村政策，探索农村可持续发展、农民获得幸福生活的途径。
	选修：小说与戏剧		★《哦，香雪》选修2专题四第5课	了解农村与城市的联系，理解城乡统筹发展的意义。	①指导学生理解小说折射出的时代信息，对比本课与以前学过的其他农村题材的作品；②指导学生观察与走访农村，作社会调查。
	选修：文化论著选读与专题研讨	关注现实生活和社会的发展，对感兴趣的问题进行思考，提高自己的思考、交流能力和认识水平。	★《乡土中国》选修2专题四第13课	感悟中国社会的乡土性，了解中国乡村的基本特点，以及在此基础上形成的独特文化。	引导学生了解中国乡村发展的特点，比较传统乡村与社会主义新农村发展的不同特征。

三、语文学科实施可持续发展教育的建议

（一）如何发现语文学科中的可持续发展教育问题，建立语文学科与可持续发展教育的有机联系

语文学科"工具性与人文性统一"的基本性质，决定了语文学科是可持续发展教育天然的优良载体。作为教师，首先要整体把握可持续发展教育的内涵，明确可持续发展教育是以尊重为核心的可持续发展价值观的教育，提升教师自身的可持续发展教育意识。

高中语文学科实施可持续发展教育的任务，应着重培养建立学生的可持续发展理念，使可持续发展成为学生的一种思维习惯，从而指导他们的行为。高中语文学科涵盖了可持续发展教育各个领域的内容，教材中的许多内容都包含着可持续发展教育的思想，教师应该明确知道哪些内容、什么问题属于可持续发展教育需要解决的问题？可持续发展教育中涉及的哪些问题与语文学科有关系？关联何在？同时，教师还应学会辨析可持续发展教育问题的性质，即明确选用的可持续发展教育问题是社会、文化、环境、经济哪个领域的问题？用这个问题解决语文学科问题之时，应提升学生何种可持续发展价值观念？

例如，北京版教材选修2专题四《哦，香雪》一课是可持续发展教育经济领域农村发展与可持续城市化教育的内容，在教学中，教师应引导学生理解小说折射出的时代信息并对比本课与以前学过的其他农村题材的作品；应指导学生通过观察、走访等途径，进行社会调查，感受周边的农村建设，进而了解农村与城市的联系，理解城乡统筹发展的意义。

又如，人教版选修教材《外国小说欣赏》中《炮兽》一课，教师可以要求学生对照文章反思自己对待学习和家务时，是否也有"炮长"那样的疏忽，是否也有造成文中所描绘的可怕后果的可能；在面对自己造成的失误时，是否也有"炮长"那样改正错误的勇气，从而进行可持续发展教育社会领域公民责任感的教育。

（二）如何制订在语文学科教学中实施可持续发展教育的教学目标

《普通高中语文课程标准（实验）》明确提出："高中语文课程应进一步提高学生的语文素养，使学生具有较强的语文应用能力和一定的审美能力和探究能力，形成良好的思想道德素质和科学文化素质，为终身学习和有个性的发展

奠定基础。"为此，《普通高中语文课程标准（实验）》用了5组共10个行为动词对总目标作了描述，即"积累·整合"、"感受·鉴赏"、"思考·领悟"、"应用·拓展"、"发现·创新"，这一描述突出了高中语文课程的基本性质和学段特征，呈现了高中阶段学生语文素养的基本结构框架、核心内容和形成、发展的主要途径。在高中语文学科中实施可持续发展教育，应从提高学生语文素养方面来认识这20字的总目标，在制订在高中语文学科中实施可持续发展教育的教学目标时，教师既要根据语文学科自身的特点、教学规律，充分挖掘语文学科自身的资源，还应该注意以下问题。

1. 把握语文学科实施可持续发展教育教学目标的基本原则

高中语文学科实施可持续发展教育的教学目标应该建立在语文学科教学目标的基础之上，和语文学科教学目标有机结合。无论必修课程、选修课程，均应以《普通高中语文课程标准（实验）》和《北京市中小学可持续发展教育指导纲要（试行）》为依据，在贯彻语文课程本身注重语文应用、审美与探究能力的培养，遵循共同基础与多样选择相统一的原则的同时，渗透可持续发展的价值观，即高中语文学科实施可持续发展教育教学目标的制订应本着自然渗透、相辅相成、相互促进、水到渠成的原则，不能片面强调实施可持续发展教育，以致忽略了语文课程自身的教学目标。

2. 把握高中学生的心理特征

随着身体的迅速发育，高中生的自我意识明显加强，他们精力充沛，血气方刚，反应敏捷，上进心强，不安于现状，智力水平已接近成人高峰状态，心理发展越来越多地受到社会大环境的影响。高中生对现实生活中的很多现象都很感兴趣，喜欢探听新鲜事，对社会活动的参与日益活跃，做集体、国家主人翁的思想开始萌发并日益强烈。尤其对未来生活道路的选择，成为他们意识中的重要问题。他们在考虑未来的志愿及抉择时，比小学生和初中生更具现实性和严肃性。可持续发展是当今世界的重大主题，许多社会重大问题都与可持续发展相关联。教师在实施可持续发展教育的过程中应该把握住高中学生深刻的社会化过程的心理特质，引导学生对未来生活道路作出正确的选择。

3. 把握好阶段性，发挥学生的主体性

学生是教学的主体，同样是教育的主体，实施可持续发展教育，应注重学生的自我教育及自我养成。可持续发展教育也具有阶段性，一是可持续发展教育工作的整体阶段，即根据学生中带普遍性的、倾向性的问题，有侧重地突出一个重点，解决某一个问题；二是教育内容的分段进行，因此教师要根据语文教材的内容突出可持续发展教育各阶段的重点。

（三）如何挖掘语文学科教学实施可持续发展教育的结合点

语文学习和可持续发展教育的关系不是油水分离，而是水乳交融的关系。语文学科实施可持续发展教育，应在完成学科教学任务的同时有机地实施渗透。与此同时，要关注到人的认知水平是随着年龄的增长、知识的增加、阅历的丰富而逐步提高的，学生对可持续发展教育因素的理解程度、可接受程度也是有区别的。只有根据高中学生的生活经验、思想实际和认知水平，去把握可持续发展教育的度，才能真正地让学生理解和接受，使教育收到实效。语文课文内容丰富，字里行间蕴涵着丰富的可持续发展教育思想，有时一篇课文可能同时包含着几个方面的可持续发展教育因素。教师的教学设计要在把握学科教学目标的基础上，根据教材实际和学生可接受的层次找准可持续发展教育与学科教学内容的结合点。

例如，高中语文北京版教材必修 2 第三单元和人教版选修教材《中外戏剧名作欣赏》第三单元都选了《牡丹亭》中的《游园》一出，《牡丹亭》是首批非物质文化遗产昆曲这一戏曲样式的经典剧目，是进行世界遗产教育的重要内容。在教授这一内容时，教师可以在语文课传统的文本鉴赏的基础上，引导学生了解昆曲相关知识，通过观看《游园》这出的录像，感受昆曲独特的艺术魅力。教师还可以通过比较阅读的方式，如补充《秦腔》（北京版教材选修 2 专题四第 16 课）文本，将昆曲和其他地方剧种作比较，从而使学生了解中国各地域独特的艺术样式以及戏曲文化的丰富性。教师还可以通过比较中国古典戏曲和西方戏剧的不同，引导学生探究东西方戏剧创作背后不同的民族心理文化特征，从而帮助学生了解文化的多样性，培养其对本民族文化的热爱，同时也促进其对他民族文化的理解力。

（四）如何选择在语文学科教学中实施可持续发展教育的教学方法

1. 阅读与鉴赏教学中实施可持续发展教育的教学方法及简要说明

阅读与鉴赏教学是高中语文课程实施可持续发展教育的主渠道，教师要充分挖掘其内在的可持续发展教育因素，潜移默化地体现在教学环节中。应认真钻研教材，结合阅读与鉴赏模块教学的特点，针对不同教学内容和学生心理特点，寻求最佳的时机进行可持续发展教育。

（1）深入钻研与相互讨论

教师在教学中应引导学生就语文教材中呈现的与可持续发展教育有关的内容进行深入思考，鼓励他们就相关问题进行深入钻研与交流讨论，从而促进其对相关问题的持续关注和深刻理解。

（2）拓展阅读与比较阅读

教师可以寻找与语文教材相关课文可持续发展教育结合点相关的作品，在课上进行比较阅读，或推荐给学生课下阅读；讲文学作品节选时，建议学生读全文，或推荐作者传记及其他作品。这样既有助于学生深入理解课文，又丰富了其文化积淀。教师还可以引导学生选读报纸杂志上与可持续发展教育相关的文章，使学生自觉地将自己作为社会的一员。

（3）自主探究与课外实践

教师应鼓励学生将自主探究与课外实践相结合，开阔学生视野，扩大学生知识面。例如，让学生充分利用网络平台，查找与学习相关的资料；让学生采用研究性学习的形式，对自己感兴趣的问题进行专题研究；让学生结合地区及学校资源，进行实地调研或考察等。

（4）联系自身，引导行为

语文教材中一篇篇文质兼美的文章、一个个鲜明感人的形象、一颗颗纯洁美好的心灵都是学生的指路明灯。教学中教师应引导学生运用所掌握的知识去指导和规范自己的行为，并使之成为良好的习惯，身体力行实践可持续发展理念。

（5）知人论世，传承文化

阅读与鉴赏中的古文教学应该担负起传承传统文化的重要责任。教师可以通过让学生了解古今词义的发展变化和文字的演变过程，使其感受中国语言文字的魅力，传承民族的古老文明；可以引导学生在阅读古诗文时关注作者，通过查阅有关资料，了解与作品相关的作者经历、时代背景、创作动机以及对作品的影响评价等，努力做到知人论世，从而促进学生对作者、作品中传统文化心理、民族精神的了解，从中汲取民族智慧，为形成一定的传统文化底蕴奠定基础；还可以引导学生用现代观念审视作品，评价其积极意义与历史局限，鼓励学生富有创意地建构文本意义。

2. 表达与交流教学中实施可持续发展教育的教学方法及简要说明

表达与交流和阅读与鉴赏应是一个整体，读写结合，以读促说；应将培养学生学会用可持续发展的眼光分析问题的观点作为写作训练和口语交际的重要内容之一。

①在写作与口语交际教学过程中，教师应有意识地把阅读和摘抄作为重要的教育手段，通过积累和整合，用阅读促写作。教师可在学生积累的基础上指导学生深挖素材的思想内涵，将可持续发展教育主题相关的内容作为重点之一，让学生通过各种渠道收集相关资料、数据和信息。

②教师可以通过选取与可持续发展教育主题相关的作文与口语交际题目，布置限题作文，循序渐进地培养学生形成可持续发展价值观。

③教师可以组织学生利用课余时间进行与可持续发展教育主题相关的社会调查活动，并明确布置社会调查任务。这种做法既可以使学生了解相关知识，又可以提高他们的社会实践能力和调查报告写作能力。

④写作演讲稿和开展专题演讲是写作与口语交际教学的一项重要内容。教师可以针对与可持续发展教育主题相关的内容组织学生进行专题演讲。学生在撰写演讲稿的过程中，通过广泛地搜集素材，广采博收，引经据典，了解相关知识；在集中演讲的过程中，学会表达自己的想法和从同学的演讲中了解他人的想法；此外，教师还可以组织学生在学校、社区开展专题讲座活动，使学生学会面向公众进行宣传。

3. 诗歌与散文、小说与戏剧、新闻与传记教学中实施可持续发展教育的教学方法及简要说明

除必修课程阅读与鉴赏中介绍的基本方法外，在诗歌与散文、小说与戏剧、新闻与传记等选修课程的教学中，教师应注意引导学生关注现实，特别是家庭、学校、社区生活中与可持续发展教育主题相关的问题，并结合不同文体进行创作实践活动。教师可以对学生的文学社团、戏剧社、广播站、电视台等社团组织活动进行指导，通过召开诗歌朗诵会、戏剧汇演、办新闻小报、制作广播电视节目等方式引导学生交流创作作品，支持学生通过创作实践活动向公众宣传可持续发展理念。

4. 语言文字应用教学中实施可持续发展教育的教学方法及简要说明

汉字和汉语语汇蕴涵着丰富的文化内涵。每个汉字的字形都是一个故事，无论是象形字、形声字、指示字等，还是偏旁部首、声旁形旁，都是先人的智慧、文化、思想的反映；汉字的形体在几千年中的发展中不断变化，每一次变化，都有政治、经济、文化的背景；汉字的演变就是一部生动的历史书，是中国传统文化的一部分，字词中的成语，被称为古文的"活化石"，蕴涵了极其丰富的典故和优秀的传统文化。因此，教师应引导学生从文化的角度来看汉字和汉语语汇，关注语言文字背后的文化内容。语言文字应用的教学适合使用情境教学法，教师可以以与可持续发展教育主题相关的话题设置情境，引导学生在演讲、辩论等语言运用的实践中深化理解。

5. 文化论著选读与专题研讨教学中实施可持续发展教育的教学方法及简要说明

文化论著选读与专题研讨教学中实施可持续发展教育，教师应引导学生重视文本，并指导学生通过阅读论著，调查和梳理材料，增强文化意识，学习探究文化问题的方法，提高认识和分析文化现象的能力。阅读文化论著，重在领会精神，抓住重点，对其中的主要内容或观点进行讨论，不必面面俱到。对著作中的疑难问题，应引导学生自行钻研、相互探讨，必要时教师可作适当的讲解。在讨论中，要引导学生了解不同文化的历史局限性，尊重文化的差异性，鼓励学生用现代眼光审视论著中的文化现象和文化观点。

教师还应积极开发与利用本地资源，引导学生联系生活实际和社会现象考察与可持续发展教育主题相关的问题，鼓励有条件的学校带领学生进行实地考察研究，提出自己的见解，进行分析和解释，并通过口头、文字、图表、图片等多种形式展示考察成果。此外，教师还可以组织学生开展研究性学习活动，引导学生对与可持续发展教育主题相关的问题进行专题探究，培养学生的探究意识和能力，让学生体验探究的过程，学习探究的方法。

（五）如何开发、利用与语文学科相关的可持续发展教育资源

语文课程要满足学生多样化和选择性的需要，教师必须增强课程资源意识。不同地区和学校都蕴藏着自然、社会、人文等多方面的语文课程资源，注重开发与利用这些与语文学科有关的可持续发展教育资源，既可以让语文教学超越其本身的教育内容，让师生的生活和经验进入教学过程，也可以改变学生在教学中的地位，从而激发学生学习的积极性。

1. 对教材的深度开发

可持续发展教育提出的"尊重当代人与后代人、尊重差异性与多样性、尊重环境、尊重我们所居住的星球上的资源"的理念，都可以直接或间接地反映在语文课程的内容中，也是语文课程目标本身的要求和教学重点。因此，教师应注重对教材的深度开发，在教学时把语文教材中的文章作为范例引导学生形成可持续发展价值观。

2. 拓展课堂教学资源以外的学习资源

语文课程资源包括课堂教学资源和课外学习资源，如教材、教学挂图、工具书、其他图书、报刊、电影、电视、广播、网络、报告会、演讲会、辩论会、研讨会、戏剧表演、图书馆、博物馆、纪念馆、展览馆、布告栏、报廊、各种标牌广告等。此外，自然风光、文物古迹、风俗民情，国内外的重要事件，学生的家庭生活以及日常生活话题等也都是重要的语文课程资源。教师应用可持续发展教育的眼光审视这些资源，把握语文课程资源与可持续发展教育之间的联系。如建立对自然风光、自然资源等的了解利用与环境保护、形成人

与自然和谐关系之间的联系；从对文物古迹、风俗民情的内涵和特征及其地域情况的了解研究，加深对本民族传统文化的深刻理解以及对多元文化的了解尊重；引导学生从报纸、杂志和互联网、文学、历史等典籍中，发现认识理解国内外与可持续发展教育相关的重要事件；关注学生的家庭生活、日常的生活以及公益活动、学生所在学校的校园景观及校园文化、校史、校友资源、学生和学校所在社区调查中可能涉及的可持续发展教育问题，并在生活实践中研究这些问题，尝试提出解决或改善方案。

3. 跨学科合作，开发与整合与可持续发展教育有关的教育资源

在语文学科中实施可持续发展教育，教师应打破学科壁垒，与其他学科（包含人文社会学科和自然科学学科）教师合作，将各学科与可持续发展教育相关的资源进行跨学科整合，获得新的教育资源。

ii 学科教学实施可持续发展教育实践案例

【设 计 者】 北京市第九中学　高笑旭
【年　　级】 高中一年级
【所用教材】 人教版教材《语文》必修2
【课　　题】 《故都的秋》（第一单元第2课）

一、教学背景分析

（一）本课教学目标

※知识与技能目标

1. 通过对故都秋景的品读，进一步感知本文"情景交融"的表现手法。

2. 学习作者选择自己熟悉的、有感受的、平常细微的材料表达感情的写作方法。

3. 培养运用一定的方法、结合语句鉴赏散文的能力。

※过程与方法目标

注重语文课堂教学和实践活动的有机结合，培养学生多方面收集和整理资料、实地考察访问、合作探究问题的能力。

※情感、态度与价值观目标

1. 通过对作者笔下秋的"故都"的感悟，体味本文浓郁的北京传统文化特色，理解中国传统文化的内涵和特征，从而理解并尊重各民族的文化传统、生活习惯和风土人情，增进民族团结。

2. 在北京文化今昔对比中，增强作为北京人的历史使命感和社会责任感，培养学生积极保护和传扬中国传统文化的可持续发展价值观。

（二）本课教学重点与难点

※教学重点

1. 以可持续发展的眼光来对待北京乃至中国的优秀传统文化。
2. 合理利用能够利用的地区资源，学习散文从细微处见真情的艺术手法。

※教学难点

品味课文优美的语言，体味秋景下故都的独特味道，培养学生热爱、保护、传承中国传统文化的意识与行为。

（三）可持续发展教育点及设计思路

※可持续发展教育点

文化领域"中华优秀传统文化教育"主题中"理解中国传统文化的内涵和特征，积极保护和传扬中国传统文化"的相关内容。

在《故都的秋》一文中，郁达夫笔下的秋景融合了秋天的深沉与历史的积淀，具有浓厚的"京味"，构成了一幅典型的老北京市井风俗画，是传统文化中的"北京的符号"，可以借此引导学生通过对北京的古典与现代的感知，体会北京的历史变迁与发展变化，加深对北京的热爱。同时，增强学生的文化意识，培养其尊重民族文化，重视优秀文化遗产的传承，关注当代文化生活，学习对文化现象剖析等可持续发展意识和行为。

※渗透可持续发展教育的设计思路

1. 课前准备阶段：让学生通过请教地理、历史老师及其他一直生活在北京、充分了解老北京的生活特点的老师，或者通过其他途径，查阅"北京的胡同、建筑、树木（槐树、枣树、柿子树）、花草（牵牛花）、普通人家的生活（破屋、清晨的鸽群）"等相关资料，为课堂体悟秋景下故都的特有风味作好准备，同时也培养学生收集资料的能力。

2. 课程实施阶段：学生在教师的引导下调动知识积累和情感体验，深入体会故都秋景中蕴涵的北京传统文化的独特韵味，并拓展对于"北京特色文化"的知识积累，学会从平凡、细小的事物中发掘其文化内涵；通过北京文化的昔今对比，正确看待北京的过去与未来，加深对北京的热爱之情，增强作为北京人的历史使命感和社会责任感。

3. 课后延伸阶段：组织有兴趣的学生开展更深入的研究性学习和更多的实践活动，让学生更多地了解北京多方面的文化特点，并撰写成研究报告，以此增强学生尊重与继承民族传统文化的意识。

（四）教材分析

人教社新课标版高中《语文》必修 2 第一单元所选课文都是写景散文，这些散文名篇凭借优美隽永的语言，表达了作者对自然、人生的丰富感受和深刻思考。本单元阅读教学重点是理解课文内容，培养学生美好情感和人文关怀，增强对散文的鉴赏能力。

《故都的秋》一文的作者以饱满的深情书写了故都风物，写出了老北京的独特风味，表达了对故都的赞美之情。"故都的秋"散发着老北京独特的文化气息，现在我们仍然能从生活的吃、穿、住、用、行方面看到这些事物的影子，这些能代表北京文化特征并具有传承价值的事物，可以称为"北京的符号"。而弘扬本土优秀文化是尊重文化多样性的重要前提，尊重文化多样性就是在培育可持续发展的精神动力，本文是帮助学生"理解中国传统文化内涵，尊重并传承民族文化"的有效素材。

（五）教学方法

讨论法、探究法。

（六）教学资源开发与利用的基本思路

1. 从教学资源的内容上讲，《故都的秋》是一篇书写 20 世纪 30 年代北京景物的优美散文。为了更好地体味北京的味道，学生可以利用现有知识和资源，了解其他名家关于北京的一些描写，如汪曾祺的《胡同文化》、老舍的《想北平》，包括郁达夫本人的其他相关作品，并由此开展各种类型的实践活动，增进学生对自己所属文化的认识与了解，提高自我意识和自我尊重。

2. 从资源开发利用的方式来看，课前学习既可以充分利用网络资源，了解北京的现在和过去；也可以利用学校图书馆的书籍；还可以向历史老师了解老北京的风土人情，向地理老师了解人们的居住特点，向生物老师请教北京树木的种类、牵牛花的特点等，充分开发与利用跨学科资源；更重要的是学生自己还可利用本地区资源进行实地考察，了解学校附近北京居民尤其是老北京居民的一些日常起居、风俗习惯、自然风物特点等。课上以同学共同品味秋天的"故都韵味"为主，拓展延伸了解现代北京大都市的特点，二者形成对比，使学生更多更深刻地了解"北京的符号"。课下的延伸以实践活动的形式展开。

二、教学过程

（一）指导预习探究

【内容】

1. 实地访问北京（北平）的自然风物、建筑及老北京（北平）人的日常起居、风俗习惯等，可进行拍照，做访问记录，并整理。

2. 查找并收集有关"槐树"、"秋蝉"、"牵牛花"等的资料及图片。

3. 自读《故都的秋》，体会作者的思想情感。

【预习方式与要求】

1. 利用各种途径查找资料（包括图片、数据）：实地考察，网络，图书馆，访谈学科老师、亲朋好友等。

2. 圈点批注，标出文中集中表现作者情感和引起自己强烈共鸣的语句；同时可提出问题，以便讨论。

【预期效果】

1. 通过预习探究，意识到中国文化的博大精深，体会以北京为代表的中国文化特点，为民族文化骄傲和自豪。

2. 初步感知散文情景交融的特点。

（二）课堂教学过程

【第一环节】导入新课（1分钟）

1. 提问：瑞士思想家阿米说："一片自然风景就是一个心灵的境界。"你如何理解？（学生思考。）

2. 引入新课：今天所要学习的《故都的秋》，就是作者郁达夫的心灵之秋。（学生倾听。）

【本环节预期效果】由名句入手，引出学习问题，激发兴趣，引起交流学习的欲望。

【第二环节】阅读鉴赏（19分钟）

1. 谈话：作者"不远千里要从杭州赶上青岛，更要从青岛赶上北平来的理由，也不过想饱尝一尝这故都的秋味"。可见，这样的秋是故都独有的，是老北京独有的。这节课，让我们通过秋景一起来品一品秋中故都的味道，老北京独有的味道。（学生与教师进行心灵交流与沟通，体味带有浓浓秋意的"故都的味道"。）

2. 指导阅读：请大家看3~11段，默读描写秋景的语句，找出有"故都"意味的秋景并画下来，小组交流这些语句如何体现了"故都"的特点。（学生阅读与小组讨论，体味大自然和人生的多姿多彩，体会中华文化的博大精深、源远流长。）

3. 指导写作与交流：抓住其中一种景物或你最有感触的地方写一段不少于30字的点评。（学生写简要点评，跟随教师思考，引发预习所得积累，做好发言展示。）

举例：

＊北京的秋，让人最不可想象的还是天的高与远，还有那浸入得很深的，好似带着水气一般的蔚蓝的颜色。尤其是瓦蓝的天下，更有鸟雀翻飞其间或者鹰隼高傲的盘旋，为这秋色增加了旷远的妙趣，实在是秋意"盎然"。

＊槐树的气质最与老北京的古都气韵相符、相衬、相配。因此，整个北京城，胡同里、古庙口、湖海畔、宫墙边，多有碧槐相伴。槐树最知道时节，新生的槐米，盖满了树顶，像鹅黄的缎子绒，看着软软的，年纪大的已经开始从高高的树上簌簌地落下来。

＊墙头上喇叭花的蓝朵那样纤小却是老北京沉重的记忆，它与东北的喇叭花完全不同。东北的喇叭花可以在菜园子的篱笆墙上看到，是人特意种植的，或者只有在山野间才能看到。而北京的篱笆墙上每年也是爬满了各色的喇叭花，从没有特意去种，但是年年都会长出来。那密密麻麻向上延伸的枝蔓，甚至爬到相邻的树枝上，够不到树枝的便会长成一团，倒卷出来，浓密的叶子上缀满了大朵大朵的花，蓝、白、紫、黑，点缀着斑驳的墙，恍如老北京的岁月，从容而惬意。

4. 谈话：作者笔下的"故都的秋"，在小院中每座低矮的破屋内外；在牵牛的每一个蓝朵中；在秋槐的每一朵落蕊里；在秋蝉的每一声残鸣中；在秋枣的每一丝微黄里；也在那故都闲人充满了京腔的互答声中。这些景物不仅具有十足的秋味，也具有十足的京味，是秋的深沉与老北京历史积淀的融合；最典型地代表着老北京的特点，沉淀着老北京的性格，使人一看就知道是北京而非他地的，这些景物构成的画面是老北京市井风俗文化的真实写照。这些景物是郁达夫居住北平期间，居住在胡同、大杂院中平日所见的、非常熟悉的，老北京最平常、最普通，也是给他感触最多的景物。因此，我们选择材料时，也要力求做到选择自己熟悉的、有感受的材料表达独特的情感。（学生倾听并思考。）

【本环节预期效果】

1. 创设情境，使学生沉浸在"故都的秋"的氛围中，并进入本课学习的重点"故都的韵味"。

2. 品读秋景，考查学生初步鉴赏文学作品的能力，即筛选和简要评析。

3. 用优美而形象的语言引发学生对古都气韵的热爱，与文中作者表现出的人文情怀形成共鸣。

4. 使学生真切感受写景散文的特点：选择自己熟悉的、有感受的、平常细微的材料表达感情。

5. 探究深层含义，从中获得启发。强调民族文化的独特性，使学生在承传中华文明的基础上，吸纳世界文化的精髓。

【第三环节】应用拓展（15分钟）

1. 提问1："故都的秋"散发着老北京独特的文化气息，现在我们仍然能从生活的吃、穿、住、用、行方面看到这些事物的影子，这些能代表北京文化特征并具有传承价值的事物，可以称为"北京的符号"。同学们大都是地地道道、土生土长的北京人，请结合你所知道或了解到的"老北京的符号"，谈一谈它反映出的老北京人的风俗习惯和生活状况。（学生思考并交流。）

示例：

＊糖葫芦是北京"老字号"的食品了，经历了多年世事的变迁，那份甜蜜仍在，就像北京人的质朴遗存千年却越发醇厚。

＊那叮叮当当的响铁，走街串巷的小贩们五花八门的吆喝，一条条胡同中，因为有了那朴实而又如音乐般的吆喝声变得生机勃勃。

＊豆汁儿、炸酱面、隆福寺的小吃、琉璃厂的书画、老舍的作品、秀水街、风筝、京剧、故宫、长安街、气势雄伟的万里长城、蜿蜒狭长的百米胡同、巍巍挺立的城门牌坊、古色古香的四合院、高手云集的天桥杂耍、京腔京韵的老北京话。

＊大杂院，几家人一齐去一家看电视；夏日傍晚院中的"茶话会"；门不设锁、互通有无。一座大杂院，包容了几家人，更包容了北京人的人情味。

2. 小结：它们如同老北京的符号，诉说着老北京长长的历史，洋溢着浓浓的京味，包含着老北京人曾拥有的那份古朴与悠闲。北京是一座历史悠久的城市，岁月的雕饰在北京的各个角落留下了珍贵的符号，等待人们慢慢捡拾。以北京为代表的中国文化源远流长，足以让每一个中国人感到骄傲和自豪。（学生倾听并思考。）

3. 提问2：时代在发展，文化也在不断地创新，北京的文化、中华民族的文化也被赋予了鲜明的时代内涵。如今，北京已是现代化的北京城了，正在形成新的符号，请同学们再说一说"新北京的符号"以及它代表的文化内涵。（学生思考并交流。）

示例：新北京的符号，如今属于鳞次栉比的高楼大厦；属于四通八达的立交桥、高速公路；属于公交线路的全面刷卡消费；属于媲美悉尼歌剧院的国家大剧院；属于孕育奥林匹克精神的"鸟巢"、水立方；属于中关村的科技园区；属于繁华的王府井；属于雄伟的首都博物馆。当我们走进它们，我们可以感到这些新符号给北京带来的自豪与骄傲。

4. 小结：北京之所以成为北京，是因为那些即将成为历史的旧符号，那些用无言的支持来充当北京根基的人、物、事，作为一个与北京血脉相连、有着深厚感情的北京人，因此我们不能放弃过去，要保留传统。但保留传统的同时，也并不拒绝现代和发展。我们心间承载的，是那份作为北京人的责任！（学生倾听并思考。）

【本环节预期效果】

1. 充分利用预习结果，学生展开热烈交流，调动学生的积极性、主动性，感受老北京的文化底蕴，品味真正的京腔京韵，重温过去美好的记忆，表达对北京文化的理解与热爱。

2. 在感受中国五千年古老文明的基础上，感受北京的进步与文化的发展，而从其文化传承发展的角度看待北京文化，更为北京的日新月异的变化和祖国的腾飞而自豪！

【第四环节】诵读感悟（5分钟）

1. 谈话：请学生自己选择对课文最有感触的一段，带着感情再次诵读，体味故都秋之美、感悟文化之美。（学生朗读，其他学生可以合上书，闭上眼睛，用自己的心灵去感受故都的秋味，秋景中的故都。）

2. 阅读提示：不仅郁达夫的散文中饱含对故都风物的热爱与深情，近现代很多作家如朱自清、老舍、沈从文、鲁迅等，他们的许多优秀篇章也是情深意浓，意境优美，代表了中国近现代文学的发展，希望通过今天的学习，能为同学们阅读近现代文学作品开启一扇小窗，使我们越来越多的同学能够喜爱欣赏其中的佳篇美文，感受中国美学文化。（学生倾听。）

3. 布置作业：读老舍的散文《想北平》，写一段鉴赏文字，角度自定。（学生倾听。）

【本环节预期效果】巩固本课时的学习重点，并做到新教材中所要求的"以写促读"，培养学生分析鉴赏能力。

（三）课后延伸

【内容】

1. 组织更丰富多彩的实践活动，要求学生就自己感兴趣的有关北京文化的课题，更深入地了解北京浓郁的文化特点，并制作成简单网页。

2. 阅读其他散文大家的作品，体味其中蕴涵的中华民族文化特色，之后同学之间交流总结，并写成报告论文。

【方式与要求】

1. 以小组为单位，走街串巷，走入社会，发掘素材。小组成员分工合作，将收集的众多繁杂的材料加以整理，并制作成简单的网页，使资源共享。

2. 或到图书馆查阅，或到书店去阅览，或通过网络资源的运用，了解散文大家的名篇，主要鉴赏其中蕴涵的中国文化元素，体味中国文化的博大精深，之后撰写报告论文。

【预期效果】引导学生通过主动阅读和社会实践等活动，锻炼学生深层次地分析、鉴赏与准确的表达能力。

专家点评：

难忘过去与期盼未来

《故都的秋》以其如诗如画的描写和百转千回的眷恋感动了千万读者。难忘过去，难忘北平，这是作者借故都之秋所抒发出来的内心感慨，也是留给读者的一份思念。然而，过去的并不一定就会消失，因为，对未来的期盼不能离开对过去的那一份思念。北京市第九中学高笑旭老师《故都的秋》的教学案例正是抓住了这一点。

高老师让学生课前收集有关老北京的材料，以加强学生的感性认识。然后，利用课文中精彩的描写语句，引发学生对故都秋的联想。在无限的畅想中，让学生感受作者的那一片深情。就一般教学而言，至此已基本上达到阅读目的。但高老师从"可持续发展教育"着眼，抓住老北平和新北京、难忘过去与期盼未来这个话题，让学生从发展的角度加深对文章的体会。高老师让学生结合他们所知道或了解到的"老北京的符号"，谈一谈它反映出的老北京人的风俗习惯和生活状况。这个环节是从传承的角度讲"发展"。接着，高老师又向学生们提出一个要求，请他们再说一说"新北京的符号"以及它代表的文化内涵。这个要求是从当今的角度讲"发展"。在这一去一来中，凸显出可持续发展教育，水到渠成，合情合理。课后，高老师给学生布置任务：组织丰富多彩的实践活动，抓住自己感兴趣的有关北京文化的课题，深入了解北京浓郁的文化特点，可制作成简单网页——"可持续发展教育"又延展到课外。

正是因为有了对可持续发展教育的认识，才能捕捉到语文教学与可持续发展教育的契合点，才能设计出实现二者结合的教学案例。这正是高老师这节课带给教师们的重要启示。

（刘宇新）

Ⅲ 数　学

i　学科教学实施可持续发展教育指导意见

数学是研究空间形式和数量关系的科学，是刻画自然规律和社会规律的科学语言和有效工具。数学科学是自然科学、技术科学等科学的基础，并在经济科学、社会科学、人文科学的发展中发挥越来越大的作用。数学应用广泛，正在不断地渗透到社会生活的方方面面，它与计算机技术的结合在许多方面直接为社会创造价值，推动着社会生产力的发展。同时，数学在形成人类理性思维和促进个人智力发展的过程中发挥着独特的、不可替代的作用，是人类文化的重要组成部分。

数学教育作为教育的重要组成部分，在发展和完善人的教育活动中、在形成人们认识世界的态度和思想方法方面、在推动社会进步和发展的进程中起着重要的作用。在现代社会中，数学教育又是终身教育的重要方面，它是公民进一步深造的基础，是公民可持续发展的需要。高中数学课程具有多样性与选择性，为不同学生在数学学习上得到不同的发展提供多层次、多种类的选择，以促进学生的个性发展和对未来人生规划的思考。高中数学课程除了使学生掌握数学的基础知识、基本技能、基本思想外，还以数学知识为载体，努力体现数学知识蕴涵的基本思想与内在联系，体现数学知识的发生、发展过程和实际应用，让学生体验从实际背景中抽象数学问题、构建数学模型、解决问题的过程，培养学生的应用意识与创新意识，使学生在情感、态度与价值观等方面得到发展与提升；使学生具有实事求是的态度、锲而不舍的精神；使学生学会用数学的思考方式解决问题、认识世界，这与可持续发展教育的目的即使受教育者获得积极参与可持续发展所需的科学知识、价值观念、行为习惯和生活方式，进而促进社会、环境与经济的可持续发展是一致的。因此，数学教育是实施可持续发展教育的主要渠道之一。

数学课程中的可持续发展教育内容不一定是显现和直接的，它蕴涵于数学课程的各个方面，需要教师根据数学教学任务和可持续发展教育的特点，并在遵循数学教学原则的前提下，充分挖掘教材，积极寻求数学教学与可持续发展教育的结合点，使二者巧妙结合、合理渗透。数学教师应引导学生在关注数学知识的同时，关注与可持续发展密切相关的社会、文化、经济、环境等领域的实际问题，并通过数学问题的解决，体会数学与现实生活的联系，进而体会在数学课程中进行可持续发展教育的必要性。在数学教学中，教师要通过对学生数学能力的培养，落实并达到提高学生能力的相关要求；通过精心的教学设计，让学生从数学到现实、再从现实到数学，体会数学的价值观与可持续发展价值观的一致。要充分利用各种数学方式及途径引导学生用数学的观点解决现实生活中的问题，通过对现实生活问题的解决提高学生的数学应用意识和创新精神，进一步提高学生解决可持续发展实际问题的能力，最终使学生在情感、态度与价值观和数学能力等方面和谐发展。

一、用可持续发展教育理念审视数学课程的目标要求

第一，借助社会、文化、环境、经济领域中的可持续发展教育素材，让学生通过不同形式的自主学习、探究活动，体验数学发现和创造的历程，并获得必要的数学基础知识和基本技能，理解基本的数学概念、数学结论的本质，了解概念、结论等产生的背景及应用，体会其中所蕴涵的数学思想与方法，提高空间想象、抽象概括、推理论证、运算求解、数据处理等基本能力。例如，通过数学建模活动，让学生对海洋潮汐的数字进行分析与利用；在对三角函数周期性理解更加深入的同时，让学生懂得如何运用数学知识解决轮船的安全进出港问题，培养学生的安全意识与经济意识，尊重并利用自然规律，与自然和谐共处。

第二，结合社会、文化、环境、经济领域可持续发展的实际问题，提高学生从数学角度提出问题、分析问题、解决问题的能力，发展数学的应用意识和创新意识，使学生能通过所获得的数据，提取信息，抽象出数学模型，从而提出解决问题的合理决策。例如，在讲"函数应用"时，通过对农家旅游公司客房租金问题、渔场的鱼群年增长量与实际养殖量的关系等素材的分析，结合实际问题，感受函数在数学及生活方面的重要作用，让学生学会从实际情境中收集数据，并建立符合条件的数学模型，能运用函数的思想理解和处理现实生活和社会中的简单问题，在对学生进行农村发展与可持续城市化教育的同时，也使他们形成了解决数学问题的思想与方法，提高了学生主动将数学应用于实际的意识。

第三，学生在数学学习与探索过程中，感受数学学科的进步与发展、数学与人类生活的密切联系和数学对社会可持续发展起到的巨大作用，逐步认识数

学的科学价值、应用价值和文化价值，具有一定的数学视野；通过对与数学有关的社会、文化、环境、经济领域可持续发展教育问题的关注与探索、分析与讨论，培养学生的合作意识、钻研精神，逐渐形成批判性的思维习惯，崇尚数学的理性精神和可持续发展的价值观。例如，在对学生进行数学史教育时，要培养学生具有尊重文化多样性的价值观，帮助学生形成正确观察、分析、评价自身文化及其他文化的科学方法，增强学生的民族自尊心、自信心及民族自豪感。同时，引导学生用批判与比较的思想进行中西方数学成就对比，了解中国落后的原因，使学生具有传统文化复兴和建设时代新文化的责任感。既能领会中国或世界早期的数学成就，又能体会其在当今的作用，学会用发展的眼光看问题，看到中国与世界的差距，增强学生的使命感。

二、数学课程中与可持续发展教育相关的内容与要求[①]

◆ 提供多样课程、适应个性发展

为了体现时代性、基础性、选择性、多样性的基本理念，使不同的学生学习不同的数学，在数学上获得不同的发展，《普通高中数学课程标准》规定：高中数学课程设置必修课程和四个系列的选修课程，共有26个模块，其中包括5个必修模块和21个选修模块。数学教材在编写上突出了学生的自主性意识和人文要求，对不同的学生提出不同的要求。例如，教材中引入了探究式的学习方式，引入了数学建模，突出了以学生为本，强调个性发展的教育理念，为学生的可持续发展提供了更大的空间。学生可以根据国家规定的课程方案和要求，以及各自的潜能和兴趣爱好，制订数学学习计划，自主选择数学课程。

◆ 课程设置的原则与意图

高中数学必修课程内容确定的原则是：满足未来公民的基本数学需求，为学生进一步学习提供必要的数学准备。高中数学选修课程内容确定的原则是：满足学生的兴趣和对未来发展的需求，为学生进一步学习，获得较高数学修养奠定基础。

高中数学课程对于学生认识数学与自然界、数学与人类社会的关系，认识数学的科学价值、文化价值，提高提出问题、分析和解决问题的能力，形成理

[①] 本部分内容参考《普通高中数学课程标准》、人民教育出版社普通高中课程标准实验教科书（以下简称"人教版教材"）《数学》（A版、B版）。下文表格中标"○"为A版教材示例，标"★"为B版教材示例。

性思维，发展智力和创新意识具有基础性的作用，同时有助于学生认识数学的应用价值，增强应用意识，形成解决简单实际问题的能力，为学生自身的可持续发展，形成科学的世界观、价值观奠定基础，对提高全民族素质具有重要意义。

◆ 设置了数学探究、数学建模、数学文化内容

★ 数学探究

数学探究即数学探究性课题学习，是指学生围绕着某个数学问题，自主探究、学习的过程。数学探究课题的选择是完成探究学习的关键。课题可以从教材提供的案例和背景材料中确立，也可以引导学生从社会、文化、环境、经济等领域可持续发展实际问题中发现和确立。

数学探究是高中数学课程中引入的一种新的学习方式，有助于学生初步了解数学概念和结论产生的过程，初步理解直观和严谨的关系，初步尝试数学研究的过程，体验创造的激情，建立严谨的科学态度和不怕困难的科学精神；有助于培养学生勇于质疑和善于反思的习惯，培养学生发现、提出、解决数学问题的能力；有助于发展学生的创新意识和实践能力，有助于形成关注和解决社会、文化、经济、环境领域可持续发展实际问题的责任意识和初步能力。

★ 数学建模

数学建模是运用数学思想、方法和知识解决实际问题的过程。数学建模的问题是多样的，来自于与现实生活联系紧密的社会、文化、环境、经济等可持续发展领域中的各个方面，而解决问题所涉及的知识、思想、方法与高中数学内容密切相关。

数学建模是数学学习的一种新方式，它为学生提供了自主学习的空间，有助于学生体验数学在解决社会、文化、经济、环境等可持续发展实际问题中的价值和作用，体验数学与日常生活和其他学科的联系，体验综合运用知识和方法解决实际问题的过程，增强应用意识；有助于激发学生学习数学的兴趣，发展学生的创新意识和实践能力；有助于使学生更加了解社会、文化、环境、经济等可持续发展教育问题的相关知识，懂得如何尊重自然、尊重社会、尊重他人，逐步形成可持续发展所需要的价值观念，为学生进一步发展打下坚实可靠的基础。

★ 数学文化

数学是人类社会进步的产物，也是推动社会发展的动力。数学文化是人类文化的重要组成部分。数学课程应适当反映数学的历史、应用和发展趋势，数

学对社会发展的推动作用，数学的社会需求，社会发展对数学发展的推动作用等。

通过学习，学生可以了解数学在人类社会进步、人类文明发展中的作用；了解人类社会与数学发展的相互作用，认识数学发生、发展的必然规律及认识客观世界的过程；体会数学的科学价值、应用价值、人文价值，领会数学的美学价值；体会数学的系统性、严密性与应用的广泛性，发展求知、求实、勇于探索的情感与态度，从而提高自身的文化素养和创新意识。即通过数学文化的学习，感受数学的研究成果在社会、文化、环境、经济等领域中的作用，在数学文化的学习过程中，体会中国数学成就在数学发展史上的杰出贡献，同时培养学生具有尊重文化多样性的价值观，引导学生用批判与比较的思想进行中西方数学成就对比，明确中国落后的原因，增强学生的自豪感、责任感、紧迫感与使命感。

（一）社会领域

主题	内容标准领域 一级	内容标准领域 二级	具体目标	内容示例	与可持续发展教育的结合点	教学提示
生命与安全教育	必修5	不等式	通过具体情境，感受在现实世界和日常生活中存在着大量的不等关系，并能运用基本方法，解决一些实际问题。	★某种牌号汽车的刹车距离和车速的关系 第三章第3.4节	使学生自觉遵守交通规则，注意交通安全，珍惜生命。	通过例题，提供多组数据，分析安全行车距离。
	选修2-3	统计案例	通过对典型案例的探究，了解独立性检验、实际推断原理和假设检验、聚类分析、回归等的基本思想、方法以及初步应用。	○吸烟与患肺癌是否有关的分析、心脏病与秃顶是否有关的分析 第三章第3.2节	使学生关注身体健康，养成健康的生活方式。	让学生观察社会，学会思考，通过发现问题、分析问题到探究讨论，最终解决问题，达到对知识的理解与应用，增加学生的应用意识。

续表

主题	内容标准领域 一级	内容标准领域 二级	具体目标	内容示例	与可持续发展教育的结合点	教学提示
公民权利与责任教育	必修5	二元一次不等式（组）与简单的线性规划问题	从实际情境中抽象出简单的线性规划问题。引导学生体会线性规划的基本思想，借助几何直观解决一些简单的线性规划问题。	★中小学生去市郊敬老院献爱心活动 第三章第3.5.2节	懂得关爱老人，增强社会责任感，发扬尊老爱幼的传统美德。	指导学生从具体问题中抽象出数学模型，并选择线性规划的方法求得最优解。
和谐社会教育	必修1	集合	通过实例，了解集合的含义，体会元素与集合的属于关系。	★简化奥运会各个代表团及成员间的各种关系与性质 第一章章节前的叙述	让学生了解处理好各奥运参赛代表团的关系，协调各运动项目之间的关系，使各项运动顺利举行，促使奥运在和谐中完成的重要意义，理解这也是和谐人际关系的一个方面。	①指导学生抽象出集合、元素等概念，并理解它们之间的关系，概括它们的性质；②通过事例，让学生体会建立数学模型可以帮助简化和协调复杂的系统内部关系；③小结，让学生掌握建模的一般思想与方法。
和谐社会教育	必修1	指数函数与对数函数	通过具体实例，体验指数函数、对数函数等函数与现实世界的密切联系及其在刻画现实问题中的作用。	★人口增长问题 第三章第3.4节	使学生关注人口增长问题，了解人口与环境、资源和谐发展的关系，提高人口忧患意识。	让学生收集近几年我国人口的总数，估算自然年平均增长率，再从理论上计算某年的人口。
和谐社会教育	必修4	三角函数	了解弧度制，能进行弧度与角度的互化。	★弧度制和弧度制与角度制的换算 第一章第1.1.2节	让学生充分了解一个国家两种制度和谐共存，各有优势；体会中国的伟大、强盛，激发爱国热情。	引导学生发散思考，引申"一国两制"的奇思妙想。

（二）文化领域

主题	内容标准领域 一级	内容标准领域 二级	具体目标	内容示例	与可持续发展教育的结合点	教学提示
中华优秀传统文化与世界遗产教育	必修1	指数函数与对数函数	在实际情境中，会根据不同的需要选择恰当的方法表示函数，并会运用函数的图像理解和研究函数的性质。	★用计算机作函数的图像 ★对数的发明 第二章第2.1.5节与第三章的"阅读与欣赏"	了解数学领域对我国传统文化的贡献与促进，中华文化对其他文化的吸收与包容；同时认识到计算机作为工具可以给科学研究带来极大的帮助。	学生实际操作并适时应用，了解计算机作为工具可以给科学研究带来极大的帮助。
中华优秀传统文化与世界遗产教育	必修2	立体几何中多面体的体积 平面解析几何中圆的方程	了解中国古代数学家的辉煌成就及对世界数学的贡献，培养学生的爱国热情。	★颐和园长廊的照片 ★祖暅原理 第一章第1.1.4节、第1.1.7节 ★求赵州桥的拱圆方程问题 第二章第2.3.1节	了解数学文化是中国传统文化的重要组成部分；从数学角度了解我国古人的聪明才智，充分挖掘数学文化的内在价值，了解我国古代数学的优秀成果和中国古代数学在世界科学发展史上的领先地位，培养学生的民族自尊心、自信心及民族自豪感。	①通过阅读和交流，了解中国古代数学历史人物和数学科学成就，指导学生用讲故事、讨论交流、查阅资料、撰写报告等方式进行，内容应突出中国古代文化中所蕴涵的数学思想，突出数学发展轨迹； ②指导学生对中国古代数学算法案例中的几个案例，编写程序并在计算机上实现。
中华优秀传统文化与世界遗产教育	必修3	中国古代数学中的算法案例	通过阅读中国古代数学中的算法案例，体会中国古代数学对世界数学发展史的贡献。	★"更相减损之术"、割圆术、秦九韶算法 第一章第1.3节		
中华优秀传统文化与世界遗产教育	必修5	数列	通过实例，探索并掌握特殊数列的关系，并能够用相关知识解决实际问题。	★《九章算术》《张邱建算经》第二章的"阅读与欣赏"		
中华优秀传统文化与世界遗产教育	选修3-1	数学史	通过阅读材料了解对数的发现历史、以及历史人物对数学和世界的巨大贡献。	○中国和世界的数学历史人物以及数学家对数学的巨大贡献 全册书		

续表

主题	内容标准领域 一级	内容标准领域 二级	具体目标	内容示例	与可持续发展教育的结合点	教学提示
文化多样性教育	必修5	数列	通过实例，探索并掌握特殊数列的关系，并能够用相关知识解决实际问题。	★斐波那契数列 ★国际象棋的起源 第二章章头图、第2.3.2节	培养学生具有尊重文化多样性的价值观，形成正确观察、分析、评价自身文化及其他文化的科学方法。	用中国及世界早期在数列方面的成就作为新知识的引入，激发学生对新知识的探究；使学生既能领会中国或世界早期的数学成就，又能体会其在当今的作用，学会用发展的眼光看问题，看到中国与世界的差距，增强学生的使命感。

（三）环境领域

主题	内容标准领域 一级	内容标准领域 二级	具体目标	内容示例	与可持续发展教育的结合点	教学提示
环境保护与污染防治教育	必修1	函数	在实际情境中，会根据不同的需要选择恰当的方法（如图像法、列表法、解析法）表示函数；通过具体实例，了解简单的分段函数，并能简单应用。	★用列表法表示函数关系：我国人口普查数据 第二章第2.1.2节	引导学生认识地球人口的急剧增加给环境带来巨大压力。	指导学生收集关于人口增长的数据，估计人口发展的趋势，并讨论人口的巨大变化给社会与环境带来的问题。
			通过具体实例了解指数函数模型的实际背景。	○指数函数的应用——家用电器使用的氟化物的释放对大气上层臭氧层的破坏 第二章第2.1节	体会各类污染对环境的危害及危害的长期性，以及保护环境安全任务的艰巨性。	指导学生查阅资料，了解信息，通过计算理解指数函数的实际应用。

续表

主题	内容标准领域 一级	内容标准领域 二级	具体目标	内容示例	与可持续发展教育的结合点	教学提示
环境保护与污染防治教育	必修3	统计	能通过实验、查阅资料、设计调查问卷等方法收集数据,并能根据实际问题合理选取样本,从样本数据中提取基本特征,作出合理解释。	★计算某路段车流量 第二章的实习作业	了解汽车数量增加、流量加大对环境的影响,增强环境保护意识。	①指导学生借助表格的数据、运用图像法,直观了解交通问题的巨大变化所带来的社会问题; ②可以布置实习作业,让学生从现实生活和其他学科中提出具有一定价值的统计问题,如某一路段的行车问题,并利用统计知识加以解决。
	必修4	基本初等函数(Ⅱ)	在三角函数的教学中使学生体会三角函数模型的意义,感受周期现象的广泛存在,认识周期现象的变化规律,体会三角函数是刻画周期现象的重要模型。	★数学建模活动:海洋潮汐与轮船的安全进出港问题 第一章的数学建模活动	培养学生安全意识与经济意识,懂得利用自然规律,与自然和谐共处。	指导学生根据收集的数据选择适当的模型解决问题,培养学生的应用意识。
		向量	从实际情境中抽象出简单的线性规划问题,并能够加以解决。	★向量概念的推广与应用:用向量概念研究新汽车的六项指标 第二章的"阅读与欣赏"	理解新汽车的研制要符合环保要求,引领学生关注环境问题,增强环保意识。	指导学生分工合作,制订调查问卷进行现场调查,采集数据,并对数据进行分析处理,从而解决汽车的局部合理设计问题。
自然灾害预防教育	必修5	解三角形	要弄清实际情境中出现的量及其数学含义,领悟其中的数学本质,并解决问题,学会简单应用。	★如何计算出城市受到台风侵袭的时间? 第一章第1.2节	体现数学的应用价值,能用自己掌握的知识,使生命财产遭受最低程度的损失。	让学生通过先期查找资料的方式,了解台风的产生及其危害,通过实际问题的解决,了解预防措施,进行安全教育。

（四）经济领域

主题	内容标准领域 一级	内容标准领域 二级	具体目标	内容示例	与可持续发展教育的结合点	教学提示
循环经济与绿色消费教育	必修3	统计	能通过实验、查阅资料、设计调查问卷等方法收集数据，并能根据实际问题合理选取样本，从样本数据中提取基本特征，作出合理解释。	★计算汽车油耗问题 第二章第2.2.2节	理解节约能源、创建节约型社会的意义。	引导学生用数学知识解决生活中的节能问题。
	选修1-1	导数及其应用	通过使利润最大、用料最省、效率最高等优化问题，体会导数在解决实际问题中的应用。	○汽油的使用效率何时最高 第三章第3.4节		
	选修2-1	双曲线	掌握圆锥曲线的基本性质，感受圆锥曲线在刻画现实世界和解决实际问题中的作用，使学生了解圆锥曲线的背景与应用。	★双曲线型冷却塔问题 第二章第2.3.2节	理解资源回收再利用的意义，了解节约资源与能源的重要意义及具体措施，树立循环经济的理念。	通过讨论和探究，了解双曲线型冷却塔的工作原理。
农村发展与可持续城市化教育	必修1	函数	收集一些社会生活中普遍使用的函数模型（指数函数、对数函数、幂函数、分段函数等）的实例，了解函数模型的广泛应用。	★函数的应用：农家旅游公司客房租金问题、渔场的鱼群年增长量与实际养殖量的关系 第三章第2.3节	了解我国农村经济不断发展，农民生活不断提高；理解农村发展需要多方面发挥优势，合理利用资源。	通过小组合作的形式进行社会实践调查等活动，分析并解决生活中的问题，让学生能够自己通过发现问题、建立数学模型的方法解决有关问题，锻炼学生的应用意识和能力。

续表

主题	内容标准领域		具体目标	内容示例	与可持续发展教育的结合点	教学提示
	一级	二级				
农村发展与可持续城市化教育	必修5	不等式	通过具体情境，感受在现实世界和日常生活中存在大量的不等关系，了解不等式（组）的实际背景。	★有关恩格尔系数的应用问题 第三章第3.4节	了解农村的生活水平，感受世界中的不平等关系，帮助学生认识事物之间的运动变化及其相应的规律，体验数学的应用价值。	通过小组合作的形式进行社会实践调查等活动，分析并解决生活中的问题，让学生能够自己通过发现问题，建立数学模型的方法解决有关问题，锻炼学生的应用意识和能力。

三、数学学科教学实施可持续发展教育的建议

可持续发展教育的实质是人类不断发现、探究和解决可持续发展问题的过程，学校教育是可持续发展教育的主要途径之一。而数学教育是学校教育的重要组成部分，数学学科所解决的问题与社会、文化、环境、经济等领域中可持续发展教育问题密切相关。因此，在数学学科中实施可持续性发展教育具有标志性意义。教师在认识到数学学科实施可持续发展教育的必要性的同时，还应认识到在数学学科实施可持续发展教育是有利的、有效的。它不是在现有的数学教学的基础上增加了学科教学的负担，而是通过对社会、文化、环境、经济等领域的可持续发展教育问题的认识与解决，更好地帮助学生获得必要的数学知识与基本技能，理解基本的数学概念、数学结论的本质，了解概念、结论等产生的背景、应用，体会其中所蕴涵的数学思想与方法，以及它们在后续学习中的作用。可以说在数学教学中合理地进行可持续发展教育，有助于落实课程改革的基本理念，有助于数学教学改革的开展与创新，有助于数学教学目标的完成与落实。

（一）如何提出数学学科教学中值得关注的可持续发展教育问题

探讨数学学科教学中实施可持续发展教育的首要问题是要有问题意识，即知道什么属于可持续发展教育需要解决的问题，哪些可持续发展教育中涉及的

问题与数学学科有关联且属于什么性质的问题，可用什么数学知识加以解决。高中数学主要在两个方面体现可持续发展教育的要求：一是知识的引入方式和对知识产生的背景与发展过程的思考，在教学过程中应发挥学生积极主动的学习热情，体现人文和尊重生命的教学理念；二是知识的理解与落实及解决实际应用问题的方法策略的落实，数学可以解决与社会、文化、环境、经济等领域中相关的，从宏观到微观的几乎所有的问题，这为在数学学科教学中实施可持续发展教育提供了广泛的素材。因此，在教学中教师要努力寻找借助数学知识的应用实施可持续发展教育的结合点，即用什么数学知识解决什么可持续发展教育问题。

1. 数学学科教学中值得关注的可持续发展教育问题

在数学教学中培养学生解决实际应用问题的能力及应用意识，不是新课改之后的新要求，这方面已经积累了很多的素材与经验，利用什么知识来解决什么样的实际应用问题已相当模式化，对一些实际问题的解决方法、策略已初步形成系统。从这个角度来讲，在数学教学中引入可持续发展教育是要在原有数学教学的基础上进行整理、创新与突破，寻求更广、更新的生长点。例如，指数函数与对数函数可以用来解决人口增长、放射性金属的衰变（环保与探测）、国民生产总值的增长（经济优化和计划）以及银行存款的利息（理财与经济发展）等可持续发展教育问题，同时教师还可以寻求更多的可持续发展教育结合点。可结合每年一次的数学知识应用竞赛开发学生思路，使学生学以致用，解决更多生活中的问题。

2. 辨析教学中值得关注的可持续发展教育问题的性质

可持续发展教育的相关内容是蕴涵于数学知识中的，将可持续发展教育融入数学教学，实际上是拓宽了促进学生全面发展和提升综合素质的渠道。因此，教师要熟悉可持续发展教育内容，把握数学知识与可持续发展教育的联系，挖掘教材中能够实施可持续发展教育的结合点，辨析可持续发展教育问题的性质，即某个问题是属于社会、文化、环境、经济哪个领域的问题，与数学的结合点是什么，如何解决。教师应在教授学生数学基本知识的同时，发展学生的可持续发展意识。例如，在讲授概率统计时，教材所提供的素材与可持续发展教育相关专题联系很密切。统计主要研究如何合理收集、整理、分析数据，为人们制定决策提供依据。如何收集数据，提取有价值的信息成为作出合理决策的关键。这些数学方法、数学能力和决策意识在经济等领域被广泛应用，有助于提高学生经济优化与计划的能力。

（二）如何制订在数学学科教学中实施可持续发展教育的教学目标

明确教学目标是有效完成教学任务的关键，数学教学目标中融入可持续发展教育的理念有助于提高解决数学问题的实效性，加强数学与现实生活的联系，也有助于学生建立积极、向上的情感、态度、价值观。

1. 针对学生的认知特点及数学内容要求，合理地制订课堂教学的"三维"目标

制订在数学学科中实施可持续发展教育的教学目标，应根据高中学生的生理、心理发展水平，首先根据课程标准的要求制订知识与技能目标，并针对本课的知识与技能目标设计教学手段、方法、实施策略；其次根据教学内容的特点及学生的认知特点设定过程与方法目标；最后根据学生特点制订学生在情感、态度、价值观上所要达到的目标。

2. 联系社会、文化、环境、经济领域的可持续发展教育问题，在数学教学目标中合理融入可持续发展教育的相关目标

在确立"三维"教学目标的同时，教师要联系数学知识在社会、文化、环境、经济领域的背景及应用，将可持续发展教育目标融入其中。但应特别注意可持续发展教育目标不能替代数学教学目标，不能片面强调可持续发展教育目标，而淡化甚至忽略数学学科的教学目标。

例如，人教版教材《数学》必修1第一章第一节"集合概念与表示法"的教学目标可以确定为——

知识与技能目标：

（1）了解集合的含义，体会元素与集合的"属于"关系。

（2）能选择自然语言、图形语言、集合语言（列举法或描述法）描述不同的具体问题，感受集合语言的意义和作用。

过程与方法目标：

（1）通过社会、文化、环境、经济领域的实例，初步体会集合、元素的意义，在感受不同领域之间的集合与集合、元素与集合之间的联系与区别的同时，理解集合与元素的关系。

（2）通过观察与思考，感受集合语言在描述客观现实与数学对象中的意义，能选择适当的表示法表示生活中和数学中的不同集合，从而发展学生对集合的表示法的意义和作用的认识。

情感、态度与价值观目标：

增强学生对社会、文化、环境、经济不同领域的划分与认识能力，激发学生学习数学的兴趣和积极性，培养学生应用数学的意识，以及实事求是的学习态度和勇于创新的精神。

（三）如何寻求与数学学科相关的可持续发展教育"点"、"线"、"面"、"体"

1. 描"点"——数学学科有效实施可持续发展教育的结合点

数学教学内容中有丰富而广泛的数学应用问题，针对数学的特点，在数学概念的引入和数学知识的应用中，教师应努力挖掘数学教学内容与可持续发展教育相关的结合点，这些结合点可以是知识上的，也可以是感知和思想上的。例如，必修5讲解三角形内容时，涉及如何计算出城市受到台风侵袭的时间，从而能帮助预测事件和强度，使生命财产遭受最低程度的损失，这涉及可持续发展教育环境领域的"自然灾害预防教育"主题。此外，在应用数学（如数列中的贷款问题、排列组合、概率与统计学）中教师也可以挖掘其与可持续发展教育环境和经济领域相关主题的结合点。

2. 连"线"——数学学科有效实施可持续发展教育的连续性

可持续发展教育需要长期的过程，在数学教学中不只是寻找二者的几个结合点的问题，更重要的是通过教师和学生之间的交流和积累，逐渐形成新的经验，把可持续发展教育不断完善，使之连续发展。一方面，教师应结合数学教学内容、数学作业和竞赛等形式以及可持续发展教育内容，不断在现实生活中寻找数学知识与可持续发展教育的结合点。另一方面，教师也要注意抽象形态的可持续发展教育，即培养学生的各种优秀品质，并且坚持不懈地努力下去，使离散的一个个可持续发展教育点能够被串联起来，在数学教育教学中能够实现可持续教育的连续性，使数学教学中的可持续发展教育能够健康、有效、可持续地进行。例如，在必修1"函数的应用"的教学中布置开放性的作业，用所学的知识解决生活中的实际问题，并说明它与可持续发展的联系。实践证明，学生的作业非常好，并超出了预期的目标。而且将这个形式的作业推广至其他必修模块的教学，也都取得了很好的效果。

3. 绘"面"——数学学科有效实施可持续发展教育的发展观

可持续发展教育的最终目的是提高公众的可持续发展意识，培养可持续发展需要的知识与技能，形成批判思维和解决问题的能力，为教育拓展新思路、新内涵。数学教学是可持续发展教育的重要方面，寻找到数学学科与可持续发展教育的结合点，并对它们进行有机整合，点串成线，使可持续发展教育在数学教学中能顺利、连续、有效地进行，长此以往，就会使教师和学生都受益，甚至终身受益。同时，从事此项工作的教师要连续不断，努力坚持，勤于总结，带动更多的同仁、学生了解可持续发展教育的相关内容，点动成线、线动汇面，使可持续发展教育在数学教学中形成习惯，甚至让每一位教师感到，这是数学教育不可分割的一部分。

4. 构"体"——数学学科与边缘学科综合有效实施可持续发展教育的系统性

人类可持续发展是一个系统工程，它的完善需要各个方面共同完成。数学知识可以解决许多社会问题，将可持续发展教育融入数学教学，可以使学生对数学知识的理解和应用能力得到提高。但是，数学教育只是各类教育与可持续发展教育结合成为一个整体中的一部分，数学教学内容与可持续发展教育的有机结合，也只是这一系统工程的一部分，是有效实施可持续发展教育的一个方面。教师还应注意数学与其他学科相关内容的有机整合，使数学学科解决的可持续发展教育问题更为广泛、深入，在丰富数学教学内容与解题方法的同时，也使可持续发展教育更具完整性和系统性。

（四）如何开发、利用与数学学科相关的可持续发展教育资源

在数学学科中进行可持续发展教育切忌空洞地说教或进行简单的贴标签式的教学，而是要从学生的实际出发，根据学生的认知特点使数学知识与可持续发展教育问题进行有机融合，以学生为本，真正使学生获得科学文化知识，能够利用所学数学知识解决实际问题，并能获得自主、和谐的发展空间，逐步形成可持续发展的价值观念、行为习惯与生活方式，为促进社会、文化、环境与经济的可持续发展服务。因此，教师要充分开发、利用、整合与数学学科相关的可持续发展教育资源，并合理利用这些资源为数学教学服务。

1. 开发与数学学科相关的可持续发展教育资源的原则——尊重差异、因材施教

数学课程是培养公民素质的基础课程。学生的数学学习活动不应只限于接受、记忆、模仿和练习，还应倡导自主探索、动手实践、合作交流、阅读自学等学习方式。这些方式有助于发挥学生学习的主动性，使学生的学习过程成为在教师引导下的"再创造"过程。这种给予学生责任、方法、能力和价值观的过程，是人与社会、人与自然、人与生命、人与古代文化及现代科技和谐发展的过程，同时也是尊重学生、尊重差异、尊重生命的一种表现。

高中数学课程对于认识数学与自然界、数学与人类社会的关系，认识数学的科学价值、文化价值，提高提出问题、分析和解决问题的能力，形成理性思维，发展智力和创新意识等具有基础性的作用。为发展学生的数学应用意识，高中数学课程设立了"数学探究"、"数学建模"等学习活动，为学生形成积

极主动的、多样的学习方式进一步创造有利的条件,以激发学生的数学学习兴趣,鼓励学生在学习过程中,养成独立思考、积极探索的习惯。教师应力求通过各种不同形式的自主学习、探究活动,让学生体验数学发现和创造的历程,发展他们的创新意识。在学习过程中,要让学生根据不同的特点,选择不同的学习方式、素材,因此,有必要为不同学生提供不同层次的数学教材,甚至为他们提供某些研究更深层次数学知识的机会,以适应不同层次学生的发展需求。

2. 开发与数学学科相关的可持续发展教育资源的途径——多渠道、多角度

(1) 重视教材、教辅资料等资源的开发

教师应熟悉教材,领会教材,同时不拘泥于教材,在熟悉可持续发展教育内容的同时,用可持续发展教育的眼光重新审读教材,最大限度地开发数学学科实施可持续发展教育的空间和效果。教师还应充分运用各种素材充实教材,充实数学课堂,为有效实施可持续发展教育服务。

(2) 充分发挥多媒体等各类资源的作用

教师应加强数学教学与信息技术的整合,激发学生的学习兴趣,鼓励学生利用计算机、网络等进行探索与发现,以使教育效果最大化。

(3) 实验、合作、操作等教学方式、学习方式是实施可持续发展教育的有效资源

任何系统只有开放,信息的交流及价值才会达到最佳状态。让学生在主动活动、亲身经历、自我体验、相互交往、相互合作、经验交流、民主讨论等开放状态下学习,有利于学生对所学知识产生较大的学习兴趣,有利于学生改变行为方式,增强社会的责任感。同时,可给学生提供更多的信息(互联网、社会实践、图书馆、博物馆、传媒等)和良好的学习氛围(学习小组、研究性学习、指导教师等),使学生在认知的水平上得到提高。

例如,数学应用是数学学习的主要目的之一,在教学中除了要对数学知识的应用加以重视以外,还要注意不失时机地给学生创造自我应用数学知识解决问题的机会,如在研究性学习中设置相关的主题,带领学生经历从发现问题、建立模型,到解决问题的过程,逐步培养学生应用数学的意识和能力,从而激发学生的创造力。

(4) 充分利用其他学科及各种社会资源为有效实施可持续发展教育服务

首先,教师应重视跨学科资源的开发与利用。例如,立体几何的学习可以和美术等学科结合;研究如何计算出城市受到台风侵袭的时间可以和地理学科

结合等。其次，教师也可以带领学生走入社会，利用社会的人力、物力资源。例如，用向量概念研究新汽车的六项指标，可以引导学生设计调查问卷，并走出校门进行现场调查，对得到的数据进行分析处理，从而解决汽车的局部合理设计等问题，并由此让学生了解社会，开阔视野。

3. 利用与数学学科相关的可持续发展教育资源的方法

①建立"联想习惯"（从可持续发展的各个领域，发现数学问题）；

②寻求"使用空间"（建立数学模型，解决问题）；

③掌握"整合方法"（对问题解决方法进行评价，提出解题策略）。

利用与数学学科相关的可持续发展教育资源，其关键是发现数学课程与可持续发展教育问题的联系。数学中随处可见的是数学的应用，这是学生学以致用的一个途径，同时也是进行可持续发展教育的一个契机。另外，在高中数学教学中可以适时地体现数学的文化价值，并在适当的内容中提出对"数学文化"的学习要求，还可以介绍相关知识，如"数学史"和"数学人物与事件"等，在数学史中融入可持续发展教育。高中数学课程是学习高中物理、化学、技术等课程和进一步学习的基础，注重数学与其他学科的有效结合，发展数学与边缘学科的共进意识，能够发现可持续发展教育在数学教育中新的生长点，为学生的终身发展，形成科学的世界观、价值观奠定基础，对提高全民族素质具有重要意义。

总之，利用与数学课程相关的可持续发展教育资源的方法有很多，可联系的方面也很多，需要教师不断总结、探索，把二者进行广泛结合，最终形成学生的可持续发展所需要的价值观念、行为习惯和生活方式，为学生的可持续发展服务。

ⅱ 学科教学实施可持续发展教育实践案例

【设 计 者】 北京市第八中学　王春红

　　　　　　 北京市西城区教育研修学院　孙秀平

【年　　级】 高中一年级

【所用教材】 人教版教材《数学》B版必修1、必修4

【课　　题】《函数的应用》（必修1第三章第3.4节、必修4第一章第1.3.3节）

一、教学背景分析

（一）本课教学目标

※知识与技能目标

1. 学会从现实背景中提取数学信息，发现数学问题，并运用数学知识分析问题、解决问题。

2. 掌握数学建模的一般过程与方法，会用函数模型来刻画社会、文化、环境、经济等可持续发展领域中的一些简单现象。

3. 初步学会利用计算器、计算机等工具，辅助解决数学建模中的一些问题。

※过程与方法目标

通过展示及介绍作业、与同学交流选题、探究及解决问题的过程，初步学会用函数模型解决实际问题的一般方法。

※情感、态度与价值观目标

体验函数模型在解决实际问题中的价值和作用，进一步体会函数知识的应用价值；感受数学和日常生活、其他学科的联系，增强学生学好数学的信心，培养学生锲而不舍的探究精神，养成利用数学工具解决实际问题的习惯。

（二）本课教学重点与难点

※教学重点

数学建模的基本过程。

※教学难点

数据分析与处理的方法，数学建模的基本过程。

（三）可持续发展教育点及设计思路

※可持续发展教育点

本节课以数学知识在实际生活中的应用为线索，以尊重生命、关注人口及节约能源等为可持续发展教育结合点，属于社会领域"生命与安全教育"、"和谐社会教育"及经济领域"循环经济与绿色消费教育"主题的内容。

※渗透可持续发展教育的设计思路

1. 通过课前辅导——介绍建立数学模型解决实际问题的基本思想和方法，提高学生分析问题、解决问题的能力。

2. 通过预习作业——观察生活，提出问题，并建立数学模型解决问题，使学生体验数学在解决社会、文化、环境、经济等可持续发展领域实际问题中的价值和作用。

3. 通过交流个人收集的数学应用信息及分工协作解决问题的过程，培养学生学习数学的兴趣及应用数学的意识,并从中体验合作学习的重要价值。

(四)教材分析

在必修1中,教材介绍了抽象函数的性质的研究方法,在必修1和必修4中,教材介绍了一些基本初等函数(如一次函数、二次函数、指数函数、对数函数、幂函数、三角函数等)的性质和应用,本节课是建立在上述知识与方法上的。通过这节课的学习,学生可以更加深刻地认识到基本初等函数的性质及其在人类生活中的应用;同时,还可以培养学生尊重生命、关注人口及节约能源等意识。

(五)教学方法

学生汇报、交流、讨论法。

(六)教学资源开发与利用的基本思路

从生活中多角度观察分析,进而提出问题,通过网络、视频、图书馆等资源查找数据来分析问题,通过资料的整理过程培养学生的合作精神,最终,通过对所选问题的可持续发展观的思考、分析以及问题的解决,加深学生的数学应用意识。

二、教学过程

(一)指导预习探究

【内容】

提前一周布置,要求学生观察日常生活与社会中的现象,用所学的函数知识解决一件生活中不可持续发展的实际问题。

【预习方式与要求】

1. 通过自己对生活的观察与思考,选择适当的题目,完成数学应用小论文《身边的数学》(实施或自主选题困难的学生,可以参考以往学生的建模论文和题目自行选题,也可以选择参考书、教科书上比较感兴趣的应用题加以解决)。

2. 通过各种途径收集与选题有关的材料,要求"用数据说话",并选择恰当的函数模型解决问题。

3. 可以以学习小组的形式共同选题,在解决问题的同时,要指出数学知识在社会、经济等领域中所涉及的可持续发展观。

4. 整理与论文有关的材料、PPT,准备课堂汇报交流。

【预期效果】

1. 由于要求比较具体,不同程度的学生都能提出问题,并收集相关数据。

2. 学习小组的形式有利于预习作业的完成,并能培养学生的合作意识和团队精神。

3. 问题的提出与解决可以促使学生对"生命安全"、"人口问题"、"节约能源"等与可持续发展有关问题的现状加以关注。

（二）课前准备

教师结合本课的教学目标与任务，将学生的作业按照解决问题的模型类别进行整理，归纳出人口问题、生命安全、节约能源三方面教育问题。并从同类的课前作业中选取最有代表性的，在教师引导、组织下进行交流和展示，旨在总结用数学建模解决具体问题的方法步骤，从中明确数学知识与可持续发展的关联，并初步形成可持续发展的价值观。

【预期效果】对学生提交的作业进行分类，从中选择有代表性的作业，发现这些作业与可持续发展教育涉及的问题密切相关。

（三）课堂教学过程

【第一环节】引入话题（2分钟）

谈话：在学习函数及研究其性质的基础上，上周布置了写一篇数学小应用文《身边的数学》的任务，要求每个同学根据自己的观察发现生活中的一些问题，用自己所学的函数知识去解决它，同时思考这个问题与可持续发展的关系。同学们提交的几十篇作业的内容很有价值，解决的问题以及对问题的认识值得大家分享与交流。本节课我们通过几位同学的选题以及解决问题的思考进行交流，从而学习数学知识应用的一个基本思想和方法。（学生倾听。）

【本环节预期效果】导入新课，使学生融入课堂学习的氛围中。

【第二环节】交流展示（33分钟）

谈话：下面，根据不同的选题我们来交流、分享一下利用函数知识解决生活、社会中实际问题的方法。（学生倾听。）

【分享交流1】人口与函数（13分钟）

1. 指导学生展示自己提出的人口问题（如下）。其余学生思考：你了解我国的人口与资源现状吗？（学生用PPT展示汇报，其余学生思考。）

人口问题是全球性问题，由于全球人口迅猛增加，已引起全世界关注。世界人口2000年大约是60亿，而且以每年1.3%的增长率增长，按照这种增长速度，到2050年世界人口将达到100多亿，大有"人口爆炸"的趋势。为此，全球范围内敲起了人口警钟，并把每年的7月11日定为"世界人口日"，呼吁各国要控制人口增长。为了控制人口过快增长，许多国家都实行了计划生育。

我国人口问题更为突出，在耕地面积只占世界7%的国土上，却养育着22%的世界人口。因此，中国的人口问题是公认的社会问题。2000年第五次人口普查，中国人口已达到13亿，年增长率约为1%。为了有效地控制人口过快增长，实行计划生育成为我国一项基本国策。

记得1949年中华人民共和国刚刚成立时，我国约有4亿人口，而到了今天，我国人口已经突破13亿，在短短的60年中，我国的人口比以前翻了两番多，这对我国的经济发展十分不利，我们来算算这些年人口的平均增长率，再来估测：如果按照这个方式增长，到22世纪初我国会有多少人口？

（备注：课前选择人口问题的学生比较多，但在众多的选题中，选择该组的原因是数据不是编凑的，而是历史事实，数据的分析具有说服力。）

2. 指导学生展示分析问题的过程及解决方案。其余学生思考：人口问题常用建立什么样的函数模型来解决？（学生用PPT汇报展示，其余学生思考。）

简答：设平均增长率为 x，$4(1+x)^{60}=13 \Rightarrow x=0.019838 \approx 0.02$，$4(1+0.02)^{150}=80$（亿）。

3. 指导全体学生交流与总结。（学生交流与总结，相互补充完善，教师点评。）

（1）教师对学生的发言作适当的评价与补充。

（2）归纳建模的基本思路与方法：

①选择喜欢的话题，从自己擅长的角度，将从生活中发现的问题信息与数据进行处理，筛选出与目标相关的数学信息进行分析；

②对已知的信息和要解决的问题数据与信息数学化；

③选择合适的数学模型（或自己根据问题的特征构造合适的模型）加以解决；（注意积累常用的数学模型）

④回到实际中进行检验、修改，直至符合实际。

（3）学生交流函数与可持续发展的关系。

某学生发言："通过函数计算可以推算出，2100年我国人口将达到80亿，这个数字够让人震惊的！我国人口增长率如不进行控制，中国的社会、经济、环境的发展肯定不能承受这种压力。可见，控制人口增长是不容忽视的问题。控制人口增长率，是可持续发展的必要方针，只有这样，我们的国家才能繁荣昌盛。"

4. 指导反馈练习。（学生练习。）

英国人口学家和经济学家马尔萨斯提出，在自然状态下人口增长模型为指数型函数：$y=y_0 e^{rx}$（其中 y_0 表示初始人口数量）。同时，这一函数模型同样适用于很多生活原型：诸如GDP增长情况；放射性元素的衰变；银行存款本息和问题；大气压强与海拔高度的关系……

问题：已知1650年世界人口为5亿，当时人口的年增长率为0.3%；1970年世界人口为36亿，当时的人口增长率为2.1%。

① 用马尔萨斯人口模型计算，什么时候世界人口是1650年的2倍？什么时候世界人口是1970年的2倍？（1882年时世界人口是1650年人口的2倍；2003年世界人口是1970年的2倍。）

② 实际上，1850年以前世界人口就超过了10亿，而2003年世界人口还没有达到72亿，你对同样的模型得出的结果有什么看法？

【本环节预期效果】

1. 初步掌握函数模型和建立数学模型的一般方法。

2. 通过课堂展示、汇报、交流等教学形式使汇报的学生体验成功的喜悦，其余学生从中获得大量的信息，并能激发学生应用数学的兴趣。

3. 让学生了解对人口增长问题和控制人口数量的必要性以及方法，加强学生对人口、环境、资源等可持续发展问题的关注。

【分享交流2】生命安全与函数（10分钟）

1. 指导学生展示和分析问题，提出解决方案：一种药物在病人血液中的量保持在1 500 mg以上才有疗效，而低于500 mg时病人的生命就会有危险。现在给病人的静脉注射了这种药物2 500 mg，如果药物在血液中以每小时20%的比例衰减，那么下一次应该在什么时间范围内再向病人的血液补充这种药物？（精确到0.1 h）（学生倾听问题，解决问题，得出结果：在2.2～7.2 h之间，并讨论交流。）

（备注：【分享交流2】与【分享交流1】整体设计思路类似，在此略。）

2. 指导反馈练习。（学生练习。）

问题：在100个人中有一个人的血液受到感染，为了查明受感染者，现在对这100个人进行抽血化验，请设计一个比较好的化验方案，使得化验的次数尽可能的少。你从这个例子中还想到了什么？

【本环节预期效果】

1. 进一步熟悉数学建模的过程，了解数学与生活、数学与其他学科的关系。

2. 培养学生尊重他人、关爱生命的情感和态度。

【分享交流3】生命安全、资源节约与函数（10分钟）

1. 指导学生展示问题及分析问题的过程与解决方案：游乐场的摩天轮匀速旋转，其中心O距离地面40.5米，半径40米。若从最低点处登上摩天轮，5分钟后将到达最高点，如果6分钟时突然设施故障，工作人员需要架多高的云梯搭救游客?(学生倾听问题,解决问题,得出结果:建立人与地面的距离y与时间t的函数关系式$y=40.5-40\cos\frac{\pi}{5}t$,将$t=6$代入可得云梯高度,并讨论交流。)

(备注:【分享交流3】与【分享交流1】整体设计思路类似,在此略。)

2. 指导反馈练习。(学生通过实物模型,解决实际问题。教师总结解决实际问题的基本思路和方法。)

问题:烟囱的拐脖是两个互相接口的圆柱形筒管焊接而成,现在用长方形铁皮做一个直角烟囱弯头(两圆柱呈垂直状态),若烟囱直径12cm,最短母线长6cm,如何裁减才能最省料?

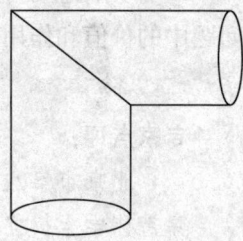

【本环节预期效果】

1. 了解有周期性出现的现象与三角函数的关系,会建立三角函数模型解释潮汐、声波、水波、弹簧震子等周期性现象。

2. 培养学生关爱生命、节约能源的情感和态度。

【第三环节】课堂小结(5分钟)

1. 总结课堂知识。(学生回忆、思考。)

(1)数学建模的一般过程。

(2)解决问题。

①利用丰富的素材进行函数模型的教学,体现数学与社会、文化、环境、经济的关系。

a. 指数函数模型:

人口问题、放射污染问题、经济发展问题以及生命与安全等问题。

b. 三角函数模型:

潮汐、声波、水波、弹簧震子等周期性现象问题。

②发挥计算器(机)的作用:使用计算器(机)进行复杂运算、函数拟合以及制作PPT等;利用网络收集资料、查阅信息等。

2. 引导学生交流学习的收获和体会,让学生感受数学在解决社会、文化、环境、经济等可持续发展领域实际问题中的价值和作用。(学生畅所欲言。)

(四)课后延伸

【内容】完善《身边的数学》小论文。

【方式与要求】以学生所确定的选题为主，根据本节课的建模过程和解决方法，完善数学应用小论文《身边的数学》，论文中要描述问题的提出过程和解决方案，同时指出所选问题关注了哪方面的可持续发展问题。

【预期效果】

1. 进一步落实利用数学模型解决实际问题的基本思想和方法，提高学生分析问题、解决问题的能力。

2. 深刻体验数学在解决社会、文化、环境、经济等可持续发展领域实际问题中的价值和作用。

专家点评：

北京市第八中学王春红老师设计的《函数的应用》教学案例贯穿着让学生树立可持续发展的意识，形成自觉的行为，并落实在具体的行动上。教师注重使学生在数学学习中逐渐形成可持续发展所需要的价值观念、行为方式与生活方式，并用所学的数学知识去发现并解决可持续发展的实际问题。本课的教学目标从三个维度出发，制订得很全面，但对于高一的学生来说，还应在收集信息、选取问题、建立模型等基本操作过程上进一步予以落实。就本课各个教学环节的设计而言，教师课前布置的作业及课堂教学中所采用的人口问题等数学建模，为学生提供了自主学习的空间，有助于学生体验数学在解决实际问题中的价值和作用，体验数学与日常生活和其他学科的联系，体验综合运用所学的数学知识和方法解决实际问题的过程，增强应用意识；有助于激发学生学习数学的兴趣，发展学生的创新意识和实践能力。

（丁明怡）

Ⅳ 英 语

ⅰ 学科教学实施可持续发展教育指导意见

英语作为重要的信息载体，已成为人类生活中使用最广泛的语言之一。高中英语课程是普通高级中学的一门主要课程。高中生学习英语，一方面可以促进自身心智、情感、态度与价值观的发展和综合人文素养的提高；另一方面，掌握一门国际通用语种，可以为学习国外先进的文化、科学、技术和进行国际交往创造条件。鉴于英语学科工具性、人文性和社会性的特点，它有利于提高学生综合语言运用能力，有利于进一步拓宽学生的国际视野，为学生今后的升学、就业和终身学习创造条件，并使他们具备 21 世纪公民所应有的基本素养。

可持续发展教育是以尊重人的发展、尊重发展的差异性与多样性、尊重环境、尊重地球资源为核心的价值观教育，是关注社会、文化、环境、经济领域可持续发展问题的教育。英语课程对可持续发展教育四个领域的诸多主题均有涉及，尤其在提高学生分析文化领域可持续发展相关问题能力、增进跨文化理解和跨文化交际能力、增强社会责任感、全面提高人文素养方面有着独特的优势。为此，英语学科是实施可持续发展教育的重要载体。

一、用可持续发展教育理念审视英语课程的目标要求

第一，英语课程的总目标为实现可持续发展教育目标奠定了良好的基础。高中英语课程的总目标是培养学生的综合语言运用能力。综合语言运用能力的形成建立在语言技能、语言知识、情感态度、学习策略和文化意识等素养整合发展的基础上。学生用英语获取信息，培养分析问题和解决问题的能力、思维和表达的能力、跨文化交际能力等，均为培养学生可持续发展需要的科学知识、价值观念、行为方式奠定了良好的基础。

第二，英语课程的具体目标与可持续发展教育的目标有着高度的一致性。高中英语课程特别在引导学生吸取人类优秀文化的营养，尊重多样文化，培养学生形成跨文化交际的意识和基本的跨文化交际的能力，进一步拓宽国际视野；认识中华文化的丰厚博大，吸收民族文化智慧，增强爱国主义精神和民族

使命感方面发挥着重要的作用。

第三，英语课程对学生学习方式的相关要求与可持续发展教育的要求是殊途同归的。英语教学鼓励学生积极尝试自我探究、自我发现和主动实践等学习方式，这与可持续发展教育实践性、应用性、注重批判性思考和解决问题能力的提升等要求是不谋而合的。

第四，英语课程的资源开发、利用与整合策略也体现了可持续发展教育强调利益相关群体整合的思想。主动扩展和利用教育资源进行学习是英语课程目标的重要方面，充分利用自然风光、文物古迹、民俗民情、国内外的重要事件、专家等资源对学生进行可持续发展教育，注重学生的情感体验，丰富学生的语言积累，发展学生的思维，是英语学科实施可持续发展教育的有效策略。

二、英语课程中与可持续发展教育相关的内容与要求[①]

★语言技能

根据高中学生的交际需求和认知发展水平，高中英语教学应该培养学生在人际交往中得体地使用英语的能力、用英语获取信息的能力、用英语分析问题和解决问题的能力以及批判性思维的能力。可持续发展教育不仅为高中学生语言技能的培养与提高提供了诸多话题，更重要的是提升并深化了英语教学的立意。

★语言知识

高中学生应该学习和掌握的英语语言知识包括语音、词汇、语法、功能和话题五方面的内容。家庭、朋友与周围的人，周围环境，人际关系，节假日活动，健康问题，旅游与交通，自然，世界与环境，科普知识与现代技术，热点话题，历史与地理，社会及文学与艺术等话题均与可持续发展教育关系密切，努力发现和挖掘这些话题和可持续发展教育的结合点，将有效地促进可持续发展教育的实施。

★情感态度

情感态度指兴趣、动机、自信、意志和合作精神等影响学生学习过程和学习效果的相关因素，以及在学习过程中逐渐形成的祖国意识和国际视野。可持续发展教育中社会、文化、环境及经济领域的内容，对于保持学生积极的学习

[①] 本部分内容参考《普通高中英语课程标准》、人民教育出版社普通高中课程标准实验教科书（以下简称"人教版教材"）《英语》。

态度，产生浓厚的学习兴趣，形成自主的学习动机和乐于与他人合作、积极向上的品格具有积极的意义。

★学习策略

学习策略指学生为了有效地学习语言和使用语言而采取的各种行动和步骤。它包括认知策略、调控策略、交际策略和资源策略等。高中生已逐渐走进成年阶段，人际交往和社会体验都会不断扩展。因此，高中生应该积极利用多种渠道使用英语，在真实交际中培养有效的交际策略。而可持续发展教育为高中生的英语学习提供了各种渠道和鲜活的英语交际资源，也为真实的语言交际提供了较为广泛的真实语言交际环境。

★文化意识

语言具有丰富的文化内涵。在英语教学中，文化主要指英语国家的历史、地理、风土人情、传统习俗等。而可持续发展教育中的文化多样性教育不仅要求学生了解世界各国，尤其是讲英语国家的历史、地理、风土人情、传统习俗等，还要求学生接受、宽容、理解与借鉴多元文化，正确认识不同国家、民族间的文化差异、文化特征与文化演变的历史，了解并尊重各国、各民族的生活习惯、风土人情，学会接纳、珍惜、容忍和尊重不同文化形态；能够客观地评价自身文化与其他文化，在国际文化交往中具有良好的生存能力、合作能力及缓解和消除不同文化背景可能带来的冲突的能力；树立正确的文化价值观；借鉴世界各国人民创造的一切优秀文化成果，吸取世界先进文化精华，学会辨认落后文化，抵制腐朽文化，进而形成正确的文化意识。

（一）社会领域

主题	内容标准领域	具体目标	内容示例	与可持续发展教育的结合点	教学提示
生命与安全教育	语言技能	听：能听懂有关熟悉话题的讨论和谈话并记住要点。	Living well 选修 7 Unit 1	懂得关心、帮助残疾人、尊重生命。	可在听力练习后列举盲人和视力差的人在爬山时可能遇到的困难，引导学生换位思考并讨论，学会关心、帮助残疾人。

续表

主题	内容标准领域	具体目标	内容示例	与可持续发展教育的结合点	教学提示
生命与安全教育	语言技能	说：能就国内外普遍关心的问题用英语交谈，表明自己的态度和观点。	Healthy eating 必修3 Unit 2	懂得健康饮食，学会提升生活质量。	可设计讨论题：你认为健康均衡的饮食应包括哪些食物？指导学生设计自己的健康均衡食谱。
		读：能从一般性的文章中获取和处理信息。	First aid 必修5 Unit 5	掌握日常生活中自我保护的方法和技能，从而提高生存技能。	可在阅读教学中设计"贴标签活动"，通过图片帮助学生更好地理解三种不同程度的烧伤。
		写：能写出常见的应用文体裁。	A healthy life 选修6 Unit 3	能够拒绝吸烟、吸毒，了解预防艾滋病的知识；懂得珍惜生命，尊重生命，热爱生命。	可指导学生设计一张预防艾滋病的海报，包括艾滋病传播的途径及预防艾滋病的主要措施等内容。
	语言知识	词汇：了解英语单词词义的变化以及日常生活中新出现的词汇。	Healthy eating 必修3 Unit 2	懂得健康饮食，学会提升生活质量。	可设计"头脑风暴"活动，帮助学生归纳总结日常生活中有关健康饮食的词汇。
	情感态度	合作精神：在学习中有较强的合作精神，愿意与他人分享各种学习资源。	A healthy life 选修6 Unit 3	能够拒绝吸烟、吸毒，了解预防艾滋病的知识；懂得珍惜生命，尊重生命，热爱生命。	指导学生在查找资料及制作网站的过程中，分工协作，资源共享。
	学习策略	资源策略：能通过图书馆、互联网等多渠道查找所需的信息和资料。			可指导学生到图书馆、互联网查找与艾滋病相关的资料，整理制作成预防艾滋病的网站。

续表

主题	内容标准领域	具体目标	内容示例	与可持续发展教育的结合点	教学提示
公民权利与责任教育	语言技能	说：能就国内外普遍关心的问题用英语交谈，表明自己的态度和观点。	Global warming 选修6 Unit 4	培养学生保护环境、节约能源的社会责任感。	可指导学生根据图表与图片说出"温室效应"产生的原因及解决办法。
		读：能读懂一般的英语报刊或杂志，从中获取信息。			可引导学生通过阅读，填写表格，获取全球变暖原因的相关信息。
		写：能根据文字及图表提供的信息写短文或报告。			可引导学生根据曲线图写一篇有关全球变暖趋势的说明文。
	语言知识	语法：适当地运用语言形式描述和表达观点、态度和情感等。			可指导学生使用强调句型，完成有关"全球变暖"的话题。
	情感态度	祖国意识：有较强的祖国意识。			在教学过程中，渗透保护环境、节约能源在中国社会主义现代化建设中至关重要的思想。
和谐社会教育	语言技能	听：能听懂一般场合的信息广播。	Friendship 必修1 Unit 1	懂得人与人之间应相互尊重、相互信任和相互帮助，进而形成和谐的人际关系和社会关系。	可播放有关友谊的歌曲，使学生在训练听力能力的同时，懂得人与人之间应相互尊重、相互信任和相互帮助。
		说：能就一般的话题进行讨论。			可指导学生分组讨论什么是真正的友谊，以及友谊在日常生活中的重要性。
		读：能从一般文字材料中获取主要信息。	Sharing 选修7 Unit 4		可指导学生以"头脑风暴"和填写表格等形式理解信息、分析信息、处理信息。
		写：能阐述自己的观点和评述他人的观点。	Friendship 必修1 Unit 1		可指导学生写一篇有关友谊的文章。

续表

主题	内容标准领域	具体目标	内容示例	与可持续发展教育的结合点	教学提示
和谐社会教育	语言技能	说：经过准备就一些专题作5~10分钟演讲。	Women of achievement 必修4 Unit 1	树立两性平等的观念，形成和谐的人际关系和社会关系。	可指导学生进行命题演讲。
	语言知识	功能：在语境中恰当地理解和表达问候、告别、感谢或介绍等交际功能。	Friendship 必修1 Unit 1	学会如何通过表达，形成和谐的人际关系。	可指导学生编排情景剧，要求使用问候、告别、感谢等日常交际的常用表达方式。
	情感态度	合作精神：在英语交流中能理解并尊重他人的情感。		在交际的过程中懂得尊重他人，从而形成良好的人际关系。	在教学过程中，要求学生懂得尊重别人，学会聆听。
	学习策略	交际策略：借助手势和表情等非语言手段提高交际效果。		能够通过表情和手势克服语言交际中的障碍，进而形成良好的交际效果。	指导学生在情景剧表演时借助手势或表情表达情感、态度，克服语言交际中的障碍。
	文化意识	跨文化交际：了解英语国家在行为举止和待人接物方面与中国的不同。		懂得在与外国朋友交往时应避免失礼，从而达到和谐愉快的交流。	可要求每名学生介绍一条中西方在问候、感谢或介绍等方面的不同之处。

（二）文化领域

主题	内容标准领域	具体目标	内容示例	与可持续发展教育的结合点	教学提示
中华优秀传统文化与世界遗产教育	语言技能	说：能报告任务和项目完成的过程与结果。	Cultural relics 必修2 Unit 1	①初步了解我国与世界的自然及文化遗产；②能够初步分析与掌握遗产的相关实际问题与世界遗产保护策略；③形成保护文化遗产的意识和责任感。	可举行一个文化遗产报告会，让学生分成小组上网查资料，各小组介绍一处文化遗产的详细情况，并给出自己的保护建议；还可以引导学生自主组织办刊、讨论等活动。
		说：能够根据话题要求与人交流、合作，共同完成任务。	Meeting your ancestors 选修8 Unit 5		可组织学生分组进行周口店"北京人"遗址报告会。
		读：能利用上下文猜测词义及理解文章的主旨和作者意图。			可引导学生厘清文章脉络，捕捉课文中如何保护世界遗产的细节，然后分组交流所找到的内容。
		写：能做简单的笔头翻译。			可指导学生以导游的身份编写三星堆遗址的导游手册。
	情感态度	动机兴趣：保持英语学习的愿望和兴趣，主动参与有助于提高英语能力的活动。			可通过学校组织，邀请故宫等世界遗产地的专家，以小组为单位，开展文物鉴定会等活动。
		能够在交流中用英语简单介绍祖国文化。	Poems 选修6 Unit 2	培养学生热爱祖国，热爱祖国语言，认识祖国的传统文化，树立民族自豪感。	可让学生课前查阅资料，然后分组讨论中国诗歌的韵律、节奏、种类和基本特征。

续表

主题	内容标准领域	具体目标	内容示例	与可持续发展教育的结合点	教学提示
文化多样性教育	语言技能	听：能听懂操作性指令，并能根据要求和指令完成任务。	A land of diversity 选修 8 Unit 1	①正确认识不同社会群体间的差异、文化特征与文化演变的历史； ②学会接纳、珍惜、容忍和尊重不同文化形态； ③能够客观地评价自身文化及其他文化； ④在国际文化交往中具有良好的生存能力、合作能力以及缓解和消除不同文化背景带来冲突的能力。	可指导学生以填写明信片的形式了解有关美国多元文化的内容。
		说：能在交谈中把握分寸，并根据交谈对象调整用语和表达方式。			可指导学生采用分角色扮演的形式，以记者的身份采访乔治。
		读：能够根据学习任务的需要从多媒体中获取信息并进行加工处理。			可指导学生通过网络收集资料，制作成旅游指南。
		说：能报告任务和项目完成的过程和结果。	Festivals around the world 必修 3 Unit 1	帮助学生认识节日的表现形式，理解节日与历史和文化的关系，理解并尊重不同国家文化的多样性。	可指导学生填写各国节日对比表，并用语言表述它们的不同点。
		写：能写出应用文。	Art 选修 6 Unit 1	树立正确的文化价值观，借鉴世界各国人民创造的一切优秀的文化成果，吸取世界先进文化的精华。	可指导学生写一篇文物保护的建议书。

续表

主题	内容标准领域	具体目标	内容示例	与可持续发展教育的结合点	教学提示
文化多样性教育	语言知识	词汇：运用词汇给事物命名、进行指称、描述行为特征等。	A land of diversity 选修 8 Unit 1	掌握一些关于文化多样性的词汇，能够客观地评价自身文化及其他文化；在国际文化交往中具有良好的生存能力、合作能力及缓解和消除不同文化背景带来冲突的能力。	可设计猜字谜、字链及扩句游戏。
	文化意识	文化知识。	Art 选修 6 Unit 1	了解中西方绘画艺术的历史及各时代的作品，树立正确的文化价值观。	可指导学生以图片形式介绍自己最喜欢的画。
		文化理解。	A taste of English humor 必修 4 Unit 3	认识和了解带有民族色彩和地域色彩的英语。	可引导学生理解和体会英语中幽默的语言。
		跨文化交际。	Travel journal 必修 1 Unit 3	在国际文化交往中具有良好的生存能力、合作能力及缓解和消除不同文化背景带来冲突的能力。	可指导学生记录去澳大利亚旅行的所见所闻，形成"澳大利亚旅游"参考手册。

（三）环境领域

主题	内容标准领域	具体目标	内容示例	与可持续发展教育的结合点	教学提示
环境保护与污染防治教育	语言技能	说：能在日常交际中有效地进行语言表达。	Wildlife protection 必修 2 Unit 4	理解多种多样的生物共同构成了地球上的生命世界，懂得应尊重并保护生物多样性。	可组织辩论会："是要地方经济，还是要生态平衡？"
		读：能读懂一般的英语报刊或杂志，从中获取信息。	Global warming 选修 6 Unit 4	了解人类发展与气候变化的关系及全球变暖的事实，理解导致全球变暖的主要因素及其带来的后果。	可通过指导学生填写表格，获取课文中关于全球变暖的信息。
	语言知识	话题：熟悉社会生活的话题。	Under the sea 选修 7 Unit 3	理解多种多样的生物共同构成了地球上的生命世界，懂得应尊重并保护生物多样性。	可指导学生设计一张海洋生物分类图。
自然灾害预防教育	语言技能	听：能听懂广播或电视英语新闻的主题和大意。 写：能比较详细和生动地用英语描述情景、态度或感情。	Earthquakes 必修 1 Unit 4	在自然灾害面前学会冷静应对，掌握在自然灾害中自我保护、求助、逃生的基本技能。	可指导学生听采访材料，选择在自然灾害面前应采取的正确的保护措施。 可指导学生为报刊写一篇有关自然灾害的新闻报道。
	语言知识	词汇：运用词汇给事物命名。	The power of nature 选修 6 Unit 5	了解各种可能发生的自然灾害及危险性，认识人类活动与自然灾害之间的关系。	可设计词汇接龙游戏，按照首位字母任意组合形成新词。

（四）经济领域

主题	内容标准领域	具体目标	内容示例	与可持续发展教育的结合点	教学提示
循环经济与绿色消费教育	语言技能	说：能在人际交往中有效地使用语言表达责备或投诉。	Working the land 必修4 Unit 2	懂得合理利用土地资源。	可组织角色口语练习：农民与建筑商之间关于土地资源合理利用的对话。
		写：能用英文写摘要、报告、海报等。		理解节约资源的重要意义，在实际行动上注意节约粮食。	可指导学生写一篇海报（世界粮食日），并发出倡议，要求全体同学节约粮食。
农村发展与可持续城市化教育	情感态度	祖国意识：有较强的祖国意识。	Working the land 必修4 Unit 2	认识农业、农村和农民问题在国家可持续发展中的重要地位，了解未来农业、农村的发展方向和前景。	可渗透中国作为农业大国耕地的重要性，以及我国在世界上的粮食出口地位，从而激发学生的爱国主义热情。

三、英语学科教学实施可持续发展教育的建议

随着普通高中课程改革的不断深入，可持续发展教育在高中课程体系中的重要性已日渐凸显。作为"工具性与人文性相统一"的英语课程，理所当然肩负着对高中生进行可持续发展教育的重要使命。这是由英语学科性质及高中英语教学本身的特点决定的。

（一）如何提出英语学科中值得关注的可持续发展教育问题

在英语教学中实施可持续发展教育最关键的是教师要有问题意识，即知道哪些内容、什么问题属于可持续发展教育需要解决的问题？可持续发展教育涉及的哪些问题与英语学科有关系？有什么样的关系？可用英语的什么知识加以解决？同时，教师还应辨析可持续发展教育问题的性质，即要求教师明确在教学中所选用的可持续发展教育问题属于社会、文化、环境、经济哪个领域哪个

专题的问题？解决这个问题可提升学生何种可持续发展价值观念？

例如，人教版教材《英语》选修 6 Unit 3 A healthy life，这篇课文中的内容是可持续发展教育社会领域"生命与安全教育"专题的内容。在教学中，教师可以结合课文和学生的生活经历，让学生懂得拒绝吸烟、吸毒，并认识艾滋病的危害，掌握自我保护的方法和技能，进而能够珍惜生命、尊重生命、热爱生命。

再如，人教版教材《英语》选修 8 Unit 1 A land of diversity，本单元主要围绕具有多元文化的美国这一主题展开，其中重点介绍了加利福尼亚的多元文化特征，属于可持续发展教育文化领域"文化多样性教育"专题的内容。在阅读教学中，教师可以通过指导学生阅读课文中介绍美洲土著人、西班牙人、俄罗斯人、金矿工人、后来移民等内容，使学生进一步认识加利福尼亚是一个多民族、多元文化并存的地方；同时，让学生能够客观地评价自身文化及其他文化，在国际文化交往中具有良好的生存能力、合作能力及缓解和消除不同文化背景带来冲突的能力，达到英语教学与可持续发展教育的有机融合。

（二）如何制订在英语学科教学中实施可持续发展教育的教学目标

1. 制订在英语学科教学中实施可持续发展教育的教学目标的基本原则

（1）把握课程标准

国家课程标准是课程改革的纲领性文件，它具有法定性、核心性、指导性的地位和作用，是新课程实施过程中教师教和学生学的直接依据。可以说，教师对课程标准的领悟程度如何，将直接决定着课堂教学的质量和学生学习的效果。

（2）把握《北京市中小学可持续发展教育指导纲要》

《北京市中小学可持续发展教育指导纲要》是实施可持续发展教育的纲领性文件，它具有核心性、指导性的地位和作用，是课程改革中实施可持续发展教育的直接依据。

（3）把握目标的可实施性

制订在英语学科中实施可持续发展教育的教学目标，应按照《普通高中英语课程标准》的基本要求，着重把握三维教学，教学目标不能过于宽泛，要具有可实施性。

（4）把握学情

首先，教师要充分考虑学生在知识与技能方面的准备情况和思维特点，掌握学生的认知水平，以便确定双基目标；其次，教师要充分考虑学生在情感、态度方面的适应性，了解学生的生活经验，从促进学生全面发展的需求出发，去审视和制订教学目标；再次，教师要充分考虑学生的学习差异、个性特点和达标差距，以便按照课程标准确定教学目标的要求及出发点，为不同状态和水平的学生提供适合他们最佳发展的教学条件。教师要经常主动与学生沟通交流，认真听取他们对教学工作的意见和建议，从心灵上读懂学生，贴近学生，以使教学目标制订得更具针对性和实效性。

2. 英语学科教学中实施可持续发展教育的具体目标

（1）在语言技能教学中实施可持续发展教育的具体教学目标

学生通过语言技能的学习，能够听懂有关熟悉话题的讨论和谈话并记住要点；能就熟悉的话题与讲英语的人士进行较自然的交流；能就口头或书面材料的内容发表评价性见解；能写出连贯且结构完整的短文；自主策划、组织和实施各种语言实践活动，如商讨和制订计划，完成报告实验和调查结果；能有效利用网络等多种教育资源获取和处理信息。

例如，人教版教材《英语》必修4 Unit 1 Women of achievement，教师可以让学生课前了解一位自己最敬佩的伟大女性的情况，上课时进行口头介绍。帮助学生树立男女平等的意识及对女性的尊重。

（2）在语言知识教学中实施可持续发展教育的具体教学目标

在实际交际中学生应逐步做到语音、语调自然、得体、流畅；运用词汇理解和表达不同的功能、意图和态度等；使用适当的语言形式进行描述和表达观点、态度、情感等；在日常人际交往中有效地使用得体的语言进行表达，如发表意见、进行判断、责备、投诉等；掌握基本语篇知识并根据特定目的有效地组织信息；灵活运用语言功能项目。

例如，人教版教材《英语》必修3 Unit 2 Healthy eating，教师应引导学生掌握一些有关饮食方面的词汇，掌握情态动词的用法，学会使用如何给予劝告、提出建议，表达同意或不同意的语言运用能力。同时，使学生了解自身目前饮食中存在的问题以及什么样的饮食才是健康的饮食，并学会劝告他人放弃不健康的饮食和提出健康的饮食建议。

（3）在文化意识教学中实施可持续发展教育的具体教学目标

语言有丰富的文化内涵。学生应用发展的眼光把中国的传统文化与现代化建设相结合，了解我们有哪些优秀的传统文化要继承，哪些需要摒弃。

例如，人教版教材《英语》必修3 Unit 1 Festivals around the world，教师应使学生了解中国以及世界其他国家的不同节日，并启发学生挖掘节日的内涵。例如，何时庆祝节日、如何庆祝、谁庆祝、为什么庆祝等，从而帮助学生认识节日的表现形式，理解节日与历史和文化的关系，对不同国家的文化多样性能够做到相互理解与相互尊重。

（4）在情感态度教学中实施可持续发展教育的具体教学目标

应使学生热爱祖国，热爱祖国语言，认识祖国的传统文化，树立民族自豪感；同时，了解中西方文化的差异，拓展视野，认识世界的发展以及世界和平的重要性。

例如，人教版教材《英语》选修6 Unit 2 Poems，让学生课前查阅资料，然后分组讨论中国诗歌的韵律、节奏、种类和基本特征，学会欣赏中国诗歌，了解它所体现的民族文化和民族特征，了解它所代表的时代文化与特征。培养学生热爱祖国，热爱祖国语言，认识祖国的传统文化，树立民族自豪感。同时，学生还应了解外国诗歌的韵律、节奏、种类和基本特征，学习欣赏外国诗歌，了解它所体现的民族文化和民族特征、风土人情，了解世界和中西方文化的差异，拓展视野。改被动接受为主动参与，提高学生自主学习、合作学习的能力。

（5）在学习策略教学中实施可持续发展教育的具体教学目标

应使学生树立自信心，养成良好的学习习惯和形成有效的学习策略，发展自主学习的能力和合作精神；能有效利用网络等多种教育资源获取和处理信息；能自主策划、组织和实施各种语言实践活动。

例如，人教版教材《英语》必修2 Unit 1 Cultural relics，应使学生了解外国和中国的部分自然与文化遗产，了解这些遗产的详细情况，形成保护文化遗产的意识和责任感并付诸实际。可举行一个文化遗产的报告会，让学生分成小组上网查资料，各小组介绍一处文化遗产的详细情况，并给出自己的保护建议；还可以引导学生自主组织办刊、讨论等活动。

（三）如何挖掘英语学科教学实施可持续发展教育的结合点

英语课文的内容丰富，很多主题蕴涵着丰富的可持续发展教育思想，有时一篇课文往往同时包含着几个方面的可持续发展教育因素。这就要靠教师根据教材实际和学生可接受的层次去准确把握。因此，教师应深入学习英语课程标准，对语言技能、语言知识、情感态度、学习策略和文化意识这五个方面在课标中相应的具体内容和标准进行深入剖析，对可持续发展教育四大领域及各领域包括的相关主题的内容要准确理解与把握，并结合以上两方面内容在教材中深入挖掘可持续发展教育内容。

例如，英语语言技能教学包括听、说、读、写四个部分，教师应结合英语教材中不同篇目的具体内容和可持续发展教育内容，挖掘适宜进行可持续发展教育的结合点，在完成英语教学目标的基础上适时、适度地开展可持续发展教育。人教版教材《英语》选修 7 Unit 1 Living well，学生在听的过程中，除了记录要点外，还要能够懂得关心、帮助残疾人，尊重生命；必修 2 Unit 4 Wildlife protection，学生在组织辩论的过程中，能够理解多种多样的生物共同构成了地球上的生命世界，懂得应尊重并保护生物多样性；选修 6 Unit 4 Global warming，学生通过阅读文章，填写全球变暖的相关信息，能够了解人类发展与气候变化的关系及全球变暖的事实，理解导致全球变暖的主要因素及其带来的后果；必修 4 Unit 2 Working the land，学生通过写一篇海报（世界粮食日），能够理解节约资源的重要意义，在实际行动上注意节约粮食。

（四）如何选择在英语学科教学中实施可持续发展教育的教学方法

在英语教学中实施可持续发展教育，教师应重点在教学中落实"主体探究、综合渗透、合作活动、知行并进"的可持续发展教育 16 字教学原则，采用调查和采访法、探究法、合作学习法、即兴发言与讨论法、反思法、思维训练法（网络关系图和树形图等）等适于英语教学的典型教学活动方法。要根据英语教学内容与可持续发展教育的结合点，鼓励学生通过体验、实践、讨论、合作探究等方式，提高用英语思维分析可持续发展实际问题的能力，发展学生批判性思考的能力和创新能力等。

例如，人教版教材《英语》选修 6 Unit 4 Global warming，教师可以采用探究法进行教学，课前布置预习，要求学生思考导致全球变暖的因素有哪些。学生可通过互联网、图书馆查阅资料、小组合作等方式收集答案。在课上学生呈现收集的答案，以小组的方式进行讨论，教师对讨论的结果给予指导。然后，教师讲授新知，进一步证实讨论的结果，引导学生通过阅读，填写表格，获取全球变暖原因的相关信息，并根据图表与图片说出"温室效应"产生的原因及解决办法。

（五）如何开发、利用与英语学科相关的可持续发展教育资源

1. 教材资源：英语教材是教学中的核心教学资源。教师首先应当积极发掘教材，积极开发教材中与可持续发展教育相关的资源。

2. 教师资源：随着课程教材改革和学校教育教学改革深化，教师是教育改革的关键性因素的观点越来越引起人们的关注。由于教师本身具有一定的知识经验与技能，因此，教师本身就是重要的教育资源，他不仅决定教育资源的鉴别、开发、积累和利用，还是教育资源的重要载体。教师在教学中应发挥促进者、引路人的作用，不但要把自身的资源传授给学生，还要帮助学生开发和利用学习资源。

3. 网络资源：互联网的开发突破了传统教学内容的狭隘，网上充足的信息可以使教师教学思路更开阔，网络便捷的交互性可使师生之间的交流更及时、开放。教师可以通过网络使学生以独特的方式进行学习。例如，让学生借助网络收集信息丰富的写作内容，并通过网络的群组管理功能让学生按实际需要分组，学生通过计算机进行协作学习、单独写作，教师可立即对学生所写的文章进行批阅，或者让学生在网络环境中修改自己和同学的文章，并分享优秀文章，这样学生与教师在计算机网络环境下实现了个别辅导，互评自改。

4. 社会资源和其他人文资源：学生能否顺利将书本知识转化为实践能力，很大程度取决于学生是否经常参加社会生活实践。教师应当定期安排学生参加社会生活实践，如参观生态园，帮助孤寡老人等。教师还可联系学校附近的街道、公园、商场，让学生参观并充当志愿者，以便将书本知识转化为生活能力，将学生的可持续发展意识转变为行动。例如，人教版教材《英语》必修2 Unit 4 Wildlife protection，教师可以让学生了解、调查环境污染给动物带来的危害，意识到野生动物保护的重要性和紧迫性。进而理解保护动植物、维护生态平衡给野生动物一个良好的生存环境就是保护人类自己；坚定保护动植物、维护生态平衡的可持续发展意识，并努力找到解决的方法。

ii 学科教学实施可持续发展教育实践案例

【设 计 者】 北京市第五中学分校　张凤军

【年　　级】 高中一年级

【所用教材】 人教版教材《英语》必修3

【课　　题】 Reading：Healthy eating（Unit 2）

一、教学背景分析

（一）本课教学目标

※知识与技能目标

1. 能够了解有关食物、食品做法的单词、短语、句型。
2. 能够在表达时运用情态动词。
3. 能够在实际生活中学会表达"如何给予劝告、提出建议、表达同意与不同意"。

※过程与方法目标

1. 能够通过调查并填表、上网查询，为课堂学习收集资料。

2. 能够通过分组讨论以及结合现实生活所学知识，学会合作学习，分享信息。

※**情感、态度与价值观目标**

1. 能够懂得珍爱自己的生命，应首先从关注自己的健康饮食开始。
2. 能够关心家人、关心周围的亲朋好友。

（二）**本课教学重点与难点**

※**教学重点**

能够运用情态动词。

※**教学难点**

能够结合现实生活运用"给予劝告、提出建议、表达同意与不同意"的交际用语。

（三）**可持续发展教育点及设计思路**

※**可持续发展教育点**

社会领域"生命与安全教育"主题、"公民权利与责任教育"主题及"和谐社会教育"主题中的让学生认识到健康的身体是学习的保证，是将来走上社会迎接挑战融入21世纪的保证之一，而健康的饮食习惯是拥有健康身体的重要保证之一；同时，引导学生不仅要关注自己的健康饮食，而且还要关心家人，关心周围的亲朋好友以及他人、社会公共饮食习惯，有一种社会责任感。

※**渗透可持续发展教育的设计思路**

1. 引导学生进行一次调查与查阅资料，了解什么是健康饮食、一个人每天需要什么营养成分、需要多少、哪些食物可以提供每日科学膳食的分配。
2. 感知什么是健康饮食，对自己为何重要。
3. 让学生给家人、学校食堂、自己未来的餐馆设计一个健康营养均衡的食谱，希望其在紧张、忙碌有压力的现代社会中学到健康饮食知识，领悟到膳食健康、平衡对身体健康的重要作用。

（四）**教材分析**

本课是人教版教材《英语》必修3第二单元的教学内容。现在许多年轻人为了减肥而节食，还有些人因工作忙不注意饮食，食物中脂肪太多或经常食用垃圾食品，许多人缺乏健康的饮食习惯，从而导致身体状况欠佳，以致影响工作或学习。课文通过讲述王鹏和雍慧开不同风格的饭店，经营不同的菜肴以及顾客对不同食品的不同态度，反映了现代人对饮食的关注和对健康时尚的追求。课文的句子中运用了情态动词，出现了一些有关食物的单词，并初步运用了一些表示建议、劝告的习惯用语。

（五）教学方法

讨论法、提问法、实践法、合作探究学习法。

（六）教学资源开发与利用的基本思路

1. 学校资源：为本学校的学生午餐进行健康食谱设计。

2. 社会资源：学校紧邻一家餐馆，学生与来进餐的客人交谈倾听意见，并假设学生将开一家健康饮食餐馆，请学生设计出健康和营养均衡的食谱。

3. 网络、书籍、跨学科资源：让学生通过上网查资料或查阅医学保健知识、饮食与健康等相关书籍，并进行跨学科资源整合。在资料整理过程中培养学生的合作学习精神。

二、教学过程

（一）指导预习探究

【内容】

1. 让学生课前调查并填表（见表1）：将自己及所调查的一名同学或自己熟悉的人一日三餐记录在表格内，注意积累有关食品名称、烹饪方法、相关营养的单词。

2. 查阅资料并填表（见表2）：了解一个人一天所需要的营养成分，以及这些营养成分由哪些食物提供及需要多少量的食物。

表1

Name	breakfast	lunch	supper	favorite food	The reason for being strong/weak, thin/fat
Myself					
× ×					
× ×					

表2

Name	breakfast	lunch	supper	total per day	balanced and healthy food
热量、脂肪、V_c……					
哪些食物提供且需要多少食物量					
有关食品名称、烹饪方法、相关营养的单词					

【预习方式与要求】

1. 深入自己的调查对象进行调查，上网查询并填表。

2. 分组讨论：健康均衡的饮食应该包括哪些种类的食物？

3. 注意积累有关食品名称、烹饪方法、相关营养的单词。

【预期效果】学生了解背景知识，并总结归纳出食品名称，学会表达烹饪方法和所含相应营养成分的单词，为课上学习和运用语言作准备。

（二）课堂教学过程

【第一环节】Warming up and Pre-reading（3分钟）

1. Warming up：Give students three-group pictures of different food by showing PPT then ask them three questions.（Students try to answer the questions and share the information.）

（1）Share how to say the words of different food in English.

（2）Do you know how the food you eat help you grow in different ways?（three different kinds food：providing energy；helping grow bones and muscles；helping body fight diseases）

（3）What kind of diet is a healthy diet? What will happen to you if you don't eat a balanced diet?

2. Pre-reading：Ask students two questions.（Students think hard then answer teacher's questions.）

（1）What kind of restaurant do you often go?

（2）Imagine you are going to invite some friends for dinner. Which restaurant will you go? Why?

【本环节预期效果】

1. 为阅读课文和口语交际扫清单词障碍。

2. 通过提问引导学生关注饮食对健康的影响，引出学习下面内容的兴趣。

3. 通过让学生思考去哪一个餐馆及原因引出下面要学习的内容——王鹏和雍慧开不同风格的饭店及顾客对不同食品的不同反应，为下一步学习作准备。

【第二环节】Reading：COME AND EAT HERE（1）（15分钟）

1. Fast reading then answer teacher's questions.（Students do fast reading and then answer teacher's questions.）

＊Before reading, teacher will give students three questions.

（1）What happened to Wang Peng's restaurant one day?

(2) What happened to Wang Peng after he followed one of his old customers?

(3) What did he do next?

2. Read the text again then distinguish the statements true or false. Give reasons for the false ones. (Students Read the text again and then do the exercise.)

* Read the passage carefully and distinguish the statements true or false. Give reasons for the false ones.

(1) Usually Wang Peng's restaurant was full of people.

(2) Yong Hui could make people thin in two weeks by giving them a good diet.

(3) Wang Peng's regular customers often became fat.

(4) Yong Hui's menu gave customers more energy- giving food.

(5) Wang Peng's menu gave customers more protective food.

(6) Wang Peng decided to compete with Yong Hui by copying her menu.

3. Intensive Reading: Find words and expressions from the text that have the same meaning. Tell students what they need to do. And give them help when they are in trouble. (Students do intensive reading and then do the exercise.)

* Find words and expressions from the text that mean the same.

(1) _____ something that you say is not true

(2) _____ not to be punished for something

(3) _____ uncooked

(4) _____ the strong wish to know about something

(5) _____ someone who buys things or services from a shop, company, etc.

(6) _____ a particular quality that gives someone or something an advantage

4. Find out and try to understand: Ask students to read the sentences including modal verbs and suggestions and advice. (Students read the text and then answer teacher's questions.)

5. Group work: Ask students to discuss and guess what will happen to the two restaurants and how you think the story will end. (Students do the group discussion.)

【本环节预期效果】

1. 整体把握文章结构，阅读理解文章，学习语言知识，找出饮食中不健康的因素，进行语言输入，为后面的语言输出作准备。

2. 进行细节阅读，学习部分词语。

3. 从课文中找出并体会含有"情态动词、劝告、提建议、表达同意与不同意"的句子，为后面实际运用作准备。

4. 启发学生思考不健康的食谱带来的影响，引起悬念和继续阅读的兴趣。

【第三环节】Reading：COME AND EAT HERE（2）（10分钟）

1. Pre-reading：Before reading, give students two questions and ask them to answer them after reading.（Students read the text and then answer teacher's questions.）

* Before reading teacher will give students two questions：

（1）Why did Yong Hui come to Wang Peng's restaurant one day?

（2）What happened to the two restaurants at last?

2. Reading：After reading, students will discuss the three questions in pairs.（Students read the text and discuss the three questions in pairs. Answer questions.）

* In pairs discuss these questions after reading the passage：

（1）How did Yong Hui feel when she came to Wang Peng's restaurant? Why?

（2）How did they solve their problems and become good friends?

（3）Why was their cooperation a success?

3. Find out and try to understand：Ask students to read the sentences including modal verbs and suggestions and advice.（Students read the text and then answer teacher's questions.）

【本环节预期效果】

1. 阅读理解文章，学习语言知识，找出最终他们成功的因素，进行语言输入为后面的语言输出作准备。

2. 从课文中找出并体会含有"情态动词、劝告、提建议、表达同意与不同意"的句子，为后面实际运用作准备。

【第四环节】Post-reading and Practice（10分钟）

1. Discuss in groups what food you must eat to have a balanced diet. Teacher will give students help when they need.（Students do the group discussion.）

2. Work in groups. Teacher will give students help when they need.（Students do the group discussion.）

* In pairs discuss these questions：

（1）Find out the unhealthy food that come from the diet of your school or your family.

（2）Design the reasonable, balanced and healthy diet for your family.

(3) Ask students to read their reasonable, balanced and healthy diet.

【本环节预期效果】

1. 运用所学语言知识，为设计健康食谱作准备。

2. 将语言知识运用在实际生活中。

【第五环节】Summary（2分钟）

Summarize what they have learnt in the class. (Students try to answer the questions, to grasp what they have learnt in this class.)

归纳：（1）说出所学的有关食物名称的单词。

（2）总结出表示"劝告、提建议、同意与不同意"的习惯用语。

【本环节预期效果】师生共同总结，巩固本节课所学知识。

（三）课后延伸

【内容】

1. 找出学校食堂的食谱中有哪些不健康、营养不平衡的现象，指出并书面给出自己的合理建议。

2. 假设你将开一家健康饮食餐馆，设计出你为就餐的客人们安排的健康和营养均衡的食谱。

【方式与要求】要求学生选择其中的一个问题以书面形式写下来。

【预期效果】将语言运用于实际生活，为下节课作准备。

专家点评：

张凤军老师整节课围绕健康饮食这一话题进行设计，通过阅读，讨论等活动，让学生了解什么是健康饮食，引导学生不仅要关注自己的健康饮食，而且还要关心家人，关心他人，教学设计具有一定的可持续发展教育意义。张老师的活动设计有层次，情境设计关注学生的实际生活，保证学生的积极参与。例如，找出学校或自家食谱中的不健康因素，设计健康平衡的饮食食谱。此外，张老师在教学过程中适时给予学生必要的帮助，有助于学生的讨论和语言的表达更加顺畅，也有助于本课基本目标的落实。

（陈新忠）

Ⅴ 历　史

i　学科教学实施可持续发展教育指导意见

普通高中历史课程是用历史唯物主义观点阐释人类历史发展进程和规律，进一步培养和提高学生的历史意识、文化素质和人文素养，促进学生全面发展的一门基础课程。该课程从不同角度揭示人类历史发展的基本过程，通过重大历史事件、人物、现象展现人类发展进程中丰富的历史文化遗产。

高中历史课程涵盖了可持续发展教育社会、文化、环境、经济四个领域相关专题的诸多内容，尤其是社会领域和文化领域相关专题的内容涉及较多。历史教学应侧重于借鉴人类发展进程中诸多社会、文化、经济、科技、军事等领域的问题，反思人类自身的生产方式、生活方式和发展观念等，从"鉴往知来"的角度，给学生以深刻的启迪。

一、用可持续发展教育理念审视历史课程的目标要求

第一，在知识与技能方面，高中历史教学要求在义务教育的基础上，通过高中历史课程的学习，扩大掌握历史知识的范围，了解人类社会发展的基本脉络。高中历史课程在内容选择上，坚持基础性和时代性，密切与现实生活和社会发展的联系。因此，中华民族优秀传统文化和世界遗产教育、人类为创造和谐社会的种种构想和实践，尤其是近代以来人类可持续发展的经验和教训，构成了高中历史教学的重要内容。

第二，在过程与方法方面，高中历史教学要求学生对历史唯物主义的基本理论和方法有所了解，初步认识人类社会发展的基本规律，学会运用科学的理论和方法认识历史和现实问题，逐步形成科学的世界观和历史观，即掌握历史学习和研究的基本方法，学会从历史的角度去了解和思考人与人、人与社会、人与自然的关系，理解历史发展过程的复杂性和多样性。

第三，在情感、态度与价值观方面，高中历史教学要求学生树立不断完善自我、为祖国社会主义现代化建设作贡献和关注民族与人类命运的人生理想，

这与可持续发展价值观具有高度的一致性。例如，理解尊重生命，公民的权利与责任，热爱和继承中华民族的优秀文化传统，理解和尊重世界各地区、各国、各民族的文化传统，汲取人类创造的优秀文明成果等。

二、历史课程中与可持续发展教育相关的内容与要求①

普通高中历史课程由必修模块和选修模块构成。三个必修模块包括"历史1：政治文明"、"历史2：经济文明"、"历史3：思想文化科学技术"三个学习模块。六个选修模块是必修模块的具体、丰富和延伸，包括"选修1：历史上重大改革回眸"、"选修2：近代社会的民主思想与实践"、"选修3：20世纪的战争与和平"、"选修4：中外历史人物评说"、"选修5：探索历史的奥秘"和"选修6：世界文化遗产荟萃"。这些模块的内容均与可持续发展教育有关，而且侧重不同的领域。

※**必修模块**

★**历史1：政治文明**

历史1着重反映人类社会政治领域发展进程中的重要内容。政治活动是人类社会生活的重要组成部分。应通过学习人类历史上重要政治制度、政治事件及其代表人物的思想实践等基本史实，认识人类社会发展的基本规律及差异性和复杂性。从历史的角度来看待不同政治制度的产生、发展及其对当时社会和后世的影响，理解从专制到民主、从人治到法治是一个漫长而艰难的历史过程，理解法律和制度对于尊重生命、构建和谐社会和保障公民权利方面具有重要意义。

★**历史2：经济文明**

历史2着重反映人类社会经济和社会生活领域发展进程中的重要内容。经济活动是人类赖以生存和发展的基础，正是在对长期的经济运行规律的认识基础之上，人类提出了可持续发展的理念。学生应通过了解自古以来中外经济的发展和社会生活的变迁，以及人类预防自然灾害、开发和利用自然资源、改善生活所作出的努力，理解不同国家与地区的社会经济发展模式，进一步提高对于循环经济与绿色消费的价值观认同，认识农村发展与可持续城市化的重要性和途径，强化环境保护的意识。

---

① 本部分内容参考《普通高中历史课程标准》、人民教育出版社普通高中课程标准实验教科书（以下简称"人教版教材"）《历史》。

★历史3：思想文化科学技术

历史3着重反映人类社会思想文化和科学技术领域的发展进程及其重要内容。在漫长的历史发展进程中，人类的思想文化经历了由低级向高级发展的历程，而且不同特色的思想文化相互碰撞、相互交融，呈现出多元化、多样性的特征。学习不同地域和不同历史时期社会的主要思想流派、文化习俗、自然科学和文学艺术等方面取得的重要成果，有助于学生认识人类思想文化发展的基本规律，理解和尊重世界各地区、各国家、各民族的文化传统，树立自觉传承祖国和人类文化遗产的意识。

※选修模块

★选修1：历史上重大改革回眸

人类社会自产生以来，改革就与社会进步相伴而生，改革是历史发展的鲜明主题。改革是革除已经过时的旧制度、旧文化和旧思想，创造富有旺盛生机的新制度、新文化和新思想，推动社会的进步。这些改革形式多样，效果各异，涉及政治、经济和思想文化领域。学生应通过学习，了解人类历史上重大改革的历史背景和进程，分析改革中有利于可持续发展的措施，科学地认识和评价改革，从而深化对人类历史发展规律的认识。

★选修2：近代社会的民主思想与实践

民主与专制是人类历史发展进程中的重要政治现象。学生应通过学习，知道民主和专制出现的历史背景，了解近代社会民主思想与实践的历史过程和发展趋势，树立民主与法制意识；历史地看待民主制度产生的历史渊源，了解推动人类政治文明进程的民主思想与实践是一个不断变化的历史过程；对阻碍历史进步的专制思想、政治制度和政治统治持批判态度，确立积极推动民主进步的历史责任感。

★选修3：20世纪的战争与和平

在新的历史条件下，"战争与和平"问题关系到世界上所有国家和民族的生存与发展，关系到人类命运和文明的兴衰荣枯。学生应通过了解20世纪战争与和平运动的发展脉络和重要的历史事件、人物和现象，进一步培养尊重生命、热爱和平、关爱人类的正义感和崇高情操，进一步认识战争的根源和现实危险性，树立忧患意识与和平意识，树立共创和谐社会的责任。

★选修4：中外历史人物评说

人类历史发展中，一大批重要历史人物以其各自的个性和活动，从不同侧面有力地影响了人类历史的发展进程。了解各个时期、各种文化背景下、各个地区人们的思想和实践，挖掘这些改革家的可持续发展思想和实践是历史教学的重要内容。学生应认识历史人物所进行的各项重大活动既受到历史环境的影响和制约，同时又与其个人的主观因素密切相关，进而正确认识个人与社会、个人与自然的关系，确立历史使命感和社会责任感。

★选修5：探索历史的奥秘

科学家通过大量艰辛的工作，对历史遗留下的各种痕迹进行了深入细致的探究，为解开这些历史之谜，提供了富有建设性的成果和借鉴。应通过学习，培养学生探究历史问题的兴趣，了解考古发掘及研究工作的基本常识，体会历史的特点和人类认识历史问题的复杂性、艰巨性，逐步培养严谨的科学态度和历史创新思维的意识与习惯，理解对人类历史的认识是一个不断接近真理的过程。

★选修6：世界文化遗产荟萃

人类在漫长的演进历程中创造了辉煌璀璨的文化，留下了无数优秀的文化遗产。考察各具特色的世界文化遗产，有助于学习和借鉴世界各国文明成果，也有助于了解中国文化遗产在世界文化宝库中的地位。学生应深刻认识这些全人类的宝贵财富，理解文化多样性的重要意义，懂得文化与自然有不可分割和密切相连的关系，从而树立基于文化和自然两方面的环境保护意识；还应了解一些极具警示作用的世界遗产产生的历史根源和给人类社会进步带来的巨大灾难，这对人类文明的发展具有重要作用。

（一）社会领域

主题	内容标准领域		具体目标	内容示例	与可持续发展教育的结合点	教学提示
	一级	二级				
生命与安全教育	必修1	古代希腊罗马的政治制度	了解罗马法的主要内容及其在维系罗马帝国统治中的作用，理解法律在人类社会生活中的价值。	从习惯法到成文法 第二单元第6课	了解罗马法对贵族、平民、奴隶和妇女的权利有着不同的规定，理解罗马法中蕴藏着对生命的尊重等先进理念及其历史局限性。	①解读《十二铜表法》的条文，分析它如何限制贵族的特权、保护平民的利益，分析奴隶受到的不平等待遇；②出示图片《用鲜血和生命供奴隶主享乐的古罗马奴隶角斗》，指导学

续表

主题	内容标准领域 一级	内容标准领域 二级	具体目标	内容示例	与可持续发展教育的结合点	教学提示
生命与安全教育	必修1					生阅读亚里士多德对妇女的评价或《民法大全》中的史料，评价罗马统治下奴隶和妇女的地位。
		欧美资产阶级代议制的确立与发展	了解《权利法案》制定和责任制内阁形成的史实，理解英国资产阶级君主立宪制的特点。	光荣革命 第三单元第7课	理解光荣革命是根据当时历史条件选择恰当的革命手段，减少流血牺牲。	讲述"光荣革命"的经过，探讨这场不流血的政变对英国革命和英国社会的稳定发展的影响。
		列强侵略与中国人民的反抗斗争	列举1840—1900年西方列强的侵华史实，概述中国军民反抗外来侵略斗争的事迹，体会中华民族英勇不屈的斗争精神。	虎门销烟 第四单元第10课	了解鸦片的危害及虎门销烟体现出的中国人民反对鸦片的坚定决心。	①引导学生阅读林则徐力主禁烟的史料，讨论禁烟运动的必要性；②讲述虎门销烟的经过，讨论1987年维也纳禁毒会议把虎门销烟发生的6月26日定为国际禁毒日的原因。
				甲午中日战争和八国联军侵华 第四单元第12课	理解帝国主义的侵略战争是对中国人民生命的侵犯、对财产的破坏。	①出示《旅顺大屠杀》图片，讲述屠杀概况；②用统计数字显示侵略战争对生命的杀戮；③出示《侵略者坐在清朝皇帝宝座上》等图片，讲述八国联军在北京的烧杀抢掠等罪行。
			列举侵华日军的罪行，简述中国军民抗日斗争的主要史实。	日军的滔天罪行 第四单元第16课	了解日本帝国主义的侵略战争对中国人民生命的侵犯、对财产的掠夺。	①可利用视频或《日军"扫荡"后被毁的潘家峪》等图片、日本老兵东史郎的《战地日记》等文字资料，概括日军侵华的滔天罪行，挖掘日军罪行产生的原因，

续表

主题	内容标准领域 一级	内容标准领域 二级	具体目标	内容示例	与可持续发展教育的结合点	教学提示
生命与安全教育						引导学生形成正确的战争责任观； ②指导学生收集当年日军遗留的化学武器伤害中国人民的事实，分析战争带来的长期危害。
	必修2	新航路的开辟、殖民扩张与资本主义世界市场的形成和发展	列举荷兰、英国野蛮抢夺殖民地和建立海外商品市场的史实，认识殖民扩张与掠夺是资本主义列强建立世界市场的主要途径。	世界市场的拓展 第二单元第6课	了解殖民国家对于亚非拉地区所犯下的种种殖民罪行。	①出示《印第安人遭受奴役》等图片，讲述疯狂掠夺、种族灭绝和罪恶的奴隶贸易给非洲和美洲人民带来的灾难； ②利用《黑奴贸易路线图》，联系世界文化遗产之一的戈雷岛，进行反思。
		中国近现代社会生活的变迁	了解近代以来人们物质生活和社会习俗变化的史实，探讨影响其变化的因素。	动荡中变化的近代社会生活 第五单元第14课	理解随着西方文化的涌入，近代中国的社会风俗变得简约文明，体现出平等思想和对生命的尊重。	出示《民国时期的新式婚礼》等图片，讲述"断发易服"、"废止缠足"、婚丧仪式的变化等，挖掘这些变化背后所体现的民主思想。
	必修3	近代以来世界科学技术的历史足迹	简述进化论的主要观点，概括科学与宗教在人类起源问题上产生分歧的根源。	破解生命起源之谜 第四单元第12课	①理解虽然对生命的起源有许多不同的看法，但各种看法都强调生而平等，尊重生命； ②了解达尔文的生物进化论打破了神学的禁锢。	①讲述中国古代和基督教关于人类起源的传说，引导学生探讨这些传说所强调的生而平等、尊重生命的共同点； ②引导学生讨论科学与宗教在人类起源问题上产生分歧的根源。

续表

主题	内容标准领域 一级	内容标准领域 二级	具体目标	内容示例	与可持续发展教育的结合点	教学提示
生命与安全教育	选修1	梭伦改革	简述梭伦改革的主要措施,指出改革的基本特点。	除旧布新的梭伦改革 第一单元第2课	理解梭伦改革对于生命的尊重及保护弱势群体的意义。	①指导学生阅读梭伦的诗,分析梭伦颁布"解负令"的背景和重要意义;②引导学生讨论公民皆有权提出控告、禁止买卖婚姻、保护寡妇和孤儿对于尊重生命及保护弱势群体的意义。
	选修3	第一次世界大战	简述第一次世界大战的过程,认识德奥集团失败的原因。	"凡尔登绞肉机"、"索姆河地狱" 第一单元第2课	理解残酷的帝国主义战争是对生命的践踏。	①播放纪录片或出示《主要参战国伤亡人数》《墓地与伤兵》等图片,使学生体会战争的惨烈;②推荐学生阅读《西线无战事》等小说。
		第二次世界大战	简述反法西斯战争胜利的历史意义,吸取第二次世界大战的历史教训。	空前的浩劫 第三单元第8课	理解第二次世界大战是人类历史上的浩劫,进而懂得善待生命,维护世界和平。	指导学生利用视频、图片、文字、统计表等资料,对南京大屠杀、奥斯威辛集中营等内容展开讨论,反思战争带给人类的教训,讨论如何才能避免这样的悲剧。
	选修4	"亚洲觉醒"的先驱	了解凯末尔在领导土耳其民族独立运动中的主要活动,评价其在土耳其民族独立和复兴中的贡献。	凯末尔改革 第四单元第3课	了解凯末尔改革措施之一是建立男女平等的婚姻制度。	指导学生归纳凯末尔改革的内容,讨论其建立男女平等的婚姻制度的背景和意义。

续表

主题	内容标准领域 一级	内容标准领域 二级	具体目标	内容示例	与可持续发展教育的结合点	教学提示
生命与安全教育	选修6	具有警示意义的世界遗产	知道塞内加尔的戈雷岛是奴隶交易的见证地，认识殖民主义的罪恶。	殖民罪恶的见证——戈雷岛 第九单元第1课	了解戈雷岛是近代欧洲殖民者贩卖奴隶的中转站。	①出示《西方殖民者用枪械换取奴隶》《运奴船上的黑人》等图片，推荐学生阅读S.E.安德森《黑人大屠杀》等资料，列举奴隶贸易的罪恶；②指导学生讨论塞内加尔政府修复戈雷岛的意图。
			了解奥斯威辛集中营申报为世界遗产的原因，理解人类为吸取历史教训、避免重蹈覆辙而作出的努力。	德国法西斯的杀人工厂——奥斯威辛集中营 第九单元第2课	了解奥斯威辛集中营是德国法西斯建造的规模最大的集中营和灭绝营，亲历了德国法西斯的种种罪恶。	①播放《辛德勒的名单》《屠城血证》等影片，讲述种族灭绝政策的罪恶；②组织学生模拟731细菌战遗址等的申遗活动；③指导学生查阅有关资料，了解第二次世界大战结束后各国追究"二战"战犯的情况。
公民权利与责任教育	必修1	古代希腊罗马的政治制度	知道雅典民主政治的主要内容，认识民主政治对人类文明发展的重要意义。	古代希腊民主政治 第二单元第5课	了解梭伦改革保障了公民的民主权利，为雅典民主政治奠定了基础。	①指导学生阅读伯得克里《在阵亡将士葬礼上的演说》，用图示或数字显示"成年男性公民"在雅典居民中的比例，讨论其民主制度的历史进步性和局限性；②指导学生阅读梭伦的诗，分析废除债奴制的背景和其保障平民的权益的重要意义。

续表

主题	内容标准领域		具体目标	内容示例	与可持续发展教育的结合点	教学提示
	一级	二级				
公民权利与责任教育	必修1	欧美资产阶级代议制的确立与发展	了解《权利法案》制定和责任制内阁形成的史实，理解英国资产阶级君主立宪制的特点。	议会权力的确立 第三单元第7课	了解君主立宪制确立了资产阶级代议制度，促进了民主政治的发展；英国进行多次议会改革，使普通公民获得了选举权。	①指导学生利用图示，结合当前英国政治制度的现实，分析君主立宪制度的进步性；②讲述英国代议制下拥有选举权的人群范围逐渐扩大的经过。
			说出美国1878年宪法的主要内容和联邦制的权力结构，比较美国总统制与英国君主立宪制的异同。	1787年宪法的颁布 第三单元第8课	了解美国1787年宪法体现了"分权与制衡"的原则，宪法修正案补充了人民的权利。	①指导学生利用《美国联邦政府结构示意图》，分析其如何体现"分权与制衡"原则；②指导学生研读1787年宪法允许奴隶制度存在及宪法修正案对于人民权利的规定；③指导学生用大事记的方式出示美国妇女、黑人、印第安人等群体争取平等权利的历程。
		近代中国的民主革命	简述辛亥革命的主要过程，认识推翻君主专制制度、建立中华民国的历史意义。	中华民国成立 第四单元第13课	了解辛亥革命使民主共和观念逐渐深入人心，《中华民国临时约法》是中国近代史上第一部资产阶级性质的民主宪法。	指导学生阅读《中华民国临时约法》的主要内容，概括国民享有的民主权利，分析它所体现的民主精神；归纳辛亥革命的重大历史意义。

续表

主题	内容标准领域 一级	内容标准领域 二级	具体目标	内容示例	与可持续发展教育的结合点	教学提示
公民权利与责任教育	必修1	现代中国的政治建设与祖国统一	概述中华人民共和国成立的史实，阐述人民代表大会制度、共产党领导的多党合作和政治协商制度、民族区域自治制度的建立和完善，认识我国民主政治的特色。	人民代表大会制度的建立 第六单元第20课	了解人民代表大会制度是我国的根本政治制度，是中国民主政治的核心；社会主义宪法保障人民的民主权利。	①讲述人民代表大会制度的建立过程，分析其在中国民主政治中所起的作用；②指导学生阅读1954年《中华人民共和国宪法》的原文，概括中国公民享有的民主权利。
			列举中共十一届三中全会以来我国民主与法制建设的主要成就，认识实行依法治国方略的重要意义。	民主政治建设的曲折发展 第六单元第21课	了解"文化大革命"使我国的民主与法制遭到空前践踏，改革开放新时期吸取了"文化大革命"的教训，法制建设取得了重大发展。	①指导学生列举改革开放以来，中国民主法制建设取得的重要成就；②指导学生查阅并了解改革开放以来制定了哪些法律，尤其是与学生关系密切的《未成年人保护法》《义务教育法》。
	必修2	罗斯福新政与世界资本主义运行机制的调节	列举罗斯福新政的主要内容，认识罗斯福新政的特点。	罗斯福新政 第六单元第18课	了解罗斯福新政建立了联邦紧急救济署，为失业者和老年人提供救济金和养老金，《全国劳工关系法》的制定保障了工人的基本权利。	①引导学生分析在经济危机的打击下，罗斯福政府采取加强社会保障方面的措施及其重要作用；②引导学生讨论罗斯福新政中相关的制度建设对于当前中国改革的借鉴意义。

续表

主题	内容标准领域 一级	内容标准领域 二级	具体目标	内容示例	与可持续发展教育的结合点	教学提示
公民权利与责任教育	必修3	西方人文精神的起源及其发展	了解古代希腊智者学派和苏格拉底等人对人的价值的阐述，理解人文精神的内涵。	西方人文主义思想的起源 第二单元 第5课	①理解智者学派强调的"人是万物的尺度"，充分肯定人的尊严和权威；②理解苏格拉底、柏拉图和亚里士多德进一步发展了人文主义思想。	①引导学生对比普罗泰格拉提出的"人是万物的尺度"和苏格拉底的"有思想力的人是万物的尺度"的异同；②引导学生概括柏拉图和亚里士多德对于人文主义思想的发展；③组织讨论：为什么公元前5世纪希腊会产生智者学派？④编课本剧《苏格拉底与孔子》或模拟"审判苏格拉底"。
			知道薄伽丘等人的主要作品和马丁·路德等人的主要思想，认识文艺复兴和宗教改革时期人文主义的含义。	文艺复兴和宗教改革 第二单元 第6课	①理解文艺复兴的本质是以人文主义冲击宗教神权的束缚；②理解宗教改革运动进一步传播了人文主义。	①指导学生欣赏文艺复兴时期的代表作品，分析其所蕴涵的人文主义思想；②指导学生列举宗教改革的内容，探讨其深远影响。
			简述孟德斯鸠、伏尔泰、卢梭、康德等启蒙思想家的观点，概括启蒙运动对人文主义思想的发展。	启蒙运动的兴起 第二单元 第7课	理解启蒙思想家主张理性、建立自由平等的社会的思想，进一步弘扬了人文精神。	①可指导学生分别扮演这些启蒙思想家，通过大声朗读"自己"的主张和史料研读，理解其思想内涵；②指导学生通过与文艺复兴对比，概括启蒙运动对人文主义思想的发展。

续表

主题	内容标准领域		具体目标	内容示例	与可持续发展教育的结合点	教学提示
	一级	二级				
公民权利与责任教育	选修2	向封建专制统治宣战的檄文	说出《独立宣言》中体现民主思想的主要内容，认识民主化进程要有一个从思想理论到制定法律的准备阶段。	美国《独立宣言》第三单元第1课	了解美国《独立宣言》是世界上第一个人权宣言，强调人生而平等，有追求幸福的权利。	①指导学生阅读《独立宣言》原文的代表性部分，分析其体现的民主思想，讨论其对于世界其他国家的影响；②出示杰斐逊等人的名言，分析其理想追求。
			概述《人权宣言》有关"自然权利"和"最高权力属于人民"的思想，理解它对法国和世界民主化进程的意义。	法国《人权宣言》第三单元第2课	了解法国《人权宣言》集中体现了启蒙思想家关于天赋人权、自由平等、私有财产不可侵犯等原则。	解读《人权宣言》原文，归纳其主要思想，分析其进步作用和巨大影响。
和谐社会教育	必修1	古代中国的政治制度	了解宗法制和分封制的基本内容，认识中国早期政治制度的特点。	等级森严的分封制、血缘关系维系的宗法制 第一单元第1课	理解西周实行的分封制有利于政治的稳定，实行宗法制有利于统治集团内部的稳定和团结。	讲述西周分封制和宗法制的主要内容和特点，探讨二者的深远影响，理解进行适合当时生产力水平的制度创新，有利于国家和社会的稳定。
			列举从汉到元政治制度演变的史实，说明中国古代政治制度的特点。	选官、用官制度的变化 第一单元第3课	理解科举制打破了特权垄断，扩大了官吏来源，提高了官员文化素质，有利于国家的稳定发展。	讲述从汉至元官吏制度的发展与完善过程，引导学生探讨科举制的优势和深远影响。
		古希腊罗马的政治制度	了解罗马法的主要内容及其在维系罗马帝国统治中的作用，理解法律在人类生活中的价值。	罗马法的发展与完善 第二单元第6课	理解罗马法在维系罗马的统治方面起了重要作用，对近代欧美国家的立法和司法产生了深远影响。	①利用《罗马扩张示意图》，讲述罗马帝国的疆域变化；②组织学生探讨从公民法向万民法变化的背景，理解法律在建构人与社会、人与人之间关系上起到的价值，分析恩格斯对罗马法的评价。

续表

主题	内容标准领域 一级	内容标准领域 二级	具体目标	内容示例	与可持续发展教育的结合点	教学提示
和谐社会教育	必修1	欧美资产阶级代议制的确立与发展	说出美国1787年宪法的主要内容和联邦制的权力结构，比较美国总统制与英国君主立宪制的异同。	1787年宪法的颁布 第三单元第8课	理解美国联邦制确立了中央集权与地方分权相结合的权力结构，适合美国国情，利于美国社会的和谐稳定。	①引用华盛顿1786年写给友人的信，讲述美国独立之初的严峻形势；②引用1787年宪法的有关内容，区别中央政府和地方政府各自拥有的权力及其关系，组织学生研讨这一结构如何发挥地方的积极性又避免过度集权的弊端。
		从科学社会主义理论到社会主义制度的建立	简述《共产党宣言》的主要内容，认识马克思主义产生的重大意义。	空想社会主义与工人的觉醒、《共产党宣言》的问世 第五单元第18课	理解空想社会主义者和科学社会主义者对和谐社会的构想和实践。	①出示《"新和谐公社"》蓝图，讲述其新尝试，并讨论其失败的原因；②解读马克思关于和谐社会的有关史料，认识其思想在今天的现实意义。
		现代中国的政治建设与祖国统一	概述中华人民共和国成立的史实，阐述人民代表大会制度、共产党领导的多党合作和政治协商制度、民族区域自治制度的建立和完善，认识我国民主政治的特色。	新中国的民主政治建设 第六单元第20课	理解人民代表大会制度、共产党领导的多党合作和政治协商制度、民族区域自治制度是我国三大政治制度，它们适合中国国情，对社会稳定、和谐发展起着重要作用。	①分析国旗、国徽的含义；②讲述三大政治制度形成的过程，探讨它们在中国民主政治中所起的作用；③组织学生访问当地人大代表或政协委员，了解他们是怎样履行职责的。
			简述"一国两制"的理论和实践，认识实现祖国完全统一对中华民族复兴的重大历史意义。	"一国两制"构想的提出 第六单元第22课	理解"和平统一、一国两制"是完成祖国统一大业的基本方针，实践证明两种不同社会制度可以和平相处。	①分析"一国两制"构想的内容、提出的依据；②通过香港、澳门回归后仍然快速发展的事实，说明"一国两制"构想的重大意义。

续表

主题	内容标准领域		具体目标	内容示例	与可持续发展教育的结合点	教学提示
	一级	二级				
和谐社会教育	必修1	现代中国的对外关系	了解新中国成立初期的重大外交活动,理解和平共处五项原则在处理国际关系方面的意义。	和平共处五项原则的提出 第七单元第23课	理解和平共处五项原则是处理国与国关系的基本准则,有利于促进各国和谐相处。	①指导学生研读和平共处五项原则的内容,讨论各原则之间的关系; ②播放电影《万隆会议》或出示图片《周恩来在万隆会议上发言》,讲述周恩来总理在会议上的斗争。
		当今世界政治格局的多极化趋势	了解美苏两极对峙格局的形成,认识美苏"冷战"对第二次世界大战后国际关系发展的影响。	美苏"冷战" 第八单元第25课	理解"冷战"加速了世界局势的紧张,但也避免了世界大战。	①组织学生进行史料研读,分析冷战产生的原因和种种表现,讨论冷战对美苏双方和世界的影响; ②播放以冷战为背景的影片《加勒比海危机》等。
			简述欧洲共同体的形成、日本成为世界经济大国和中国的振兴以及不结盟运动的兴起,了解世界多极化趋势在曲折中发展。	走向联合的欧洲、不结盟运动的兴起 第八单元第26课	了解西欧国家走联合自强的道路,在区域内构筑较为和谐的社会及亚非拉国家通过不结盟运动,成为一支相对独立的政治力量。	①出示欧盟的盟旗,播放欧盟盟歌《欢乐颂》,分析欧洲对"二战"的反思,以及逐渐走向联合的历程,组织学生讨论欧盟在当前的国际地位; ②出示《不结盟运动会议》等图片,组织学生讨论不结盟运动的重要任务和意义。
			了解苏联解体后两极格局瓦解和多极化趋势加强的史实,认识多极化趋势对世界历史发展的影响。	多极化趋势的加强 第八单元第27课	了解世界政治格局出现向多极化发展的趋势,理解多极化较单极世界更有利于世界的和谐与和平。	出示《美国"9·11"事件》《反对科索沃战争游行》等图片,举例分析多极化趋势中各种力量的情况。

续表

主题	内容标准领域 一级	内容标准领域 二级	具体目标	内容示例	与可持续发展教育的结合点	教学提示
和谐社会教育	必修3	20世纪以来中国重大思想理论成果	了解孙中山三民主义的基本内容，认识其在推动中国资产阶级民主革命中的作用。	三民主义的提出 第六单元第16课	理解民生主义体现了孙中山对减小贫富差距的努力和对和谐社会的追求。	①指导学生研读孙中山1905年《民报》发刊词的史料，理解三民主义的内涵，概述他为实现这一理想所作的努力；②组织学生考察北京有关孙中山先生的古迹，如孙中山行馆、中山纪念堂、湖广会馆等。
	选修3	凡尔赛—华盛顿体系下的和平	简述国际联盟的成立和主要活动，评价其历史地位。	国际联盟的建立 第二单元第2课	了解国际联盟是"一战"后为维护世界和平建立的机构，但被大国操纵。	讲述国际联盟成立的经过，分析其维护世界和平的宗旨，以及在实践中被英法等大国操纵的情况。
		第二次世界大战	了解第二次世界大战爆发的历史背景，概述第二次世界大战是怎样从局部战争逐步走向全面战争的。	走向世界大战 第三单元第3课	理解西方大国推行绥靖政策是对侵略姑息纵容，慕尼黑会议体现了绥靖政策的实质和恶劣影响。	讲述绥靖政策的含义，分析慕尼黑阴谋的实质及其危害，组织学生讨论战争为什么未能避免。
			了解国际反法西斯同盟的建立和各大战场重要战役等史实，认识反法西斯国家是怎样通向胜利之门的。	日本投降和大战的结束 第三单元第7课	了解1945年美国在日本的广岛和长崎分别投下一颗原子弹，这是人类历史上第一次使用核武器。	出示图片《原子弹爆炸后的广岛》《2003年8月6日，和平鸽飞过广岛上空》，组织学生讨论投放原子弹的利弊。
		烽火连绵的局部战争	了解印巴战争与两伊战争，分析地区冲突产生的原因和教训。	两伊战争的经过 第五单元第6课	了解两伊战争中有些中东国家使用导弹、化学武器等大规模杀伤性武器所造成的危害。	出示《战争幸存者》《遭袭后，石油码头燃起大火》《两伊战争中伊拉克使用的各种美制炮弹》等图片，引导学生阅读《一位遭到化学武器袭击的伊朗士兵的回忆》资料，分析两伊战争给中东地区局势和世界和平带来的负面影响。

续表

主题	内容标准领域 一级	内容标准领域 二级	具体目标	内容示例	与可持续发展教育的结合点	教学提示
和谐社会教育	选修3	雅尔塔体制下的冷战与和平	了解联合国的产生及其在维护世界和平中的主要活动。	联合国的建立及其作用 第六单元第1课	了解联合国在维护世界和平方面起着越来越重要的作用。	①讲述联合国成立的背景，指导学生阅读联合国宪章；②列举当前联合国发挥重要作用的例子，讲述今天中国维和的贡献。
和谐社会教育	选修3	雅尔塔体制下的冷战与和平	了解世界保卫和平大会、《罗素—爱因斯坦宣言》、20世纪六七十年代美国反战运动等史实，分析战后世界人民反战和平运动高涨的原因、特点和意义。	世界人民的反战和平运动 第六单元第2课	了解战后世界人民反战和平运动主要有世界保卫和平大会、《罗素—爱因斯坦宣言》、20世纪六七十年代美国反战运动等。	出示毕加索的画作《和平鸽》图片，指导学生阅读《罗素—爱因斯坦宣言》的主要内容，播放反对越战的歌曲《随风而逝》，讲述人类对于和平的追求和努力，探究20世纪六七十年代的反战运动给美国社会带来的影响。
和谐社会教育	选修4	杰出的科学家	了解牛顿、爱因斯坦等人的成长历程及主要科学成就，认识他们在社会发展中的作用。	为人类和平进步而斗争 第六单元第5课	了解爱因斯坦时刻关心人类的进步与和平，主张科学技术为人类造福，防止核战争。	讲述爱因斯坦的故事，解读其有关名言，概述其为人类和平事业所做的努力。

（二）文化领域

主题	内容标准领域 一级	内容标准领域 二级	具体目标	内容示例	与可持续发展教育的结合点	教学提示
中华优秀传统文化与世界遗产教育	必修1	古代中国的政治制度	知道"始皇帝"的来历和郡县制度建立的史实，了解中国古代中央集权制度的形成及其影响。	秦朝中央集权制度的形成 第一单元第2课	理解秦朝形成的中央集权制度有利于统一多民族国家的形成和巩固，为中华灿烂文明的创造提供了有利条件。	引导学生对比西周的分封制，分析中央集权制度在统一的多民族国家的形成和巩固、社会稳定、集中人力物力创造重大工程等方面的积极作用。

续表

主题	内容标准领域		具体目标	内容示例	与可持续发展教育的结合点	教学提示
	一级	二级				
中华优秀传统文化与世界遗产教育	必修1	列强侵略与中国人民的反抗斗争	列举1840—1900年西方列强的侵华史实，概述中国军民反抗外来侵略斗争的事迹，体会中华民族英勇不屈的斗争精神。	战火再燃第四单元第10课	了解圆明园将祖国锦绣河山的景观和西洋建筑集于一身，但遭英法联军的野蛮焚毁。	①通过出示图片或组织学生实地考察领略圆明园的建筑风采和现存历史遗迹；②指导学生阅读雨果谴责英法罪行的作品，观看电影《圆明园》，就圆明园该不该修复开展讨论。
	必修2	古代中国经济的基本结构与特点	古代中国经济的基本结构与特点	素称发达的官营手工业第一单元第2课	了解中国古代的青铜器、瓷器、丝织业品种繁多，技术先进，享誉世界。	①通过图片或视频出示中国古代精美的手工艺品，讨论其中体现的民族特色；②组织学生参观故宫博物院的陶瓷馆，或首都博物馆的瓷器等专题展。
	必修3	中国传统文化主流思想的演变	知道诸子百家，认识春秋战国时期百家争鸣局面形成的重要意义；了解孔子、孟子和荀子等思想家及儒家思想的形成。	"百家争鸣"和儒家思想的形成第一单元第1课	理解中国传统文化中的主流思想是中华民族宝贵的精神财富。	①概要讲述春秋战国时期思想家的生平，指导学生研读有代表性的著作原文；②指导学生列表整理百家主要的派别、代表人物及其思想；③组织学生考察北京孔庙、白云观、历代帝王庙等。
			知道汉代儒学成为正统思想的史实。	"罢黜百家，独尊儒术"第一单元第2课	了解"罢黜百家，独尊儒术"奠定了儒家思想的正统地位。	出示《五经书影》《成都西汉翁石室授经讲学图》等图片，组织学生讨论汉代儒学为何能成为正统思想。
			列举宋明理学的代表人物，说明宋明时期儒学的发展。	宋明理学第一单元第3课	了解宋明时期新的儒学体系——程朱理学的形成。	①出示思想家的画像，介绍他们的主要思想，并进行评价；②组织学生讨论王阳明的心学对儒学有什么新的发展。

续表

主题	内容标准领域 一级	内容标准领域 二级	具体目标	内容示例	与可持续发展教育的结合点	教学提示
中华优秀传统文化与世界遗产教育	必修3	中国传统文化主流思想的演变	列举李贽、黄宗羲、顾炎武、王夫之等思想家的主要观点，了解明清时期儒学思想的发展。	明清之际活跃的儒家思想 第一单元第4课	了解明末清初三大进步思想家反对君主专制、倡导经世致用和唯物思想等，对近代民主思想产生一定影响。	①出示思想家的画像，分别介绍他们的生平和主要思想；②组织学生讨论这些思想是如何促进儒家思想的发展的。
		古代中国的科学技术与文化	概述古代中国的科技成就，认识中国的科技发明对世界文明发展的贡献。	古代中国的发明与发现 第三单元第8课	①了解四大发明是中国古代最具代表性的科技成就，推动了人类社会的进步；②了解中国古代数学、天文、历法、农学和医学相当发达，体现了人与自然和谐相处的价值观。	①组织学生分小组收集资料，选择一项科技成就进行介绍；②指导学生列表整理古代中国的发明与发现；③组织学生参观中国科学技术馆"中国古代的科技发明陈列"展览。
			知道诗经、楚辞、汉赋、唐诗、宋词、元曲、明清小说等文学成就，了解中国古代不同时期的文学特色。	辉煌灿烂的文学 第三单元第9课	①了解《诗经》的现实主义和楚辞的浪漫主义代表了不同的风格；②了解唐朝开放的社会和繁荣的经济促进诗歌创作进入黄金时期；③了解明清时期是小说创作的高峰。	①组织学生分小组收集资料，分别介绍各时期的成就；②组织学生讨论唐代诗歌繁荣的原因；③组织唐诗宋词鉴赏会、明清小说故事会。
			概述汉字、绘画起源、演变的过程，了解中国书画的基本特征和发展脉络。	充满魅力的书画和戏曲 第三单元第10课	①了解汉字是世界上最古老的文字之一，魏晋时成为一门艺术；②了解中国绘画与文字相伴而生，注重写意传神；③了解中国戏剧历史悠久，剧种繁多，京剧是典型代表。	①讲述关于文字起源的传说；②指导学生欣赏《游春图》《送子天王图》等；③指导学生赏析京剧名段，制作并欣赏京剧脸谱；④解读2008年北京奥运会开幕式、会徽、吉祥物等如何体现中国元素。

续表

主题	内容标准领域 一级	内容标准领域 二级	具体目标	内容示例	与可持续发展教育的结合点	教学提示
中华优秀传统文化与世界遗产教育	必修3	近代中国的思想解放潮流	概述新文化运动的主要内容，探讨其对近代中国思想解放的影响。	新文化运动 第五单元第15课	理解新文化运动中提出"打倒孔家店"是反封建的需要，对中国传统文化不能全盘否定。	①组织学生讨论新文化运动对待中国传统文化和外来文化的两种态度；②组织学生参观新文化运动纪念馆。
		19世纪以来的世界文学艺术	了解19世纪以来文学的主要成就，认识其产生的时代背景及影响。	文学的繁荣 第八单元第22课	①了解19世纪浪漫主义和现实主义文学；②了解20世纪西方文学、苏联文学、亚非拉美文学，都是人类的宝贵遗产。	①指导学生调查阅读过的外国名著分属的派别，分析这些名著与当时社会历史条件的关系；②指导学生阅读《巴黎圣母院》《钢铁是怎样炼成的》等小说或播放电影片段。
			欣赏19世纪以来有代表性的美术作品，了解这些美术作品产生的时代背景及其艺术价值。	美术的辉煌 第八单元第23课	了解新古典主义美术、浪漫主义和现实主义美术、印象画派、现代主义美术，它们反映了时代特色，是人类的宝贵遗产。	①介绍典型的美术作品，引导学生分析其所属派别、与当时社会历史条件的关系、对人类产生哪些影响等；②组织学生参观中国美术馆。
			列举19世纪以来有代表性的音乐作品，理解这些音乐作品的时代性、多样性和民族性；了解影视艺术产生与发展的历程，认识其对社会生活的影响。	音乐与影视艺术 第八单元第24课	了解19世纪以来有代表性的音乐作品和影视作品反映了鲜明的时代性、多样性和民族性。	①播放《命运交响曲》等音乐杰作，分析其表达的思想感情；②组织学生讨论影视对人类社会的影响，以及如何发挥其积极作用，减少负面影响。
	选修5	二里头文化的探索	简述二里头遗址发掘概况，列举二里头文化的基本内容。	二里头文化的探索 第四单元	了解二里头遗址有丰富的文化遗存，其在夏文明探索中具有重要意义。	①出示《二里头文化二期房址》《二里头三期牌饰》等图片，分析二里头文化遗存的内涵；②利用《二里头文化各期陶器形制演变举例》，引导学生了解陶器演变，分析陶器的特点。

续表

主题	内容标准领域		具体目标	内容示例	与可持续发展教育的结合点	教学提示
	一级	二级				
中华优秀传统文化与世界遗产教育	必修5	三星堆遗址：古蜀文明之迹	了解三星堆遗址的发现经过与发掘成果，感受古蜀文明是我国宝贵文化遗产中的重要内容。	三星堆遗址——古蜀文明之迹 第五单元	了解三星堆遗址是中国继秦始皇陵兵马俑后的又一重大发现；古蜀文明具有独特风格，体现了中华文明的多姿多彩。	指导学生观察《三星堆遗址位置示意图》，欣赏《三星堆出土的青铜器》等精美的图片，分析三星堆文化遗存的丰富内涵。
		大津巴布韦遗址与非洲文明探秘	简述大津巴布韦遗址发掘的过程，探讨大津巴布韦遗址留给我们认识非洲历史的线索。	大津巴布韦遗址与非洲文明探秘 第七单元	①了解穆塔帕王国的历史；②了解大津巴布韦遗址是南部非洲的古代文明代表，是世界文化遗产；③了解理查德·霍尔等人对大津巴布韦遗址的破坏性发掘。	①讲述葡萄牙人探索穆塔帕王国的故事；②列举对大津巴布韦遗址的几次发掘，讲述理查德·霍尔等人对大津巴布韦遗址的破坏性发掘；③指导学生探究遗址的建筑布局特点、出土的文物，及其所反映的历史状况。
	选修6	古代埃及文明的历史遗产	了解吉萨和孟斐斯地区的金字塔、努比亚地区的拉美西斯二世遗迹是古代埃及文明的杰出代表，感受古埃及文明在世界古代文明产生和发展中的地位；讲述古代埃及金字塔研究中遇到的疑难和奥秘，认识金字塔建筑在科学技术方面的成就和意义。	雄伟的金字塔群 第二单元第1课	了解金字塔是古埃及文明的象征，承载着古埃及人民的智慧和历史，是世界文化遗产宝库中璀璨的明珠。	①指导学生探究古埃及文明在世界文明史上的地位；②出示《吉萨三大金字塔》《胡夫金字塔结构示意图》《胡夫金字塔内的狭窄通道》等图，指导学生探讨为什么说金字塔是人类建筑史上的奇迹。

续表

主题	内容标准领域 一级	内容标准领域 二级	具体目标	内容示例	与可持续发展教育的结合点	教学提示
中华优秀传统文化与世界遗产教育	选修6	古代埃及文明的历史遗产	以阿布辛拜勒神庙的搬迁为例，说明联合国教科文组织发起拯救世界珍贵遗产活动的意义。	阿布辛拜勒神庙的新生 第二单元第2课	①了解努比亚遗址的神庙群，是古代埃及的又一宝贵遗产；②了解阿布辛拜勒神庙奇迹般地成功搬迁，不仅使神庙获得新生，而且揭开了各国合作保护世界文化遗产的序幕。	①出示《阿布辛拜勒神庙》《拉美西斯二世雕像吊装》《阿布辛拜勒神庙搬迁施工》等图片，讲述搬迁阿布辛拜勒神庙的情况，探究其搬迁过程对人类保护自身文化遗产的启示；②指导学生查找资料，举例说明中国类似的成功例子。
		古代希腊、罗马的历史遗迹	描述希腊雅典卫城的巴特农神庙，认识古希腊城市雅典的历史特点及其建筑艺术成就；简述奥林匹克遗址群的建筑风格，认识奥林匹克的含义和历史，讨论现代奥林匹克运动的宗旨和精神。	雅典卫城和奥林匹亚遗址 第三单元第1课	了解雅典卫城是古代希腊文明的象征，奥林匹亚遗址是现代奥林匹克运动的发祥地，是人类宝贵的文化遗产。	①出示《精美的伊瑞克提翁神庙女像》《帕特农神庙》《宙斯神庙遗址》等图片，探究雅典卫城的建筑特色和巴特农神庙的建筑艺术成就；②组织学生讨论现代奥林匹克运动与古代奥林匹克竞技会之间的传承关系和差异。
			了解罗马古城的悠久历史及古建筑遗址群，认识罗马建筑的艺术成就。	古罗马城的建筑艺术成就 第三单元第2课	了解古罗马文明是西方文明的重要源头之一，古罗马城是古罗马文明，也是世界文明的一座艺术宝库。	①出示《古罗马建筑群遗址全景》《图拉真纪功柱》《万神殿》图片，指导学生探究古罗马建筑群的艺术成就；②出示《古罗马大斗兽场》图，推荐学生阅读《剑桥艺术史》等文字资料，探究罗马大斗兽场如何体现希腊式建筑与罗马式建筑结合的特色。

续表

主题	内容标准领域		具体目标	内容示例	与可持续发展教育的结合点	教学提示
	一级	二级				
中华优秀传统文化与世界遗产教育	选修6	欧洲文艺复兴时期的文化遗产	简述佛罗伦萨在欧洲文艺复兴时期的地位，认识文化中心在文明扩展中的作用；了解圣彼得大教堂所体现的历史、宗教、建筑和艺术等方面的成就，认识米开朗琪罗、拉斐尔和贝尔尼尼在世界文化史上的地位；知道集中反映文艺复兴成就的主要文化遗产，认识它们所表现的建筑风格、艺术特色和人文主义精神。	佛罗伦萨的文化遗产 第四单元第1课 罗马文艺复兴时期的文化遗产 第四单元第2课	了解佛罗伦萨是文艺复兴的发源地，罗马是文艺复兴鼎盛时期的中心，它们为后世留下了丰富而宝贵的文化遗产，对人类文明的发展产生了重大的影响。	①引导学生联系已学的意大利文艺复兴的知识，探讨佛罗伦萨成为文艺复兴摇篮的原因；②指导学生探究鲜花圣母玛利亚大教堂在西方建筑史上的地位；③指导学生列举乌菲齐博物馆和帕拉蒂美术馆有哪些重要的艺术收藏；④指导学生探究西斯廷小教堂最著名的壁画所表达的思想情绪、圣彼得大教堂及其广场建筑的艺术特色。
		中国的历史文化遗产代表	简述万里长城独特的建筑风格、复杂的建筑结构和浩大的建筑规模，认识长城在中国历史发展进程中的作用和影响。	世界建筑的奇迹万里长城 第五单元第1课	了解长城是中华民族的象征，有着独特的建筑风格、结构和历史作用。	①出示《赵长城遗址》《秦始皇长城遗址》《明长城行经图》等图片，引导学生探究为什么长城是一座宏伟的历史丰碑；②推荐学生阅读有关长城的文学作品，观看视频《万里长城》，或实地考察长城、长城博物馆等。
			了解秦始皇陵兵马俑概况，感受古代中国工艺、美术、造型等方面的高超艺术。	秦始皇陵及深埋两千多年的兵马俑 第五单元第2课	了解秦始皇陵兵马俑被称为"世界第八大奇迹"，是古代中国高超的工艺、美术、造型等方面的代表。	出示《秦始皇陵园平面布局示意图》《秦铜车马》《一号坑的全景》图片或播放视频《秦始皇陵兵马俑》，组织学生讨论秦始皇陵兵马俑的历史文化价值。

续表

主题	内容标准领域 一级	内容标准领域 二级	具体目标	内容示例	与可持续发展教育的结合点	教学提示
中华优秀传统文化与世界遗产教育	选修6	中国的历史文化遗产代表	了解北京明清故宫、颐和园和皇家陵寝等古建筑，认识中国古代高超的建筑技术。	明清的宫殿、皇家园林和陵墓 第六单元	了解明清的宫殿、皇家园林和陵墓有着雄伟的外部景观和丰厚的文化内涵，体现了中国遗产的东方特色。	①出示故宫、颐和园、明十三陵等相关图片或组织实地考察；②组织学生探究为什么说故宫是世界建筑艺术的瑰宝、颐和园的造园艺术，结合明孝陵和明十三陵的建筑布局，分析明代皇陵"前朝后寝"制度如何凸显皇权的至高无上。
			以山西平遥古城、安徽古村落等为例，了解中国绚丽多彩的古城与古民居，探讨文化与自然、人与环境之间的关系。	多姿多彩的中国古城和古村落 第七单元	了解平遥古城和皖南古村落是中国古城与古民居的代表，体现了中国古代居住形式和传统文化的融汇与结合。	①出示《平遥古城》《日升昌票号》等图片，分析平遥的城市布局和风格；②出示《西递村》《宏村远眺》等图片，指导学生探究西递、宏村的基本风貌和特征；③指导学生利用地图，探究宏村人工水系在保护生态环境中的作用；④对比北京四合院，组织学生讨论今天如何保护和发展它。
			知道昆曲是中国的非物质文化遗产，认识其独特的文化价值，讨论在保护非物质文化遗产方面继承与发展的关系。	人类非物质文化遗产——中国昆曲 第八单元	了解昆曲是中国戏曲艺术的"活化石"、人类文明的结晶、中华民族所蕴涵的活态文化的代表。	①指导学生观看《梅氏缀玉轩藏明代脸谱》《清代戏衣》等图片或欣赏昆曲《十五贯》《李慧娘》等片段；②指导学生探究昆曲产生的历程和昆曲的特色；③指导学生实地参观北京戏曲博物馆或首都博物馆中的展品；④组织学生讨论，为拯救和保护昆曲建言献策。

续表

主题	内容标准领域 一级	内容标准领域 二级	具体目标	内容示例	与可持续发展教育的结合点	教学提示
文化多样性教育	必修1	列强侵略与中国人民的反抗斗争	列举1840—1900年西方列强的侵华史实，概述中国军民反抗外来侵略斗争的事迹，体会中华民族英勇不屈的斗争精神。	甲午中日战争和八国联军侵华 第四单元第12课	理解义和团"扶清灭洋"口号，有反对侵略的一面，也有对世界先进文化的盲目破坏的一面。	①引导学生分析"扶清灭洋"口号的进步性及其局限性；②引导学生比较"师夷长技以制夷"的口号，讨论处理外来先进文化的科学态度。
	必修3	中国传统文化主流思想的演变	知道诸子百家，认识春秋战国时期"百家争鸣"局面形成的重要意义；了解孔子、孟子和荀子等思想家以及儒家思想的形成。	"百家争鸣"局面的出现 第一单元第1课	理解春秋战国时期社会大变革导致"百家争鸣"局面的形成，促进了我国思想文化的繁荣，奠定了我国思想文化发展的基础。	组织学生讨论：春秋战国时期，为何会出现"百家争鸣"的局面？探讨"百家争鸣"对于思想解放的重要意义。
		现代中国的科技与文化	知道"百花齐放、百家争鸣"的方针，讨论在贯彻"双百"方针过程中取得的经验和教训。	"双百"方针的提出 第七单元第20课	了解艺术问题上"百花齐放"、学术问题上"百家争鸣"是一个基本、长期的方针，能够推动科技、文学、艺术领域的繁荣。	①出示《毛泽东题词》《毛泽东接见巴金等文艺界人士》等照片，加深对"双百"方针意义的理解；②播放有关改革开放以来影视、音乐等领域的纪录片。
	选修1	明治维新	概述明治维新的主要过程和基本内容，理解近代化道路的多样性。	倡导"文明开化" 第八单元第3课	了解日本明治维新在生活习俗方面大力推进西化，并提出"和魂洋才"的教育原则。	①出示《日本政府派出使节团访问欧美》《1876年日本新式学校》等图片，组织学生讲述"文明开化"政策；②组织学生讨论如何处理保持本民族特色与外来文化的关系。

续表

主题	内容标准领域 一级	内容标准领域 二级	具体目标	内容示例	与可持续发展教育的结合点	教学提示
文化多样性教育	选修5	米诺斯宫殿遗址与克里特文明	简述米诺斯宫殿遗址的发掘经过，认识克里特文明的成就。	米诺斯宫殿遗址与克里特文明 第三单元	了解克里特文明是爱琴文明的源头，爱琴文明是希腊文明的先驱，体现了欧洲古代文明的特色。	出示《从空中俯视克诺索斯宫殿遗址及周围环境》图，组织学生探究促使克里特文明产生的优越环境有哪些，列举米诺斯宫殿的考古发现和伊文思的研究成果。
文化多样性教育	选修5	玛雅文明的消失	了解玛雅文明的成就，说明其在世界古代文明史中的地位。	玛雅文明的消失 第六单元	了解玛雅文明是中南美洲古代文明的代表之一，其兴衰表明了文明起源的多元性、文化发展的多样性。	①指导学生概括玛雅文明经历了怎样的发展历程，探讨玛雅地区的政治、经济和宗教状况；②出示《9世纪蒂卡尔城市中心示意图》，探究玛雅的城市建筑特点；③引导学生用比较的眼光，认识玛雅文明在文学艺术和科学方面的成就。

（三）环境领域

主题	内容标准领域 一级	内容标准领域 二级	具体目标	内容示例	与可持续发展教育的结合点	教学提示
环境保护与污染防治教育	必修1	列强侵略与中国人民的反抗斗争	列举侵华日军的罪行，简述中国军民抗日斗争的主要史实，理解全民族团结抗战的重要性，探讨抗日战争胜利在中国反抗外来侵略斗争中的历史地位。	抗日战争 第四单元第16课	①了解为阻挠日军进程，国民政府曾炸毁黄河花园口，致使十几个县市成了黄泛区、沙化地；②了解侵华日军使用生化武器给中国环境带来了长期危害。	①讲述国民政府炸毁黄河花园口，以此阻挠日军进程的史实，强调其结果并未阻止日军的侵华步伐，相反致使十几个县市成了黄泛区、沙化地；②收集有关日本使用生化武器的资料，讨论生化武器对环境的破坏。

续表

主题	内容标准领域		具体目标	内容示例	与可持续发展教育的结合点	教学提示
	一级	二级				
环境保护与污染防治教育	必修2	古代中国经济的基本结构与特点	知道古代中国农业的主要耕作方式和土地制度，了解古代中国农业经济的基本特点。	发达的古代农业 第一单元第1课	理解开发"边际土地"对当时经济发展有促进作用，但长远看也存在过度开垦的弊病。	指导学生列举宋朝、明朝、清朝耕地的数据，讨论开发"边际土地"的利弊得失，分析它对当时和当今的社会经济生活产生了怎样的影响；联系"退耕还林"、"退耕还草"政策，讨论我们今天应该吸取哪些经验教训。
			列举古代中国手工业发展的基本史实，认识古代中国手工业发展的特征。	古代手工业的进步 第一单元第2课	理解西周至北宋时期，丝绸的主要产地从北方转移到南方，反映出北方生产环境的恶化。	指导学生收集整理初中教材中有关西周至北宋时期丝绸生产情况的描述，讨论：丝绸产地、产量的变化反映出什么问题？
			了解"重农抑商"、"海禁"等政策及其影响，分析中国资本主义萌芽发展缓慢的原因。	"重农抑商" 第一单元第4课	理解西汉初年休养生息政策、唐初的统治政策、明初的安息政策都是有利于持续发展的政策。	指导学生列举西汉初年休养生息政策、唐初的统治政策、明初的安息政策的基本措施，分析其缓和民力、与民休息、利于可持续发展的积极意义。
		新航路的开辟、殖民扩张与资本主义世界市场的形成和发展	了解两次工业革命的基本史实，探讨其对资本主义世界市场发展的影响。	从珍妮机到蒸汽机 第二单元第7课	理解水力织布机、水力纺纱机利用了清洁能源但效率不高，蒸汽机是动力革命，但也带来了环境污染。	①出示《第一次工业革命期间纺织领域主要发明》表，分析水力织布机、水力纺纱机的优点和局限；②出示《使用蒸汽机的工厂》图片，组织学生探讨蒸汽机的革命性作用及其局限性；③利用图《机器时代的"享受"》，组织学生讨论泰晤士河所受的污染，补充今日治理的情况。

续表

主题	内容标准领域		具体目标	内容示例	与叮持续发展教育的结合点	教学提示
	一级	二级				
环境保护与污染防治教育	必修2	新航路的开辟、殖民扩张与资本主义世界市场的形成和发展	了解两次工业革命的基本史实,探讨其对资本主义世界市场发展的影响。	人类迈入"电气时代"第二单元第8课	①理解从蒸汽时代到电气时代是技术的巨大进步,减轻了环境污染,但也引发新的污染;②了解在20世纪已确立的治理污染的基本模式。	①以工业博览会的形式展示第二次工业革命的成果,着重强调这些发明如何提高资源利用率、减少了污染,但又带来哪些新的污染;②引入世界环境史等方面的史料,分析当时人类对于污染问题的认识及改进措施。
		中国特色社会主义建设的道路	概述20世纪50年代至70年代我国探索社会主义建设道路的实践,总结其经验教训。	探索与失误第四单元第11课	理解"大跃进"违背经济发展规律,大量砍伐树木,使环境遭到巨大破坏。	①出示土钢炉的图片和砍伐树木的数据,或由学生采访自己的长辈,组织学生讨论对毁掉山林,砍伐木材炼钢运动的看法;②出示宝钢、首钢的工厂景观,对比改革开放后技术改造的措施和效果。
		苏联社会主义建设的经验与教训	概述从赫鲁晓夫改革到戈尔巴乔夫改革的基本历程,认识社会主义改革的复杂性、艰巨性和曲折性。	赫鲁晓夫改革第七单元第21课	了解赫鲁晓夫不顾自然条件的限制,盲目扩大玉米种植面积,大规模垦荒严重破坏了生态环境。	出示《手持玉米的赫鲁晓夫》《热烈欢送出发垦荒的苏联青年》等图片,引导学生评价赫鲁晓夫农业方面的改革,讨论从中应吸取的教训。
	必修3	中国传统文化主流思想的演变	知道诸子百家,认识春秋战国时期"百家争鸣"局面形成的重要意义;了解孔子、孟子和荀子等思想家以及儒家思想的形成。	"百家争鸣"和儒家思想的形成第一单元第1课	理解中国古代思想家有着宝贵的可持续发展思想,已初步认识到人类自己的活动必须遵循自然规律。	解读"人法地,地法天,天法道,道法自然"、庄子的"知天之所为,知人之所为,至矣",其把自然置于高于一切的位置,体现了人与自然和谐统一的思想。

续表

主题	内容标准领域 一级	内容标准领域 二级	具体目标	内容示例	与可持续发展教育的结合点	教学提示
环境保护与污染防治教育	选修3	烽火连绵的局部战争	了解朝鲜战争与越南战争,认识局部战争与冷战格局的关系。	从"特种战争"到局部战争 第五单元第2课	了解美军在越南较大范围内使用化学落叶剂造成环境的破坏。	出示《越南战争示意图》《战火中的越南儿童》等图片,组织学生讨论美军在越南较大范围内使用化学落叶剂造成的环境破坏。
自然灾害预防教育	必修2	古代中国经济的基本结构与特点	了解"重农抑商""海禁"等政策及其影响,分析中国资本主义萌芽发展缓慢的原因。	"重农抑商" 第一单元第4课	理解商鞅提出的农业生产粮食布帛是本业,国家鼓励农业生产的政策,能够确保基本的粮食供应。	引导学生分析"重农抑商"政策的具体措施,讨论封建统治者为何采取"重农抑商"政策,这一政策对中国社会经济的发展产生了怎样的影响。

(四) 经济领域

主题	内容标准领域 一级	内容标准领域 二级	具体目标	内容示例	与可持续发展教育的结合点	教学提示
循环经济与绿色消费教育	必修2	古代中国经济的基本结构与特点	知道古代中国农业的主要耕作方式和土地制度,了解古代中国农业经济的基本特点。	精耕细作的传统农业 第一单元第1课	了解各朝代为了充分利用土地资源,发明了许多有益的做法。	①引导学生比较刀耕火种的原始农业,从代田法到耕耙耱技术,了解耕作技术的不断进步;②出示《高转筒车》《翻车模型》等图片,分析生产工具的改进提高了土地利用率。
	必修3	古代中国的科学技术与文化	概述古代中国的科技成就,认识其对世界文明发展的贡献。	蔡伦改进造纸术 第三单元第1课	了解用植物纤维取代竹木简,可以提高材料的循环利用率。	①出示《西汉的纸和东汉蔡伦改进造纸术》图片,分析造纸的原料,概述造纸的程序;②指导学生动手制作简易的纸。

续表

主题	内容标准领域 一级	内容标准领域 二级	具体目标	内容示例	与可持续发展教育的结合点	教学提示
循环经济与绿色消费教育	必修3	现代中国的科学技术与文化	列举新中国成立以来科技发展的主要成就，认识科技进步的重大作用。	袁隆平与杂交水稻 第七单元第19课	了解袁隆平杂交水稻的研究成果，大大提高水稻的产量，减少了资源的耗费。	利用图片《饥饿的女孩》《垂死的女人》，组织学生讨论袁隆平的杂交水稻的研究成果对人类的贡献。
农村发展与可持续城市化教育	必修2	近代中国经济结构的变动与资本主义的曲折发展	简述鸦片战争后中国经济结构的变动和近代民族工业兴起的史实，认识近代中国资本主义产生的历史背景。	自然经济的逐渐解体 第三单元第9课	了解鸦片战争后，中国沿海地区农村农业结构发生了重大变化，种茶的比重超过粮食。	出示《英国运茶快船"海上贵族号"》图片及1845年福州官员奏折的材料，分析农村产业结构的变化及其影响。
农村发展与可持续城市化教育	必修2	苏联社会主义建设的经验与教训	了解俄国国内战争后苏维埃政权面临的形势，认识战时共产主义政策向新经济政策转变的必要性；列举"斯大林模式"的主要表现，认识其在实践中的经验教训。	从"战时共产主义"到"斯大林模式" 第七单元第20课	①了解"战时共产主义"政策实行余粮收集制，缓解了城市的饥荒，但损害了农民的利益；②了解新经济政策实行粮食税，调动了农民的生产积极性；③了解"斯大林模式"下提高工业产品价格、降低农产品价格，抑制了农民消费，不利于农村发展。	①指导学生阅读列宁评价"战时共产主义"政策的史料，探讨应如何看待这一政策；②引导学生分析新经济政策实行的背景和农业方面的内容及影响；③出示《有关集体农庄的宣传画》，组织学生探究斯大林模式在农业方面的历史功过和历史启示。
农村发展与可持续城市化教育	选修1	商鞅变法	知道春秋战国时期各国改革的基本史实，认识春秋战国时期的时代特征。	风起云涌的改革和变法 第二单元第1课	了解管仲改革"相地而衰征"，根据土地多少和田质好坏征收赋税及李悝推行"平籴法"，防止"谷贱伤农，谷贵伤民"，都是利于农业持续发展的政策。	①引导学生探究春秋战国时期各国变法的根本原因；②引导学生分析"相地而衰征"——根据土地多少和田质好坏征收赋税，对保证粮食产量的积极作用；③引导学生分析"平籴法"如何使粮价稳定，以及它在农业发展中的作用。

续表

主题	内容标准领域 一级	内容标准领域 二级	具体目标	内容示例	与可持续发展教育的结合点	教学提示
农村发展与可持续城市化教育	选修1	王安石变法	归纳王安石变法的主要内容，评价其历史作用。	富国之法 第四单元第2课 积贫局面的改善 第四单元第3课	了解王安石实施"青苗法"，政府贷款或将谷物给农民，使之免受高利贷盘剥，以及农田水利法，兴修水利工程上万处，有利于农业持续发展。	①引导学生分析1059年王安石"因天下之力以生天下之财，取天下之财以供天下之费"的思想；②简述青苗法、农田水利法的内容，组织学生讨论其对于农业发展的作用；③出示《今日的木兰陂》，引导学生分析其抵御海潮，截住淡水河流，灌溉大片农田的作用；④出示《今日的太湖圩田》，引导学生分析圩田的作用。

三、历史学科教学实施可持续发展教育的建议

（一）提出历史教学中值得关注的可持续发展教育的问题

在历史教学中实施可持续发展教育，教师首先要有问题意识，明确什么属于可持续发展教育需要解决的问题，哪些可持续发展教育内容与历史学科有关联，在此基础上辨析该问题的性质，即该问题属于社会、文化、环境、经济哪个领域，并探讨可以用什么历史知识和历史研究方法得以解决，以及将这个问题用于历史教学活动中，可以提升学生何种可持续发展价值观念。

《普通高中历史课程标准》将"从历史的角度去了解和思考人与人、人与社会、人与自然的关系"置于"关注中华民族以及全人类的命运"的高度。因此，历史学科实施可持续发展教育的重要特色是通过总结人类历史发展过程中人与人、人与社会、人与自然之间关系的经验教训，对认识和解决人类可持续发展问题作出其特殊贡献。

高中历史课程采用专题模块教学，各模块有各自的主题和相对完整的知识体系，其所蕴涵的可持续发展教育结合点也各有侧重点。例如，"必修1：政治文明"、"选修2：近代社会的民主思想与实践"、"选修3：20世纪的战争与

和平",主要涉及可持续发展教育社会领域相关专题;"必修2:经济文明"、"选修1:重大改革回眸",主要涉及可持续发展教育环境和经济领域相关专题;"必修3:思想文化"、"选修5:探索历史的奥秘"、"选修6:世界文化遗产荟萃",主要涉及可持续发展教育文化领域相关专题。

(二) 如何制订在历史学科教学中实施可持续发展教育的教学目标

明确教学目标是有效完成教学任务的关键,历史教学目标中融入可持续发展教育的理念有助于学生全面地、辩证地认识人类社会发展的历史,进而学会从历史的角度提出、思考并解决当今的现实问题,逐步确立正确的世界观、人生观、价值观。

1. 针对学生的知识水平和认知规律,确定历史学科实施可持续发展教育的教学目标

《普通高中历史课程标准》关于课程目标的有关规定与可持续发展教育目标在许多方面有着高度的一致性,而"三维"教学目标确定的关键是要符合高中学生的知识水平和认知规律。

例如,在初中历史的基础上,在讲授人教版教材《历史》必修2中的"古代的经济政策"时,可以启发学生归纳初中学习过的历代有利于可持续发展的重要经济政策,包括西汉初年的休养生息政策、唐初的调整统治政策、明初的安养生息政策,分析其缓和民力、与民休息、利于可持续发展的积极意义;同时引导学生分析在重农政策下,为了扩大耕地面积,人为地毁林开荒,围湖造田,导致的环境恶化。从正反两方面认识中国古代经济政策在可持续发展方面的经验和教训。

2. "三维"教学目标确定的方法

在知识与能力方面,应将丰富的可持续发展思想和人们对这一问题的认识作为历史基础知识列入教学目标。例如,中国古代著名思想家的可持续发展思想,老子主张"人法地,地法天,天法道,道法自然",把自然置于高于一切的位置,体现了人与自然和谐统一的思想;庄子的"知天之所为,知人之所为,至矣";《中庸》中的"思知人,不可以不知天"。这些思想均表明人类自古就认识到自己的活动必须遵循自然规律。

在过程与方法方面,应掌握运用历史的眼光,较全面地看待可持续发展的问题的方法。例如,对"代价论"和"技术—财力论"等观点的批判,前者认为生态环境破坏是人类为增长必须支付的代价,后者认为环境污染和生态破坏是不可避免的阶段性现象,随着时间的推移和科技水平的提高,这个问题就会逐步得到解决。事实上的问题是：这种代价由谁来承受？人类并不缺乏对环境进行基本保护的科学技术，为何环境恶化还是在一步步加剧？

在情感、态度与价值观方面，应通过总结人与人、人与社会、人与自然关系中正反两个方面的经验教训，给历史教育注入新的富有时代特点和气息的生态文明价值观等新内涵。例如，人教版教材《历史》必修2中的"经济建设的发展和曲折"一课，教师在教学中可以出示土钢炉的图片和砍伐树木的相关数据，使学生认识到20世纪50年代末，以"大炼钢铁"为中心的"大跃进"运动使资源、森林植被遭到人为的浩劫，同时出示当前宝钢、首钢的工厂景观，对比改革开放后技术改造的措施和效果。

（三）如何挖掘历史学科教学实施可持续发展教育的结合点

1. 挖掘历史学科教学实施可持续发展教育的结合点的方法

依据历史学科的特点，在教学中首先要挖掘出能够将可持续发展教育理念融入历史教学内容的结合点，这个结合点就是人类历史发展中与社会、文化、环境、经济可持续发展相关的问题。例如，人教版教材《历史》必修1中的"抗日战争"一课，从学生既熟悉又陌生的历史事实中，挖掘可持续发展教育的结合点，包括社会领域中的"生命与安全教育"、环境领域中的"环境保护与污染防治教育"，并以充分的史实依据支撑可持续发展教育结合点。

2. 把握串联人类历史可持续发展的线索

在历史教学中实施可持续发展教育，应有意识地将人类历史发展中与社会、文化、环境、经济可持续发展相关的问题放在历史的长河中，从短时段、长时段来分析人类文明发展与自然环境的变迁。只有将若干的可持续发展教育结合点串联成历史发展的线索，才能充分说明二者之间的互动关系，诱导探索，促进学生思维能力、情感品质的发展。例如，人教版教材《历史》必修2中的"古代手工业的进步"一课，西周至北宋时期，我国经济重心从北方转移到南方的原因复杂，从丝绸的主要产地由北方转移到南方来看，则反映出北方生产环境的恶化。

（四）如何开发、利用与历史学科相关的可持续发展教育资源

从历史教学实施可持续发展教育的需要看，课程资源的开发应依据《普通高中历史课程标准》和《北京市中小学可持续发展教育指导纲要》，同时须从学生和社会的实际出发，考虑城乡差异和地区差异，创造性地开发有地方特色的课程资源，进行可持续发展教育。

1. 开发、利用与历史学科相关的可持续发展教育资源的内容

与历史课程相关的可持续发展教育资源，具有客观性、多样性、地域性等特点，需要历史教育工作者根据历史学科特点，进行合理和有效的开发，寻找有价值的课程资源进入历史课程。这些资源主要包括以下四个方面。

一是可持续发展教育项目的经验和成果。这方面的资源因为经过教学实践和理论提升，较为成熟。它包括历史优秀教学设计、活动录像、多媒体课件等多种形式。

二是政府资源。了解学校所在国家、地方政府或相关部门在推进可持续发展方面的需要和政策，有利于将可持续发展教育的指导思想和具体的学校育人目标相结合；了解政府实施可持续发展项目的信息，为学生提供更为广阔的活动空间。

三是社区及学校周边环境。学校周围的自然保护区、世界遗产地、各种自然与人文环境不仅是宝贵的课程资源，同时也是实施可持续发展教育的重要活动场所。充分利用这些资源充实历史教学，有利于培养学生对当地文化传统和多种文化的认同和尊重。

四是书籍资源。除《寂静的春天》《增长的极限》《人类环境宣言》《我们共同的未来》《只有一个地球》等著名文献外，历史学方面与可持续发展相关的研究成果主要集中在环境史方面，如《北京环境史话》（王伟杰等编著，地质出版社，1989）、《自然与权力——世界环境史》（约阿希姆·拉德卡著，河北大学出版社，2004）、《环境史学与环境问题》（梅雪芹著，人民出版社，2004）等。

2. 开发、利用与历史学科相关的可持续发展教育资源的重点

（1）树立课程资源意识

由于受各种条件的限制，目前仍有相当多有价值的课程资源没有能够进入历史教材，现有课程资源也不十分充裕。解决这一问题，需要教师树立课程资源意识，及时留意发现问题，扩展思维。例如，中国古代黄河治理的问题，历朝历代曾无数次治理黄河，我们对此通常是从政治经济角度看待，将其作为政绩加以彰显。事实上，正是人类长期的破坏才导致黄河水患频繁，这也是自然对人类的一种惩罚。

（2）拓展资源使用阵地

教师在教学过程中利用与历史学科相关的可持续发展教育资源，要适当拓展其使用阵地。在国家课程层面，应将侧重点放在对课程实施的过程进行设计，即在完成历史教学任务的基础上，强化并充实可持续发展教育内容，综合渗透可持续发展教育。此外，地方课程和校本课程具有较大的地方特色和灵活性，教师应将目前已成功开发的地方课程与校本课程作为历史学科教学的课程资源充分加以利用。目前与历史学科相关的地方课程与校本课程主要集中在世界遗产、少数民族文化、乡土文化等方面，例如，《我们的世界遗产》（北京市第六十五中学）、《满族知识读本》（北京市怀柔区长哨营满族中学）、《运河文化》（北京市运河中学）、《北京历史与文化》（北京市第一六一中学）等。

（3）掌握资源整合方法

丰富多样的课程资源如何整合在历史教学的各个环节中，是一个提高教学效果，值得教师思考的问题。

在课前的探究活动中，历史学科实施可持续发展教育不是靠简单的说教，而应通过具体历史史实、历史现象，让学生体验和顿悟。例如，人教版教材《历史》必修2中的"第二次工业革命"一课，课前可以由学生分别查阅相关发明的资料，尤其注意查找提高资源利用率、减少污染方面的资料。

在课堂教学中，教师应注意激发学生的学习动机，将教学内容结构网络化，并且保持可持续发展思想、分析方法的前后一致。例如，人教版教材《历史》必修2中的"第二次工业革命"一课，教师在课堂中应重点分析第二次工业革命使人类从蒸汽时代迈入电气时代，是人类社会的巨大进步。新技术、新发明，提高了资源的利用率，减轻了对环境的污染，但汽车的发明和使用等也增加了新的污染。

在课后延伸中，教师应鼓励学生到现实中去亲身感受可持续发展问题的严重性。例如，由于环境的恶化，一些历史遗迹处境令人忧心，其中一部分正在遭受损毁或已经永远消失。与此形成鲜明对照的是，在一些环保工作开展较好的地方，不仅珍贵的历史遗存得到了保护，而且当地的经济也得到了发展。可以让学生收集相关的资料，加以研究、分析，得出自己的看法，以增强爱护环境的自觉意识。

ii 学科教学实施可持续发展教育实践案例

【设 计 者】 北京市第一六一中学　张逸红
【年　　级】 高中一年级
【所用教材】 人教版教材《历史》必修2
【课　　题】 《第二次工业革命》（第二单元第8课）

一、教学背景分析

（一）本课教学目标

※**知识与技能目标**

1. 掌握第二次工业革命发生的背景条件，提高运用历史唯物主义的基本观点分析历史现象的能力。

2. 了解第二次工业革命的主要成就，提高概括能力和表达能力。

※**过程与方法目标**

1. 通过对比两次工业革命，掌握列表对比的方法。

2. 通过分析有关德国治理污染的资料，掌握分析环境史问题、评价环境政策的方法。

※**情感、态度与价值观目标**

1. 加深对"科学技术是第一生产力"的理解，培养积极探索、勇于创新的科学精神。

2. 认识到工业发展所引发的资源和环境等问题，关注技术改进和制度完善对于可持续发展的重要意义。

（二）本课教学重点与难点

※**教学重点**

第二次工业革命的成就。

※**教学难点**

第二次工业革命的特点。

（三）可持续发展教育点及设计思路

※**可持续发展教育点**

环境领域"环境保护与污染防治教育"主题中的从蒸汽时代到电气时代，是人类社会的巨大进步，新技术、新发明，提高了资源的利用率，减轻了对环境的污染，但也增加了新的污染；同时，工业化所引发的污染已引起人们的关注，在20世纪已确立了治理污染的基本模式。

※**渗透可持续发展教育的设计思路**

1. 通过"模拟世博会"的活动，展示第二次工业革命的成就，强调技术的进步提高了资源的利用率，减少了污染。

2. 通过观看图片和录像，探讨两次工业革命引发了哪些工业污染，对人类造成了哪些影响。

3. 通过"个案分析"的活动，以德国为例，了解20世纪初人们如何认识和解决这些工业污染问题，探讨20世纪初已确立的治理污染的基本模式及其对今天的启示。

4. 结合本课有关内容，指导学生思考当前北京发展中所面临的相关问题及采取的措施，如限制汽车使用、首钢搬家、推广节能灯等。

（四）教材分析

科技的发展是人类历史进步的表现，也是历史教学的重要内容之一。本课教材主要包括三方面的内容：人类迈入"电气时代"、垄断组织的出现和世界市场的发展。以上内容涉及第二次工业革命的成就、特点和影响。依据学生的认识水平和发展需要，同时更充分地实施可持续发展教育，本课时选择第一部分，即第二次工业革命的成就和特点进行教学。

（五）教学方法

角色扮演法、讲述法和讨论法。

（六）教学资源开发与利用的基本思路

1. 家庭资源：向家人或邻居询问或查找资料，了解有关推广节能灯、汽车的使用、空气质量、首钢搬家等内容。

2. 网络资源：课前利用网络收集芝加哥世博会及第二次工业革命各项发明的资料等。

3. 书籍资源：《自然与权力——世界环境史》（约阿希姆·拉德卡著，河北大学出版社，2004年）有关德国工业污染治理的史料。

4. 跨学科资源：复习物理、化学课程中有关电磁感应现象、内燃机工作原理、炸药的化学成分及反应方程式等。

二、教学过程

（一）指导预习探究

【内容】第二次工业革命的主要发明。

【预习方式与要求】阅读课文，紧扣各项发明的原理、优点、局限或改进点，提出问题，如电力比蒸汽动力的优越之处在哪里？汽车是如何发展到今天的样子？钢铁工业有何新技术？

【预期效果】学生对第二次工业革命的成就形成初步的认识，并将之与自己的生活相联系，思考其影响。

（二）课堂教学过程

【第一环节】模拟世博会：第二次工业革命的发明（15分钟）

1. 创设情境：出示一张全国地图（见图1），引出展示各国的文化成就和最新的科技成果的世博会。（学生看图。）

图1

图2

2. 模拟世博会（见图2）：组织学生介绍第二次工业革命的主要发明。（学生分别介绍发电机、爱迪生发明电灯、卡尔·本茨发明的汽车、美国莱特兄弟成功研制飞机、诺贝尔研制出较为安全的炸药、钢铁工艺的改进等。）讲汽车的发明时，补充汽车在保障安全、减少污染等方面是如何改进的（见图3）。（学生倾听。）

图3

3. 组织学生讨论：第二次工业革命的新发明在促进人类可持续发展方面具体有哪些贡献？（学生思考、讨论并回答：突出电力是一种优质低廉的新能源，比蒸汽动力更加强劲，更环保；爱迪生发明的白炽灯改变了人们的生活，今天我们又发明了更省电的节能灯；钢铁工艺改进的过程就是提高资源利用率的过程……）

4. 指导学生归纳：请将第二次工业革命的发明按领域进行分类，找出代表性发明。（学生回答：电力、新交通工具、化学工业、电讯事业等，以电力的广泛使用为代表。）

5. 归纳第二次工业革命的特点：从空间上看，多国同时发生；从时间上看，工业化起步较晚的美国南部、德、俄、日等，两次工业革命交叉进行；而科技与生产紧密结合，是第二次工业革命的本质特点。（学生倾听并思考。）

【本环节预期效果】

1. 从学生亲历的奥运会引出世博会，通过模拟世博会的形式，展示第二次工业革命的主要发明。

2. 学生通过讨论，了解第二次工业革命的巨大进步和人类在探索可持续发展方面的技术改进。

【第二环节】 问题探究：第二次工业革命的背景条件（10 分钟）

1. 提问：第二次工业革命得以发生的政治前提是什么？当时世界局势怎么样？（学生回答：资本主义制度在世界范围的确立；世界局势比较稳定。）

2. 小结：19 世纪 70 年代，西方反封建的革命已宣告结束，到"一战"前 40 多年的安定环境，为科技进步创造了很好的社会条件。

3. 提问：第二次工业革命所需的大量资金如何解决？（学生回答：工业革命后资本主义经济迅速发展，以及对亚非拉殖民地的掠夺，为其进行科学研究提供了经济基础。）

4. 提问：市场的情况呢？（学生回答：世界市场初步形成，贸易空前扩大。）

5. 提问：随着市场的不断扩大，哪一个矛盾越来越突出？（学生回答：扩大的市场与较低的生产、运输、通信能力之间的矛盾。）

6. 出示史料并提问：英国科技史专家 W. C. 丹皮尔说："以前时代的大发明中……除了偶然发现所带来的发明之外，需要常在发明之先。但在 19 世纪，我们就看见为了追求纯粹的知识而进行的科学研究，开始走到实际的应用与发明的前面。"（摘自丹皮尔所著《科学史及其与哲学和宗教的关系》）"以前时代"指什么时期？作者认为 19 世纪之前与之后发明的产生有什么不同？（学生回答：第一次工业革命时期。前者"需要在发明之先"或说"需要是发明之母"；后者是自然科学研究成果应用于实践。发明出现的原因不同。）

7. 出示图示（见图 4），分析两次工业革命之间的关系。（学生倾听并思考。）

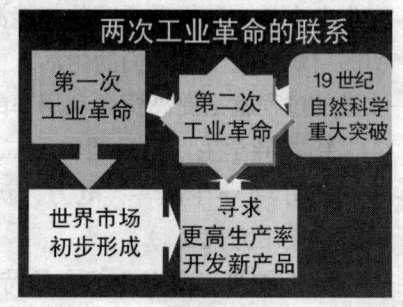

图 4

【本环节预期效果】 通过讨论第二次工业革命发生的背景条件，学生掌握分析技术革命发生的思维框架，认识到科技与生产的结合成为第二次工业革命最突出的特点。

【第三环节】 个案分析：德国治理工业污染的启示（13 分钟）

1. 播放视频并提问：播放短片《工业化给健康和环境带来的影响》，请同学归纳工业化带来了哪些污染问题。（学生回答：废弃物、废水、废气等。）

2. 史料研读：100 年前人们是如何认识和解决工业化带来的污染问题的？请根据材料分析人们所采取的解决方案，并对不同的解决方案进行评价。

材料一：自早期工业化以来，为减轻直接毗邻地区遭受烟雾损害的程度，一个惯常采用的标准手段即增加烟囱的高度。

（学生回答：方案——使用蒸汽机，增加烟囱的高度；评价——该方案只能治标而不能治根，如大量酸性气体对森林的危害。）

材料二：1877年，普鲁士试图严格禁止将未经净化的污水排放到河流中，而以法兰克福为首的城市却根据"河流的自我清洁力"理论最终使这一禁令的实施付诸东流。

（学生回答：方案——工业化、城市化，污水需要净化；评价——措施好但没有实施，说明保护环境需要科学的认识，并要成为人类的共识。）

材料三：1901年，化学家汉斯·威斯利赛努斯将"灰尘折腾、煤烟烦扰、废水问题和烟雾损害"描述为迫切需要"加以严格国家管制"的"我们工业中难以管教的孩子们"。

（学生回答：方案——烟尘、废水等污染伴随工业化而生，国家和政府要管制；评价——观点是对的，强调国际合作，即制定越来越严格的生产和处理工业废弃物的国际公约。）

材料四：1912年，在化学工业的一次行业会议上，拜尔印染厂的老板卡尔·杜依斯贝格疾呼，"上天保佑我们免受帝国废水处理法的约束"。德意志帝国对环境污染最大的问题——碳酸钾工业的终碱液问题的最终解决方案：向生产同类商品的碳酸钾企业发放终碱液许可证，将生产比重分散到各企业。

（学生回答：方案——化学工业中的废水必须经处理；评价——无法处理的限制生产经营与废水排放相结合。）

3.（显示地球的照片）归纳：100多年来，人们逐渐认识到在减少工业污染这一领域，人类必须而且也能够有所作为。我们归纳一下，主要有哪三种途径？（学生回答：开发更清洁的生产流程；废弃物再利用，发展循环经济；立法保障减少废水、废气、废渣等。）

【本环节预期效果】从历史发展的角度，对全球处理工业废弃物的一些做法加深感性认识。

【第四环节】课堂小结（2分钟）

总结：两次工业革命都与近代中国擦肩而过，当前正在努力实现现代化的中国，也面临着经济发展、人口增长、资源、环境等许多问题。世博会第一次在发展中国家举办，告诉世界：我们不会放弃对发明创造的追求，对人类进步的追求；"绿色奥运"告诉世界：我们的发展不能以牺牲环境为代价。

【本环节预期效果】通过联系中国与两次工业革命的关系，呼应导入时引出的世博会，加强历史与现实的联系，深化对可持续发展的认识。

（三）课后延伸

【内容】

1. 调查本校师生的主要出行方式。
2. 查阅第二次工业革命的发明在中国出现的历史。
3. 为"首钢搬家"写一个新闻报道，阐明其原因和意义。

【方式与要求】任选一项完成：调查或上网查阅，形成文字。

【预期效果】三项任务涉及第二次工业革命的内容和影响，使学生既能结合本课新知识，强化可持续发展的理念，又为下节课探究第二次工业革命对人类历史进程的深远影响作准备。

专家点评：

张逸红老师设计的《第二次工业革命》一课在高中历史教学中实施可持续发展教育上进行了有益的探索，其特点有二。第一，教学目标合理、明确。如本课的情感、态度与价值观确定为两个方面：加深对"科学技术是第一生产力"的理解，培养积极探索、勇于创新的科学精神；认识到工业发展所引发的资源和环境等问题，关注技术改进和制度完善对于可持续发展的重要意义，增强可持续发展意识。这样的目标既注意体现课标的要求，又兼顾了可持续发展教育的培养目标。第二，在教学过程中注意体现可持续发展教育的特点。在"模拟世博会"、"问题探究"和"个案分析"三个教学环节中"从历史发展的角度认识资源、环境问题的产生和人们认识并解决它的过程"，体现了教师对如何有效地在历史教学中进行可持续发展教育的理解。

（张 静）

Ⅵ 地　理

i　学科教学实施可持续发展教育指导意见

当代世界人口爆炸、资源短缺、环境退化、发展不平衡等全球性问题对人类前途提出了严峻的挑战，如何处理好人地关系已成为全世界共同的问题，人类社会面临着调整人地关系战略决策的关键时刻。而培养公民特别是青少年关心国内外重大地理问题，了解环境与发展的关系，树立正确的人地观，确立可持续发展意识，是地理教育责无旁贷并能发挥重要作用的阵地。

高中地理课程与九年义务教育阶段地理课程相衔接，是高中阶段学生学习地球科学、认识人类活动与地理环境的关系、初步掌握地理学习和地理研究方法、树立可持续发展观念的一门基础课程。高中地理课程把"引导学生关注全球问题以及我国改革开放和现代化建设中的重大地理问题，弘扬科学精神和人文精神，培养创新意识和实践能力，增强社会责任感，强化人口、资源、环境、社会相互协调的可持续发展观念，形成文明的生活与生产方式"作为时代赋予高中地理教育的使命。贯穿高中地理课程主线的是"人与自然和谐、人与社会（政治、经济、文化等）和谐以及人与自身和谐"，高中地理课程的教学内容与可持续发展教育社会、文化、环境与经济领域均有着直接联系，因此，在高中阶段各学科教学中，高中地理课程是涵盖可持续发展教育内容最多的学科之一，与可持续发展教育内容的关联性最高。

一、用可持续发展教育理念审视地理课程的目标要求

第一，地理课程内容与可持续发展教育内容基本对应。高中地理课程内容的设计以可持续发展观为指导思想，以人地关系为主线，以当前人类面临的人口、资源、环境、发展等问题为重点，分别从"自然地理"、"人文地理"、"区域地理"、"旅游地理"、"自然灾害与防治"等多个角度提供现代公民必备的地理知识，增强学生的地理学习能力和生存能力。这与可持续发展教育关注的社会、文化、环境、经济领域的可持续发展问题有着极强的关联性。

第二，地理课程基本目标要求与可持续发展教育理念基本吻合。高中地理课程强调从生活和学习中发现问题，在活动中创造性地思考问题，提出探究思路；在探究活动中善于与人合作，积极展示、交流活动成果；把正确的地理情感、态度、价值观落实于日常的行为之中。这完全符合可持续发展教育"使每个人认识各自在解决可持续发展问题中的社会角色和责任，鼓励人们自觉参与和推动可持续发展进程，倡导可持续发展的生产、生活和消费方式"，即从生活中来，到生活中去的基本理念。

第三，地理课程结构与可持续发展教育内容结构基本相同。可持续发展教育提倡要具有"全球视野和本地行动"，具有跨学科性和整体性的特征。高中地理课程内容中从自然地理、人文地理、区域地理、旅游地理、自然灾害与防治等不同视角，给学生高中地理学习活动提供了广阔的空间，即尝试运用所学习的自然地理和人文地理的基础知识和基本原理，理解不同区域的地理概貌，分析判断不同区域所面临的人口、资源、环境和发展等重大问题，认识环境与人类活动的相互关系，学会根据一个地区的地理信息，归纳其地理特征，对比其文化差异，关心其环境与发展问题的解决措施等。因此，高中地理课程是兼自然科学和人文社会科学的综合性学科，具有综合性和地域性两个显著特点，其研究范围和内容结构与可持续发展教育吻合。

二、地理课程中与可持续发展教育相关的内容与要求[①]

高中地理课程跨"科学"、"人文与社会"两个学习领域，由必修课程（必修1：宇宙中的地球和自然地理环境、必修2：人类活动与人文地理环境、必修3：区域地理环境与区域可持续发展）和选修课程（选修1：宇宙与地球、选修2：海洋地理、选修3：旅游地理、选修4：城乡规划与生活、选修5：自然灾害与防治、选修6：环境保护、选修7：地理信息技术应用）组成。这些模块的教学内容均与可持续发展教育有直接的关联。

---

① 本部分内容参考《普通高中地理课程标准》、人民教育出版社普通高中课程标准实验教科书（以下简称"人教版教材"）《地理》。

※必修模块
★必修1：宇宙中的地球和自然地理环境
该模块属于地理学中的自然地理范畴，主要回答人类生活在一个什么样的自然环境中的问题，与可持续发展教育的生命教育专题很自然地结合。教师可以引导学生认识安全稳定的宇宙环境对地球的重要性，揭示自然地理环境各组成要素的运动变化规律，以及各要素之间因相互联系、相互作用而形成了自然地理环境的整体性和差异性。通过逐一分析地球上生命物质存在所必要的环境条件以及对人类的影响，学生可以在意识到生命的脆弱而尊重生命的同时，激发更加珍爱地球家园、珍惜地球资源的美好情感和探究地外生命存在可能性的兴趣。

★必修2：人类活动与人文地理环境
该模块属于地理学中的人文地理范畴，即以人类活动为中心，分析人类活动与地理环境的关系，包括人口增长过程、城市化过程、农业和工业地域形成过程、人地关系思想演变等过程，初步探讨人文现象的地理分布、扩散和变化，以及人类活动地域结构的形成和发展规律等内容。围绕人类依托地理环境，教师应开发利用资源，创造多样性的物质和精神文化，营造和谐社会，从而实现可持续发展教育的目标。

★必修3：区域地理环境与区域可持续发展
该模块是在自然地理和人文地理的基础上，以区域这个地理环境中自然和人文要素的综合体为研究对象，从区域可持续发展角度综合分析某个具体区域内环境、生态、自然资源和经济发展，以及区际联系与协调发展。学生在学习某个区域可持续发展的典型案例的过程中，应以区域发展中面临的问题为核心，探究问题产生的原因、过程、结果和对策，除了学习相关区域的地理基础知识外，还应掌握研究区域地理环境和区域可持续发展的方法与途径，提升地理学习能力，增强对国情的关注，树立可持续发展观念和社会责任感。

※选修模块
★选修1：宇宙与地球
该模块属于地理学中的自然地理范畴，是从地理学的理论角度阐释宇宙的演化、天体演化及运动规律，地球自然环境演化和地表形态变化过程的基础知识。学生可以充分理解安全稳定的宇宙环境对地球的重要性，更加珍视人类赖以生存和发展的地球环境。同时，人类对宇宙的探索历程告诉我们，人类对宇宙的认识永无止境，而且是在不断深化的，这可以激发学生探索宇宙奥秘的兴趣，树立辩证唯物主义的宇宙观。

★选修2：海洋地理

该模块从培养学生确立海洋意识出发，使学生学习有关海洋的基础知识，认识海洋资源对于人类文明进步的重要意义，重视海洋资源的开发和海洋环境的保护，懂得维护国家海洋权益和建立国际海洋新秩序。随着人类与海洋的关系越来越密切，海洋环境问题对人类生产和生活的影响也越来越大。加强对海洋自然灾害的预测，减少灾害带来的损失，重视海洋环境保护，对更好地开发利用海洋资源有着重要意义。

★选修3：旅游地理

该模块应用地理学科理论来认识我们日常生活中的旅游活动，涉及对世界自然和文化遗产及其价值的认识；正确理解旅游业对经济、社会和文化发展的作用；关注旅游安全及防范措施；辩证地看待旅游活动对地理环境的积极和消极影响等方面的问题。旅游活动属于人类活动的范畴，本着人地协调可持续发展的原则，在旅游活动中应该做好环境保护立法、环境规划、生态环境建设、社区和文物的建设和保护、环境教育，使旅游者养成环境保护习惯。

★选修4：城乡规划与生活

该模块始终围绕人与地理环境相和谐这一主线，应用地理学科的基础知识，阐述城乡规划的基本原理、城市与乡村的地理分布规律以及人类活动与城乡建设的协调关系。要实现城乡的可持续发展，人类首先应树立科学的环境生态保护观念，把保护城乡的特色景观和传统文化作为重要内容，还应该注意协调城乡规划与人的关系，做到既保护城乡的生态环境，又促进区域可持续发展。

★选修5：自然灾害与防治

该模块以人地相互作用的辩证关系为主线，一方面通过展现自然灾害对人类社会的危害，引导学生认识自然灾害的不同类型，分析其形成原因和掌握分布规律；另一方面提示人类应该发挥主观能动性，不断地学习前人在实践中与自然灾害作斗争中积累下来的宝贵经验，并且积极地利用现有的先进技术对自然灾害进行有效防御，逐步培养防灾和减灾的意识，实现防灾和减灾的目标。

★选修6：环境保护

该模块要求学生基于人地关系协调的观点，从地理学科角度学习有关环境保护的知识，认识人类与环境的关系，帮助学生了解可持续发展思想的形成过程，理解全球关注的人口、资源、环境问题与可持续发展之间的关系，同时展现人类不断进步的环境观。当前环境问题产生的根源是人口的过度增长造成了人类无限的需求与地球有限的资源储量和有限的环境容量之间的矛盾。人类只有积极行动起来，协调解决人地之间尖锐的矛盾，人类赖以生存的环境才能保护，发展才能可持续。

★选修7：地理信息技术应用

该模块在地理学中属于技术层面，包括遥感技术、全球定位系统、地理信息系统以及数字地球技术等内容。地理信息技术广泛地应用在交通、旅游、导航、军事、资源勘探、防灾减灾以及环境保护等领域中，使人类能够快速地捕捉、监测、描述和表达自然演化过程和社会经济发展过程，使虚拟和模拟现实世界成为可能，从而赢得预报和预测的时间。

（一）社会领域

主题	内容标准领域	具体目标	内容示例	与可持续发展教育的结合点	教学提示
生命与安全教育	宇宙中的地球	描述地球所处的宇宙环境，运用资料说明地球是太阳系中一颗既普通又特殊的行星。	宇宙中的地球：存在生命的行星 必修1第一章第一节	能够从宇宙的视角透视人类安全。	可组织学生参观北京天文馆进行现场教学，或指导学生收集人类探索地外智慧生物存在的资料，引导学生思考生命存在的条件及其对人类安全的影响。
		阐述太阳对地球的影响。	太阳对地球的影响 必修1第一章第二节	能够认识太阳活动对人类安全与生活的影响。	可引导学生收集近期有关太阳活动等新闻报道，思考太阳活动对人类安全的影响。
	宇宙	①根据图表，概括恒星演化的主要阶段及其特点；②举例说出人类探测宇宙的历程、意义及保护宇宙环境的重要性。	恒星的一生和宇宙的演化 选修1第一章第三节	能够从宇宙的视角透视人类安全。	可播放天体演化、宇宙与人、神奇的地球等主题的影像资料，引导学生收集有关地外文明、天体撞击的资料，思考宇宙安全对人类安全的影响。

续表

主题	内容标准领域	具体目标	内容示例	与可持续发展教育的结合点	教学提示
生命与安全教育	旅游设计	说明地形、气候、水文等条件与旅游安全的关系，以及应采取的防范措施。	设计旅游活动：保证旅游安全 选修3第五章第一节	注意参加旅游活动时的安全问题，懂得珍惜、热爱生命。	可指导学生设计全班或小组旅游方案，并讨论旅游时应当采取的安全措施。
公民权利与责任教育	人类与地理环境的协调发展	根据有关资料，归纳人类面临的主要环境问题；认识在可持续发展过程中，个人应具备的态度、责任。	人地关系思想的演变：直面环境问题 必修2第六章第一节	增强关心和爱护环境的社会责任感，养成良好的行为习惯。	①可指导学生针对本地某一突出的环境问题，开展调查，并分析其产生的原因及危害；②可指导学生举行"保护环境，从我做起"主题班会，制订本班爱护环境的守则，并参与宣传环境保护的活动，为改善本地环境做力所能及的事。
		①领悟走可持续发展之路是人类的必然选择；②举例说明协调人地关系的主要途径。	中国的可持续发展实践：公众的支持和参与 必修2第六章第二节	增强个人在可持续发展行为上的态度和责任。	可指导学生联系日常生活集思广益，交流个人能够采取的有益于可持续发展的行动，如开展家庭节能减排调查，提出个人和家庭可持续发展的措施，介绍家庭节能减排经验和家庭废物利用等，在班级中进行交流、展示。
	环境保护	明确个人在环境保护中应具备的态度、责任和行为准则。	公众参与 选修6第五章第三节	明确个人在环境保护中应具备的态度、责任和行为准则。	可指导学生围绕环保主题进行调查问卷，对调查获得的数据进行分类统计，公布调查结果，并展开讨论，达成共识。
和谐社会教育	自然地理环境中的物质运动和能量交换	运用示意图，说出水循环的过程和主要环节，说明水循环的地理意义。	自然界的水循环 必修1第三章第一节	理解建立人类与赖以生存的自然地理环境之间和谐关系的重要性。	可运用自然界水循环示意图，给学生讲解人类对水循环环节施加影响适度和过度所造成的不同结果。

续表

主题	内容标准领域	具体目标	内容示例	与可持续发展教育的结合点	教学提示
和谐社会教育	人口与城市	辨别"环境承载力"、"人口合理容量"的概念。	人口的合理容量 必修2第一章第三节	理解环境承载力与人口合理容量所反映的人地关系，树立正确的人口观。	可通过引导学生读图分析，明确环境人口容量是最多能够养活的人数、人口的合理容量是能够养活好的人数。
	人类与地理环境的协调发展	①了解人地关系思想的历史演变； ②概述可持续发展的基本内涵； ③举例说明协调人地关系的主要途径。	人地关系思想的演变：人地关系历史回顾、走向人地协调——可持续发展 必修2第六章第一节	了解人地关系思想的演变及可持续发展概念的基本内涵。	①可指导学生通过身边实例，如对"过度捕捞"的分析，概括可持续发展的定义及原则； ②可指导学生联系本地实际，撰写一篇有关人地协调的小论文，并展示交流，了解人地关系思想的演变。
	区域可持续发展	以某区域为例，分析该区域存在的主要问题，诸如水土流失、荒漠化等发生的原因，了解森林或湿地等开发利用存在的问题，了解其危害和综合治理与保护措施。	为什么停止开发"北大荒" 必修3第二章问题研究	了解人类在发展过程中与自然环境之间的不和谐因素，懂得可持续发展的重要意义。	可指导学生收集三江平原从"北大荒"到"北大仓"再到"北大商"的发展变化，讨论"中国东北地区过去、现在和未来——东北农业的可持续发展"。
	自然灾害概述	运用资料，说明人类活动对自然灾害的影响。	人类活动对自然灾害的影响 选修5第一章第三节	了解在人类发展过程中人与自然环境之间的不和谐因素与发生自然灾害的关系。	可指导学生收集近年来我国某种自然灾害的资料，绘制其地理分布简图，解释其形成原因，并说出我国已采取的防灾、减灾措施。

（二）文化领域

主题	内容标准领域	具体目标	内容示例	与可持续发展教育的结合点	教学提示
中华优秀传统文化与世界遗产教育	旅游资源的类型与分布	在地图上指出我国的"世界文化与自然遗产"，举例说出其重要价值。	我国的旅游资源 选修3第二章第三节	了解旅游资源中世界遗产的主要特征及其保护过程中出现的问题，并能够围绕世界遗产保护提出一些合理化建议。	可指导学生收集莫高窟、日月潭、秦始皇陵兵马俑、周庄、泰山、曲阜（孔庙、孔林、孔府）等中国著名旅游胜地和世界遗产的各种资料，并在班级进行展示交流。
	旅游景观的欣赏	运用资料，举例描述中外著名旅游景区的景观特点，并从地理角度说明其形成原因。	中外著名旅游景观欣赏 选修3第三章第三节		可指导学生收集中外著名旅游景观和世界遗产资料，让学生在班内结合自己的旅游经历，交流欣赏旅游景观的体验。
	城乡合理布局和协调发展	举例说明在城乡发展过程中，为了保护特色景观和传统文化所应采取的对策措施。	城乡特色景观与传统文化的保护 选修4第二章第三节		可指导学生选择一个熟悉的城市，讨论该城市的文化特色，以及如何保护城市文物和历史文化。
文化多样性教育	人口与城市	联系城市地域的有关理论，说明不同规模城市服务功能的差异。	不同等级城市的服务功能：德国南部城市等级体系的启示、荷兰圩田居民点的设置 必修2第二章第二节	尊重地域文化的多样性，有跨文化学习理解的意识。	可指导学生收集资料，对比上海市、德国南部城市、荷兰圩田居民点等不同规模城市的地区差异，说明地域文化对人口或城市等级、服务范围、服务功能的影响。
	产业活动与地域联系	①分析农业区位因素，举例说明主要农业地域类型特点及其形成条件；②分析工业区位因素，举例说明工业地域的形成条件与发展特点。	以种植业、畜牧业为主的农业地域类型 必修2第三章第二、第三节； 传统工业区与新工业区 必修2第四章第三节	理解地域差异显著的农业生产活动、工业生产活动以及聚落形态所带来的文化多样性。	可指导学生结合所学知识，判断本地农业地域类型和工业地域类型，理解地域文化多样性及其形成条件。

续表

主题	内容标准领域	具体目标	内容示例	与可持续发展教育的结合点	教学提示
文化多样性教育	旅游资源的类型与分布	简述旅游资源的内涵，运用资料说明旅游资源的多样性。	旅游资源的分类与特征——旅游资源的特性 选修3第二章第一节	在分析旅游资源特征的同时，理解世界文化的多样性与差异性。	可指导学生收集世界和中国旅游景区所反映的文化多元性与差异性的各种资料，并对比金字塔和秦始皇陵兵马俑、长城等世界遗产的历史文化价值，在班级进行展示交流。
文化多样性教育	旅游景观欣赏	运用资料，举例描述中外著名旅游景区的景观特点，并从地理角度说明其形成原因。	中外著名旅游景观欣赏 选修3第三章第三节	欣赏、对比并理解不同地域文化的旅游景观。	可指导学生收集在世界和中国各旅游景区游览的游记、摄影作品、旅游纪念品等资料，在班级进行展示交流。

（三）环境领域

主题	内容标准领域	具体目标	内容示例	与可持续发展教育的结合点	教学提示
环境保护与污染防治教育	自然地理环境中的物质运动和能量交换	运用图表说明大气受热过程。	为什么市区气温比郊区高 必修1第二章问题研究	探究身边气候变化产生的原因以及解决措施。	可指导学生联系实际探究城市热岛效应的成因以及这种环流对大气污染物的扩散产生的影响；思考应该如何避免这种影响，可以采取哪些措施减弱城市热岛效应。
环境保护与污染防治教育	自然地理环境中的物质运动和能量交换	运用地图，归纳世界洋流分布规律，说明洋流对地理环境的影响。	大规模的海水运动：洋流对地理环境的影响 必修1第三章第二节	理解洋流对环境污染的影响及解决措施。	可指导学生收集洋流对海洋污染影响的资料，课上交流。

续表

主题	内容标准领域	具体目标	内容示例	与可持续发展教育的结合点	教学提示
环境保护与污染防治教育	生产活动与地域联系	结合实例说明农业或工业生产活动对地理环境的影响。	人地关系的思想演变：人地关系的历史回顾 必修2第六章第一节	了解人类经济活动（工农业生产活动等）对地理环境产生的影响。	可组织一次环保实践活动，如参观自然保护区、生态农业园区、清洁生产工厂、污水处理厂等，并联系实际，指导学生撰写一篇如何治理某一环境问题的小论文（观后感），并以地理小报等形式展示交流。
	区域可持续发展	以某区域为例，分析该区域存在的主要问题，如水土流失、荒漠化等，了解开发利用森林或湿地等存在的问题，了解其危害和综合治理保护措施。	荒漠化的防治——以我国西北地区为例 必修3第二章第一节 / 森林的开发和保护——以亚马孙热带林为例 必修3第二章第二节	了解区域经济发展对地理环境的影响及应对措施。	可指导学生调查家乡一片荒废（或利用不合理）的土地，探讨这片土地荒废（或利用不合理）的原因。思考：如果这片土地让你来规划开发，你将作何打算？为什么？
		以某流域为例，分析该流域开发的地理条件，了解该流域开发与综合治理的措施。	河流的综合开发——以美国田纳西河流域为例 必修3第三章第二节		可指导学生调查本地流域的环境状况，以小组为单位讨论该流域自然资源的综合开发与利用，以及保护与治理的措施。
	旅游与环境保护	举例说明旅游开发过程中的环境保护措施。	旅游开发中的环境保护 选修3第四章第二节	了解旅游开发中的环境问题、旅游环境容量及旅游环境保护。	①可指导学生以本地一个著名旅游区的开发为例，展开讨论，分析旅游开发中采取了哪些环境保护措施，还存在哪些问题，并对旅游区的进一步发展提出合理建议；②可指导学生结合本地实际进行一次生态旅游的专题讨论会。

续表

主题	内容标准领域	具体目标	内容示例	与可持续发展教育的结合点	教学提示
环境保护与污染防治教育	城乡发展与城市化	举例说明城市环境问题的成因与治理对策。	城市化与城市环境问题 选修4第一章第二节	了解城市化进程中产生的环境问题的成因与治理对策。	可指导学生选择一个熟悉的城市，讨论该城市存在的城市环境问题，并提出具体的解决建议。
	生态环境问题与生态环境保护	读图说出我国不同区域的主要生态环境问题。	中国生态环境问题及其防治途径 选修6第四章第五节	针对某一生态环境问题，说出生态环境保护的主要措施及其作用。	①可指导学生针对本地区某一突出的环境问题开展调查，并分析其产生的原因及危害；②可组织一次环保实践活动，如参观自然保护区、生态农业园区、清洁生产工厂、污水处理厂等，写一篇观后感。
自然灾害预防教育	自然地理环境对人类活动的影响	以某种自然灾害为例，简述其发生的主要原因及危害。	常见天气系统：台风、寒潮及其危害 必修1第二章第三节	了解自然灾害的成因、危害及减灾和防灾的措施。	可指导学生针对本地经常发生的自然灾害，成立课外监测小组，制订计划，开展活动。
	地理信息技术的应用	结合实例，了解遥感（RS）在资源普查、环境和灾害监测中的应用。	地理信息技术在区域地理环境研究中的应用：遥感（RS）必修3第一章第二节	了解自然灾害预防的信息技术手段。	可指导学生收集遥感（RS）在资源普查、环境和灾害监测中的应用案例，如在1998年长江流域抗洪中的应用。
	海洋和海岸带	简述厄尔尼诺、拉尼娜现象及其对全球气候的影响。	厄尔尼诺和拉尼娜现象 选修2第四章第二节	了解自然灾害的成因、危害及减灾和防灾的措施。	可指导学生收集相关资料，围绕"厄尔尼诺现象利与弊"的辩题，运用材料，开展辩论。
	自然灾害概述	①结合实例，简述自然灾害的主要特点；②运用地图说明世界主要自然灾害带的分布。	主要自然灾害的形成与分布 选修5第一章第二节		可指导学生收集本地区有关自然灾害前兆的谚语，以及防灾减灾的有效方法，并在全班进行交流。

续表

主题	内容标准领域	具体目标	内容示例	与可持续发展教育的结合点	教学提示
自然灾害预防教育	自然灾害与环境	①比较同一自然灾害成灾的地域差异；②概述我国自然灾害多发区的自然环境特点。	中国自然灾害的特点 选修5第二章第一节	了解我国自然灾害的特点及自然灾害与人类活动的关系。	可组织以"自然灾害与我们"、"自然灾害与环境"、"自然灾害与高科技"等为主题的演讲比赛。
	我国的主要自然灾害	在地图上指出我国主要自然灾害的区域分布	中国的地质、水文、气象、生物灾害 选修5第二章第二节至第五节	了解我国常见的自然灾害的分布与防灾减灾措施。	可指导学生收集近年来我国某种自然灾害的资料，绘制其地理分布简图，解释其形成原因，并说出我国已采取的防灾减灾措施。
	防灾与减灾	举例说明地理信息技术在自然灾害预测、监测和评估中的作用。	自然灾害的监测与防御 选修5第三章第一节	了解自然灾害预测、监测和评估中的信息技术手段。	可指导学生收集地理信息技术在自然灾害监测和防御中的应用案例，如在西南特大干旱、四川汶川地震等重大灾害中的应用。
		以一两种自然灾害为例，列举适当的应对方法与应急措施。	自然灾害的求援与求助、自然灾害中的自救与互救 选修5第三章第二、第三节	掌握在自然灾害发生时的应对措施。	①可指导学生配合"世界防灾日"出一期板报；②可指导学生结合当地实际，讨论在日常生活中如何应对突发性灾害，并以某自然灾害为背景开展模拟救援学习。

（四）经济领域

主题	内容标准领域	具体目标	内容示例	与可持续发展教育的结合点	教学提示
循环经济与绿色消费教育	人类与地理环境的协调发展	领悟走可持续发展之路是人类的必然选择；认识在可持续发展过程中，个人应具备的态度和责任。	中国的可持续发展实践：河南某酒精总厂的清洁生产、北京留民营的生态农业 必修2第六章第二节 绿色食品知多少 必修2第六章问题研究	了解清洁生产——循环经济的生产模式。	①可组织学生参观生态农业园，了解生态农业与我们生活的关系； ②可联系本地实际，组织学生讨论某工厂对地方经济的带动作用，以及所造成的环境污染，进而提出改进措施。
	区域可持续发展	以某区域为例，分析该区域能源和矿产资源的合理开发与区域可持续发展的关系。	能源的开发——以我国山西省为例 必修3第三章第一节	理解区域自然条件的改造与区域自然资源的开发利用的意义。	可指导学生收集图文资料，分组讨论：如何评价山西能源基地建设的条件？能源和矿产资源的开发与山西省的可持续发展有着怎样的关系？
	区域地理环境与人类活动	举例说明产业转移和资源跨区域调配对区域地理环境的影响。	资源的跨区域调配——以我国西气东输为例、产业转移——以东亚为例 必修3第五章第一、第二节	区域经济发展必须加强与其他区域的联系。	可开展一次模拟活动，如"南水北调"工程中调出区居民与调入区居民的对话，要求学生扮演角色，交流看法。
	旅游与环境保护	举例说明旅游开发过程中的环境保护措施。	参与旅游环境保护：做个生态旅游客 选修3第五章第二节	倡导绿色消费，积极参与旅游环境保护。	可结合本地实际，组织一次关于生态旅游的专题讨论会。

续表

主题	内容标准领域	具体目标	内容示例	与可持续发展教育的结合点	教学提示
循环经济与绿色消费教育	资源问题与资源的利用保护	结合实例，说明人类对可再生资源不合理利用所造成的问题，以及保护、合理利用的成功经验。	可再生资源的合理利用与保护 选修6第三章第三节	了解可再生资源的种类及开发利用可再生资源的途径。	可组织一次环保实践活动，如参观自然保护区、生态农业园区、清洁生产工厂、污水处理厂等，写一篇观后感。
农村发展与可持续城市化教育	人口与城市	运用实例，分析城市的空间结构，解释其形成的原因。	城市内部空间结构 必修2第二章第一节	弘扬并传承城市文化特色，形成各自的"城市符号"、"城市标志"。	可指导学生收集所在城市不同时期的地图、照片，或进行走访，讨论城市的变化和城市文化的特色，交流避免"千城一面"的主要途径和感想。
		联系城市地域的有关理论，说明不同规模城市服务功能的差异。	不同等级城市的服务功能：城市不同等级 必修2第二章第二节	了解不同等级城市的特点、可持续城市化过程中出现的问题及对策。	可指导学生收集资料，对比不同规模城市服务功能和范围的差异，归纳城市规模的扩大对区域可持续发展的影响。
		运用有关资料，概括城市化的过程和特点，并解释城市化对地理环境的影响。	城市化 必修2第二章第三节 从市中心到郊区，你选择住在哪里 必修2第二章问题研究		可指导学生通过调查、采访、文献检索与文献综述等方法，对本地城市化进程和其中的问题进行探究性学习，提出合理建议，并交流展示研究成果。
	产业活动与地域联系	结合实例说明农业或工业生产活动对地理环境的影响。	家乡农业园区会是什么样 必修2第三章问题研究	理解农业可持续发展的重要意义及现代农业持续发展的方法与途径。	可组织参观本地特色农业生产基地，如昌平小汤山、海淀四季青特色农业基地等，并交流对家乡农业可持续发展的观后感。

续表

主题	内容标准领域	具体目标	内容示例	与可持续发展教育的结合点	教学提示
农村发展与可持续城市化教育	区域可持续发展	以某区域为例，分析农业生产的条件、布局特点和问题，了解农业持续发展的方法与途径。	区域农业发展——以我国东北地区为例 必修3第四章第一节	理解农业可持续发展的重要意义及现代农业持续发展的方法与途径。	可组织学生对北京市观光农业点进行实地考察，并结合所学知识，判断我国东北地区、华北地区、长江三角洲、珠江三角洲及本地的农业地域类型，并分析其形成条件和发展方向。
		以某经济发达区域为例，分析该区域工业化和城市化的推进过程，以及在此过程中产生的主要问题，了解解决这些问题的对策措施。	区域工业化与城市化——以我国珠江三角洲地区为例 必修3第四章第二节	理解可持续城市化的重要意义及可持续城市化过程中出现的问题及对策。	可指导学生结合学校所在地区的城镇建设实际，讨论城市化过程对于区域发展的推动作用，以及应当注意的问题。
		以某区域为例，分析该区域存在的环境与发展问题，了解其危害和综合治理与保护措施。	我的家乡怎么发展 必修3第四章问题研究	能够结合所在地区的自然、经济、社会发展和生态环境等方面的实际，为家乡环境与发展出谋划策。	①可指导学生围绕家乡发展问题，开展乡土地理野外考察和社会调查，提出合理建议； ②可通过班级或小组讨论，就家乡某一方面的发展提出设想。
	地理信息技术的应用	运用有关资料，了解地理信息系统（GIS）在城市管理中的功能。	地理信息技术在区域地理环境研究中的应用：地理信息系统（GIS） 必修3第一章第二节	地理信息系统（GIS）在城市管理中的功能。	可指导学生用电子地图（网络或光盘形式），查询城镇、交通、旅游等信息。

续表

主题	内容标准领域	具体目标	内容示例	与可持续发展教育的结合点	教学提示
农村发展与可持续城市化教育	城乡分布	说明城乡规划对于城乡可持续发展的意义。	城镇布局与协调发展 选修4第二章第二节	说明城乡规划对于城乡可持续发展的意义。	可依据所在区域城市和乡村的实际情况，组织学生挑选下列某个主题进行一次课外调查，如城乡之间的人员流动情况、土地资源的使用现状、城市与乡村之间的物质和能量流动情况等，根据调查结果写出调查报告，并向有关部门提出建设性的建议。
	城乡规划		城乡规划的内容及意义 选修4第三章第一节		可指导学生运用有关资料，进行一次城乡规划的模拟练习。可把全班学生分成几个小组，分别提交规划方案，开展比较评价。
	数字时代与地理信息技术	根据有关资料，简述地理信息技术在现代生产、生活中的意义。	地理信息技术的发展与应用 选修7第一章第二节	了解地理信息技术在进行城乡规划设计中的应用。	可指导学生在网上搜索有关3S应用和数字地球的资料，撰写文章，畅想数字化生存方式。

三、地理学科教学实施可持续发展教育的建议

（一）如何明确地理学科教学实施可持续发展教育的教学目标定位

20世纪90年代以来，国际地理课程目标的定位更趋完善，越发注重学生知识、技能、情感、态度与价值观的均衡发展，其中更侧重于地理技能与能力的培养以及情感、态度与价值观的养成。在科学发展观的指导下，在地理课程中实施可持续发展教育，能够使可持续发展教育找到落脚点，以更高站位引领21世纪地理教育改革。由此，在教学前明确在地理课程中实施可持续发展教育的目标，是一个重要前提。

依据高中地理课程目标与内容，高中地理课程实施可持续发展教育的目标

可设定为：在衔接义务教育地理实施可持续发展教育的基础上，从培养未来公民可持续发展素养、国际视野的站位上，以高中地理课程内容为载体，引导学生系统学习有关人口、资源、环境和区域发展、文化多样性等方面的知识；通过探究性（研究性）学习、合作学习等多种学习方式，充分调动学生自主学习的积极性，提高运用地理知识、技能解决可持续发展实际问题的能力，以利于学生正确认识人地关系，树立可持续发展价值观，并形成可持续发展的生活方式和行为习惯。

课程标准中的教学目标一般表述为知识与技能、过程与方法、情感态度与价值观三个方面，但在实施过程中它们是一个不可分割的有机整体，而始终贯穿这一整体的就是人类与地理环境的和谐可持续发展。

（二）如何在地理课程中建立可持续发展教育的内容体系

高中地理课程由"必修"与"选修"课程组成。"必修"课程的三个模块涵盖了现代地理学的基本理论和应用实践，体现了自然地理、人文地理和区域地理的联系与融合；"选修"课程的七个模块涉及了地理学与人们生产生活密切相关的七个领域，凸显地理学的学科特点与应用价值，以利于开阔学生的视野，进一步提高学生的科学精神与人文素养。

高中地理课程系统地从社会、文化、环境和经济四大领域，构建了比较完整的可持续发展教育内容体系，从而使其与可持续发展教育很好地实现对接，并使形成可持续发展观的高中地理课程具备了一个活的灵魂，凸显了可持续发展教育价值观的形成和地理学科特色。本指导意见仅对必修课程和选修课程中的可持续发展教育内容体系进行梳理与构建，列举了一些典型示例，教师可在此基础上进一步将地理课程与可持续发展教育内容的交集部分进行充分挖掘，将地理学科实施可持续发展教育的优势发挥到极致。

1. 在地理课程中实施可持续发展教育的首要任务

从地理课程标准的要求出发，根据教师自身对可持续发展教育理念不断深入的认识，结合本指导意见初步构建的地理课程中可持续发展教育内容体系（四个领域九个主题的结合点和教学建议），深入挖掘与总结提炼地理课程内容与可持续发展教育内容的显性和隐性结合点，进行系统归纳和整理完善，构建更为完整的可持续发展教育内容体系，实现将可持续发展教育与地理教学的有机融合。

2. 在地理课程中实施可持续发展教育的基本原则

情感、态度与价值观的形成需要一个过程，为了保证在地理课程中有效地实施可持续发展教育，教师应本着贴近学生、准确定位、系统设计、循序渐进等原则进行教学实践。

首先，教师应遵循"从学生实际出发"的原则。可以通过与学生交流或问卷调查等形式，了解学生的兴趣点、特长、已有知识和能力、认识水平等方面的信息，既可以将其作为选择具体教学内容的依据，又可以创造机会使学生的特长得以展现。

其次，教师应遵循"有利于学生发展"的原则。教师选择的教学内容应具有多样性、层次性和拓展性，使学生能够根据自身的知识水平和发展点有兴趣地选择主题进行探究，在教师的引导下，充分调动学生的主观能动性。

再次，教师应遵循"学生可操作性"的原则。应关注教学内容在实际操作上的可能性，教学用具、教学设施、教学场地、组织方式等方面，应以学生能感受到、接触到的身边事物作为基准点，如可以随时观测的月相、天气，可以随时触摸的食品、学习用具，可以随时视听的校园文化、路上见闻、报刊新闻等。只要深刻挖掘校园中、生活中能与学科教学相关的内容作为学生探究学习的对象，相信一定会收到很好的教学效果。

3. 选择地理教学内容与可持续发展教育的结合点

教师应根据学校、学生和自身的实际情况和发展需要，从可持续发展教育的视角选择主题，进行目标明确的可持续发展教育实践。例如：

●自然地理部分探究地球生命物质存在条件和探测宇宙演化历程，了解地球所处的宇宙环境及其意义，理解保护宇宙环境的重要性，与可持续发展教育社会领域的"生命与安全教育"主题联系密切；

●人文地理部分探究地理环境可持续发展中公平性、持续性和共同性原则，实现可持续发展的重要途径——民众的积极参与，与可持续发展教育社会领域的"公民权利与责任教育"主题联系密切；

●自然地理部分探究尊重"自然环境中的物质运动和能量交换"规律，理解遵循自然规律办事是协调人地关系的主要途径，与可持续发展教育社会领域的"和谐社会教育"主题联系密切；

●人文地理部分探究分析"城市功能分区和形成的原因"的共性规律时，注重避免"千城一面"的主要途径是弘扬和传承城市文化特色，形成各自的"城市符号"、"城市标志"等，与可持续发展教育文化领域的"中华优秀传统文化及世界遗产教育"主题联系密切；

●人文地理部分探究地域差异显著的人类农业生产活动、工业生产活动以及聚落形态所带来的文化多样性，与可持续发展教育文化领域的"文化多样性教育"主题联系密切；

● 自然地理、人文地理和区域地理部分从不同的角度探究环境问题（环境污染——大气污染、水体污染、固体废弃物污染、噪声污染、光污染和放射性污染等，生态环境破坏——土地荒漠化、土地退化和盐碱化、水土流失、森林和草地破坏等）的产生原因、主要表现及解决措施，与可持续发展教育环境领域的"环境保护与污染防治教育"主题联系密切；

● 自然地理、区域地理和自然灾害与防治部分分别从不同层面探究自然灾害——地震、泥石流、滑坡等地质灾害，热带气旋、寒潮、干旱、暴风雨（雪）等气象灾害，洪涝、凌汛、海啸、风暴潮等水文灾害，病害、虫灾、鼠灾等生物灾害——带来的主要危害、形成原因及减轻和预防的措施，与可持续发展教育环境领域的"自然灾害预防教育"主题联系密切；

● 人文地理、区域地理和旅游地理部分均在探究人类生产活动中生态农业、清洁生产、区域经济可持续发展、绿色消费等内容，与可持续发展教育经济领域的"循环经济与绿色消费教育"主题联系密切；

● 人文地理、区域地理部分在探究乡村和城市，以及农业生产活动、城市化、工业化，与可持续发展教育经济领域的"农村发展与可持续城市化教育"主题联系密切。

（三）如何选择在地理课程中实施可持续发展教育的操作方式

中国可持续发展教育（ESD）项目十多年的成功实践经验之一是：根据学校与教师的需求，将可持续发展教育融入基础教育的突破口，放在对"各学科教学中实施可持续发展教育"与"教育活动中实施可持续发展教育"进行系统设计与持续研究实践。其中在"主体探究—综合渗透"教学模式及"主体探究—关注社会—合作体验—知行并进"活动模式的指导下，形成了较为成熟的教学操作要点。

地理教学变革强调改变学生被动接受的学习方式，促进学生主动和富有个性地自主性学习。在地理学科教学中实施可持续发展教育，可以借鉴中国可持续发展教育项目的成功经验，将其迁移至地理教学中，在促进地理课堂教学方式的变革中作出新的探索，并注意以下三点。

第一，"主体探究—关注生活"——从地理课程标准出发选择地理学科的主干知识，同时根据学生的实际情况设计问题，选择贴近学生生活实际的问题。例如，联系学生身边的事物、生活实际，选择学生感兴趣的话题作为切入点，以拉近问题与学生之间的距离，激发学生自主学习的兴趣，落实地理课程标准中从生活中发现问题的要求。

第二,"主体探究—关注社会"——从身边的校园、生活的社区里发生的事件开始,再延伸到乡土、中国和世界,引导学生关注人口、资源、环境、社会、经济、文化等热点问题,关注这些问题的基本概念、形成原因、发展变化、前景对策等;引导学生针对学校所在社区的自然环境和人文环境特点,以专题探究性学习的方式开发,使之成为地理课程资源;在能力培养方面,注重培养学生探究能力、社会实践能力;从情感、态度与价值观方面培养学生形成批判性的思维方式,能够独立表达自己见解的能力。

第三,"主体探究—注重合作"——在学生自主学习和探究的过程中,应注意给学生在学科知识的拓宽、学习能力的发展上留有足够的合作学习和活动的空间,并努力创设条件,形成有利于学生体验探究学习、合作学习的情境和氛围;可根据地理教材选择适宜实施可持续发展教育的知识点,系统地设计实施可持续发展教育的方案。

基于地理学科文理交叉的特点,应积极开展地理学科与其他学科相结合的跨学科实施可持续发展教育的探索,这将是实现资源整合,创造性实施可持续发展教育的重要方式。

此外,地理课程还可以与专题教育结合实施可持续发展教育。例如,依据北京市实施教育部《普通高中课程方案(实验)》的课程安排指导意见,保证专题教育课的开设,建议"环境与可持续发展专题教育"安排在高二年级第二学期,与地理课程结合(增加8学时),这是北京市推进可持续发展教育的有效方式。我们要充分利用北京市中小学《环境与可持续发展教育》教材,而其中的"北京交通拥堵的出路在哪里?"、"电子废弃物到哪里去?"、"都市型现代农业"、"走进循环经济"、"中国芯"等课例也为地理课程本身提供了许多翔实的资料,不但丰富了地理教学的内容,而且也促进了地理教学方式的变革。

(四)如何设计地理课程中实施可持续发展教育的评价方式

地理学习评价注重学生的学习结果、学习过程,以及在实践活动中所表现出来的情感和态度的变化,而可持续发展教育评价注重对情感、态度与价值观及行为转变的评价。因此,地理学科实施可持续发展教育的评价应从三维目标的达成方面切入,建立和健全地理学科综合评价机制,以便作为地理课程中实施可持续发展教育的保障。评价内容的侧重点可以定为:

第一,注重评价学生将地理知识迁移至可持续发展教育内容的学习过程,以及在可持续发展教育的领域中地理知识的应用；

第二，注重评价学生运用地理方法、技能探究解决可持续发展实际问题的过程；

第三，注重评价学生在地理学习中批判式的思维，以及可持续发展价值观的形成；

第四，注重评价学生探究可持续发展实际问题时，可持续的生活方式与习惯的养成情况。

此外，应选择灵活性、多样化的评价方式，应特别注重学生的自主反思评价、情境评价、观察性评价和记录性评价等。

（五）如何开发、利用与地理学科相关的可持续发展教育资源

第一，要注重开发与利用学校特有的地理课程资源。如教材以外的教学挂图、模型、标本、实验器材、图书资料、电教器材、教学实践场所、必备设备等。

第二，要在可持续发展教育视野下建立、充实校内地理课程资源库，并加强不同学科课程资源的共享与跨学科合作，注重师生资源的开发与利用。

第三，要在可持续发展教育视野下扩展校外地理课程资源。可持续发展教育视野下的校外资源可包括：可持续发展教育自然环境资源（自然风光旅游资源、公园等）；可持续发展教育的社会－经济资源（如现代农业、现代工业、现代商业、现代高科技产业、现代旅游业等现代优势型地方经济，传统手工艺、传统环境保护等传统优势型地方经济，水资源优势型、矿产资源优势型、生物资源优势型、土地资源优势型等资源优势型地方经济）；可持续发展教育的文化资源（博物馆、陈列馆、区域人文资源等）；可持续发展教育的财物资源；可持续发展教育的人力资源（社会各界人士的沟通联系）；可持续发展教育的信息资源（广播、电视、报刊、网络等信息资源）等。

需要指出的是，地理教学中实施可持续发展教育要注意关注可持续发展教育研究与实践群体的成果。例如，北京教育科学研究院承接的联合国教科文组织中国可持续发展教育（ESD）项目及网站、北京教育科学研究院可持续发展教育研究中心与北京可持续发展教育协会开展的可持续发展教育课题与专项研究、国家环保部宣教中心的绿色学校及生态学校项目、世界自然基金会的中小学绿色行动项目等。

ii 学科教学实施可持续发展教育实践案例

【设 计 者】 北京航空航天大学附属中学 沈 莉
【年 级】 高中二年级
【所用教材】 人教版教材《地理》必修3
【课 题】 《流域综合治理与开发——以田纳西河流域为例》（第三章第二节）

一、教学背景分析

（一）本课教学目标

※知识与技能目标

1. 运用地图或查找、收集资料，从位置、地形、气候、水系、矿产、人口、社会经济等方面分析田纳西河流域开发的自然地理背景，评价开发的有利和不利条件，并说出该流域不同时期开发的基本内容、综合治理的对策措施，及其对生态环境的影响。

2. 基于田纳西河流域的综合开发，依据资料对比分析长江、尼罗河、罗纳河、莱茵河等不同国家地区河流开发利用方式的差异。

3. 建立流域和水系的概念，归纳出流域的开发价值及流域综合开发的一般思路和方法。

※过程与方法目标

1. 通过阅读并分析不同流域开发的图表、文字资料，培养学生分析资料的能力。

2. 通过讨论探究并对比中外不同流域的开发情况，总结流域开发的自然背景，认识研究和规划流域开发整治的一般方法和过程；培养学生比较、归纳、概括的能力。

※情感、态度与价值观目标

1. 通过对美国田纳西河、中国长江、非洲尼罗河与欧洲罗纳河、莱茵河流域开发利用的情况的对比分析，认识流域开发要因地制宜，坚持资源开发与环境保护相结合的原则，树立流域可持续发展的观点。

2. 逐渐培养学生以辩证和发展的观点来分析地理问题。

（二）本课教学重点与难点

※教学重点

1. 分析田纳西河流域开发的自然背景、开发与利用中的环境问题及综合治理措施。

2. 学会分析流域开发的条件，认识研究和规划流域开发整治的一般方法和过程。

※**教学难点**

归纳总结认识研究和规划流域开发整治的一般方法和过程。

(三) 可持续发展教育点及设计思路

※**可持续发展教育点**

社会领域"和谐社会"主题中的探索人类与自然的关系，并认识其中的各种客观规律，预测破坏自然环境的后果，学会人与自然和谐相处；环境领域"环境保护"主题中的在流域的开发和综合整治过程中注意环境保护；经济领域"循环经济"主题中的鼓励学生将节约资源、保护环境等理念落实到实践中。

※**渗透可持续发展教育的设计思路**

1. 依据教材为学生提供的美国田纳西河流域综合开发利用的资料，使学生了解其早期开发治理过程中的问题和综合整治的措施，引导学生探寻流域综合开发利用过程中如何协调好与环境保护的关系。

2. 引导学生分析尼罗河阿斯旺大坝、以三峡为代表的中国大江大河的开发过程中对生态环境和名胜古迹等各方面带来的正反两方面影响，以及相应的对策、措施。

3. 引导学生分析莱茵河、罗纳河等欧洲河流流域可持续发展的成功案例，如罗纳河上低坝的开发形式，对比我国和世界其他地区的高坝开发模式，引导学生探讨高坝、低坝的利弊，引发学生对河流流域开发的深层思考。

4. 以"莱茵河国家保护委员会秘书处的秘书长，为什么总是荷兰人?"这一问题的提出，将学生对流域的可持续开发的认识升华到国际视野的层面。

(四) 教材分析

区域可持续发展是必修模块3的核心内容。美国田纳西河是国际上治理和开发河流的一个成功的典型案例。本课以其为例，分析该流域开发的地理条件，该流域开发建设的基本内容，以及综合治理的对策措施，并归纳总结出流域开发研究的一般方法。流域开发的地理背景及可持续发展策略是与该流域的地理位置、自然地理环境和社会地理环境相联系的。本课设计立足于初中区域地理的基础知识，紧密联系必修模块1中"自然环境对人类活动的影响"、必修模块2中"人类与地理环境的协调发展"等已学知识，借鉴本模块第一章"区域地理环境和人类活动"相关内容，为学生提供对区域可持续发展问题分析的一般方法和思路。

由于教材提供的案例田纳西河是美国的一条河，离学生的生活认知较远，可在教学中补充长江、阿斯旺大坝与欧洲罗纳河、莱茵河的案例，拓展学生视野，引发学生对流域可持续开发利用的深层思考。

（五）教学方法

案例教学法：在案例分析过程中各小组适时展示自己收集的资料、分析的成果，并进行小组报告。

（六）教学资源开发与利用的基本思路

1. 学校资源：学校图书馆为师生购买了《中国国家地理》等大量的期刊、书籍，在课前一周，推荐学生去阅读相关的期刊、文章。

2. 学生资源：征集学生假期旅游中见到过的河流开发现状资料（图文均可），充分利用学生的前认知，尤其是学生在高中地理学习中所学习的区域地理基础知识、自然环境和人类活动的相互关系、区域可持续发展问题分析的一般方法和思路等。

3. 网络资源：利用网络的信息优势，寻求计算机教师的支持，利用计算机课的一部分时间，让学生上网作专题浏览和资料检索。

4. 跨学科资源：在学生的课余探究活动中可以就相关问题去咨询生物和历史教师。

二、教学过程

（一）指导预习探究

【内容】河流流域开发利用过程中对环境利弊的影响。包括：①美国田纳西、欧洲莱茵河等河流的开发利用情况；②将会受长江三峡工程修建影响的生物资源、旅游景观、文物古迹；③尼罗河阿斯旺大坝建设对环境利弊的影响。

【预习方式与要求】

1. 教师推荐阅读《中国国家地理》2003年第10期《水坝惹是非》和2004年第11期《走遍世界去问河》等相关文章。

2. 教师推荐浏览网站，如中国可持续发展信息网（http://www.sdinfo.net.cn/zaihai/）。

3. 学生可去校图书馆阅读相关文章，或上网查询河流开发的资料。

4. 学生可回顾以往旅行中有关河流的所见所闻。

5. 要求以小组为单位上交小型研究报告，包括所查河流流域的开发利用对环境利弊的影响、本组成员对查询结果的看法（必须要学生自己的观点）等。

要求：课前一至两周，以研究性学习小组为单位开展，遇到问题，除请教地理教师外，还可以去寻求生物、历史教师的支持帮助。

【预期效果】学生通过阅读查询资料，在课前对河流流域开发与环境可持续发展的关系有所思考。学生收集资料并形成小组报告，可以成为其上课探讨问题的依据。

（二）课堂教学过程

【第一环节】课堂导入（2分钟）

1. 展示图片："世界文明古国与河流"（见图1）。（学生看图。）

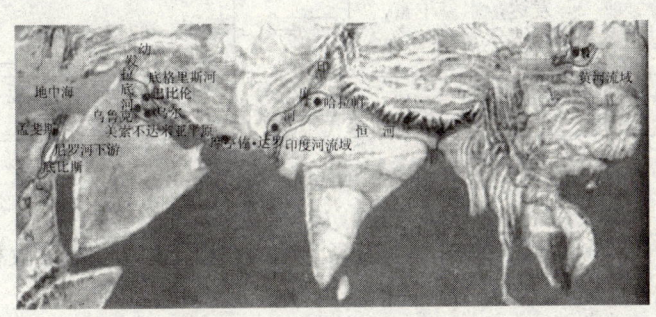

图1

2. 设问：人类文明为何大多数发源于大河流域？（学生思考并回答。）

3. 总结：现在大河的两岸也多是人口稠密、城市稠密的地区。（学生倾听并思考。）

【本环节预期效果】

1. 指导学生复习河流流域、水系和水文特征等相关知识。

2. 引发学生对河流与人类活动的关系进行思考。

【第二环节】案例分析：美国田纳西河流域的综合开发利用（20分钟）

1. 分析田纳西河流域开发的自然地理条件：充分利用教材的图文资料，并补充"田纳西和流域地形图"、"北美洲气候类型图"、"诺克斯维尔的气温曲线和降水量柱状图"，要求学生从地形、气候、水文、资源等方面分析田纳西河流域开发的自然地理条件。（学生根据图文资料进行分析。）

2. 从人口、经济发展基础等方面分析田纳西河流域开发的人文地理条件。（学生阅读教材进行归纳。）

3. 提问：如果你是田纳西河流域 TVA 的决策者，请根据该流域开发的自然和人文地理条件，确定流域开发利用的方向。（学生讨论并评价田纳西河治理与开发的有利和不利条件，进而分析今后的发展方向。）（见图2）

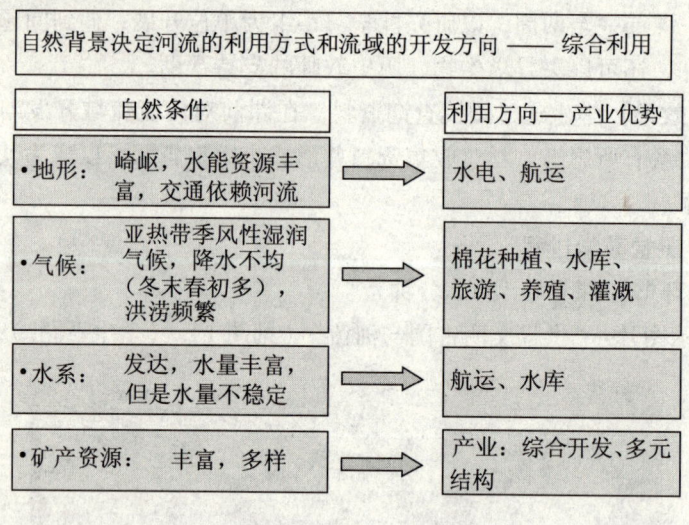

图 2

4. 提问：流域综合开发的基本内容有哪些？（学生通过阅读教材的图文资料，归纳说出。）

5. 提问：试分析电力、工业、农业、旅游等各部门的开发治理措施，决策的目的或依据。（学生思考并回答。）

6. 提问：田纳西河流域治理与开发经验给我们哪些启示？（学生思考并回答。）

7. 进一步引导学生讨论归纳：流域治理与开发研究的一般方法与思路（见图3）。（学生思考、讨论并回答）

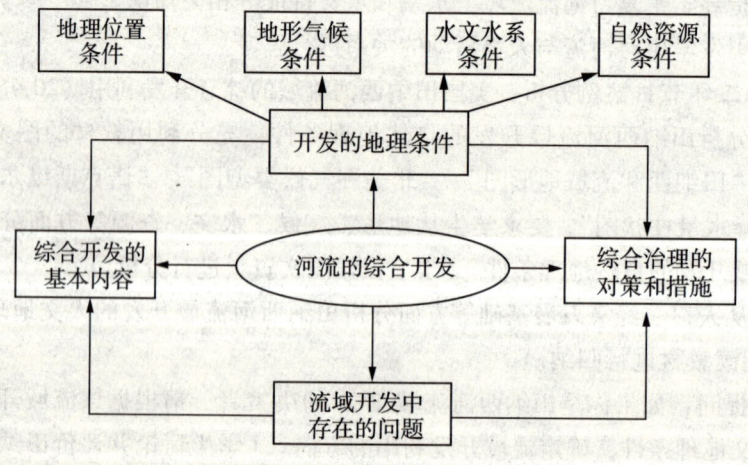

图 3

【本环节预期效果】学生依据教材和教师提供的图文资料进行自主分析，得出田纳西河流域开发的条件、内容和综合整治的措施，并归纳提炼出流域治理与开发研究的一般方法与思路。

【第三环节】课内拓展：河流上水坝的去留——都是水坝惹的祸吗?!（15分钟）

1. 谈话：中国是世界上拥有水坝数量最多的国家，几乎所有大小江河的干支流上都建有水坝，而未被水库和大坝截断的天然大河仅存怒江和雅鲁藏布江两条了。（学生倾听。）

2. 引导学生思考、讨论：① 河流上建水坝的影响（三峡大坝建设对生物资源、旅游景观、文物古迹等的积极和消极影响，尼罗河上阿斯旺大坝所带来的积极和消极影响）；② 你认为河流上该不该建大坝？你对世界上掀起的反水坝运动怎样看？（学生小组展示课前预习的成果并讨论。）

3. 展示图片资料：法国罗纳河低坝和长江三峡高坝（见图4、图5）。提问：高坝和低坝，你将如何选择？（学生观看、思考、讨论。）

图4　　　　　　　　　　　图5

【本环节预期效果】

1. 引发学生对河流流域开发的深层思考。

2. 使学生认识到：水坝是一把双刃剑，人类在享受水坝带来的利益的同时，也不得不承受它给自然和社会造成的负面影响，使学生用辩证的思维去看待事物。

【第四环节】国际视野下流域开发（3分钟）

提出思考问题：莱茵河国家保护委员会秘书处的秘书长，为什么总是荷兰人？（学生讨论并阐述观点。）

【本环节预期效果】使学生形成流域发展、区域发展的概念。进一步思考，区域经济发展与可持续发展的关系。

（三）课后延伸

【内容】问题讨论、拓展：我们该以什么样的态度对待河流？

【方式与要求】

1. 教师展示图片资料：欧洲河流两岸堤坝的自然化、我国渭河标准化大坝、休闲的莱茵河与疲惫的黄河。

2. 教师提出讨论问题：我们是否应该留一条自然的河流给子孙后代？

要求：一周后上交阐释本组观点的小型报告；下节课，利用十分钟，由各小组代表，发表本组观点，并陈述理由，提供论据。

【预期效果】使学生认识到河流是有"生命"的，引发学生对流域开发的关注，进一步对现实生活中的问题进行深层次的思考。

专家点评：

　　本节课教师很好地将可持续发展教育渗透到地理课堂教学之中，在教材的基础上，针对学生实际，以美国田纳西河流域开发为例引导学生通过资料收集、分析图表和资料、开展案例探究等形式进行自主学习，一方面使学生在学习过程中整合各学科知识，综合分析问题的能力大大提高，并在问题分析的基础上对于人与环境的协调发展有了逐步深入的认识，对形成正确的可持续发展观念奠定了良好的基础；另一方面，学生在分析过程中对地理信息的收集、获得、应用等能力不断提高，分析地理现象的过程和思路得到有效落实，地理思维水平大大提高，因此很好地落实了"三维"教学目标。

（高振奋）

VII 物理

i 学科教学实施可持续发展教育指导意见

物理学是研究物质结构、物质相互作用和运动规律的一门基础性自然科学。随着人类对物质世界认识的不断深入，物理学作为自然科学的基础性学科，促进了科学、技术的发展，推动了物质文明和精神文明的进步。经典物理学奠定了两次工业革命的基础，近代物理学推动了信息技术、新材料技术、新能源技术、航空航天技术、生物技术等的迅速发展，继而推动了人类社会的变化。可以说，物理学的发展改变了人类的思维方式、生产方式和生活方式。

在高中物理课程中，学生将进一步学习物理基本原理与技能；通过对物理学发展过程的了解，感受历代科学家的科学态度和科学精神；通过探究活动过程的体验，加深对物理学研究方法的理解，增强创新意识和实践能力；通过理论联系实际，认识物理学对科技进步以及对文化、经济和社会发展的影响，为终身发展、形成正确的科学观和世界观打下基础。

人类社会面临日益严峻的气候变暖、环境危机、资源短缺、生命安全等社会、环境、经济问题，解决这些问题必须依靠全社会共同合作，尤其需要依靠教育来促进人们价值观念的变化，形成可持续的思维方式、生产方式和生活方式。物理学作为自然科学的基础性学科，对于培养学生可持续发展的自然观、世界观、价值观具有重要的作用。物理学科实施可持续发展教育是贯彻"坚持以人为本，树立全面、协调、可持续的发展观，促进经济、社会和人的全面发展"的科学发展观的有效途径之一。

物理学科实施可持续发展教育有助于物理教学目标的深入落实，促进师生共同成长。可持续发展教育在内容上提供了学生终身学习必备的基础知识与技能，加强了与学生生活、现代社会及科技发展的联系，反映了当代科学技术发展的重要成果和新的科学思想，也关注了物理学的技术应用所带来的社会问题。因此，物理学科实施可持续发展教育有助于学生提高关注社会问题的意识，在社交中提高分析问题与解决问题的能力；有助于学生主动拓宽学习视野，全面发展；有助于学生养成节约、环保、尽责的良好习惯。此外，可持续发展教育的综合性、跨学科、批判性、决策性、应用性，也促使物理教师跳出本学科的壁垒，拓展视野，广泛合作，有助于教学方式的改变。

一、用可持续发展教育理念审视物理课程的目标要求

第一，在物理课程中实施可持续发展教育，应着眼于使学生掌握终身发展所需的物理基础知识和技能；认识人与自然、人与社会、人与人之间的关系，建立可持续发展意识和全球观念；激发科学探索的兴趣，树立正确的科学观，提高分析社会、文化、环境、经济等领域中不可持续发展问题以及解决这些问题的能力。

第二，促使学生在初步了解物理学发展历史的过程中，关注科学技术的主要成就、发展趋势以及物理学对人类社会发展的影响；通过探究与日常生活有关的物理学问题，使学生具有敢于坚持真理、勇于创新和实事求是的科学态度和科学精神；使学生通过自己的努力解决学习中遇到的一些物理问题，培养调控和自主学习能力；通过参加科学实践活动，提高质疑思考能力、信息处理能力和交流合作能力；使学生通过领略自然界的奇妙与和谐，发展对科学的好奇心与求知欲；通过物理课程，使学生初步认识能源利用与环境保护的关系；通过尝试运用有关的物理知识和技能解释一些自然现象和生活中的问题，关注物理学与其他学科之间的联系，知道一些与物理学相关的应用领域；通过了解物理学对经济、社会发展的贡献，思考与物理学相关的热点问题，使学生具有振兴中华的使命感与责任感，能在力所能及的范围内，为社会的可持续发展作出贡献。

二、物理课程中与可持续发展教育相关的内容与要求[①]

※必修模块

该模块涉及运动、相互作用、机械能等基础知识内容及物理学的基本思想和研究方法。学生将通过学习能量守恒以及能量转化和转移的方向性，认识提高效率的重要性；了解能源与人类生存和社会发展的关系，知道可持续发展的

---

① 本部分内容参考《普通高中物理课程标准》、人民教育出版社普通高中课程标准实验教科书（以下简称"人教版教材"）《物理》。

重大意义。教学中要注意让学生体会高中物理课程的特点和学习方法，为后续学习打好基础。

※选修模块

★选修模块1

该模块侧重物理与社会的关系。学生在学习电磁现象和规律及其技术应用的同时，将会更多地体会物理学的发展对人类文化、社会的影响，更深入地认识科学、技术与社会的关系；在学习热机问题时，认识到能源的利用与资源、环境问题息息相关，是关系到可持续发展的重大问题；了解这些知识产生的历史背景，体验科学家不畏艰辛、勇于探索和创新的精神；认识到科学技术和社会发展的互动关系和协调发展，培养可持续发展的意识。

★选修模块2

该模块侧重物理与技术的关系。学生将学习与电路和电磁波相关的内容及其应用，体会物理学对于技术的发展和人类文明的进步起着重要的推动作用。在日常生活中，从交通工具、家用电器直到医疗设备等，物理学的技术应用已经深入到每个角落。在本模块中，学生要在学习物理内容和技术应用过程中，加深对科学技术的亲近感，体会科学与技术相互促进又相互制约的关系以及科学技术与社会发展的关系。学生将学习力、机械、热、热机等内容，体会各种传动机构和工作机械的使用方便了我们的生活。热机的使用使人类突破了体力和畜力的局限，在更广阔的领域发展生产力。学生将学习与光学、原子和原子核相关的内容，认识光纤技术对经济社会生活的重大影响，核能的应用对于经济社会发展的意义以及可能产生的问题。

★选修模块3

在该模块中，学生将较全面地学习电磁学及其技术应用，了解它与社会发展以及人类文化的互动作用；通过对能量的学习，将进一步认识能源开发、消耗和环境保护等方面的问题，树立可持续发展意识、社会参与意识，培养对社会负责的态度；通过对光现象的研究，初步接触相对论的知识，从而拓展视野，激发进一步探索科学奥秘的兴趣；在电磁波、原子结构等近代物理知识的学习中，注意体会其中的科学方法、科学思想，感受科学的和谐美。

（一）社会领域

主题	内容标准领域	具体目标	内容示例	与可持续发展教育的结合点	教学提示
生命与安全教育	必修1	了解描述运动的基本物理量。	匀变速直线运动的位移与速度的关系 第二章第4节	理解各种交通安全设施的作用，强化生命安全意识。	①可通过设计推算反应时间，估算安全车速、安全车距等活动，让学生理解遵守交通法规的意义；②可组织学生讨论高速公路上为什么汽车要保持一定的车距。
		认识滑动摩擦、静摩擦的规律。	摩擦力 第三章第3节	了解摩擦在生活中的实际事例，了解其与交通安全等方面的关系。	①可通过对比各式鞋底、不同种类轮胎等，组织学生分小组讨论，找出需要利用摩擦的部分；②可请学生在课下继续查找生活中利用摩擦和消除摩擦的实例。
		用牛顿定律解释生活中的有关问题。	牛顿第一定律 第四章第1节	了解惯性在生活中的实际事例，了解其与交通安全等方面的关系。	可播放时事新闻"大货车收费站事故"的视频，引导学生作理性的分析，提出尽量避免悲剧发生的措施。
	必修2	用功和能的规律解释生活和生产中的现象。	机械能守恒定律 第七章第8节	了解运动时心脏所能承受的功率值，知道过激运动会给心脏带来危害，理解适度运动的意义。	①可组织学生查阅人体心脏所能承受的功率；②可指导学生通过估算跳绳、慢跑等不同运动时心脏的功率，了解各种运动的强度，选择适合自己的锻炼方式。
		关注圆周运动的规律与日常生活的联系。	生活中的圆周运动 第五章第8节	理解拐弯限速规定的意义。	可组织学生观察公路、铁路拐弯处的实际倾斜情况，用理论推导转弯速度与转弯半径、倾斜角度之间的关系，并与实际情况对照。

续表

主题	内容标准领域	具体目标	内容示例	与可持续发展教育的结合点	教学提示
生命与安全教育	选修 1-1	了解家庭电路和安全用电知识。	课题研究：电在我家中 第三章第7节	培养学生的安全用电意识。	①可演示触电课件，培养学生安全用电的习惯和技能；②可设计短路实验，使学生认识到安全用电的重要性。
	选修 3-4	了解电磁波的发射、传播和接收。	电磁波与信息化社会 第十四章第4节	了解某些场所限制使用无线移动通信设备的规定对保障安全的重要意义。	①可指导学生查找家里的电视机、收音机、手机等设备的接收频率；②可介绍医院、飞机、加油站等地禁用手机的规定。
	选修 3-5	知道射线的危害和防护。	放射性的应用与防护 第十九章第4节	理解放射现象对人体的危害。	可通过指导学生查阅资料或组织交流讲座等形式，让学生了解射线的检测方法和国家的相关规定。
公民权利与责任教育	必修1	了解匀变速直线运动的规律。	匀变速直线运动的研究 第二章	理解遵守各项交通安全法规的意义，培养遵守各项交通安全法规的责任感。	可通过组织模拟交警巡逻活动，推算反应时间，估算安全车速、安全车距等活动，使学生理解严禁酒后驾车、自觉系好安全带、不超速、不超载等各项规定的意义。
		用牛顿定律解释生活中的有关问题。	牛顿第一定律 第四章第1节		
	必修2	了解我国航天事业发展的历史和前景。	宇宙航行 第六章第5节	了解我国航天工作者为实现美好愿望所付出的努力。	可讲述嫦娥奔月的传说，观看卫星发射、变轨、运行的视频等。
	选修 3-4	认识光的全反射现象。	全反射 第十三章第7节	认识光纤技术对社会生活的影响，理解"保护光缆，人人有责"的意义。	可通过实验、实物、图片、视频等，帮助学生了解光导纤维的工作原理和光纤在生产、生活中的应用。

续表

主题	内容标准领域	具体目标	内容示例	与可持续发展教育的结合点	教学提示
和谐社会教育	选修1-2	思考科学技术与社会协调发展的关系。	核能的利用 第三章第5节	理解安全和平利用核能的意义。	①可通过模拟、播放视频等形式,帮助学生了解核能的威力; ②可介绍我国及其他国家的核武器使用原则。

（二）文化领域

主题	内容标准领域	具体目标	内容示例	与可持续发展教育的结合点	教学提示
中华优秀传统文化与世界遗产教育	必修1	知道重心及其应用。	重力基本相互作用 第三章第1节	了解我国古代劳动人民的智慧。	可介绍"敧（qī）器"的奇妙本领,并组织学生通过讨论、设计、自制的过程亲自感受。
	必修1	用力的合成与分解分析日常生活中的问题。	力的分解 第三章第5节	了解我国古代不同古桥的设计原理及价值。	①可发动学生查找各种桥的图片,组织学生讨论力的分解的应用; ②可组织制作各种桥的模型的比赛。
	必修1-1	认识磁场。	指南针与远洋航海 第二章第1节	了解我国古代在磁现象方面的研究成果及其对人类文明的影响。	可引导学生通过查找资料、小组交流等方式了解相关知识。
	必修2-2	认识常见的承重结构及其特点。	常见承重结构 第二章第3节	了解我国古代及现代建筑的辉煌成就。	可展示赵州桥、奥运场馆（鸟巢）等建筑图片,组织学生欣赏、讨论。
文化多样性教育	必修1	了解近代实验科学产生的背景。	伽利略对自由落体运动的研究 第二章第6节	通过伽利略的命运说明没有学术的民主和思想的自由,科学就不能繁荣。	可通过介绍史实,使学生了解亚里士多德、伽利略等科学家的主要观点和研究方法,以及实验科学产生的历史背景。

续表

主题	内容标准领域	具体目标	内容示例	与可持续发展教育的结合点	教学提示
文化多样性教育	必修2	了解万有引力定律的发现过程。	行星的运动 第六章第1节	理解观念的开放是超越狭隘、拓展视野的基础。	可通过讲述人类对行星运动规律的认识,理解地心说与日心说不只是参考系的改变,还是人们世界观的变革,渗透人文文化对科学的影响。

(三) 环境领域

主题	内容标准领域	具体目标	内容示例	与可持续发展教育的结合点	教学提示
环境保护与污染防治教育	选修1-2	认识环境污染的危害。	能源与可持续发展 第四章第4节	了解能源耗散与气候变暖的关系。	可介绍能源消耗量表,指导学生查阅温室效应、热岛效应的成因。
环境保护与污染防治教育	选修3-1	知道并测量电源的电动势和内阻。	电动势 第二章第2节	讨论废旧电器的处理问题,知道电池对环境的影响。	可通过组织学生拆解旧电器的电池、查阅资料、交流等方式,让学生获得体验。
环境保护与污染防治教育	选修3-3	讨论能源开发和利用带来的问题及应该采取的对策。	能源和可持续发展 第十章第6节	知道热机对环境的影响,知道破坏臭氧层的原因及后果,了解新能源的开发与利用情况。	可通过小组合作、调查访问、查找资料、交流展示等方式,开展学生活动。
自然灾害预防教育	必修2	体会科学定律对人类探索求知世界的作用。	宇宙航行 第六章第5节	了解人类在灾害预防方面的能力与措施。	可介绍卫星在提供大气环流资料,监测污染、火灾、厄尔尼诺现象等方面的作用。
自然灾害预防教育	选修1-1	认识电场。	生活中的静电现象 第一章第3节	了解雷电对臭氧层的益处,知道正确防雷措施;综述静电的危害和预防方法。	①可展示实物照片,介绍"在混有可燃气体的环境中"防止静电危害可采用的措施;②可通过模拟实验说明避雷针的原理。

续表

主题	内容标准领域	具体目标	内容示例	与可持续发展教育的结合点	教学提示
自然灾害预防教育	选修3-2	了解输电过程。	电能的输送 第五章第5节	树立灾害防御的意识。	可播放2008年的南方雪灾对电网的威胁及对人类生活的严重影响等新闻视频,渗透爱护自然、保护电网的意识。
	选修3-4	认识波是能量传播的形式。	波的形成和传播 第十二章第1节	了解地震、海啸等自然灾害的预防。	可通过展示照片、播放电影节选等方式,增加学生的感性认识。

（四）经济领域

主题	内容标准领域	具体目标	内容示例	与可持续发展教育的结合点	教学提示
循环经济与绿色消费教育	必修2	通过能量守恒以及能量转化和转移的方向性,认识提高效率的重要性。	能量守恒定律与能源 第七章第10节	了解能源与人类生存和社会发展的关系,知道可持续发展的重大意义。	可组织学生调查功率与油耗（电耗）的关系,开展节能、开发新型能源问题的讨论活动。
	选修2-1	通过电能的应用,认识物理学对于技术、经济、社会发展的意义。	电源、电容器 第一章第2节、第5节 磁场磁性材料 第二章第1节 电视、移动电话、电磁波谱 第五章第3节、第4节 传感器 第六章第4节	在购买、消费家电用品时,能够从价格、环保、方便等因素综合选购;学会合理处置废旧电器。	①可带领学生查阅、分析家用电器的使用说明书及电路图,使学生了解家电用品的工作原理及主要技术指标; ②可组织学生计算各种家用电器消耗的总成本,并与新型节能家用电器进行比较。

续表

主题	内容标准领域	具体目标	内容示例	与可持续发展教育的结合点	教学提示
循环经济与绿色消费教育	选修3-3	具有可持续发展的责任感和节约能源的意识。	能源和可持续发展 第十章第6节	了解全球面临的资源与能源危机，认识提高热机效率和开发新能源的重要性。	①可指导学生调查汽车的"百公里耗油量"、家庭日用电量，收集节能窍门；②可指导学生查阅新型能源及资源的循环利用等相关资料。
	选修3-4	了解电磁波的应用在科技、经济、社会发展中的作用。	电磁波谱 第十四章第5节	了解红外线、紫外线有关的应用。	①可介绍红外线和紫外线在遥控器、自动门开关、防盗、医疗等方面的应用及注意事项；②可发动学生利用课余时间继续查找红外线和紫外线在其他领域的使用。
		尝试选择实验方法及装置。	学生实验	养成规范操作、节约环保的习惯。	可设计并开展用废旧物品或简易材料制作实验教具的活动，如开展"鸡蛋撞地球"比赛、"水火箭"小制作等活动。
农村发展与可持续城市化教育	必修1	理解速度的概念。	运动快慢的描述——速度 第一章第3节	了解交通速度与城市规划的关系。	通过介绍城市规模的变化，展示历史上各种交通工具的图片等方式，使学生了解速度在社会生活领域的价值。
	必修2	体会科学定律对人类探索求知世界的作用。	宇宙航行 第六章第5节	了解卫星通信给生活带来的便利，使我们开阔了观察世界的视野，促进了社会发展。	可介绍各种卫星在通信广播、天气预报、GPS、调查矿藏、监视灾害、观测污染等方面的应用。
	选修1-1	了解电磁波的技术应用对人类生活方式的影响。	信息化社会 第四章第4节	认识技术的发展对科学文化的普及、对生活方式的改变、对"数字鸿沟"的减小等方面的突出贡献。	可要求学生查找、交流"村村通"工程、移动通信、广播电视的发展等方面的资料，体会信息技术为人类生活带来的便利。

续表

主题	内容标准领域	具体目标	内容示例	与可持续发展教育的结合点	教学提示
农村发展与可持续城市化教育	选修3-2	列举传感器在生活和生产中的应用。	传感器第六章	了解传感器在现代农业科技中的应用及对生产力水平提高的实际作用。	①可通过动手实验、原理分析等方式，了解各种传感器的基本原理；②可指导学生尝试解释传感器控制温度、水位、个数、开关等的应用设计。

三、物理学科教学实施可持续发展教育的建议

（一）如何制订在物理学科教学中实施可持续发展教育的教学目标

1. 主要依据

（1）高中物理教学中实施可持续发展教育的教学目标的制订应依据《普通高中课程方案》《普通高中物理课程标准》和《北京市中小学可持续发展教育指导纲要》的相关要求，着眼于当代社会发展和高中学生成长的需要，增强物理教育的时代性和实效性。

在高中物理学科实施可持续发展教育，教师应首先依据物理学科的教学任务与内容进行教学目标设计，注意知识与技能、过程与方法和情感、态度与价值观目标的和谐统一。以知识与技能目标为线索，从教材内容和学生的实际出发，结合可持续发展教育的相关要求制订在高中物理学科中实施可持续发展教育的教学目标。

（2）从高中学生生理及心理特点与发展需要出发制订教学目标。高中学生已进入个性形成期，比较厌恶空洞的说教，求知欲旺盛，有一定的分析判断能力，对环境比较敏感，情感充沛。因此，教师在进行物理教学时，应通过提出与学生生活相关的问题引发学生的思考与反思，鼓励学生在与同伴交流与冲突中收获问题解决带来的喜悦。

教师在教学过程中应以课堂教学为主渠道，以课外活动为延伸，充分发挥学生的主体作用，提倡体验、实验、阅读、思考、讨论、感悟等多样化的学习方式，培养学生终身学习和终身发展所需要的综合素质。应引导学生将书本知识与实践体验相结合，将现有的生活经验与教学内容相结合，理性思考并感受

科技发展与自然环境、人类社会的相互影响，初步形成可持续发展的价值观。

2. 分层次设定教学目标

根据高中物理各模块的教学内容和可持续发展教育内容，教师应系统地规划学科实施可持续发展教育的目标及层次，高中物理学科实施可持续发展教育的目标可分成以下层次。

（1）觉察接受层次：即让学生在学习物理知识的过程中，潜移默化地意识到可持续发展的重要性和必要性，逐步树立起安全、节约、环保等可持续发展观念。例如重视实验室安全操作规范，了解污染的种类及其危害等。

（2）自觉理解层次：即引导学生规避损害身心健康的不良行为，反对铺张浪费，培养学生关爱生命、尊重差异、节约资源、保护环境等价值取向。例如自觉提倡用废旧物品做实验，收集并体验节约小窍门等。

（3）评价创新层次：即在物理教学中鼓励学生调查、评价革新方案，提高相关的技能。例如了解各种机器的工作原理，能比较电路设计中的能耗，分析评估其能源的利用效率及对环境的影响等。

（二）如何挖掘物理学科教学实施可持续发展教育的结合点

在高中物理教学中实施可持续发展教育，教师应结合重点概念在物理学史中的作用和地位，引导学生了解科学发展的进程，培养科学思维方法，增加学习兴趣，渗透物理学对人类文化的贡献。应结合概念产生的社会、经济等原因，说明人类社会的需求对科学研究的影响。如原子能、太阳能的开发和利用都是在人类感到危急、紧迫、较大社会压力下催生的。同时，教师还应引导学生通过了解物理规律发现的历史进程，验证规律的实验设计、方案的选定、测量结果的讨论等，体会理想与现实之间的差距，认识可持续发展的价值取向。

在高中物理教学中实施可持续发展教育，教师应首先立足于教材，思考教材中的相关内容（实验、图文资料、数据表格、例题及练习等）与可持续发展教育的关系。

例如，必修1研究匀变速直线运动，测定反应时间的"做一做"，可以让学生讨论高速公路上为什么汽车要保持一定的车距；选修3-1恒定电流的电动势，利用"科学漫步"栏目中呈现的生活中的电池的图片，讲解各种电池的特点和用途，介绍电池对环境的污染和太阳能电池的环保优势等。

又如必修2研究机械能守恒定律，人教版教材中有一张科学家发现各种能量之间联系的时间表，通过这张表，可以让学生感受人类探索自然的实践与理论之间的关系，并理解没有足够的积累，能量守恒的规律很难被概括出来。在做验证机械能守恒定律的实验时，学生可以提出用单摆、过山车、自由落体等各种模型，为了进一步定量验证，可以借助打点计时器等工具。然而不论采用哪个实验方案，学生都会发现，机械能总是不守恒的。教师可以引导学生分析：在现实中，不论怎样的过程，热能的损耗不可避免。这时，引出教材中的思考与讨论："既然能量是守恒的，不可能消灭，为什么我们还要节约能源？"进而开展能源的种类和节能、开发新能源、环境保护等专题的可持续发展教育。

再如，"生活中的物理"专题中有物理知识在科技生产中的应用类习题，教师也可作适当引导。如让学生估算：汽车行驶速度是 100 km/h，相当于从多高的楼层自由落体到地面时的速度？在学生对车速有了一个感性认识后，再讨论安全带和头枕，以及气囊的作用；结合圆周运动的有关知识，讨论为什么公路转弯道前会有限速牌，若汽车高速转弯，会有怎样的后果等。

再如一道风力发电的习题：某地几乎全年有风，平均风速为 $v = 10$ m/s。风力发电机共有三个相同的叶片，每个叶片近似为如图1所示的梯形，空气体密度 $\rho = 1.29$ kg/m^3，风能利用系数约 0.25，每天发电 20 h，每户平均每天用电 2.0 kWh，那么一个拥有 90 户的自然村，需安装几台这样的风力发电机？

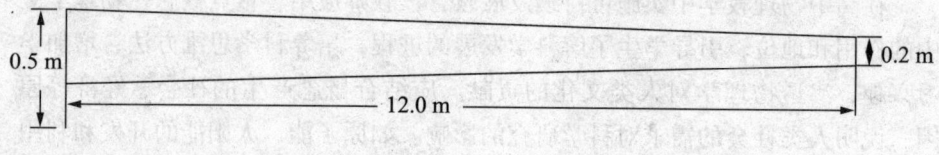

图1

解答后，教师可以向学生展示我国新疆等地风力发电的照片，介绍我国西北地区风力资源极其丰富，因此，充分利用风力资源，开展风力发电，是一条可持续发展之路。还可说明风力发电机的发电功率随风速变化而变，考虑这一因素，为保证对用户供电稳定，实际中是用多台风力发电机并网供电等。

此外，教师还可根据各学校的实际情况，与各部门配合开展形式多样的专题调查、参观及综合实践活动。例如，附近有水系的学校，可以开展测水流速、含沙量的调查；离公路较近的，可以开展测汽车的平均速度及车流量的调查；离铁路近的，可以测测火车转弯处轨道倾角、转弯半径，调查转弯速度等；也可通过家庭用电情况调查，收集节电小窍门等。教师还应注意物理与化学、生物等其他学科知识的交叉点，挖掘跨学科实施可持续发展教育的结合点。如选修 3-1 恒定电流的电动势，可就原电池的工作机理深入研究，结合化学知识加深学生对回收干电池，保护环境的理解。

（三）如何选择在物理学科教学中实施可持续发展教育的教学方法

教师在设计教学过程时要尊重学生的认知水平，根据学生的认知特点、认知规律进行设计。应结合具体教学内容，引导学生灵活地应用实验、探究、资料查询、调查访问等方式学习。

1. 探究式

探究式教学比较适合原理分析类的教学内容。应着重引导学生把生活中的问题转化成可探究的物理问题，使学生通过自主的探究活动，学习物理概念和规律。

例如，在选修3－1恒定电流中的分压电路中，可以从让学生设计"如何用滑动变阻器控制小灯泡的亮度？"开始。学生可能提出让滑动变阻器与小灯泡串联或并联，滑动变阻器用两个或三个接线柱等各种方案。在方案讨论中，学生会意识到电路的安全问题；在实验操作中，学生会体验到方便、效率的问题；分压电路中发现变阻器过热，教师又可提示节能的原则等。

2. 资料收集、调查式

该方法比较适于联系生产、科技应用类的教学内容。除了查询相关资料，教师在平时还应注意捕捉、收集信息，如注意跟踪电视台、网络、报刊等科技信息栏目，善于寻找与教学内容相关的信息资源，并将其充实到教学设计中。还可以向学生推荐某个节目，建议学生收看并写出记录，使学生养成关心各种媒体中的科学节目的习惯。这样，在教师的言传身教过程中，使学生逐渐养成尊重事实、综合思考、学以致用的学习习惯。

例如，在必修1牛顿运动定律中，讲惯性时，教师先播放时事新闻"大货车收费站事故"的视频，当学生处在事故惨状的惊叹中，教师再引导学生作理性的分析，提出尽量避免悲剧发生的措施。

3. 讨论、访问、感受式

这三种方法比较适于联系实际、评价应用类教学内容。教师在设计时可以把讨论引向其他学科，甚至向社会、经济领域延伸，要充分恰当地发掘各类场馆、单位、社区等社会资源，要创造条件让学生从与家长、社会各行各业的从业者的接触中加强体验和感受，激发学生的学习热情。

例如，让学生采访老司机，收集节油的小窍门。围绕"开空调省油还是费油？"的问题，先考虑可能涉及哪些因素，应该如何设计实验，需要准备哪些仪器等；再请家长帮助实施，学生做好记录，然后归纳结论。

（四）如何开发、利用与物理学科相关的可持续发展教育资源

1. 重视教材等文字课程资源的利用和开发

教师在备课时，可以不受一种教材的束缚，应充分利用图书馆，结合教学内容和教学实际，吸收科技图书、期刊和报纸等各种有利素材，精选资源，充实到物理课堂的教学中。

2. 充分发挥多种媒体课程资源的优势

教师利用挂图、幻灯片、录像、软件生动形象等特点，激发学生的学习兴趣，促进学生对相关知识的理解和掌握。此外，教师还可以利用互联网实现资源的检索、交流与共享。电视的时事热点新闻、CCTV-10 的科技信息、BTV-7 的"生活实验室"等都是直观和重要的课程资源，应鼓励学生通过这些渠道开阔视野，加深对所学内容的理解和应用。

3. 实验是实现物理课程目标的重要环节，也是提高学生科学素养的重要途径

实验对培养学生实事求是的科学态度、与人合作的团队精神具有不可替代的作用。同时，教师提倡利用废旧物品、学生身边的物品做实验，这不仅有亲和力，而且融入了可持续发展的节约、环保的理念。

4. 努力开发社会课程资源，让学生体会物理与社会的相互作用

社会课程资源主要来源于信息媒体、科技馆、博物馆、公共图书馆、工厂、社区、农村、高等院校和科研院所等。教师应向学生介绍与科学教育相关的网站，让学生通过网上查询，提高信息的收集、处理能力。科技馆、博物馆等场馆集中了许多有用的大、中型科学教育的器材，教师有目的地组织学生参观学习，所获得的感受和体验是课堂教学所不能达到的。

（五）物理学科教学实施可持续发展教育应注意的问题

1. 可持续发展教育的关键在教师对可持续发展理念的内化。可持续发展教育是一种危机教育、警示教育、道德教育，它需要教师不仅具有敏锐的洞察力，更要有关爱自然、珍惜生命、辅助弱者的同情心和社会责任感。如果只在经济杠杆下判断价值取向，那么开展的可持续发展教育将是机械的、肤浅的，是不能打动学生的心灵的，是没有感召力的。

2. 要注意与教学内容的一致，切忌形成"两张皮"的局面。教师应以物理学科内容为载体，通过具体知识和现象事实对学生进行可持续发展教育，可持续发展教育内容与学科教学内容的结合要恰当。这其中还要注意"度"的把握，发挥得要适当，不可把物理课喧宾夺主地上成了政治课、历史课等。可

持续发展教育的结合要点到为止，留有余地。对于重要的、较高层次的教育目标可以采取分步浸透的策略，使可持续发展教育长期地、有规划地贯穿在物理教学的始终。

3. 可持续发展教育的形式可以是灵活多样的。可持续发展教育是综合性较强的、文理兼备的价值观教育。教育的机会既有人为的设计，又有自然的生成。教师在教学中的一个节约的习惯动作；意外情况的处理态度，如学生打碎器皿，教师是先责备，还是先关心学生的安全；垃圾是直接倒掉，还是先用纸包好碎玻璃片再投放，等等，都是对学生进行可持续发展教育的时机。此外，教师也不应忽视利用各种"活动日"让学生开阔眼界，增加体验的机会。

ii 学科教学实施可持续发展教育实践案例

【设 计 者】 北京市鲁迅中学　徐虹霞
【年　　级】 高中二年级
【所用教材】 人教版教材《物理》选修3－1
【课　　题】 《电动势》（第二章第2节）

一、教学背景分析
（一）本课教学目标
※知识与技能目标
1. 知道电动势的概念及定义式，能从能量转化的角度理解电动势的物理意义，知道如何测量电动势。
2. 知道电源有内阻，其对外电路获得的电压值有影响。
3. 了解化学电池的内部构造，了解各种电池的特性，知道电源电动势由电源本身的性质决定。

※过程与方法目标
1. 通过让学生自制化学电池，增加对电池内部构造的认识。
2. 通过水果电池实验，激发学生发现问题、提出猜想的热情，并尝试应用科学探究的方法研究物理问题。

※情感、态度与价值观目标
1. 通过了解化学电池的构造，唤起学生的环保意识。
2. 通过分组探究实验，培养学生善于倾听、沟通，敢于坚持正确观点，勇于修正错误的精神品质。

（二）本课教学重点与难点

※教学重点

1. 电动势的物理意义及其测量。
2. 电源内阻的存在。

※教学难点

理解非静电力做功是电源产生电动势的本质。

（三）可持续发展教育点及设计思路

※可持续发展教育点

社会领域"生命与安全教育"主题中的提高自我保护的基本技能；"公民权利与责任教育"主题中的了解消费者权益的保护；环境领域"环境保护与污染防治教育"主题中的了解主要环境污染状况、发生的原因及防治；经济领域"循环经济与绿色消费教育"主题中的了解节约资源的措施及新能源的开发与利用。

※渗透可持续发展教育的设计思路

1. 通过让学生自制化学电池，提示学生做有一定危险性的实验时，一定要做到胆大心细，要善于保护自己，进而进行"生命与安全教育"。
2. 学生通过对化学电池的结构及原理的学习，意识到化学电池对人体的危害和对环境的污染，鼓励学生行动起来对废旧电池进行回收处理，进行"环境保护与污染防治教育"。
3. 学生通过讨论如何购买电池，识辨不法商贩"以旧充新"的不法行为，进行"公民权利与责任教育"。
4. 讨论旧电池的再利用，了解各类电池，唤起节约资源及利用新能源的意识，进行"循环经济与绿色消费教育"。

（四）教材分析

新教材中将"电动势"的内容编写为完整的一节课，重在突出电源中"非静电力"的存在，且从能量转化的角度理解"非静电力做功使其他形式的能转为电势能"，而电动势则是反映电源把其他形式的能转化成电能的本领的物理量。以上也是本节课的设计重点。

另外，电源内阻 r 也是电源的重要参数，而且外电路的电压会随内阻上电压的变化而变化，这也是学习"闭合电路欧姆定律"的基础。故这部分也是设计的一个重点。

更重要的是，电动势和内阻同为电源的重要参数，通过联系实际，学生可比较充分地了解化学电池的特点和危害，利于形成"尊重环境、绿色消费、安全"的可持续发展价值观。

（五）教学方法

为丰富学生对电源内部结构的感性认识，在教师讲授的基础上，通过大量实验，激发学生质疑、探究、讨论等，以加强理解，并以实物、图片、网络素材为辅，引导学生拓展交流。

（六）教学资源开发与利用的基本思路

1. 课前准备各种水果、旧电池。结合初中做过的水果电池，研究各种电源的电动势。

2. 课前利用网络收集与电池有关的素材、数据做成图片、表格等可视资料，课上结合课本"科学漫步"、"做一做"等栏目在教学中呈现给学生，讲解各种电池的特点和用途，介绍电池对环境的污染和太阳能电池、燃料电池的环保优势，展开怎样选择、使用电池的讨论，让他们体验、感悟，提高教学实效性。

3. 借鉴化学实验室的化学电池实验装置资源，由研究化学原电池的工作机理，知道起源于化学反应的非静电力是形成电源电动势的原因，加强学生对"回收干电池，保护环境"的理解。

二、教学过程

（一）指导预习探究

【内容】

1. 电源是靠什么能力把正电荷不断地从负极搬运到正极，从而保持了外电路两端的恒定电压，维持了外电路中恒定的电流？

2. 从能量角度看，电源的作用是什么？是通过什么方式实现的？

3. 复习化学中"电解电池"的知识。

4. 学生收集废旧干电池，并将其破开观察干电池内部结构。

5. 废旧电池对人体、环境都有哪些危害？它们是否有可利用的价值？

【预习方式与要求】

上述内容1、2通过阅读本课教材完成；内容3通过复习化学教材完成；内容4通过动手操作完成；内容5通过学生收集、调查完成。

【预期效果】

完成上述内容1、2，初步知道电源内部有非静电力的存在，知道电源是一种"换能装置"；完成内容3，了解化学电池的工作原理；完成内容4，达到初步了解化学电池的结构，及制作化学电池的条件的目的；完成内容5，初步了解废旧电池危害。

（二）课堂教学过程

【第一环节】导入新课（2分钟）

1. 演示实验：（1）将小灯泡接在充满电的电容器两端（见图1），会看到小灯泡闪亮一下就熄灭了。（2）将小灯泡接在电池两端（见图2），小灯泡却一直亮。（学生观察。）

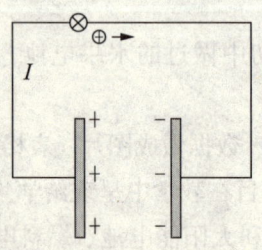 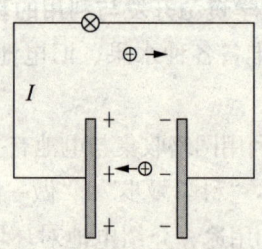

图1　提供瞬间电流（电容器）　　图2　提供持续电流（电源）

2. 提问：两种不同的实验现象能说明什么？为什么会出现这种现象？（学生分析、思考并回答。）

3. 得出结论：当电源有能力不断地把负极端的正电荷（正极端的负电荷）经电源内部搬运到正极端（负极端）时，在电源外部才会形成持续的、稳定的电流。（学生倾听并思考。）

4. 提问：电源是如何具备这种能力的？

【本环节预期效果】

1. 引起学生的注意，使学生初步感知本节课要学习的内容。

2. 使学生初步意识到电源内部的工作特质。

【第二环节】什么是电源（5分钟）

1. 师生共同分析讨论图3：电源内部存在静电场，它对正电荷的静电力作用阻止了正电荷持续不断地向正极移动；是非静电力使正电荷不断地从负极移动到正极。从能量转化的角度看，这种非静电力做功，使电荷的电势能增加。（学生倾听。）

2. 讲授：不同种类的电源，其内部的静电力不同。在电池中，非静电力是化学作用，它使化学能转化为电势能；在发电机中，非静电力的作用是电磁作用，它使机械能转化为电势能。（学生观察并倾听。）

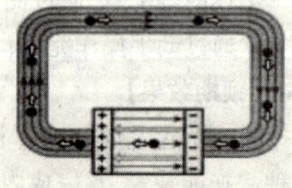

图3

注：展示破开的电池内部、手摇发电机的内部结构给学生看，现场用手摇

式发电机发电。

3. 得出结论：电源是通过非静电力做功把其他形式的能转化为电势能的装置。（板书）

【本环节预期效果】

1. 学生能初步意识到只有静电力作用时，不能提供持续电流。

2. 学生知道什么是电源，并能初步意识到电源内部有非静电力，且非静电力做功将其他形式的能转为电能。

【第三环节】电源的电动势（8 分钟）

1. 演示实验：展示干电池（1 号、5 号、7 号）和蓄电池、纽扣电池、手机充电电池，把电压表直接接在不同的电源两端进行测量。（学生观察。）

2. 解释实验现象：（1）同种类电池（干电池 1、5、7 号）用电压表测量其两极间的电压是相同的；（2）不同种类的电池（干电池、蓄电池、纽扣电池）用电压表测量其两极间的电压是不同的。（学生思考。）

3. 实验结论：不同电源中，非静电力做功将其他形式的能转化成电能的本领不同。（学生倾听、思考、理解记忆。）

4. 引出电动势的概念：（1）意义：用电动势表明不同电源，非静电力做功本领的不同；（2）公式：$E=\dfrac{W}{q}$；（3）电动势由电源中非静电力的特性决定，跟电源的体积和外电路无关，可用电压表直接测量（如前边的演示实验）。（学生倾听、思考、理解记忆。）

【本环节预期效果】

1. 学生能够从能量的角度较深刻地理解电源作用。

2. 体会电动势概念的规定，领悟电动势的物理意义。

3. 知道电动势的测量方法、理解电动势的决定因素是非静电力做功。

【第四环节】观察化学电源（3 分钟）

组织讨论探究：生活中的化学电源，其非静电力是化学作用，即化学反应。请同学们拿出自己破开的干电池（图 4），根据自己课前已经复习的化学知识讨论交流：组成化学电源需要哪些条件？〔学生思考、讨论组成化学电源需要条件：①有两种活动性不同的金属（或一种是非金属导体）做电极；②电极材料均插入电解质溶液中（能自发进行氧化还原反应）；③两极相连形成闭合电路。〕

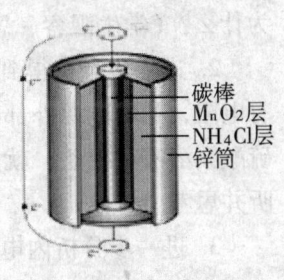

图 4

【本环节预期效果】了解化学电池的结构和原理，为学生自制化学电池打下基础。

【第五环节】学生现场制作化学电池并测量该电池的电动势（5分钟）

提出实验要求并指导实验操作：200 mL 的大烧杯中装有老师配置好的硫酸铜溶液，将该溶液倒在两个小烧杯中，分别将锌片和铜片放在两个烧杯中，用事先泡好的棉条搭在两个烧杯之间，这样就制成了一个化学电池。（学生自制化学电池、并测量电动势。）

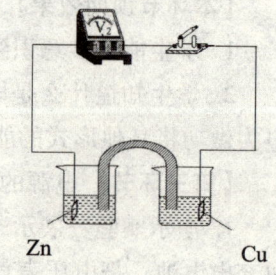

图 5

提示：

1. 棉条的两端要没入硫酸铜溶液中，如图 5 所示。

2. 电压表测量电动势时，采用点触的方法判断电源正负。

3. 特别提醒同学们：使用化学溶液要注意安全，千万不要将溶液弄在眼睛、皮肤或衣服上。做有一定危险性的实验时，一定要做到胆大心细，要善于保护自己。

【本环节预期效果】

1. 使学生意识到化学电池对人体的危害和对环境的污染，唤起学生保护环境的意识与安全意识。

2. 进一步了解化学电池的内部构成，体会到非静电力的存在。

3. 练习测量电动势。

4. 为理解内电阻的实验作铺垫。

【第六环节】电源的内阻 r（10分钟）

1. 演示实验：现场制作"水果电池"并用数字电表测其电动势大小（应课前准备好，大约是 2 V 的水果电池）。水果电池与小灯泡相连，小灯泡不亮，为什么？（学生观察、思考并回答。）

2. 进一步分析得到内电阻的概念：电源内部也是有导体结构的，所以也有电阻，相对电源外部的电路而言，称为内阻 r。刚才同学自制的化学电池中，硫酸铜溶液和棉条，就是电源内部的导体，其电阻就是电源内阻 r。（学生倾听并思考。）

3. 进一步分析内电阻。

（1）实验1：电源内阻 r 会影响电源输送给外电路的电压值。

实验装置：如图6，准备长短相同、粗细不同的事先泡好的棉条（3个，粗细比例为4：2：1），分别将3个棉条接入电路，闭合开关后，将滑动变阻器的滑片位于中间某固定位置，观察电压表的示数变化。（学生测量。）

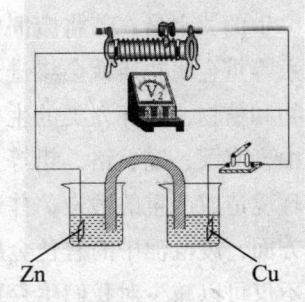

图6

（2）实验2：旧电池，因内阻增大，使得外电路获得的电压值降低。实验装置：准备两个1号电池（新旧各1个），先用电压表测量电动势，再分别给相同的灯泡供电，观察灯泡的亮暗程度。（注意：新电池要在课堂上当场拆除包装，旧电池让学生自己带来。）（学生探究、分析讨论得出结论：电源也是有内阻的，且内阻随着使用是会变大的。）

4. 讲授：分析旧电池内阻增大的原因。

5. 总结：电动势和内阻同为电源的重要参数。

【本环节预期效果】

1. 学生体会到电源有内阻，并通过实验体会电源内阻对外电路获得电压的影响。

2. 了解旧电池"没电"的原因——内阻增大，外电路获得的电压减少。

【第七环节】讨论交流（7分钟）

1. 提出讨论问题1：如何购买合格的电池？展示一板封在包装中的电池，请大家看看这板电池是否合格，如何去检验？（学生讨论，并在教师引导下得出结论：①可以用学过的测电动势的简单方法，即用多用表检测电压是否是1.5 V；②要学会保护消费者的合法权益，不能只看包装。）

2. 提出讨论问题2：如何处理旧电池？提出案例：有一部"随身听"和一台电子钟都是使用两节5号干电池作电源。将新电池装在"随身听"中使用较长时间后，发现磁带虽然转动，但声音不正常。把电池取出来，用电压表测其两端电压，电压表示数基本等于3 V。把这两节旧电池装在电子钟上却仍能使电子钟正常工作。这组电池新的电动势比旧的电动势大很多吗？电池旧的内阻比新的内阻大吗？（学生结合课前预习讨论，并得出结论：新电池的电动势不一定明显比旧的电动势大；旧电池的内阻比新的内阻大。因为电子钟正常工作时的电流比"随身听"的小，所以旧电池还能维持电子钟正常工作一段时间。）

3. 提出讨论问题3：怎样处理废电池？（学生结合课前预习讨论，得出结论：①据有关资料显示，一节一号电池烂在地里，能使1平方米的土壤失去耕种价值;一粒纽扣电池可以使600吨水受到污染,而这600吨水相当于一个人一生的饮水量;若将废旧电池混入生活垃圾一起填埋,或者随手丢弃,渗出的汞等重金属物质就会渗进土壤,污染地下水,进而影响到和人类息息相关的动物和植物,破坏人类的生存环境,并最终危及人类的健康。②一方面,废电池中含有汞、镉、铬、铅等大量毒性很强的重金属,随处丢弃会给土壤、水源等环境造成严重的污染,并通过人类的食物链给人体健康造成威胁和危害;另一方面,废电池中的有色金属是宝贵的资源,如果能回收再利用这些废旧电池,不仅可以减少对我们生存环境的破坏,而且也是对资源的节约和再利用。)

4. 补充材料:各种电池的分类表(见下表)。(学生观看、分析。)

	种类	结构	电动势	特性及对环境的影响
一次性电池	干电池 碳锌电池	碳、锌为电极材料,氯化铵、氯化锌为电解液。	1.5 V	便宜,用于多用电表。
	干电池 碱性电池	与碳锌电池不同处只是使用碱性电解质。	1.5 V	容量比碳锌电池大
	锌汞电池	氯化锌、氧化汞为电极材料,氢氧化钾为电解质。	1.2 V	体积小,电压稳定。常用于电子仪表、手表。含汞,会污染环境。
可充电电池	铅蓄电池	二氧化铅、铅为正负极,硫酸为电解液。	2.0 V	内阻小,体积大。常用于汽车中。
	镍镉电池(Ni-Cd)	氧化镍、镉为电极材料,氢氧化钾为电解质。	1.2 V	由于充入电有记忆特性,需将电池完全放电后再充电。镉对环境污染严重。
	镍氢电池(Ni-MH)	氧化镍、储氢材料为电极材料。	1.2 V	充放电没有记忆特性,存储量比镍镉电池高。
	锂离子电池(Li-ion)	钴酸锂、碳为电极材料,正负极之间是充满电解质的隔膜。	3.6 V	电池容量最大,广泛用于电子产品中,但是不耐过充,如果过充会造成温度过高而破坏结构,可能导致爆炸。

续表

种类		结构	电动势	特性及对环境的影响
新型电池	太阳电池	利用半导体材料硅、砷化镓等在光的照射下会释放电子而制成。通常由很多单元组合使用。	较小	内阻较大。用于人造卫星、灯塔、气象站、观测站等。
	燃料电池	以氢为燃料，排出纯净水。	1.229 V	燃料电池是直接将燃烧反应的化学能转化为电能的装置，能量转化率高，节约燃料，不产生污染环境的废气。

【本环节预期效果】

1. 培养学生批判性思考问题的方式，利用学到的知识识辨商品的质量。

2. 培养节约意识，唤起学生的环保意识。

(三) 课后延伸

【内容】

1. 在完成书后习题的基础上，思考"电源电动势与电源两端的电压的区别和联系"。

2. 收集关于废旧电池对人体和环境的危害的资料，思考如何处理废旧电池，提出"关于废旧电池的回收和处理"的一些建议。

3. 收集、调查生活中充电电池的种类及其使用的注意事项。

【方式与要求】

书面完成作业，思考、交流讨论，收集资料，分小组进行调查访问与商讨交流。

【预期效果】

巩固基础知识，提升解决问题能力，增强环保意识、节约行为，了解生活中的科技。

专家点评：

电动势的概念较抽象，本节课通过实验、实物创设情境，突破了教学难点。在电动势的引入和内阻的引入两处，通过具体的化学知识及实物，不仅帮助学生在理论上进行分析，又使学生体会到学科知识间的综合。自制的原电池，克服了传统电解槽装置的电动势不稳定，内电阻调节不方便、不明显的缺点。通过演示及分组实验配合作相应的探究和验证，使学生学习起来感到生动、深刻、真切。本课还采用了开放的教学方式，拓展学生对生活中各类电池使用和新型电池开发的关注。融入可持续发展教育理念方面的设计使这节物理课的意义得到了提升，由于选取了既联系实际，又与本课内容贴切的实例，使学生感受到，要提高可持续发展的能力，就要学好物理知识和物理原理，理智而明白地生活。

（陶昌宏）

Ⅷ 化 学

i 学科教学实施可持续发展教育指导意见

化学是研究物质的组成、结构、性质及其应用的一门基础自然科学。迅猛发展的化学学科已成为生命科学、材料科学、环境科学、能源科学、信息科学等领域的重要基础，它在解决人类社会发展过程中面临的问题、提高人类的生活质量、促使人与自然和谐相处等方面发挥着重要的作用。化学科学的发展与进步对人类的生活、生产、环境和社会的发展与进步作出了巨大贡献，也与当今世界性的资源及环境问题的产生和解决关系密切，对社会、经济、环境的可持续发展起着重要的作用。

高中化学课程可以使学生了解化学科学发展的主要线索，是科学教育的重要组成部分。学生通过学习高中化学课程，能够理解化学基本概念、原理及化学变化的基本规律，获得有关化学实验的基础知识和基本技能，学习实验研究的方法。而且对于提高学生的科学素养、构建自身发展所需的化学基础知识和基本技能、增进对物质世界的认识、学习科学研究的基本方法、加深对科学本质的认识、促进学生全面发展有着不可替代的作用。

高中化学课程重视化学与其他学科之间的联系，重视化学与生活、生产、社会的联系，能够帮助学生认识化学与人类生活的密切关系，使学生关注人类面临的与化学相关的社会问题，帮助学生综合运用知识、技能和方法分析和解决问题，帮助学生强化科学探究意识，培养学生的创新精神和实践能力，形成可持续发展的观念。

高中化学课程涉及的诸多问题与可持续发展教育中社会、文化、环境、经济领域有着密切联系，尤其在社会领域的"生命与安全教育"、环境领域的"环境保护与污染防治教育"、经济领域的"循环经济与绿色消费教育"及"农村发展与可持续城市化教育"主题中显现得更为明显，是高中阶段实施可持续发展教育的一门显性课程。在《普通高中化学课程标准》中，化学与可持续发展亦是高中化学课程的有机组成部分，体现出了课程的时代性、连续性和发展性。因此，在化学学科课程中实施可持续发展教育，是时代提出的新要求。

一、用可持续发展教育理念审视化学课程的目标要求

高中化学课程旨在促进学生在知识与技能、过程与方法、情感态度与价值观等方面得到发展，进一步提高学生未来发展所需的科学素养，注重对学生科学探究能力的培养。高中化学课程有利于学生掌握化学基本概念和化学实验的基础知识与基本技能，体会绿色化学思想，理解化学对生活、社会发展和科技进步的重要作用，正确认识科学、技术与社会的相互关系，能运用所学知识解释生产生活中的化学现象，解决与化学有关的一些实际问题，初步树立可持续发展的思想。

用可持续发展教育理念审视高中化学课程目标，上述内容与可持续发展教育相关领域有着一致的目标。具体如下：

目标维度	高中化学课程标准目标要求	可持续发展教育相关领域与主题
知识与技能	●了解化学科学发展的主要线索，理解基本的化学概念和原理，认识化学现象的本质，理解化学变化的基本规律，形成有关化学科学的基本观念。	●经济领域：可进行循环经济与绿色消费主题教育及可持续城市化主题教育。 ●环境领域：可进行环境保护主题教育。
知识与技能	●获得有关化学实验的基础知识和基本技能，学习实验研究的方法，能设计并完成一些化学实验。	●社会领域：可进行生命与安全教育主题教育。 ●环境领域：可进行环境保护主题教育。
知识与技能	●重视化学与其他学科之间的联系，能综合运用有关的知识、技能与方法分析和解决一些化学问题。	●经济领域：可进行循环经济与绿色消费主题教育及可持续城市化主题教育。 ●环境领域：可开展环境保护主题教育。
过程与方法	●具有较强的问题意识，能够发现和提出有探究价值的化学问题，敢于质疑，勤于思索，逐步形成独立思考的能力。 ●在化学学习中，学会运用观察、实验、查阅资料等多种手段获取信息，并运用比较、分类、归纳、概括等方法对信息进行加工。	●可结合以上领域中的相关主题，联系社会、生产实际中的案例进行分析、讨论，帮助学生学会应用知识分析问题、解决问题，并体会知识的应用价值。

续表

目标维度	高中化学课程标准目标要求	可持续发展教育相关领域与主题
情感、态度与价值观	• 有参与化学科技活动的热情，有将化学知识应用于生产生活实践的意识，能够对与化学有关的社会和生活问题作出合理的判断。 • 赞赏化学科学对个人生活和社会发展的贡献，关注与化学有关的社会热点问题，逐步形成可持续发展的思想。 • 树立辩证唯物主义的世界观，养成务求实真、勇于创新、积极实践的科学态度，崇尚科学，反对迷信。 • 热爱家乡，热爱祖国，树立为中华民族复兴、为人类文明和社会进步而努力学习化学的责任感和使命感。	• 通过对社会、生产实际等有关资料的分析及讨论，培养学生的可持续发展价值观。 • 感受化学科学的进步与发展对社会可持续发展作出的巨大贡献。 • 感受个人的生活方式及社会的生产活动与社会的可持续发展密切相关。 • 理解地方、国家的发展行动及决策直接关系到社会的可持续发展未来。

二、化学课程中与可持续发展教育相关的内容与要求[①]

※必修模块

高中化学必修课程是在义务教育化学课程基础上为全体高中生开设的课程，通过高中化学必修课程的学习，学生主要在以下几个方面得到发展。

1. 学习常见的化学物质，初步认识物质的微观结构，知道化学反应的一般原理，了解它们在生产、生活和化学科学研究中的应用。

2. 初步掌握化学实验基本技能，体验和了解化学科学研究的一般过程和方法，认识实验在化学学习和研究中的重要作用。

3. 正确认识科学、技术与社会的相互关系，能运用所学知识解释生产生活中的化学现象，解决与化学有关的一些实际问题，初步树立社会可持续发展的思想。

可以看出，必修课程的教学内容与可持续发展教育密切相关。在教学中，结合可持续发展教育的相关内容开展教学，潜移默化地融入绿色化学思想、融

[①] 本部分内容参考《普通高中化学课程标准》、人民教育出版社普通高中课程标准实验教科书（以下简称"人教版教材"）《化学》。

入可持续发展的价值观，有助于学生将化学知识应用于生产、生活实践，理解科学、技术与社会的相互作用。有助于学生关注与化学有关的社会热点问题，对与化学有关的社会和生活问题作出合理的判断，培养学生的社会责任感，逐步形成可持续发展的思想。

※**选修模块**

高中化学选修课程是在必修课程基础上为满足学生的不同需要而设置的。从课程标准对选修模块的要求中可以看出，选修模块的教学内容同样与可持续发展教育关系密切，并在课程标准中有明确的体现。

★**化学与生活模块**

通过学习，学生能应用所学化学知识对生活中的有关化学问题作出正确的判断和解释；认识化学科学的发展对提高人类生活质量的积极作用，形成可持续发展的思想。

★**化学与技术模块**

通过学习，学生应了解化学在工农业生产中的具体应用，认识化学与社会发展的关系；形成自然资源综合利用、废旧物资再生利用的观念。

★**物质结构与性质模块**

通过学习，学生应能从物质结构决定性质的视角解释一些化学现象，预测物质的有关性质；在理论分析和实验探究过程中学习辩证唯物主义的方法论，逐步形成科学的价值观。

★**化学反应原理模块**

通过学习，学生应了解化学反应中能量转化所遵循的规律，知道化学反应原理在生产、生活和科学研究中的应用；赞赏运用化学反应原理合成新物质对科学技术和人类社会文明发挥的重大作用，能对生产、生活和自然界中有关化学变化的现象进行合理的解释。

★**有机化学基础模块**

通过学习，学生应认识实验在有机化合物研究中的重要作用，了解有机化合物研究的基本方法，掌握有关实验的基本技能；认识有机化合物在人类生活和社会经济发展中的重要意义。

★**实验化学模块**

通过学习，学生应认识化学实验是学习化学知识、解决生产和生活中的实际问题的重要途径和方法；了解化学实验研究的一般过程，初步形成运用化学实验解决问题的能力；形成实事求是、严谨细致的科学态度，具有批判精神和创新意识；形成绿色化学的观念，强化实验安全意识。

教师在进行选修模块教学时,不仅要进行知识教学,更要关注知识的应用、知识与社会发展的关系,恰当融入科学的、可持续发展的价值观。只有将学科知识与社会的发展与进步相结合,教学才是有价值的、有生命力的、符合新课程理念和时代要求的教学。

(一) 社会领域

主题	内容标准领域		具体目标	内容示例	与可持续发展教育的结合点	教学提示
	一级	二级				
生命与安全教育	必修1	化学实验基础	树立安全意识,能识别化学品安全使用标识,初步形成良好的实验工作习惯。	化学实验基本方法 第一章第一节	引起学生对化学安全问题的重视,培养学生的安全意识和对自己及他人生命安全的责任感,培养良好的实验工作习惯。	①可指导学生观察与辨认加油站、变电站、仓库、医院等场所的安全标识,并进行交流;②可组织学生交流与讨论初中进行化学实验时遇到过的安全问题,并总结基本实验操作中应注意的问题。
		常见无机物及其应用	①了解食用二氧化硫漂白的食品对肝、肾有损害,并有致癌作用;②了解硫化氢的气味,知道其有剧毒,了解常用救治方法。	硫和氮的氧化物 第四章第三节	引导学生树立安全意识和化学物质的合理使用意识。	①可指导学生查阅资料,了解目前市场上二氧化硫漂白食品情况及带来的危害,并进行板报宣传;②可引导学生阅读资料卡片,查阅相关资料了解硫化氢的毒性和救治方法;③可组织学生讨论:如果遇到危险发生,应该如何逃生。
	必修2	化学与可持续发展	认识化石燃料综合利用的意义,了解甲烷、乙烯、苯等的主要性质。	最简单的有机化合物——甲烷 第三章第一节	对学生进行安全使用家用或工业用天然气的安全常识教育。	①可组织学生引用生产、生活中的具体实例进行交流讨论,由此对可燃气体进行燃烧实验之前须验纯、使用家用燃气须防管道老化泄露等问题加以理解和重视;②可介绍家用燃气使用的常识,包括定期检验更换等。

续表

主题	内容标准领域		具体目标	内容示例	与可持续发展教育的结合点	教学提示
	一级	二级				
生命与安全教育	必修1	化学与可持续发展	了解饮食结构中淀粉、纤维素、脂肪、蛋白质对于人体健康的作用，了解合理摄入营养物质的意义。	基本营养物质 第三章第四节	引导学生认识营养均衡及合理膳食与人体健康的关系。	①可创设情境，引导学生从自身生活入手，调查淀粉、纤维素、脂肪、蛋白质等基本营养物质在人体中发挥的重要作用；②可推荐学生阅读科学视野资料，了解生命的化学起源。
	选修1	化学与健康	认识食品中对人类健康有重要意义的常见有机物，了解维生素在人体中的作用。	关注营养平衡 第一章	①了解合理摄入糖类、油脂、蛋白质、维生素和微量元素与人体健康的关系，进而养成健康饮食的习惯和可持续的生活方式；②引导学生关注营养均衡，促进身心健康。	①可通过创设情境，调动学生自主学习的积极性，可指导学生通过开展专题调查、查阅资料、撰写小论文、讨论、交流、演讲等方式开展学习，加深对健康饮食和可持续生活方式的认识和理解；②可指导学生分析自己、家庭及亲友饮食方式及习惯是否健康合理，是否营养均衡，并提出相应的改进建议。
			①知道常见的食品添加剂的组成、性质和作用；②通过实例了解某些药物的主要成分和疗效。	促进身心健康 第二章	①了解常见的食品添加剂的组成、性质和作用；②了解安全用药的常识，认识医疗保健的重要性。	①可指导学生进行实验探究：食品中维生素C的检测；②可指导学生到超市查阅包装食品的标签，了解其中的营养成分和所含的添加剂；③可指导学生查阅资料，了解"绿色食品"及其发展；④可指导学生查阅资料并交流：常用药物的成分、结构与疗效的关系。

— 266 —

续表

主题	内容标准领域 一级	内容标准领域 二级	具体目标	内容示例	与可持续发展教育的结合点	教学提示
生命与安全教育	选修3	化学键与物质的性质	认识到化学键对物质性质的影响，了解不同构造的物质性质可能不同。	分子的性质 第二章第三节	了解"手性分子"在生命科学等方面的应用，树立安全用药意识。	①可指导学生查阅资料："手性分子"的合成及应用，了解"手性分子"在生命科学等方面的应用；②可通过介绍1957年手性分子药物"反应停"使部分孕妇生下畸形儿，使学生认识安全用药的重要性。
	选修4	溶液中的离子平衡	了解体液维持正常平衡范围，才能保证人体健康。	水的电离和溶液的酸碱性 第三章第二节	认识到测试和调控溶液pH，对日常生活和医疗保健具有重大作用。	可指导学生查阅资料，认识人体内维持一定酸碱平衡才能保证正常生理功能。
			认识到学习并利用化学对维护身体健康具有重要意义。	难溶电解质的溶解平衡 第三章第四节	了解氟化物的合理使用能够防治龋齿，提高生活质量。	可指导学生通过阅读资料，了解氟化物防治龋齿的重要性和反应原理，调查了解超市常见防龋牙膏的种类和功效。
	选修5	烃及其衍生物的性质与应用	结合生产生活实际了解某些烃、烃的衍生物对环境和健康可能产生的影响，关注有机化合物的安全使用问题。	芳香烃 第二章第二节	了解苯及其同系物对人体健康的危害及在生产、生活中的使用情况，了解防止苯中毒的措施。	可指导学生查阅资料，了解苯或苯的同系物对人体健康有何危害，了解苯的用途，了解生活中哪些用品材料中含有苯或苯的同系物，使用时应注意什么问题。
			树立有机物安全生产意识，能够运用所学知识解决实际问题。	醇酚 第三章第一节	结合化工厂案例，对学生进行安全生产意识的教育。	可指导学生结合教材中"思考与交流"内容讨论：化工厂险情中发生了哪些化学反应？几个解决方案的反应原理分别是什么？哪个方案更合理、更安全？

续表

主题	内容标准领域 一级	内容标准领域 二级	具体目标	内容示例	与可持续发展教育的结合点	教学提示
生命与安全教育	选修6	糖类、氨基酸和蛋白质	了解氨基酸、蛋白质与人体健康的关系。	生命中的基础有机化学物质 第四章	引导学生关注身心健康、养成健康的饮食习惯和生活方式。	可指导学生结合有关生物学科的知识，分析糖类、氨基酸和蛋白质对人体健康的意义，并设计合理的健康食谱。
生命与安全教育	选修6	化学实验基础	具有安全意识，能顺利地完成化学实验，树立绿色化学思想，形成环境保护的意识。	实验化学起步 第一单元课题一	引导学生重视实验安全问题，逐渐形成绿色化学的观念。	可组织学生结合做过的具体实验进行交流：在学习化学及进行化学实验的经历中，使用哪些试剂会有安全问题，应该如何操作？哪些操作应格外注意安全，以免伤害到自己或周围的同学？
生命与安全教育	选修6	化学实验探究	了解身边的某些现象和问题可以从化学角度解释或解决。	身边化学问题的探究 第四单元课题二	促使学生对"生活之中处处有化学"有深刻体会，能够改善饮食，加强化学知识的应用。	可组织学生进行调查，从自己的生活经验入手，确定要研究的问题，设计实验探究方案；通过自己动手，深入理解化学与生活的密切关系，理解化学对提高生活质量的重要贡献。
公民权利与责任教育	选修6	化学实验基础	引导学生逐步形成绿色化学的观念，形成环境保护的意识和责任感。	化学实验的绿色追求 第一单元课题二	认识在化学合成中遵循"绿色化学思想"的重要性，树立追求绿色化学的责任感。	可指导学生阅读课文、查阅资料，了解并交流对绿色化学的含义、使用化学品的5R原则的理解，树立追求绿色化学的责任感。
和谐社会教育	必修1	常见无机物及其应用	知道氯气是有毒气体，中毒严重可能导致窒息死亡，树立禁止使用化学武器的意识。	富集在海水中的元素——氯 第四章第二节	使学生树立合理利用化学物质，造福人类的责任意识。	可指导学生阅读资料，使学生了解在第一次世界大战时德军首次使用氯气作为化学武器；通过讨论交流，使学生树立禁止使用化学武器，维护世界和平的意识。

（二）文化领域

主题	内容标准领域 一级	内容标准领域 二级	具体目标	内容示例	与可持续发展教育的结合点	教学提示
中华优秀传统文化及世界遗产教育	选修2	化学与材料的制造、应用	①了解我国陶瓷等传统硅酸盐材料的悠久历史；②了解无机非金属材料的用途及在城市建设中的重要作用，认识新型无机非金属材料在现代技术中的重要作用。	无机非金属材料 第三单元课题1	培养弘扬中华优秀传统文化，不断进行文化创新的可持续发展价值观。	①可指导学生查阅资料，了解我国在无机非金属材料发展史上的成就和悠久历史；②可组织学生讨论社会发展和科技进步对材料的要求，认识化学对材料科学发展的意义。
	选修6	化学实验基础	能够说出化学在人类文明、社会发展中的重要作用，知道化学家的卓越贡献。	前言 第二单元	增强热爱祖国、为国争光的情感。	可指导学生查阅"我国制碱工业的先驱——侯德榜"的相关资料，并进行交流，鼓励学生以侯德榜为榜样，努力学习，为国争光。
文化多样性教育	选修3	原子结构与元素的性质	了解世界著名化学家研究原子结构的历程和卓越贡献。	原子结构与性质 第一章	积极学习和传扬世界先进文化，汲取世界先进文化精华，并创造性地应用于实际生活和学习当中。	①可指导学生阅读本章"科学史话"栏目的资料，了解普鲁特、牛顿、玻尔、门捷列夫、雷利等科学家在原子结构方面的研究历程和成就；②可组织学生讨论：为什么这些科学家能够有卓越的成就？我们应该如何向他们学习？如何吸取世界先进文化为我们服务？

（三）环境领域

主题	内容标准领域 一级	内容标准领域 二级	具体目标	内容示例	与可持续发展教育的结合点	教学提示
环境保护与污染防治教育	必修1	常见无机物及其应用	通过实验了解氯、氮、硫等非金属及其重要化合物的主要性质，认识其在生产中的应用和对生态环境的影响。	富集在海水中的元素——氯 第四章第二节；硫和氮的氧化物 第四章第三节；氨、硝酸、硫酸 第四章第四节	了解氯、氮、硫、等非金属及其重要化合物在生产中的应用和对生态环境的影响，强化保护环境、维持生态平衡、人与自然和谐相处的意识。	①可指导学生查阅资料并交流讨论：氯及其化合物的性质及其在生产、生活中的应用原理，应用中怎样防止泄漏、污染环境？②可指导学生查阅资料并讨论：大气中的氮氧化物、二氧化硫是怎样产生的？采取怎样的措施能减少大气中的氮氧化物、二氧化硫？人类的哪些活动影响自然界中的生态平衡？自然界中的碳、氮循环对维持生态平衡有何作用？
	必修2	化学与可持续发展	以酸雨的防治和无磷洗涤剂的使用为例，体会化学对环境保护的意义。	资源综合利用 环境保护 第四章第二节	①形成合理使用化学品的意识，体会化学对环境保护的意义；②理解减少碳排放对于缓解全球变暖的意义，培养可持续的生活方式。	①可指导学生与家长交流讨论：怎样根据衣料的性质，选择合适的洗涤剂和洗涤方法？②可借助视频、图片、资料展示酸雨、水体富营养化等带来的环境问题及危害，引导学生讨论通过化学解决环境问题的途径及措施；③观察教材中碳循环示意图，讨论人类活动与自然灾害之间有无关系。
	选修1	化学与环境保护	①知道大气主要污染物，能说出减少或消除大气污染物的原理和方法；②知道甲醛、氡是居室空气污染物，了解其对人体的危害。	改善大气质量 第四章第一节	引导学生认识有效减少污染、改善大气质量的重要性，并开始行动。	①可组织学生讨论：家庭装修时如何选择合适的装修材料？选择装修材料时应注意什么问题？如何减少居室内空气污染？②可组织学生讨论：奥运期间，为改善北京的空气质量，政府采取了

续表

主题	内容标准领域 一级	内容标准领域 二级	具体目标	内容示例	与可持续发展教育的结合点	教学提示
环境保护与污染防治教育	选修1	化学与环境保护				哪些措施？为减少机动车辆尾气污染、减少水污染及垃圾处理等环境问题，政府和社会做了什么？还存在哪些问题？我们可以做什么？
			认识水污染造成的危害，能说出污水处理中主要的化学方法及其原理。	爱护水资源 第四章第二节	引导学生认识水资源及其保护是关系到可持续发展的重要问题。	可借助视频、录像、图片、典型的水污染实例等使学生认识水污染造成的危害，通过化学实验和实地参观等活动，使学生了解污水处理中主要的化学方法及其原理。
			①认识"白色污染"的危害和防治方法；②根据防治土壤污染、保护环境的要求，举例说明废水处理、垃圾和其他生活废弃物的处置方法。	垃圾资源化 第四章第三节	体会垃圾资源化的意义，进一步理解化学对保护环境的积极作用，形成自觉保护环境的意识。	①可组织学生查找资料、交流：垃圾问题造成的危害及解决途径，了解垃圾分类回收的方法和意义；②可通过讨论引导学生认识每个人的生活方式和行为对于减少环境污染都有着重要意义。
	选修2	化学与工、农业生产	了解在工业生产中的基本问题，能够说出工业制硫酸、合成氨、纯碱等生产中三废的处理方法及原理，了解原料综合利用。	走进化学工业 第一单元	了解生产中废气、废水、废渣处理的重要性及方法，形成环保意识。	①可指导学生查阅资料，以工业制硫酸、合成氨等为例，讨论在化工生产过程中的基本问题，认识工业生产中减少三废排放对环境保护的重要性，并了解及时处理的常用方法；②可组织学生实地调查当地固体废弃物的回收利用情况，讨论存在的问题及解决途径。

续表

主题	内容标准领域		具体目标	内容示例	与可持续发展教育的结合点	教学提示
	一级	二级				
环境保护与污染防治教育	选修2	化学与工、农业生产	①知道常用化学肥料及农药的组成、性质、生产原理、使用方法和注意事项，了解发展方向；②认识合理使用植物生长调节剂和除莠剂的意义；③会测定土壤的酸碱度，知道改良酸性土壤和碱性土壤的一般方法。	化肥和农药第四单元课题1	了解化肥、农药带来的环境问题，理解合理使用化肥、农药对保护环境的重要意义，认识到进行生产时应注意保护环境和生态平衡。	①可指导学生查找资料，通过典型事例的视频或图像资料，了解过度施肥、不当使用杀虫剂和除草剂等带来的环境问题以及人类食品安全问题；②可组织学生交流讨论：是否应使用化学肥料、农药、植物生长调节剂？③可指导学生查找资料、交流：什么是环境友好农药？有何特点？什么是有机蔬菜？有何优点？
	选修5	烃及其衍生物的性质与应用	了解卤代烃在日常生活中的应用，认识到不当使用卤代烃使臭氧层产生空洞，造成破坏，并了解其反应原理。	卤代烃第二章第三节	了解有机物的不当使用能够对环境造成污染或破坏。	可展示图片，使学生认识到南极上空臭氧层空洞的变化及其原因，带领学生分析卤代烃在破坏臭氧层过程中的反应，形成正确使用有机化合物的认识。
自然灾害预防教育	选修1	化学与环境保护	①认识到大气污染严重时会影响地球的气候；②了解当地酸雨造成的危害及防治措施；③了解人类活动对自然界的影响。	改善大气质量第四章第一节	认识大气污染严重时会影响地球的气候，形成酸雨、使全球气候变暖和破坏臭氧层等，可能会引起自然灾害。人类应从自身做起，为防灾减灾作出应有的贡献。	①可组织学生查阅资料，认识大气污染的危害是多方面的，既危害人体健康，又影响动植物的生长，严重时会影响地球的气候；②可组织学生讨论：酸雨的形成和危害有哪些？对于酸雨危害加剧、全球气候变暖、臭氧层空洞的形成，我们能做什么？

（四）经济领域

主题	内容标准领域 一级	内容标准领域 二级	具体目标	内容示例	与可持续发展教育的结合点	教学提示
循环经济与绿色消费教育	必修1	常见无机物及其应用	了解硅是重要的半导体材料，了解硅酸盐产品的重要应用，认识到光电池是极有发展前景的新型能源。	无机非金属材料的主角——硅 第四章第一节	了解硅及其化合物在信息技术、材料科学发展中的重要作用，了解光电池是一种新型能源。	可指导学生通过网络等信息渠道，查阅资料，了解计算机的发展史，了解硅及其化合物在信息技术、材料科学等领域的应用。
	必修2	化学反应与能量	认识提高燃料的燃烧效率、开发高能清洁燃料和研制新型电池的重要性。	化学反应与能量 第二章	引导学生从生活实际出发，认识到化学能源是有限的，因此，应该提高燃烧效率，降低污染，积极开发清洁能源。	①可指导学生通过日常生活经验和相关资料，理解社会发展和能源利用的关系，知道人类利用能源的三个阶段及其能源特色等；②可组织学生查阅资料：化学能转化为热能、电能在生产、生活中的应用，煤、石油燃烧对环境的影响；③可指导学生实验探究：用生活中的材料制作简易电池；④可指导学生调查：电池的发展历程、不同种类电池的特点、性能与用途；⑤可指导学生调查：家庭燃料如何提高燃烧效率？提出主要措施。
		化学反应与可持续发展	①认识化石燃料综合利用的意义，认识乙烯、苯的衍生物等在化工生产中的重要作用；②认识乙醇、乙酸、糖类等物质在日常生活中的应用；	化学与自然资源的开发利用 第四章	①引导学生认识地球资源是有限的，应尊重地球资源、尊重后代人，形成爱护、节约资源、合理开发利用资源的意识；②了解海水、金属矿物等自然资源的综合利用；	①可组织学生开展调查或查找资料：海水中有哪些资源？如何利用这些资源？煤、石油和天然气等资源综合利用的最新进展情况；②可组织学生交流讨论：为什么说"只有放错地方的资源，没有无用的垃圾"？什么是绿色化学思想？绿色化学应遵循什么原则？

续表

主题	内容标准领域 一级	内容标准领域 二级	具体目标	内容示例	与可持续发展教育的结合点	教学提示
循环经济与绿色消费教育	必修2	化学反应与可持续发展	③能举例说明高分子材料在生活等领域中的应用； ④以海水资源、金属矿物的综合利用为例，了解化学方法在实现物质间转化中的作用。		③认识并赞赏化学科学发展在自然资源综合利用方面的作用； ④了解绿色化学思想及其在生产中应用的重要意义，逐步形成绿色化学的意识，逐渐形成可持续发展的观念。	③可组织学生调查与交流：北京地区固体废弃物的回收和利用情况。
	选修1	生活中的材料	①通过实例认识化学在发展生活用材料中的重要作用； ②描述金属腐蚀的化学原理，知道金属防腐的常用方法，认识防止金属腐蚀的重要意义。	金属的腐蚀和防护 第三章第二节	了解金属腐蚀带来的损失和危害。认识化学在发展生活用材料中的重要作用，体会化学对提高个人生活质量的积极作用。	①可指导学生查阅资料并交流，认识金属腐蚀带来的损失和危害； ②可指导学生通过实验探究了解金属的防腐方法； ③可指导学生查阅资料并交流：防止钢铁腐蚀的方法与措施。
	选修2	化学与工、农业生产	理解联合制碱法的生产原理，认识联合制碱法的优点在于尽量增大设备循环处理的量、合理利用原料、减少环境污染。	纯碱的生产 第一单元课题3	了解发展工业，提高经济效益应遵循可持续发展的原则，培养学生充分利用资源，不断创新的意识与能力。	①可指导学生对比氨碱法和联合制碱法的生产原理，思考、讨论联合制碱法的优点，使学生认识到发展工业、提高经济效益应遵循可持续发展的原则，培养学生充分利用资源的可持续发展观； ②可组织学生实验探究：用碳酸氢铵和氯化钠制取碳酸钠，并对产品进行检验。

续表

主题	内容标准领域		具体目标	内容示例	与可持续发展教育的结合点	教学提示
	一级	二级				
循环经济与绿色消费教育	选修2	化学与资源开发利用	①调查讨论煤、石油和天然气等综合利用的最新进展；②了解我国基本化工的生产资源、基本化工产品的主要种类和发展概况；③了解海水的综合利用，认识化学对于综合利用自然资源的意义。	化学与资源开发利用第二单元	①认识水资源的有限和循环利用的方法及意义；②关心、了解我国的资源和基本化工生产、发展概况，了解化学在资源利用、材料制造、工农业生产中的具体应用，逐渐形成爱护、节约资源和合理开发利用资源的思想。	①可指导学生查找资料或参观污水处理厂，了解污水处理过程和方法；②可指导学生具体了解、体会水资源的循环利用，形成爱护水资源、节约用水的意识；③可指导学生通过调查、查找资料，讨论、交流：煤、石油和天然气等综合利用的最新进展，认识资源综合利用对于保护环境、充分利用资源的意义。
		化学与材料的制造、应用	①了解金属腐蚀及防治的原理和方法，认识到金属资源合理开发利用的重要性；②认识到在生活中自觉减少一次性用品使用的重要性，并能够自觉实施，培养"消除白色污染、倡导绿色消费"的意识。	金属材料第三单元课题2	培养学生逐渐形成爱护、节约资源和合理开发利用资源的思想和绿色消费的意识。	①可组织学生调查我国金属资源的储量、开发利用情况，并制作展板；②可指导学生在学校或班级中开展塑料袋、一次性筷子、一次性餐盒等用品使用情况的调查，使学生认识到开发环境降解高分子材料的重要意义。
				高分子化合物与材料第三单元课题3		
	选修3	化学键与物质的性质	了解海底存在大量甲烷水合物晶体，是巨大的潜在能源。	分子晶体与原子晶体第三章第二节	了解可燃冰对能源结构的补充，应注意可持续开发。	可指导学生阅读"科学视野"等相关资料或通过网络调查等方式，讨论开发可燃冰的注意事项。

续表

主题	内容标准领域 一级	内容标准领域 二级	具体目标	内容示例	与可持续发展教育的结合点	教学提示
循环经济与绿色消费教育	选修4	化学反应与能量	通过查阅资料说明能源是人类生存和发展的重要基础,了解化学在解决能源危机中的重要作用。	燃烧热能源第一章第二节	引导学生正确认识科学、技术与社会的相互关系,知道节约能源、提高能量利用效率的实际意义。	①可指导学生阅读教材资料,了解我国的能源状况和能源利用率,认识到能源是人类生存和发展的重要基础,人类社会正面临着能源危机;②可指导学生就新能源、未来新型能源等开展交流讨论或出展板。
			了解电池种类,能够合理选用清洁能源。	化学电源第四章第二节	引导学生关注能源与人类生存、社会发展的关系,形成节约能源、合理利用能源和资源,具有开发、使用新能源的意识与能力。	可指导学生通过查阅资料了解常见化学电源的种类及其工作原理,认识化学能与电能相互转化的实际意义及重要应用。
			了解金属腐蚀的危害及电化学腐蚀的原理。	金属的电化学腐蚀与防护第四章第四节	认识金属腐蚀的危害,了解防止金属腐蚀的常用方法。	①可指导学生查阅资料,了解金属腐蚀的危害及给国民生产带来的损失;②可指导学生通过实验探究防止金属腐蚀的措施。
农村发展与可持续城市化教育	选修5	烃及其衍生物的性质与应用	了解能源结构调整的重要性。	脂肪烃第二章第一节	了解"西气东输"工程对我国东部城市能源、产业结构的影响。	可指导学生通过资料查询,了解脂肪烃的来源,了解"西气东输"和煤制油等工程对城市发展和减少环境污染的贡献。

三、化学学科教学实施可持续发展教育的建议

高中化学课程从课程标准的制定到教学内容的选择凸显了情感、态度与价值观的教学目标要求，使学生在化学学习中获得深刻的内心体验，培养丰富的情感，形成积极的态度和正确的价值观，可持续发展的价值观就是其中重要的内容。因此，在化学学科教学的同时，积极开展可持续发展教育，不是额外增加的内容和负担，而正是新课程理念的具体体现。

（一）如何制订在化学学科教学中实施可持续发展教育的教学目标

高中阶段是学生世界观、价值观形成的关键阶段。高中学生逐渐形成独立的思想意识，具有自主分析、学习、判断是非的意识。化学与生产、生活、社会密切相关，在高中化学课程中，可持续发展教育既是设计课程的基本理念，同时也是课程所追求的重要目标，是对学生进行素质教育的重要组成部分。高中化学学科与可持续发展教育的社会、文化、环境、经济等领域结合密切，教师可根据具体教学内容挖掘实施可持续发展教育的结合点，制订有效的学科教学实施可持续发展教育的目标。

化学学科教学实施可持续发展教育，其教学目标制订的核心是引导学生认识学习化学的意义和重要性，能应用所学知识分析、判断有关化学与社会发展的问题；逐步形成尊重环境、尊重资源等可持续发展价值观念、行为和生活方式。

现以人教版《化学》必修2第四章"化学与自然资源的开发利用"第二节"资源综合利用　环境保护"一节教学目标的制订为例加以说明。

内容标准	目标维度	教学目标	可持续发展教育目标
1. 认识化石燃料综合利用的意义。 2. 了解化学方法在实现物质间转化中的作用。 3. 认识化学在自然资源综合利用方面的重要价值。 4. 了解"三废"污染及酸雨、水华、赤潮产生的原因、预防	知识与技能	1. 认识煤、石油、天然气的成分；认识它们是人类的主要能源；知道通过石油的分馏及裂化得到的产品及其用途；知道煤的气化、液化、干馏的产品及其用途、意义。 2. 通过乙烯的聚合反应了解常见高分子材料的合成及其在日常生活中的应用。	1. 环境领域的"环境保护"主题： （1）认识酸雨的主要成因及预防方法； （2）认识含氮、磷的水体污染的危害及预防方法； （3）认识化学在环境保护方面的重要作用。 2. 经济领域的"循环经济与绿色消费"主题： （1）了解全球面临的资源与能

续表

内容标准	目标维度	教学目标	可持续发展教育目标
与治理措施； 5. 体会化学对环境保护的意义； 6. 理解在化学合成中遵循"绿色化学思想"的重要性。	知识与技能	3. 知道形成酸雨的主要物质；认识含氮、磷的水体污染问题；了解一些污染的来源及控制方法；知道化学在环境保护方面的重要作用。 4. 认识化学方法在实现物质间转化中的作用；了解"绿色化学思想"，了解"原子经济"的概念。	源危机，了解清洁能源的使用状况； （2）理解化石燃料综合利用的意义； （3）理解"绿色化学"的原则及意义。
	过程与方法	1. 提出问题，可指导学生通过阅读课文、参考书，查找资料，进行自学；设计相关的总结表格，引导学生梳理知识，用对比的方法进行学习。 2. 通过师生共同交流、讨论，理解有关煤、石油和天然气的综合利用及意义，提高认识。 3. 在讨论交流中，引导学生关注环保问题，理解绿色化学的原则及意义。	
	情感、态度与价值观	1. 引导学生认识化学在自然资源综合利用和环境保护方面的重要作用和价值。 2. 引导学生认识和体会在化学合成中遵循"绿色化学思想"的重要性。 3. 培养学生关注社会可持续发展问题的责任感。	

从上例可以看出，课程标准的要求、具体的教学目标与可持续发展教育目标是一致的。在教学设计中注意落实可持续发展教育目标，可使三维教学目标得到更好的落实，有助于学生理解所学知识，也有助于激发、调动学生学习的积极性。

（二）如何设计化学学科教学实施可持续发展教育的基本思路

高中化学课程在设计思想上首先把可持续发展教育看成是提高学生科学素养的有效途径，有关内容不仅明确要求应体现在各个课程模块中，而且还设立独立的"化学与社会"、"化学与技术"课程模块，"化学与健康"、"化学与环境保护"、"化学与资源开发利用"、"化学与工农业生产"、"化学与可持续发展"、"化学与社会发展"等均为相关模块课程内容标准的一级主题，说明可持续发展教育已成为主导高中化学新课程设计的重要思想。

1. 在高中化学学科实施可持续发展教育，教师应首先深入挖掘教学内容蕴涵的丰富、广泛的内在价值，挖掘可持续发展教育的结合点，在关注知识与技能目标的同时，借助知识内容载体，设计形式多样的学生探究活动，突出学生的学习过程与方法体验，注重情感、态度与价值观目标的达成度，使学生获得化学知识和技能的过程成为理解化学、进行科学探究、联系社会生活实际、形成可持续发展价值观的过程。

2. 在高中化学学科实施可持续发展教育，其切入点是引导学生从化学的角度去解释与可持续发展相关的问题，使学生获得有关的知识、技能和能力；其落脚点是让学生从可持续发展的高度去认识这些问题，理解人与自然、人与社会、人与人之间的相互依存关系，认识到他们的态度、行为和决定能够对现在和未来的发展产生深远的影响，进而培养学生的忧患意识，激发其社会责任感。

3. 在高中化学学科实施可持续发展教育，教师应根据高中学生的生理和心理特点，结合教学内容和学生的生活经验，联系社会生活及生产中的具体实例和重大事件，激发学生的学习和研究的兴趣。可以通过提出课题，组织学生开展自主学习；也可以引导学生通过查找资料、设计实验、观看录像、进行社区调查、撰写小论文、讨论交流、演讲、出宣传展板等形式多样的活动，调动学生参与学习的积极性，使学生在活动和交流中获得积极的情感体验，培养其合作精神和社会责任感，认识科学、技术和社会之间的相互关系，逐步形成可持续发展的科学思想、价值观念、生活态度和生活方式。

4. 将化学教学与社会、文化、环境、经济等领域的可持续发展问题相结合，可以使教师视野更宽，站位更高，思考问题更全面，也有助于学生形成科学的自然观和发展观，培养严谨求实的科学态度，更深刻地认识科学、技术和社会之间的相互关系，树立可持续发展的思想。在高中化学学科实施可持续发展教育，其基本出发点是在义务教育基础上，促进学生全面、持续、和谐的发展，不仅要考虑学科自身的特点，更应遵循学生学习的心理规律，使每个学生都能够学习到有现实意义的、富有挑战性的内容。

（三）如何开发、利用与化学学科相关的可持续发展教育资源

《普通高中化学课程标准》指出："充分开发和利用化学课程资源，对于丰富化学课程内容，促进学生积极主动地学习具有重要意义。"教师应学会主动地、创造性地利用一切可用资源为化学教学服务，而可持续发展教育资源是化学课程资源的重要组成部分。教师应充分利用校内资源和校外资源，通过精选、开发那些对学生终身可持续发展具有决定意义的资源为化学课程服务，促进学生的全面发展。

1. 化学教材的开发与利用

新课程的教材中新添加了丰富的栏目，如"科学视野"、"科学探究"、"思考与交流"、"实践活动"等，许多内容就是开展可持续发展教育很好的切入点和结合点。例如必修1第三章第三节"用途广泛的金属材料"中的"实践活动"栏目内容是"角色扮演：是否应该停止使用铝制饮料罐"。选择易拉罐饮料这一学生熟悉的情景，引导学生从铝的物理性质、化学性质、材料、资源、环境、经济等方面进行讨论，学生从中可以获得丰富的知识和情感体验；再如必修1第四章中使用图片生动地展示了自然界中的氮循环、硫循环、碳循环，可引导学生观察并讨论人类活动与环境污染、自然灾害之间有无关系，如何改善环境，从而使学生认识和体会人与自然应和谐相处，保护环境就是保护人类自己。

此外，教师可以结合具体教学内容，尝试开展跨学科实施可持续发展教育的实践。例如化学学科与生物学科关系密切，在讲授有关化学与环境、化学与生活等内容时，可以尝试开展化学、生物跨学科教学；再如，在讲授化学与资源、化学与环境等内容时，可以尝试开展化学、思想政治跨学科教学，以更有利于学生接受和理解相关知识，更有利于开拓学生视野。

2. 学校教育资源的开发与利用

学校可以充分利用自身的硬件设施和校园文化设施，对学生进行可持续发展教育。例如，充分利用学校的化学实验室，在保证实验安全、有序的前提

下，条件较好的学校应向学生开放化学实验室，为学生自主开展化学实验探究活动创造良好条件。

此外，学校还可以鼓励学生和教师充分利用生活中的常见用品和废弃物，设计富有特色的实验和实践活动。教师在实验教学中应注重化学实验的绿色设计和实施，如一些实验的设计、药品的选择、仪器的安装等，要充分发挥学生的主观能动性，鼓励学生自制仪器代用品、自选低成本药品，这样不仅可以消除实验的神秘感，激发学生的实验兴趣，训练学生的实践技能，还可以降低实验成本，培养学生的节约与环保意识。

3. 校外和社区教育资源的开发利与用

校外课程资源丰富多样，有社会提供的科普教育资源，如科技馆、博物馆、化学科研院所、科普教育基地以及所在地区高校可利用的科学教育资源等。通过参观学习，可以开拓学生的视野，丰富学生的经验。校外资源还包括可以作为科学教育的间接社会资源，如化工厂、污水处理厂等，学生可以在教师指导下，测定工业废水的污染情况，设计防治对策，了解有关技术资料、仪器设备等相关信息。

此外，学校和教师还应重视社区教育资源的开发与利用。要结合教学内容，可组织学生开展参观、访问、调查、考察、实习以及邀请有关人员来校演讲、座谈等活动，引导学生从社会实践中学习，关心社区的建设和发展，参与社区的建设实践。学校还应有意识地选择社区资源，引导学生了解与体验社会，从社会生活中提出可持续发展实践活动的具体内容主题。

（四）化学学科教学实施可持续发展教育应注意的问题

1. 各级领导、教科研部门以及教师，应对化学学科教学实施可持续发展教育的意义及必要性有正确的认识，并能在学校决策和校本研究方面给予重视与支持，这是化学学科教学实施可持续发展教育的基本保障。此外，教师还应树立终身学习的意识，不断开阔视野，不断了解新问题，跨学科地理解社会、环境、经济和文化的可持续性，不断地学习新知识与技能，促进自身、学生和社会的可持续发展。

2. 化学学科教学实施可持续发展教育不能急功近利，要避免牵强附会，避免与课堂教学内容脱节，形成"两张皮"。应坚持适时、适度的原则，结合化学学科本身的核心知识开展教学，将可持续发展教育作为学生整体的学习内容加以考虑、设计，使可持续发展教育与化学学科教学内容有机地融为一体，更好地体现出高中化学课程"从生活走进化学、从化学走向社会；从自然界到实验室，从实验室到社会"的教材编写意图，起到激发学生学习兴趣和积极性的作用，并使学生加深对所学知识的理解，提高学习效果，全面提升学生的化学素养。

3. 化学学科教学实施可持续发展教育切忌空洞的说教，应自然而然地进行引导、体验、渗透。"事实胜于雄辩"，应充分开发、利用、整合与化学学科相关的可持续发展教育资源，使学生开阔视野、获得积极的情感体验。

4. 在化学学科教学中开展可持续发展教育的实践，为教师创造性地开展教学提供了新的机遇和平台，教师应探索、尝试采用多种教学方式与方法开展课堂教学活动，如提出问题引导学生思考交流、编制习题进行纸笔测验、指导学生进行实际调查、指导学生撰写小论文等。在探索和实践中，教师要注意及时发现问题，解决问题，不断反思与总结经验，以促进可持续发展教育不断深入和发展。

ii 学科教学实施可持续发展教育实践案例

【设 计 者】 北京理工大学附属中学　荆晓燕
【年　　级】 高中一年级
【所用教材】 人教版教材《化学》必修2
【课　　题】《资源综合利用　环境保护》（第四章第二节）（两课时）

一、教学背景分析

（一）本课教学目标

※知识与技能目标

1. 认识煤、石油、天然气是人类能源的主要来源。了解石油的成分，知道通过石油的分馏及裂化可得到多种化工产品及其用途；了解煤的成分，知道煤的气化和液化可减少燃烧所造成的环境污染，知道煤的干馏可得到多种化工产品及其用途。

2. 通过乙烯的聚合反应了解常见高分子材料的合成，知道日常生活中的一些合成高分子材料的应用。

3. 知道形成酸雨的主要物质是硫氧化物和氮氧化物，认识含氮、磷的水体污染问题，知道一些污染的来源及控制方法，知道化学在环境保护方面的重要作用。

4. 了解化学方法在实现物质间转化中的作用，知道在化学合成中应遵循"绿色化学思想"，了解"原子经济"的概念。

※过程与方法目标

1. 设计学案，提出问题，指导学生通过阅读课文、参考书、查找资料，进行自学；在学案中设计相关的总结表格，引导学生梳理知识、学习用对比的方法进行学习。

2. 开展小组合作学习：每小组重点准备一个问题组在课上进行交流。通过课堂师生共同交流、讨论，理解有关煤、石油和天然气的综合利用及意义，关注环保问题、理解绿色化学的原则及意义。

※情感、态度与价值观目标

1. 引导学生认识化学在自然资源综合利用和环境保护方面的重要作用和价值。

2. 引导学生认识和体会在化学合成中遵循"绿色化学思想"的重要性。

3. 引导学生养成关注社会可持续发展问题的责任感。

（二）本课教学重点与难点

※教学重点

煤、石油、天然气的综合利用；有机高分子的合成；培养环保意识和绿色化学理念。

※教学难点

石油裂化的原理。

（三）可持续发展教育点及设计思路

※可持续发展教育点

环境领域"环境保护与污染防治教育"主题中的认识酸雨的主要成因及预防方法，认识含氮、磷的水体污染的危害及预防方法，认识化学在环境保护方面的重要作用；经济领域"循环经济与绿色消费教育"主题中的了解全球面临的资源与能源危机，了解清洁能源的使用状况，理解化石燃料综合利用的意义，理解绿色化学的原则及意义。

※渗透可持续发展教育的设计思路

本节课以化石资源的综合利用为知识主线，通过以下几组问题穿起知识主线。

1. 什么是化石燃料，为什么化石燃料又称化石资源？什么是资源与能源危机？

2. 怎样综合利用化石资源？有何意义？

3. 人类面临哪些环境问题？"三废"污染的内容及主要成因是什么？酸雨、水华、赤潮产生的原因是什么？上述环境问题应如何预防与治理？

4. 什么是清洁能源？"绿色化学"与"原子经济性"的含义是什么？有何意义？

上述问题既是本节课化学学科知识的教学内容，又与可持续发展教育的理念密切相关。教学中可通过问题引导学生展开交流、讨论，在交流、讨论中自然融入可持续发展的理念，引导学生形成合理开发利用资源、节约能源、保护环境的思想，体会化学与人类社会可持续发展的重要关系，既有助学生学习、理解知识，又能开阔学生视野，理解、认同并逐渐形成可持续发展的理念。此外，通过练习可进一步巩固应用，还可布置相关内容的小论文或查阅资料，引导学生进一步开展自主研究。

（四）教材分析

本节是高中一年级化学必修2第四章"化学与自然资源的开发利用"第二节"资源综合利用 环境保护"的教学内容。

此前学生已通过第三章"有机化合物"第二节"来自石油和煤的两种基本化工原料"的学习，对乙烯、苯的结构和性质有了一定认识。本节内容在知识上有进一步的延伸和扩展，且进一步与资源、生产、生活、环境问题相联系，是进行可持续发展教育的良好契机。

本节由两个相辅相成的主题内容构成：第一，利用化学变化获得人类社会生存和发展所需的物质条件——有用物质和能源；第二，在开发自然资源的过程中，为了可持续发展，必须珍惜资源、保护环境。

通过本节的学习，可使学生进一步体会化学对于人类进步的贡献，同时进一步认识生产、生活中可能带来的环境问题及其危害，以及相应的化学解决方法。通过本节学习，学生可以进一步理解、学习应用化学知识解决实际生产、生活中的问题，认识身边的化学，培养可持续发展理念，进一步培养科学素养。

（五）教学方法

1. 学案教学模式：设计学案可指导学生自学，课堂师生共同讨论，形成、理解知识。

2. 归纳、对比：本节知识较为繁杂，可指导学生采用归纳、对比的方法进行学习，有利于他们对概念的辨析和知识的梳理，对学生也是科学学习方法的指导。

3. 小组合作学习：学生4~6人组成小组，选出组长，组长负责组织组员分工、合作。每小组重点准备一个问题组在课上进行交流，通过课堂师生共同交流、讨论，提高认识。

（六）教学资源开发与利用的基本思路

1. 教材：通过设计学案、提出问题，指导学生通过阅读教材，对前述问题有独立的初步思考。

2. 视频资料：石油的炼制、石油的用途、煤、煤的干馏作为扩展资料，提供给学生，丰富其感性认识。

3. 网络资料：提出问题，指导学生上网查找相关资料与数据。

4. 时事资料：引用时事资料，联系实际，分析问题，使教学更具时代性。

二、教学过程

（一）指导预习探究

【内容】

1. 课前教师设计学案，指导学生阅读课文、根据学案进行预习。

2. 指导学生根据学案提出的问题，通过网络或查阅资料，对获取的资料进行加工、分析、讨论，初步形成自己的认识与意见。

【预习方式与要求】

1. 学生阅读课文，独立根据学案进行预习，完成相应学案内容。

2. 学生按座位4～6人组成小组，选出组长。每小组通过抽签重点准备一个问题组，组长负责组织组员分工、合作，至少组织两次交流讨论，统一认识，并准备在课上进行3分钟的阐述交流。

3. 每个问题组都有2个小组同时抽到，有利于小组间开展竞争与充分交流。

【预期效果】

1. 学生已适应学案教学模式，能自觉根据课文进行预习，独立完成相应学案内容。

2. 良好的班集体和学习氛围适合开展小组合作学习。

3. 学生具备从网络资源获取信息，并对信息进行分析、加工的能力。

4. 学生带着有准备的头脑进课堂。

（二）课堂教学过程

【第一课时】（40分钟）

【第一环节】学习、讨论石油的综合利用（12分钟）

1. 引入：播放教学视频资源：石油的炼制、石油的用途；教师适时引导学生关注全球性油价与能源问题；提问：如何将原油炼制成各种石油产品？（学生观看视频，了解石油的成分与用途；理解石油既是能源也是一种资源；对油价问题产生共鸣、激发学习兴趣；对石油的分馏、裂化、裂解和结构重整形成整体认识。)

2. 引发思考：引导学生分析实验室分馏石油的装置中的仪器名称及作用，理解石油分馏的原理、产品及应用。（学生根据预习回答、完善、理解知识，由于学生已具备蒸馏仪器及操作的知识，通过石油分馏的预习及学习，能进一步理解蒸馏、分馏的原理及应用。）

3. 提问：

（1）石油分馏得到的轻质液体燃料仅占石油产量的25%左右，远远不能满足需要，怎样能充分利用有限的石油资源，提高汽油及乙烯、丙烯等重要化工原料的产量？

（2）石油的分馏、裂化、裂解和结构重整在原理、主要原料与产品之间有何不同？

（3）分析十六烷的催化裂化反应，从产物理解石油的裂化、裂解的目的与意义。

（4）为什么乙烯、丙烯等短链烯烃是重要的化工原料？常见的合成高分子材料是怎样合成的？

（5）写出乙烯的加聚反应，指出单体、链节、聚合度，并分析化学键的变化。

（6）请说说合成高分子材料的使用对人类社会进步的意义和发展方向；合成高分子材料对环境有无影响？怎样解决？

（学生交流学案关于石油的分馏、裂化、裂解和结构重整的对比，解决疑惑；通过练习书写化学方程式，分析、理解反应过程中化学键的变化：碳链中碳碳键断裂→长链烃变成短链烯烃和烷烃，理解石油的裂化、裂解的产物与意义；书写乙烯的加聚反应，分析化学键的变化及单体、链节、聚合度，并通过进一步书写丙烯、氯乙烯、苯乙烯的加聚反应，观察、小结加聚反应的书写方法；学生交流生活中常见的合成高分子材料，感受化学对人类进步的贡献。通过交流认识到废弃的合成高分子材料制品由于化学性质稳定、难降解对环境造成严重危害，应从限制生产、使用、回收、改进合成高分子材料的性能等方面入手，减少和解决合成高分子材料对环境产生的影响。）

【本环节预期效果】

1. 通过视频等资料，激发学生的学习兴趣。

2. 使学生了解石油的成分，知道通过石油的分馏及裂化可得到多种化工产品及其用途。

3. 以乙烯加聚反应为例，使学生了解常见高分子材料的合成反应，能举例说明高分子材料在生活等领域中的应用及对环境的影响；

4. 使学生具有小组交流讨论的合作能力，能够较好地通过小组合作完成讨论。

【第二环节】学习、讨论煤的综合利用（8分钟）

1. 提出问题：我们对煤很熟悉，从物质分类的角度看，煤属于有机物还是无机物？除了作为能源，煤是否还有其他的用途？（学生倾听并思考。）

2. 播放教学视频：煤、煤的干馏。（学生通过观看视频，了解煤的组成，理解直接燃煤造成环境污染的原因，对煤的干馏产生直观认识。）

3. 进一步提出问题：煤的干馏的目的是什么？有何意义？煤的气化、液化的目的是什么？有何意义？（学生概括煤干馏的产品及其用途，理解煤的综合利用意义。通过讨论明确将煤作为燃料直接燃烧，既不能充分燃烧、浪费能源和资源，更产生严重的环境污染。）

4. 请学生写出煤的气化、液化过程中的化学方程式。（学生通过书写煤的气化、液化过程的化学方程式，进一步理解相关化学原理。）

【本环节预期效果】

1. 通过视频资料，使学生了解煤的成分和煤的干馏，知道煤的干馏可得到多种化工产品及其用途。

2. 通过预习查阅资料，知道煤的气化和液化可减少燃烧所造成的环境污染。

3. 通过生活体验和讨论交流，认识到煤的直接燃烧带来的环境危害。

【第三环节】化石资源综合利用小结（20分钟，通过小组汇报交流小组问题进行）

1. 组织交流小组问题1：什么是化石燃料，为什么化石燃料又称化石资源？什么是资源与能源危机？人类应怎样应对？引导学生通过调查、引用相关的数据加以论证。（抽到该问题的两个小组派代表进行发言，教师点评，其他小组可以提出问题或评价。通过讨论使学生认识到石油、天然气、煤不仅是矿物燃料，还是重要的化工原料，因此，也是重要的资源。矿物燃料不可再生，全球面临资源与能源危机。）

2. 组织交流小组问题2：怎样综合利用化石资源？有何意义？引导学生结合本节课内容进行提炼、概括。适时引导学生树立尊重地球资源的意识。（抽到该问题的两个小组派代表进行发言，教师点评，其他小组可以提出问题或评价。通过讨论使学生认识到石油炼制可以得到汽油、煤油、柴油等燃料，各种润滑油及许多气态烃；用石油产品和石油气及煤焦油为原料又可以得到合成纤维、合成橡胶、塑料以及农药、化肥、炸药、医药、燃料、油漆、合成洗涤剂等产品。煤气化后得到清洁的气态燃料，与煤的直接燃烧相比，减少了污染、提高了热利用率。）

【本环节预期效果】

1. 各小组进行汇报交流，锻炼学生的表达交流能力。

2. 通过师生之间、生生之间及小组之间互相评价，培养学生辩证思维能力，共同成长。

3. 师生共同交流、讨论，了解全球面临的资源与能源危机，理解化石资源综合利用及意义，提高认识。

【第二课时】（40分钟）

【第四环节】认识、体会环境保护与绿色化学（40分钟）

1. 组织交流小组问题3：人类面临哪些环境问题？"三废"污染的内容及主要成因是什么？酸雨、水华、赤潮产生的原因是什么？上述环境问题如何预防与治理？引导学生分析：北京环境的主要污染物是什么？为保证奥运会顺利召开，改善环境采取了哪些措施？化学原理是什么？（抽到该问题的两个小组派代表进行发言，教师点评，其他小组可以提出问题或评价。通过讨论使学生认识到人类面临的环境问题主要指由于人类不合理地开发和利用自然资源而造成的生态环境破坏，以及工农业生产和人类生活所造成的环境污染。认识"三废"污染及酸雨、水华、赤潮产生的原因预防与治理措施，认识到环境问题与我们每个人，与社会发展、进步息息相关。）

2. 组织交流小组问题4：什么是清洁能源？什么是"绿色化学"与"原子经济性"？含义是什么？有何意义？引导学生分析北京冬季取暖燃料的变化与空气质量的变化。（抽到该问题的两个小组派代表进行发言，教师点评，其他小组可以提出问题或评价。通过讨论使学生认识、理解清洁能源、"绿色化学"与"原子经济性"的含义及意义。）

3. 巩固练习：选择典型习题，通过练习检查学习效果、进行巩固应用。（学生做习题。）

【本环节预期效果】

1. 培养学生小组汇报交流的能力，组织的资料具有一定的吸引力。

2. 通过师生之间、生生之间及小组之间互相评价，培养学生的辩证思维能力，共同成长。

3. 通过讨论交流，引导学生关注环保问题，理解清洁能源、绿色化学的原则及意义。

（三）课后延伸

【内容】

布置作业：

1. 相关练习：课后练习及练习册练习。

2. 对本节内容进行小结。

3. 完成小论文：（在一个月内完成，任选一个题目）

（1）只有放错地方的资源，没有无用的垃圾；

（2）白色污染与塑料制品的回收利用；

（3）酸雨的危害与防治；

（4）水体污染及治理。

【方式与要求】

1. 重点书写相关的化学方程式。

2. 小论文要求每人独立完成，可以上网查阅资料，但要有自己真实的体会与认识，要结合所学知识。

【预期效果】

1. 巩固、梳理知识，形成知识网络。

2. 学习应用已有知识分析、解决问题。

3. 通过查阅资料、撰写论文，培养学生关注环境、关注社会，逐渐形成可持续发展思想。

专家点评：

《资源综合利用　环境保护》是化学与可持续发展主题的重要内容，是高中化学新课程必修2的最后一个章节。因此，本课既是对高中学生化学必修模块学习的总结和应用，更承载了提升学生科学素养、引领学生认识化学科学与人类社会可持续发展密切联系的重要功能。本节课作为高中化学可持续发展教育的研究课例，从目标到内容是比较符合的。从教学设计和实施过程上看，本节课充分发挥了学生的主体作用，通过课前预习、课上研读教材和研讨交流等活动，引导学生从化学科学的角度认识资源综合利用的价值，并体会到其中环境保护的重要性。最后，关于"绿色化学"和"原子经济"的讨论使得学生对可持续发展的认识更深入、更实际，是在初中化学课程学习基础上的深化，有力地促进了学生构建可持续发展的科学价值观。

（黄冬芳）

Ⅸ 生 物

i 学科教学实施可持续发展教育指导意见

生物科学是自然科学中的一门基础学科,是研究生命现象和生命活动规律的科学。它是农业科学、医药科学、环境科学及其他有关科学和技术的基础。生物科学和技术不仅影响人类的生活、社会文明和经济活动,还深刻影响着人们的思想观念和思维方式。在当代科学技术领域中,生物科学和技术的发展尤为迅速,成果显著,影响广泛而深远。生物科学和技术不仅成为可持续发展理论的基础,而且和信息科学技术逐渐融合,显示出强大的经济力量,已成为科学发展和技术革命的世纪标志。

高中生物课程是普通高中科学学习领域中的一个科目,是高中阶段重要的科学课程。高中生物课程将在义务教育基础上,进一步提高学生的生物科学素养。尤其是发展学生的科学探究能力,帮助学生理解生物科学、技术和社会的相互关系,增强学生对自然和社会的责任感,促进学生形成正确的世界观和价值观。

高中生物课程的目标要求及课程内容中与可持续发展教育的社会、文化、环境、经济四个领域中的多个主题直接相关,是可持续发展教育的显性课程。在生物课程中有效实施可持续发展教育,应从本学科实际出发,结合教学内容,使用多种教学方式,适时讲授相关知识并开展专题活动,在完成生物学科教育任务的同时达到可持续发展教育的目标要求,促进学生形成可持续发展的价值观念和行为方式。

一、用可持续发展教育理念审视生物课程的目标要求

第一,可持续发展教育与生物课程在理念上高度一致。《普通高中生物课程标准》包涵着可持续发展教育的理念,强调使学生关注生物学知识在生活、生产和社会发展中的应用;强调养成科学态度和科学精神,强调社会责任感;正确理解科学、技术、社会的相互关系,以及人与自然的相互关系,逐步形成科学的世界观和价值观。《普通高中生物课程标准》明确指出该课程的目标之

一就是:"热爱自然、珍爱生命,理解人与自然和谐发展的意义,树立可持续发展的观念。确立积极的生活态度和健康的生活方式。"可持续发展教育要求新教育必须建基于人与自然、经济、文化、社会的和谐发展,将教育的目标定位于培养人具有与周边的一切事物和谐共存、共处、共荣的能力之上,尤其是将个人的成功置于为社会的可持续发展作出贡献的能力之上,而不是攫取于占有物质利益和消费物质的多少之上。从这个角度说,生物课程的理念与可持续发展教育的理念高度一致。

第二,可持续发展教育与生物课程在知识内容上有高度的相容性。《普通高中生物课程标准》明确指出:"学生通过高中生物课程的学习,将获得生物学基本事实、概念、原理、规律和模型等方面的基础知识,知道生物科学和技术的主要发展方向和成就,知道生物科学发展史上的重要事件。了解生物科学知识在生活、生产、科学技术发展和环境保护等方面的应用。"而这些生物学的基本事实、概念原理、规律和模型,正是可持续发展理论的基础,也是可持续发展教育的重要内容。因此,学生学习生物课程的同时即在接受可持续发展教育。

第三,可持续发展教育与生物课程在实施策略上异曲同工。《普通高中生物课程标准》强调使学生了解并初步学会生物科学探究的一般方法,具有较强的生物学实验的基本操作技能、收集和处理信息的能力、获取新知识的能力、批判性思维的能力、分析和解决实际问题的能力,以及交流与合作的能力;初步了解与生物科学相关的应用领域,为继续学习和走向社会作好必要的准备。可持续发展教育倡导"主体探究,综合渗透,合作活动,知行并进"的实施原则,其内涵就是教师在教学活动中注重构建学生在学习与发展过程中的主体地位,注重培养学生终身学习与终身发展所需要的主动探究精神与能力。因此,可持续发展教育的策略正是实现生物课程目标的途径与方法。

二、生物课程中与可持续发展教育相关的内容与要求[①]

高中生物课程包括必修和选修两个部分,共6个模块:必修1:分子与细胞,必修2:遗传与进化,必修3:稳态与环境,选修1:生物技术实践,选修

---

① 本部分内容参考《普通高中生物课程标准》、人民教育出版社普通高中课程标准实验教科书(以下简称"人教版教材")《生物》。

2：生物科学与社会，选修3：现代生物科技专题。这6个模块均与可持续发展教育相关专题具有一定的联系。

高中生物课程的3个必修模块的教学内容，能够通过理解生命本质、理解遗传和变异与环境变化在生物进化中的作用、理解生命体系的稳态，使学生形成生态学的观点，成为一个真正具备可持续发展观念和行为方式的人。3个选修模块的内容重在生物技术及其应用，能够使学生深刻理解科学技术与社会、自然和人类社会生活的关系，进一步使学生理解和认识到生物科学在促进人类可持续发展过程中的重要作用，懂得科学技术是双刃剑，从而做到不滥用科学技术，尊重自然，尊重人类社会，并能够在未来的社会生活、经济生活、政治生活中，应用生物科学的知识、技能和观念，进行可持续发展的活动。

※必修模块

★必修1：分子与细胞

学生将在微观层面上，更深入地理解生命的本质。了解生命的物质性和生物界的统一，细胞生活中物质、能量和信息变化的统一，细胞结构与功能的统一，生物体部分和整体的统一等，形成辩证唯物主义的自然观。同时，学生学习细胞的发现、细胞学说的建立和发展，有助于学生对科学过程和本质的理解。

学生在细胞和分子的水平上对生命本质的认识，是理解可持续发展教育中尊重生命的基础。在这个模块的教学中，各种观察、实验等探究性学习活动，可以使学生领悟科学研究的方法并习得相关的操作技能，收集有关细胞研究和应用方面的信息，进行交流，加深对科学、技术、社会相互关系的认识，从而对尊重生命的理解更深刻、更牢固。

★必修2：遗传与进化

学生将理解生命的延续和发展，认识生物界及生物多样性，形成生物进化的观点，树立正确的自然观。同时，学生将理解有关原理在促进经济与社会发展、增进人类健康等方面的价值。

在这个模块的教学中，教师可以引导学生从生活经验中发现和提出问题，参与调查、观察、实验和制作等活动，体验科学家探索生物生殖、遗传和进化奥秘的过程，进而学习有关概念、原理、规律和模型，并应用有关知识分析和解决实践中的问题。在活动中形成可持续发展的观念，具备可持续发展的知识和技能。

★必修3：稳态与环境

学生将学习有关生命活动的调节与稳态的知识、生物与环境的知识，理解生命活动的本质，了解系统分析的思想和方法，提高对生命系统与环境关系的认识，并为学生树立人与自然和谐发展的观念，形成生态意识和环境保护意识奠定基础。

关于个体水平的调节与稳态，内容比较抽象，开展贴近学生生活的相关活动，有助于学生理解和掌握知识，提高运用知识解决实际问题的能力。生态环境问题与学生生活联系密切，可开展有关的实验、调查和收集资料等活动，使学生了解当地生态系统、保护当地生态环境的活动，提高环境保护意识。

※选修模块

★选修1：生物技术实践

生物技术，是指广义的生物技术，而不限于现代生物技术。内容包括土壤微生物的利用、酶的应用、食品加工和现代生物技术四部分。学生通过本模块的学习，能够初步掌握一些基本生物技术，并加深对生物技术在社会发展中重要作用的理解。

在这个模块的教学中，教师可以可指导学生自己设计并进行实验，然后收集和整理资料，写出报告，进行口头交流，相互讨论。

★选修2：生物科学与社会

通过该模块的学习，学生将较全面地了解生物科学技术应用的现状和发展前景，关注社会、关注生活、关注身边的科学和技术；体会到生物科学与人类社会、与他们的日常生活密切相关，并能对科学、技术、社会的相互关系形成正确的认识。

在这个模块的教学中，教师可以可指导学生开展相关的调查、讨论和探究活动，培养学生的参与意识，形成正确的价值观念。

★选修3：现代生物科技专题

了解现代生物科学和技术中一些重要领域的研究热点、发展趋势与应用前景，以开拓学生视野，增强科技意识，激发学生探索生命奥秘和热爱生物科学的情感，为进一步学习现代生物学奠定基础。

这个模块的教学应以专题讲座和学生讨论为主。学生通过查阅有关资料，练习撰写专题综述报告，开展口头交流、辩论等活动。

（一）社会领域

主题	内容标准领域	具体目标	内容示例	与可持续发展教育的结合点	教学提示
生命与安全教育	细胞的分化、衰老和凋亡	①探讨细胞癌变与人类健康的关系；②说出癌细胞的主要特征，讨论恶性肿瘤的防治。	细胞的癌变 必修1第6章第4节	认识不良的生活习惯是诱发恶性肿瘤的原因之一；养成良好的生活习惯是预防恶性肿瘤发生的重要手段。	①可指导学生收集生活中诱发恶性肿瘤的因素及防治恶性肿瘤的方法的资料；②可带领学生分析癌症的发生与现代人某些不良生活方式的关系，制订预防方案。
	遗传的细胞基础	举例说明受精过程。	受精作用 必修2第2章第1节	理解每一个生命都是独一无二的，形成珍惜生命、热爱生命的情感。	可指导学生制作减数分裂过程中非同源染色体的自由组合模型，使学生深刻理解受精过程中配子染色体的多样性，理解有性生殖生物的多样性。
	人类遗传病	探讨人类遗传病的监测和预防。	人类遗传病 必修2第5章第3节	了解人类常见遗传病的类型、监测与预防，培养健康生活的观念。	可指导学生调查常见的人类遗传病，并带领学生分析调查数据，体会人类遗传病的危害。
	人体的内环境与稳态	关注艾滋病的流行和预防。	免疫调节 必修3第2章第4节	了解艾滋病对人类生命的威胁及对社会发展的影响。	可指导学生收集关于艾滋病的资料，讨论预防艾滋病的方法，承诺洁身自好，远离艾滋病。
	生物技术在食品加工中的应用	测定食品加工中可能产生的有害物质。	制作泡菜并检测亚硝酸盐含量 选修1专题1课题3	关注食品安全，认同良好的生活习惯是生命安全的保证。	可指导学生制作泡菜，尝试用比色法测定其亚硝酸盐含量的变化，并讨论与此相关的食品安全问题。

续表

主题	内容标准领域	具体目标	内容示例	与可持续发展教育的结合点	教学提示
生命与安全教育	生物技术的安全性和伦理问题	关注转基因生物的安全性问题。	转基因生物的安全性 选修3 专题4.1	理性看待转基因技术，正确认识生物技术的安全性问题。	①可指导学生收集转基因生物安全性的资料，收集我国为保证转基因食品的安全性所采取的监控和预防措施；②可指导学生调查当地转基因食品的销售情况。
生命与安全教育	生物技术的安全性和伦理问题	讨论生物技术中的伦理问题。	关注生物技术的伦理问题 选修3 专题4.2	正确认识生物技术的伦理问题，加深对生命伦理的理解。	可指导学生就具体的背景事件，讨论克隆人、设计试管婴儿、基因身份证等热点问题，分析每个问题的利弊，形成明确的观点。
公民权利与责任教育	人体的内环境与稳态	概述免疫系统在维持稳态中的作用。	免疫调节 必修3 第2章第4节	通过对免疫调节的深刻理解，使学生认识到捐献骨髓是每个公民的责任，了解建立我国骨髓库的意义。	可指导学生收集通过器官移植治疗疾病的资料，对比我国和世界发达国家在器官移植数量和质量上的差距，培养学生的公民责任感。
和谐社会教育	种群和群落	列举种群的特征。	种群的特征 必修3 第4章第1节	通过分析我国人口的年龄组成，认识到人口老龄化对社会的影响，进而从生物学的角度理解我国的人口政策。	①可组织学生应用种群年龄组成特征讨论我国不同阶段人口的年龄组成及其带来的社会问题；②可引导学生应用生物学知识探讨如何制定人口政策。
和谐社会教育	生物技术的安全性和伦理问题	举例说出生物武器对人类的威胁。	禁止生物武器 选修3 专题4.3	了解生物武器的危害，懂得禁止生物武器，维护世界和平的重要意义。	①可指导学生收集生物武器及其防治的资料，并组织学生交流汇报；②可引导学生总结生物武器对人类安全的危害和禁止生物武器的意义。

（二）文化领域

主题	内容标准领域	具体目标	内容示例	与可持续发展教育的结合点	教学提示
中华优秀传统文化与世界遗产教育	生物技术在食品加工中的应用	运用发酵食品加工的基本方法。	腐乳的制作 选修1 专题1 课题2	通过介绍制作腐乳的悠久历史，理解中国传统的饮食文化在全世界的地位和对世界饮食文化的深远影响。	可介绍我国古代劳动人民制作腐乳的历史记载，总结我国古代劳动人民应用微生物发酵制作食品的事例，并对比我国和国外利用微生物发酵制作食品的历史，使学生为中国的饮食文化感到自豪。
文化多样性教育	生物的进化	探讨生物进化观点对人们思想观念的影响。	现代生物进化理论的由来 必修2 第7章第1节	了解不同宗教信仰的人对生物进化问题的认识。	①可组织学生讨论达尔文提出生物进化之前人们对生物界的普遍看法是什么；②可指导学生收集生物进化理论的发展以及当前人们对进化论的争论方面的资料。

（三）环境领域

主题	内容标准领域	具体目标	内容示例	与可持续发展教育的结合点	教学提示
环境保护与污染防治教育	生物的进化	概述生物进化与生物多样性的形成。	现代生物进化理论的由来 必修2 第7章第1节	理解生物多样性的形成及意义。	可指导学生构建达尔文自然选择学说的模型，应用该模型解释生物多样性的形成。
	种群和群落	阐明群落的演替。	群落的演替 必修3 第4章第4节	①了解人类活动对群落的演替产生的影响，树立环境保护意识；②了解我国在处理经济发展同人口、	①可引导学生分析群落演替的类型和特点，懂得人类活动往往会使群落的演替按照不同于自然演替的速度和方向进行；②可通过列举保护生物群落和破坏生物群落正、反两方面的事例，揭示人类应当遵循生态学的原理保护环境。

续表

主题	内容标准领域	具体目标	内容示例	与可持续发展教育的结合点	教学提示
				资源、环境的关系，走可持续发展道路方面的政策法规以及采取的生态工程。	
环境保护与污染防治教育	生态系统	分析生态系统中的物质循环和能量流动的基本规律及其应用。	生态系统的物质循环 必修3第5章第3节	了解《京都议定书》的相关内容、温室效应、能源的合理利用、燃料燃烧对大气的污染、城市可吸入颗粒物的种类等体现人类发展与气候变化之间关系的影响因素。	可指导学生绘制"碳循环"概念图，并利用概念图分析温室效应产生的原因和影响。
		阐明生态系统的稳定性。	生态系统稳定性 必修3第5章第5节	理解应用生态系统稳定性的原理既能保护生态环境，又能在生产实际中获得持续的收益。	①可引导学生通过分析不同生态系统的稳定性，理解生态系统的稳定性是有限的；②可指导学生设计并制作生态瓶，探讨维持生态系统稳定性的途径。
	生态环境的保护	探讨人口增长对生态环境的影响。	人口增长对生态环境的影响 必修3第6章第1节	①了解我国的人口现状与前景；②了解人口增长给生态环境带来的压力，形成控制人口、保护环境的意识。	①可指导学生建立人口增长对生态环境反馈调节的模型；②可指导学生列举人口增长对生态环境的各种影响，完成一篇关于人口增长对生态环境的影响的综述。

续表

主题	内容标准领域	具体目标	内容示例	与可持续发展教育的结合点	教学提示
环境保护与污染防治教育	生态环境的保护	概述生物多样性保护的意义和措施。	保护我们共同的家园 必修3第6章第2节	①了解保护生物多样性的意义和措施；②了解《生物多样性公约》的内容，关注中国政府履行及推进生物多样性保护的国际合作情况。	可指导学生收集我国利用生物技术保护生物多样性的资料，关注生态伦理道德。
	生态工程	关注生态工程的建设，简述生态工程的原理，举例说出生态工程的实例。	生态工程的基本原理 选修3专题5.1	理解生态工程在生态环境保护中的作用。	可组织学生参观或收集资料，了解当地生态工程的建设情况，总结典型生态工程的生态效应。
自然灾害预防教育	种群和群落	尝试建立数学模型解释种群的数量变化。	种群数量的变化 必修3第4章第2节	①了解建立自然保护区的方法、意义及国家在防灾减灾方面的制度；②了解当地防灾减灾预案和措施。	①可指导学生通过对生物种群数量的研究，掌握建构种群增长模型的方法、种群增长的"J"型曲线、种群增长的"S"型曲线、种群数量的波动和下降情况；②可指导学生学习通过生物学的方法防治虫害、鼠害等，利用种群数量变化合理捕鱼、伐树等。
	生态系统	举例说出生态系统中的信息传递。	生态系统的信息传递 必修3第5章第4节		可引导学生列举生态系统中信息传递的种类及作用，分析在农业生产中利用生态系统信息传递的原理防治虫害、鼠害、鸟害比农药灭虫具有的优势。

（四）经济领域

主题	内容标准领域	具体目标	内容示例	与可持续发展教育的结合点	教学提示
循环经济与绿色消费教育	植物激素调节	评述植物激素的应用价值。	其他植物激素 必修3第3章第3节	理解循环经济的"减量化、资源化、无害化"原则在生产实际中的应用。	①可指导学生收集植物生长调节剂的应用资料，了解我国植物生长调节剂的应用状况及其相关法规、植物生长调节剂的使用方法及其注意事项、我国法规禁止使用的植物生长调节剂的种类及其危害等； ②可指导学生实地考察市场水果蔬菜保鲜、催熟中应用植物生长调节剂的情况，针对如何正确清洗瓜果蔬菜写一篇文章。
	生态工程	举例说出生态工程的实例。	生态工程的实例和发展前景 选修3 专题5.2	了解实现废弃物资源化的主要途径，认识生态经济是实现可持续发展的经济模式。	可带领学生分析各类生态工程的原理，也可以带领学生实地考察生态工程。
农村发展与可持续城市化教育	生态工程	举例说出生态工程的实例。	生态工程的实例和发展前景：农村综合发展型生态工程 选修3 专题五5.2	理解循环经济的"减量化、资源化、无害化"原则，分析评价循环经济实施的案例。	①可指导学生收集我国农民几千年来实施的"无废弃物农业"的资料，小组汇报交流； ②可指导学生设计符合现代生态工程的物质循环再生原理的农业模式。
			生态工程的实例和发展前景：城市环境生态工程 选修3 专题五5.2	了解城市总体规划，用生态工程方法对城市环境进行综合治理。	可组织学生讨论应用生态工程的原理治理城市大气污染、水污染等问题。

三、生物学科教学实施可持续发展教育的建议

（一）如何制订在生物学科教学中实施可持续发展教育的教学目标

在学科教学中实施可持续发展教育，既要进行可持续发展的知识教育，更要进行可持续发展的意识、能力和情感、态度与价值观的教育。生物学的基础理论、基本规律、基本概念是现代可持续发展的理论基础，因此，生物学科是实施可持续发展教育的基础学科。在生物学科教学中实施可持续发展教育，教师应避免只见树木不见森林的单纯的知识学习，首先应制订恰当的可持续发展教育的目标，将在生物学科教学中实施可持续发展教育作为生物课题教学必不可少的目标，通过学习生物学知识培养学生的可持续发展意识、能力和价值观。

1. 制订生物学科教学实施可持续发展教育教学目标的重点在于启发学生思考生物学知识和人类可持续发展的关系

在生物学科教学中实施可持续发展教育，应在把握生物学本身教学目标的同时适时适当地启发学生思考生物知识、生物学的科学方法与人类可持续发展的关系，并在这方面留给学生更多的思考空间，让学生自主地、自觉地将生物学知识和人类的经济生活、政治生活相结合，去思考自身应当具有的生活方式和行为方式、对自然的态度、对社会的态度、对他人的态度，从而让每一节生物课对学生形成可持续发展的价值观都有奠基的作用，逐步使学生成为一个笃信可持续发展理论的人，成为一个坚定地践行可持续发展理论的人。

例如，人教版教材《生物》必修1第6章第4节"细胞的癌变"的教学目标可以制订为："认识到不良的生活习惯，是诱发恶性肿瘤的原因之一。养成良好生活习惯，预防恶性肿瘤发生"。为实现这一教学目标，教师在课堂上要适时地启发到位，并留给学生课后自主思考、自主学习的空间。

又如，人教版教材《生物》必修2第2章第1节"受精作用"的教学目标可以制订为："深刻理解生命的本质，理解每一个生命都是独一无二的，形成珍惜生命，热爱生命的情感"。在生物学知识教学的基础上，教师也应留给学生更多的思考空间，使学生思考人类生命的产生和人类可持续发展的关系。

2. 重点把握情感、态度与价值观目标在生物学科教学中的落实

可持续发展教育的本质是价值观的教育，通过生物学科教学，教师应使学生学习现代生物学的基本理论，了解现代生物学的新进展，发现现代生物学对

人类发展的影响，但却不能让学生认为科学是万能的。例如，在学生学习人类基因组计划、转基因、基因诊断、基因治疗等知识之后，教师要避免学生错误地认为现代生物科学可以肆意地改变生物。要让学生认识到自然是独一无二的，人类应通过科学去认识自然了解自然，认识自己了解自己，进而能够做到尊重自然、尊重人，而不是肆意地改变自然去满足人类无限的欲望。

（二）如何灵活运用可持续发展教育的教学原则

可持续发展教育倡导"主体探究、综合渗透、合作活动、知行并进"的教学原则，即以主体探究的方式，渗透可持续发展教育的内容，以培养学生的探究精神为重要的目标。可持续发展教育不仅应使学生形成可持续发展的价值观、能力与行为方式，还应培养学生具有终身学习与终身发展所需要的探究精神和能力。

1. 指导学生将做好课前知识预习与问题探究作为课堂教学的第一环节

高中学生由于知识不断积累，理性思维逐渐增强，已初步具备了运用知识和经验自主解决身边实际问题的能力。在生物学科实施可持续发展教育应注重引导学生在课前采用自主探究的学习方式，从"习以为常"中发现问题，从"可解决的问题"做起，形成可持续发展意识和价值观。例如，人教版教材《生物》必修2第六章第2节"基因工程及其应用"一课，课前教师可以让学生收集转基因生物和转基因食品的安全性的相关资料，并思考转基因生物的安全性问题。

在教学过程中，教师应注重培养学生积极参与社会、文化、环境、经济问题研究的兴趣和能力，引导他们自主发现生活中与可持续发展相关的问题，独立思考，理解问题的根源、过程及后果，并运用所学知识作出分析和判断，进而采取负责任的行动。例如，人教版教材《生物》必修3第3章第3节"其他植物激素"一课，教师应在学生收集植物生长调节剂的应用资料的基础上，可指导学生实地考察市场水果蔬菜保鲜、催熟中应用植物生长调节剂的情况，并写出如何正确清洗瓜果蔬菜的研究报告。

2. 创设机会引导学生开展自主探究活动

在生物学科实施可持续发展教育，应鼓励学生通过体验的过程，形成关爱自然、尊重生命的生态道德规范，追求人与自然的和谐，选择健康生活方式。教师在教学中要创设机会，指导学生开展调查、考察、资料收集与分析、小组讨论与交流、撰写调查报告等自主探究活动，在活动中认同并内化可持续发展的价值观和行为准则。例如，人教版教材《生物》必修3第6章第1节"人口增长对生态环境的影响"一课,教师可指导学生通过列举人口增长对生态环境的各种影响,建立人口增长对生态环境反馈调节的模型,并完成一篇关于人口增长对生态环境影响的综述。

(三) 如何开发、利用与生物学科相关的可持续发展教育资源

生物课程涉及内容深入而广泛,并且与生命科学发展前沿联系紧密。当代生物科学与技术的迅速发展,对社会、文化、环境、经济等各领域都带来了巨大的影响,因此,在生物学科教学中实施可持续发展教育的信息和资源也是十分丰富的。

1. 充分挖掘教材资源。高中生物教材中的内容除正文外,还有"相关信息"、"知识链接"、"学科交叉"、"科学史话"、"科学前沿"、"科学家的故事"、"与生活联系"、"与社会的联系"、"科学·技术·社会"、"思考与讨论"、"拓展题"、"概念检测"、"知识迁移"、"技能训练"、"技能应用"、"思维拓展"、"旁栏思考题"、"问题探讨"、"资料分析"、"想象空间"、"模型建构"、"课外制作"、"资料收集和分析"、"网站登录"、"探究"、"批评性思维"、"与生物学有关的职业"等栏目,这些栏目内容丰富,有很多内容均与可持续发展教育相关主题相关联。例如,拓展题:通过报刊、杂志、网络等媒体,调查近5年来的世界环境日的主题各是什么,分析它们是否与人口增长有关。又如,"与社会的联系"栏目:如何采用科学合理的间伐,使森林依然能够保持持续的更新能力,长期维持稳定的生产。因此,教师应使学生形成使用教材但不拘泥于教材的学习方式,在资料收集中学习、在探究中学习、在观察中学习、在实验中学习、在思考中学习,生动灵活地学习生物学,形成生物学素养。

2. 随时关注与社会、文化、环境、经济可持续发展相关的生命科学的最新进展,及时将这些信息转化成有效的教育资源,传递给学生,加深学生对可持续发展的理解和认识。

3. 紧密联系社会生活实际,充分利用现实社会生活中的即时信息、热点问题等,结合生物学知识,使其成为可持续发展教育资源。例如,在非典时期、甲流防控时期,引导学生从生物学的角度,分析流行病和人类自身发展方式的关系,注重人与自然的和谐。又如,带领学生从生物学的角度去关注哥本哈根会议,分析墨西哥湾石油泄漏的生态危害。

4. 利用各种社会活动日,如"世界地球日"、"气候日"等,带领学生一起从生物学的角度解释它们的意义、作用等。

5. 挖掘学生中的可持续发展教育资源。高中学生具有较强的收集和分析

信息的能力，教师可以引导学生根据自己的爱好，选择感兴趣的可持续发展教育问题，有针对性地收集信息，并对相关信息进行整理和加工，然后与其他同学交流分享，使之成为有效的课程资源。

（四）如何把握生物学科考核评价内容中与可持续发展教育相关的考核点

高中学生面临高考，在高中生物教学中，教师可以通过精心设计练习题、考试题，引导学生关注可持续发展教育问题，提高实施可持续发展教育的实效性。随着近年来高考制度的改革，全国各地的高考题目越来越多地与学生生活实际相联系。纵观近几年广东、江苏、天津等省市的综合试题，大都结合社会、环境、资源、人口等热点问题进行命题。

例如，2009年广东高考生物考试题A卷13题：目前气象预报中有"紫外线指数"的内容，提醒市民注意避免紫外线伤害，造成地面紫外线照射增强的直接原因是：A. 滥伐森林、B. 水体污染、C. 南极冰川融化、D. 臭氧层破坏。

又如，2009年广东高考生物考试题A卷32题，考查的是利用生态系统的结构及功能的基础知识进行环境保护的内容。

因此，教师在设计练习题和考试题时，也可以有意识地选择一些与社会、文化、环境、经济可持续发展相关的资料和信息，编制成为题目，让学生运用所学知识加以分析，这样一方面可以使学生巩固所学知识，同时对学生的应试也有一定帮助。

ⅱ 学科教学实施可持续发展教育实践案例

【设　计　者】　北京宏志中学　王　玉
【年　　　级】　高中二年级
【所用教材】　人教版教材《生物》必修2
【课　　　题】　《人类遗传病》（第5章第3节）

一、教学背景分析

（一）本课教学目标

※知识与技能目标

1. 举例说明人类遗传病。

2. 列出人类遗传病的类型。

3. 阐述人类常见遗传病的遗传方式。

※过程与方法目标

设计活动，调查人类常见遗传病。

※情感、态度与价值观目标

1. 关注自己和他人的健康，关爱弱势群体。

2. 认同预防人类遗传病是每个公民的义务。

（二）本课教学重点与难点

※教学重点

1. 人类遗传病的类型。

2. 人类常见遗传病的遗传方式。

※教学难点

1. 进行人类遗传病的调查活动。

2. 人类常见遗传病的遗传方式。

（三）可持续发展教育点及设计思路

※可持续发展教育点

社会领域"生命与安全教育"主题中，了解人类常见遗传病的类型、监测与预防，理解个人身体健康对生活和工作的影响，人类的健康对于可持续发展的影响，进而培养健康生活的观念。

※渗透可持续发展教育的设计思路

1. 通过调查人群中的遗传病，认识到遗传病的危害以及预防遗传病的重要性。同时，认识到预防遗传病是每个公民的责任，增强公民的责任感。

2. 在进行遗传病的调查过程中，学习调查方法，体验科学调查的过程，感受调查中的态度和方法将影响调查是否能顺利进行。

就调查的组织工作而言，教师着重帮助学生确立正确的调查方法、确定调查的病例、制定调查表、明确调查方式等，保证调查的顺利实施。由于该调查涉及个人的隐私，另外有些遗传病用一般的检测方法又无法判断，所以本课设计的是指导学生调查人类的红绿色盲。

就调查实施工作而言，教师将学生分成三组。调查后写出红绿色盲的发病规律及其对个人生活的影响的小论文。第一组：到学校校医室，在全校的学生体检结果中，查找红绿色盲患病人数；第二组：调查红绿色盲患病学生的家族遗传情况，并请被调查的红绿色盲患者谈谈红绿色盲对其生活的影响，以及是否可以治疗；第三组：进行社会调查，选择人流量比较大的地区，进行随机调查，3天选择3个地点，每天随机抽取200人，调查红绿色盲。（制作小卡片，宣传预防人类遗传病，以及健康生活的小知识。此方法是吸引路人接受调查。）

（四）教材分析

"人类遗传病"是高中生物学必修课程中"遗传与进化"模块中的一个单元，本节教材内容包括：人类常见遗传病类型、遗传病的监测和预防、人类基因组计划与人体健康。其中遗传病的概念、类型和遗传方式等内容，学生容易与日常生活现象混淆，是本节教材中需要学生深刻理解并形成科学概念的教学重点。因此，将上述内容配合学生调查人类遗传病活动，设计在1课时内，将遗传病的监测和预防、人类基因组计划与人体健康，另外安排在第2课时。本教学案例是第1课时的设计。

本节的难点在于组织并实施学生活动"调查人群中的遗传病"。通过总结遗传病调查的过程，分析调查的结果，让学生自主建构出遗传病的概念、类型和遗传方式。在学习基因突变和染色体变异之后，学生对于人类的常见遗传病的类型不难理解，通过复习"遗传的基本规律"涉及人类遗传病的事例，让学生自主建构遗传病的概念等是可行的，也培养了学生的自主学习能力。

（五）教学方法

讲授法、讨论法、小组合作学习。

（六）教学资源开发与利用的基本思路

1. 家庭资源：充分利用学生身边的学习资源。课前通过与家长沟通，学生了解家庭成员的健康情况，是否有遗传病。

2. 网络资源：课前收集世界卫生组织（WHO）以及我国的卫生组织的统计数据，从身边到全国，再到全世界，让学生认识到人类遗传病危害的广泛性，以及对整个人类的危害，使学生对人类遗传病有感性的认识。课后可指导学生具体选择某一种遗传病，对其遗传特点、其对人类的影响以及预防措施，进行更深入的了解。

二、教学过程

（一）指导预习探究

【内容】

1. 列表总结人类常见遗传病的类型。

2. 调查人群中的遗传病——人群中红绿色盲发病率和遗传方式的调查。

【预习方式与要求】

1. 阅读教材。

2. 咨询校医室老师：检测红绿色盲的方法。

3. 学生分为三组。第一组，到校医室调查学生中红绿色盲的患病人数，并统计其中男、女人数，进行学校发病率计算。第二组（由 3~4 名学生组成），调查红绿色盲患病学生的家族遗传情况。请被调查的红绿色盲患者谈谈红绿色盲对其生活的影响，谈谈红绿色盲是否可以治疗。第三组，再分成若干个小组，每小组由 3 名学生组成。每小组 3 天选择 3 个不同时间段，在 3 个不同地点各调查 1 小时，或累计调查 200 人。采取随机调查的方法，注意调查的男女比例为 1∶1，即 100 个男性和 100 个女性。调查地点要选择该时间该地点人流量比较大的地方，有利于调查。

【预期效果】

1. 列表总结人类常见遗传病的类型，不同学生列表方式不同，体现了不同的思维方式。

2. 人群中红绿色盲发病率和遗传方式的调查，学生会应用图片检测红绿色盲。

3. 通过调查，第一组学生将学校每年红绿色盲人数作出统计和分析。第二组学生要画出色盲同学的家系遗传图，讲明遗传方式。第三组学生每个小组都要记录好调查的数据，然后将各小组的数据统计到一起，进行数据分析，计算出随机调查的红绿色盲的发病率。

（二）课堂教学过程

【第一环节】学生交流，总结提高（10 分钟）

1. 引导展示：请同学展示课前列表总结的人类遗传病的类型。（学生展示。）

2. 归纳总结：多个学生展示之后，教师可以将学生的列表进行归纳，并引导学生掌握人类遗传病的类型。（学生倾听。）

- 单基因遗传病：受一对等位基因控制的遗传病

常染色体显性遗传病	软骨发育不全、并指、多指
常染色体隐性遗传病	白化病、苯丙酮尿症、镰刀形细胞贫血症、先天性聋哑
X 染色体显性遗传病	抗维生素 D 佝偻病
X 染色体隐性遗传病	红绿色盲、血友病、进行性肌营养不良
Y 染色体遗传病	外耳道多毛症

- 多基因遗传病：受两对以上的等位基因控制的人类遗传病：原发性高血压、冠心病、哮喘病和青少年型糖尿病

- 染色体异常遗传病：21 三体综合征

【本环节预期效果】通过学生展示与教师总结，使学生全面了解人类遗传病的类型。

【第二环节】师生互动，启发讲解（13 分钟）

1. 引导互动：根据遗传病的类型与特征得出人类遗传病概念。人类遗传病是由于遗传物质的改变而引起的人类疾病。（学生互动得出结论。）

2. 启发式讲解：苯丙酮尿症、21 三体综合征的成因。（学生倾听。）

3. 引导学生自主归纳总结：在复习孟德尔遗传定律的基础上，让学生总结单基因遗传病的遗传特点。（学生归纳总结，得出结论。）

常染色体显性遗传病：男女患病几率相等，连续遗传。

常染色体隐性遗传病：男女患病几率相等，隔代遗传。

X 染色体显性遗传病：女患者多于男患者，交叉遗传。

X 染色体隐性遗传病：男患者多于女患者，交叉遗传。

Y 染色体隐性遗传病：只有男患者，没有女患者。

【本环节预期效果】学生能够理解人类遗传病的概念，并能清楚地将人类遗传病与人类其他疾病区分开，乐于探讨单基因遗传病的特点，对人类遗传病的成因有较为深刻的认识。

【第三环节】汇报数据 验证特点（15 分钟）

1. 引导小组汇报 1：指导第一组学生汇报学校红绿色盲人数调查结果，作出统计列表，并进行分析。（第一组学生代表汇报，其他学生倾听。）

北京宏志中学学生红绿色盲人数统计表（2008 年度）

统计人数			红绿色盲人数	发病率（%）
高一年级 239 人	男生人数	117	4	3.42
	女生人数	122	0	0.00
高二年级 241 人	男生人数	115	4	3.48
	女生人数	126	1	0.79
高三年级 352 人	男生人数	178	8	4.50
	女生人数	174	0	0.00
全校高中总人数 832 人	男生人数	410	16	3.90
	女生人数	422	1	0.24

*提问：有关资料表明，我国人群中红绿色盲男性发病率是 7%，女性发

病率是0.5%。你们调查计算的发病率明显低于上述数据,是什么原因?(学生讨论并回答:我们调查的范围比较小,全学校高中总共就832人,所以发病率不可能和全国的调查数据一致。要保证调查数据的准确性,大样本调查是必要条件之一。)

*追问:为什么是比全国的调查数据低,而不是比全国的调查数据高?是否有可能是你们调查失误呢?(学生讨论并回答:我们的调查数据来自校医室,最终来源于每年的新生入校体检,这个数据是可靠的。造成我们的调查数据比"有关资料的数据"低的原因,可能有两个:一是"有关数据"是多年以前的调查结果,近年来红绿色盲的发病率可能下降了;二是城市里人们比较注意遗传病的防治,所以我们学校中红绿色盲的发病率比较低。)

*点评:调查是科学的,数据可信。对数据的解释是科学的,但要证实以上两点解释,还需要证据,也可以再作为一个问题进行调查研究。(学生倾听并思考。)

2. 引导小组汇报2:指导第二组汇报调查红绿色盲患病学生的家族遗传情况。(第二组学生代表汇报,其他学生倾听。)

*学生汇报:通过调查得知在我们高二年级有5个同学患红绿色盲,其中1名是女生。我们本着尊重、保密、自愿的原则,在其中的两名同学的家系里,进行了"红绿色盲家族遗传情况的调查"。在此我也非常感谢这两名同学以及他们的家长,对我们调查非常配合和支持。在调查过程中,我们小组和这两名同学,收获特别大。对遗传病的遗传方式、危害等有了深入的认识,通过这个调查也增进了同学之间的友谊,增进了学生和家长之间的感情交流。在此我们小组的同学一致认为:遗传病是个人隐私,在日常的生活中,我们要尊重每一个人,不要去打探别人的隐私,同时还要在社会生活中,在需要的时候,给予他们帮助!患有遗传病,也不要自卑,根据有关资料显示,我国大约有20%~25%的人患各种遗传病。对于个人来说,患遗传病,可以说是命运的安排,我们应该努力把命运掌握在自己的手里。下面根据调查访谈,绘制出两位同学的家系图谱。

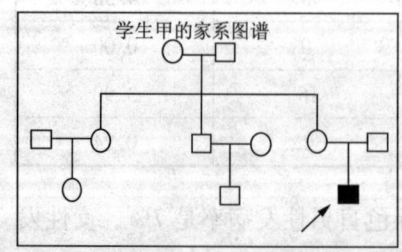
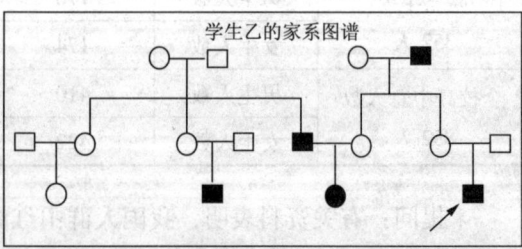

通过家系图谱的分析,我们深刻地认识到:(1)红绿色盲属伴X染色体隐性遗传,隔代遗传,通过女儿传递给外孙子或外孙女。(2)红绿色盲男性患者多于女性患者。(3)学生甲、学生乙的表哥、学生乙的表弟,将来假如生育的话,生育男孩将更大可能地避免后代患色盲。学生乙,将来如果生育,在其配偶色觉正常的前提下,生育女孩,将避免为色盲,但至少是红绿色盲基因的携带者。通过这次调查,我们学到了很多东西,初步懂得了家系调查的方法和遗传咨询的简单方法。

*点评:第二组同学收获很大。从生物学的调查方法上,他们实施了家系调查,掌握了一定的调查方法和技巧,而且对红绿色盲的遗传,理解得非常透彻。通过调查中的访谈,他们对于红绿色盲对生活的影响,也了解得比较具体。更重要的是,他们在调查过程,懂得了对人的尊重和理解。同学们可以借鉴他们的家系调查的方法,对其他遗传病进行家系调查,从而掌握家系调查的方法,对所调查的遗传病有更具体的认识。(学生倾听并思考。)

3. 引导小组汇报3:指导第三组汇报社会调查红绿色盲的结果。(第三组学生代表汇报,其他学生倾听。)

*学生汇报:我们第三组下分4个小组,原定每小组3天选择3个不同时间段,在3个不同地点,采取随机调查的方法,累计调查200人。调查的男女比例为1∶1,即100个男性和100个女性。实施调查的过程中,能够接受调查的人比较少,调查很困难,我们把调查的时间延长,4个小组7天共调查2 400人。调查中使用的是红绿色盲检查图。我们将4个小组的数据汇总成如下表格:

	调查人数	色盲人数	发病率(%)
男	1 200	74	6.27
女	1 200	5	0.42
总人数	2 400	79	3.29

汇总的调查数据显示红绿色盲男性发病率略低于相关资料显示的7%,女性发病率也略低。在这样的随机调查中,这些数据比较接近于真实情况,显示我国城市红绿色盲发病率在下降。我们也发现,社会有些人还不知道色盲这类遗传病,也就更谈不上对其他遗传病的了解了,所以宣传遗传病的防治,提高人口素质是很重要的事情,需要我们的努力。

*点评:第三组的调查是最有难度的,但是他们的收获也是最大的,通过

这样的街头调查，他们学会了一些在课堂上学不到、体会不到的开展社会调查的方法和技巧，同时也激发了他们的社会责任感，希望他们能够在今后的学习和生活中，运用自己所掌握的知识，宣传遗传病的预防，尽到一个公民的责任。

【本环节预期效果】

1. 学生懂得遗传病的社会调查是调查遗传病的发病率，遗传病的家系调查是调查遗传病的遗传方式。

2. 学生对不同小组的调查方法、结果以及体会有所认识，体会进行科学调查的方法多种多样，调查的目的、具体操作、调查的困难和技巧各不相同。

【第四环节】课堂小结（2分钟）

谈话：今天我们学习了人类遗传病、人类遗传病的类型、人类常见遗传病的遗传方式，并通过调查人类常见遗传病——红绿色盲，学习了遗传病的调查方法和红绿色盲的遗传特点。我们大家也深刻地认识到预防人类遗传病是每个公民的义务。具体该如何预防人类遗传病，下节课我们将作深入的探讨。（学生倾听。）

【本环节预期效果】学生迅速、清晰地回顾本节课的全部内容，并有进一步去探讨其他遗传病遗传方式，以及应用本节课知识宣传遗传病预防的愿望。

（三）课后延伸

【内容】课后请同学们写一篇有关人类遗传病的小短文。

【方式与要求】单基因遗传病，有很清晰的遗传规律，多基因遗传病的发病率比单基因遗传病的发病率高很多，危害也更大。可通过自己家庭成员的健康状况调查，选择一种多基因遗传病，再通过网络和图书资料的查询，以及医生咨询，写出一篇关于某种多基因遗传病的小短文。写出它的遗传特点，及其对生活和社会的影响。

【预期效果】对人类遗传病有更全面的认识，进一步懂得预防遗传病的方法、意义和每个人的责任。

专家点评：

"人类遗传病"是高中生物学必修课程中"遗传与进化"模块中的一个单元，本单元主要涉及人类遗传病的类型、人类遗传病的监测和预防,以及人类基因组计划及其意义等内容,北京宏志中学王玉老师的教学案例是此单元中的一个课时的教学设计,主要围绕人类遗传病的定义、人类遗传病的类型这一教学内容展开。从知识教育的角度看,基本符合课程标准的内容标准要求;从能力培养的角度看,设计有人类遗传病的调查、讨论调查方法和调查结果等课前、课中以及课后的系列活动,这些活动的有效开展无疑对学习者的综合能力提高是有益的;从情感、态度与价值观教育角度看,本课虽然讨论科学问题,但充满了人文关怀,如对遗传病患者的尊重。整个教学活动,对学生的科学态度和科学精神产生了潜移默化的影响。

(朱立祥)

X 音 乐

i 学科教学实施可持续发展教育指导意见

音乐是人类最古老、最具普遍性和感染力的艺术形式之一，是人类通过特定的音响结构实现思想和感情表现与交流的必不可少的重要形式，是人类精神生活的有机组成部分。作为人类文化的重要形态和载体，音乐蕴涵着丰富的文化和历史内涵，以其独特的艺术魅力伴随人类历史的发展，满足人们的精神文化需求。对音乐的感悟、表现和创造，是人类的一种基本素质和能力。

普通高中音乐课程与九年义务教育阶段的音乐或艺术课程相衔接，是高中阶段实施美育的重要途径。课程通过鉴赏与表现音乐以及其他艺术形式的审美活动，使学生充分体验音乐的美和蕴涵于其中的丰富情感，为音乐所表达的真善美境界所吸引、所陶醉，进而产生强烈的情绪反应和情感体验。丰富多样的音乐实践活动，还有助于培养学生共同参与的集体意识和相互尊重的合作精神，使学生的团队意识与共处能力得到锻炼和发展。音乐是人类文化传承的重要载体，学习历史悠久、博大精深的中国民族音乐，有助于学生了解和热爱祖国的文化；学习丰富多彩的世界各民族音乐，拓展音乐文化视野，有益于学生对不同文化的理解与尊重。因此，音乐课程对于促进学生全面的、有个性的发展有着不可替代的作用。

音乐学科的核心价值在于关注人的发展，关注文化的传承，而可持续发展教育是以尊重当代人与后代人的发展需求、尊重发展的差异性与多样性、尊重环境、尊重地球资源为核心的价值观教育，是关注社会、文化、经济、环境领域可持续发展问题的教育。可持续发展教育所关注的诸多主题都与音乐学科有着共同的教育目标。例如，音乐关于"和谐"的理念能带给我们多方面的价值追求，使人们获得心灵的宁静与和谐，调和人际关系；音乐可以启示我们关爱自然，保护生态环境；音乐可以启示我们远离战争，向往和平等。这些价值追求与可持续发展教育的理念是相同的。在音乐课程中实施可持续发展教育，教师要注意在保持音乐学科特点的前提下，充分挖掘和努力发现学科教学与可持续发展教育的结合点，使音乐教学能够帮助学生开阔视野，关注身边的可持续发展问题，使他们理解生命的价值、珍爱地球、珍重生命、尊重文化、保护环境，进而帮助学生认识美、认识人生、认识社会，初步形成科学的世界观、人生观和价值观，做合格的公民，促进其全面发展。

一、用可持续发展教育理念审视音乐课程的目标要求

第一，在音乐课程中实施可持续发展教育，应该注意充分发挥该课程的特点，让学生在音乐音响活动中体验、感受、领悟作品的情感，使音乐艺术净化心灵、陶冶情操、启迪智慧、情智互补的作用和功能得到有效的发挥，以利于学生养成健康、高尚的审美情趣和积极乐观的生活态度，为其终身热爱音乐、热爱艺术、热爱生活打下良好的基础。

第二，在综合实践和各种创造活动中，应努力使学生展现其个性和创造才能，使他们的想象力和创造性思维能力得到充分发挥，最终实现音乐课程的审美体验价值和创造性发展价值；通过演唱、演奏、创作、音乐与舞蹈和音乐与戏剧表演等模块中的综合性艺术表演等相互配合集体性音乐活动，使学生养成相互尊重、理解、关爱他人的人文精神，学会与人合作，增强集体观念，建立和谐人际关系，实现音乐课程的社会交往价值。

第三，音乐是人类文化传承的重要载体，是人类宝贵的文化遗产和智慧结晶。学生通过学习中国民族音乐，将会了解和热爱祖国的音乐文化，并能感受到华夏民族音乐传播所产生的强大凝聚力，有助于培养学生的爱国主义情怀，增强热爱民族文化和弘扬民族文化的使命感；学生通过学习世界上其他国家和民族的音乐文化，将会拓宽他们的审美视野，使其认识世界各民族音乐文化的丰富性、多样性和差异性，增进对不同文化的理解、尊重和热爱，形成较高的国际意识和促进人类文化共同繁荣的责任感，最终实现音乐课程的文化传承价值。

第四，重视挖掘音乐教材中的可持续发展教育资源，从社会、文化、经济、环境四个领域审视音乐教材。应多侧面、多角度地挖掘教材作品的情感内涵，发挥音乐课程"直指人心"的情感性特征，注重学生自身的情感体验，使学生在情感、态度与价值观上认同可持续发展教育的理念。此外，还应充分利用教材外的可持续发展教育资源。适当选择教材外体现可持续发展教育理念的优秀音乐作品，关注学生身边的音乐生活，充分利用音乐厅堂、音乐家故居和音乐工作者等当地的地域资源，营造良好的校内外音乐环境，充实具有区域

文化和民族文化特色的教学内容，用大量优秀作品感染学生，加强音乐课程与社会生活的关系，使学生能够把课堂学到的音乐知识运用到现实音乐生活中，帮助学生树立终身喜爱音乐的志向。

二、音乐课程中与可持续发展教育相关的内容与要求[①]

普通高中音乐课程包括"音乐鉴赏"、"歌唱"、"演奏"、"创作"、"音乐与舞蹈"、"音乐与戏剧表演"六个教学模块，它与九年义务教育阶段的"感受与鉴赏"、"表现"、"创造"以及"音乐与相关文化"四个领域相衔接，与可持续发展教育有着直接的关联。

★音乐鉴赏

音乐鉴赏模块是培养学生音乐审美能力的重要途径。具备良好的音乐鉴赏能力，对于丰富情感，陶冶情操，提高文化素养，增进身心健康，形成完善的个性具有重要的意义。学生通过对优秀作品的听赏，在感受作品音乐音响形式带给人情绪情感变化的同时，可以体验作品中蕴涵的丰富的思想感情。例如，对人生价值与意义的追求和对美好生活的向往属于社会领域的"生命与安全教育"主题；浓郁的爱国之情属于社会领域的"公民权利与责任教育"主题；对他人的关爱之情属于社会领域的"和谐社会教育"主题。通过作品欣赏树立学生的民族自豪感，增强热爱民族文化和弘扬民族文化的使命感属于文化领域的"中华优秀传统文化及世界遗产教育"主题；激发学生对世界各民族多元文化的兴趣和认同，促进学生对多元文化的尊重属于文化领域的"文化多样性教育"主题。通过作品欣赏，唤起学生保护环境的意识属于环境领域的"环境保护与污染防治教育"主题。

★歌唱和演奏

学生通过对优秀作品的歌唱、演奏和综合性艺术表演，在表达作品情感的同时，抒发自己的情感。例如，对青春的珍视和对美好人生的追求属于社会领域的"生命与安全教育"主题；感受祖国的强大属于社会领域的"公民权利与责任教育"主题；体验与表现对他人的爱心，对世界和平的渴望属于社会领域的"和谐社会教育"主题。通过对作品的演唱与演奏，

[①] 本部分内容参考《普通高中音乐课程标准》、人民音乐出版社普通高中课程标准实验教科书（以下简称"人音版教材"）与湖南文艺出版社普通高中课程标准实验教科书（以下简称"湖南版教材"）《音乐鉴赏》《歌唱》《演奏》《创作》《音乐与舞蹈》《音乐与戏剧表演》。表格中标"#"为人音版教材示例，"♪"为湖南版教材示例。

增强学生热爱民族文化和弘扬民族文化的使命感属于文化领域的"中华优秀传统文化及世界遗产教育"主题；正确认识不同民族、社会群体间的文化差异属于文化领域的"文化多样性教育"主题；认识人类与自然之间的关系属于环境领域的"环境保护与污染防治教育"主题；树立建设社会主义新农村的远大志向和坚定信念属于经济领域的"农村发展与可持续城市化教育"主题。

★创作

学生通过学习音乐材料组织与发展的基本形式及声乐作品中的词曲结合关系，掌握音乐作品结构的一般常识及基本的作曲手法，参与以歌曲创作为主的创作实践；学习音乐创作必需的基础理论知识，遵循音乐创作的一般规律进行创作学习，尝试为歌词谱曲、为旋律配置简易伴奏，或利用各种不同的音源材料，进行某一主题的命题创作；在当地进行采风活动，采集优秀的民间音乐，作为创作和改编的素材等诸多创作实践活动，激发学生的想象力、培养创造力，发掘创造性思维潜能。在这些丰富多彩的创作实践活动中，可以很好地体现可持续发展教育的相关主题。

★音乐与舞蹈、音乐与戏剧表演

这两个模块通过各种综合性实践活动，从不同的角度使学生加深对音乐文化的理解，开阔学生音乐文化视野，帮助学生站在文化的高度审视音乐作品和音乐现象。有利于发展学生的表演才能及创造才能。在教学中可以具体作品，也可以不同形式和专题的活动及命题表演为纽带，把可持续发展教育各领域中不同主题的教育目标渗透其中。

（一）社会领域

主题	内容标准领域	具体目标	内容示例	与可持续发展教育的结合点	教学提示
生命与安全教育	音乐鉴赏	学习音乐美学的一般常识，了解音乐的艺术特征。	#《第六（悲怆）交响曲》第1单元第1节	结合作品的内容，理解生命的价值和意义。	可指导学生在了解作品内容的前提下，通过充分的聆听和情感体验，感受作品所表现的在人生的最后时刻，礼赞生命的尊严；理解作者内心对光明的憧憬，对生活的极度热爱之情，进而对生命意义和生存状态进行思考。

续表

主题	内容标准领域	具体目标	内容示例	与可持续发展教育的结合点	教学提示
生命与安全教育	音乐鉴赏	聆听中外作曲家不同题材、体裁及表演形式的音乐作品。	#《魔王》《鳟鱼》第9单元第16节	理解和思考生命的价值和意义。	可指导学生了解作曲家及作品创作的背景，在听赏中体味两首作品从不同的角度歌颂了生命的意义，礼赞了生命的尊严，表达了作者内心对生活的极度热爱。
		感受、体验音乐中的民族文化特征。	♪《酒歌》第3单元第一目	探索和感悟生命的价值和意义。	可引导学生通过歌词了解歌曲的内容，在聆听的过程中感受藏族人民在生活中的不凡品格与精神；理解作品勉励不怕劳苦的年轻朋友，像坚实的嫩苗一样茁壮地成长、四季常青的思想，进而在成长和生活中感悟生命的意义。
			♪《铜钱歌》第3单元第一目	学会反思生命伦理。	可引导学生通过聆听与讨论，理解作品借铜钱讽喻金钱造就了贪官污吏等丑恶的一面，具有很强的揭露性和批判性，从反面让学生反思生命伦理。
	歌唱	在合唱中，注意倾听各声部的声音，保持声部间的和谐与均衡。	#《回忆》第5单元	体会生命的价值和意义。	可引导学生参与三声部女声合唱实践，强调声部之间的和谐与对乐曲风格的把握与表现。
	演奏	学习演奏乐器的基本技能，演奏与学生技术水平相当的曲目，把握和表现乐曲的情感。	#《天堂泪》吉他模块第3单元第17节	懂得尊重和关爱他人的生命，用爱来谱写生命的乐章。	可指导学生通过资料收集，了解作品创作背景，通过弹奏练习，体验作品情感，进而认识到生命的宝贵，面对生活的不幸和痛苦，学会坚强、勇敢面对。

续表

主题	内容标准领域	具体目标	内容示例	与可持续发展教育的结合点	教学提示
生命与安全教育	创作	①学习音乐创作必需的基础理论知识，遵循音乐创作的一般规律进行创作学习；②掌握音乐作品结构的一般常识及基本的作曲手法。	#《热爱生活、善于观察》第1单元第一目	通过思考人生的价值和意义，更加热爱生活、珍惜生命。	可通过讲解和讨论，使学生认识到歌曲创作者应该是热爱生活的人，只有这样才能不断反思自己的人生，思考人生的价值和意义，从而更加热爱生活、珍惜生命。
			#《懂你》第3单元第一目	理解人类的生命伦理。	可指导学生通过对作品的分析和欣赏，理解作品表达的孩子对母亲真挚美好的情感，进而深入理解人类的生命伦理。
	音乐与舞蹈	学习舞蹈的基本动作及动作组合。	#《慢华尔兹》第8单元第二目	懂得追求和珍惜美好的生活，更加热爱生活、珍惜生命。	可指导学生通过实践活动，体验慢华尔兹的优雅和舞蹈体现出的舞者对美好生活的向往与追求。
	音乐与戏剧表演	选择适当的题材，创编有配乐的戏剧小品或小型音乐剧，并参与排练及演出。	#《悲惨世界》第4单元第17节	思考人生的价值和意义，理解人类的生命伦理。	可指导学生通过对作品的排演实践，使其加深体会作品所蕴涵的对人生价值和意义的思考。
公民权利与责任教育	音乐鉴赏	聆听丰富多彩的音乐，体验音乐的美，享受欣赏音乐的乐趣，增进对音乐的热爱，培养欣赏音乐的习惯。	#《草原放牧》第1单元第1节	理解公民对集体财产和公共财产应肩负起应有的责任。	可指导学生通过资料收集，了解作品内容和创作背景。分析不同段落的表现手法和表达的情感。
			#《祖国颂》第18单元第34节	增进学生对祖国的热爱之情。	指导学生通过资料收集，了解作品内容和创作背景；通过学唱部分段落，加深对作品思想情感的理解和把握。

续表

主题	内容标准领域	具体目标	内容示例	与可持续发展教育的结合点	教学提示
公民权利与责任教育	音乐鉴赏	学习中国传统音乐和世界民族民间音乐，感受、体验音乐中的民族文化特征。	♪《英勇就义》第2单元第二目	理解公民有为民族解放和人类幸福生活作出奉献和牺牲的责任。	可指导学生观赏舞剧片段，了解作品内容和创作背景，理解作品表达的情感。
			♪《我的祖国》第3单元第三目	增进学生对祖国的热爱之情。	可通过指导学生欣赏，使他们体验和感受歌曲表达的加纳人民热爱祖国之情、保卫祖国之心、祝祖国繁荣之愿。
	歌唱	在合唱中，注意倾听各声部的声音，保持声部间的和谐与均衡。	#《把我的奶名儿叫》第1单元	了解祖国的伟大，激发学生的爱国情感。	可指导学生在歌唱中体验变拍子的音乐特点和作用，理解作品中表现的浓厚的爱国之情。
	演奏	学习演奏乐器的基本技能，演奏与学生技术水平相当的曲目，把握和表现乐曲的情感。	#《中国人》吉他模块第3单元第15节	增强民族自豪感和民族责任感，激发爱国热情。	教学生学习弹唱《中国人》，感受并表现歌曲所蕴涵的情感内涵。
	创作	学习音乐材料组织与发展的基本形式及声乐作品中的词曲结合关系。	#《祖国颂》第3单元第7节	了解祖国历史，感受祖国的伟大，激发学生的爱国情感。	可通过引导学生对作品的欣赏和对作品创作背景的讲解，使学生感受作品所表现出的炽热的爱国之情。

续表

主题	内容标准领域	具体目标	内容示例	与可持续发展教育的结合点	教学提示
公民权利与责任教育	音乐与舞蹈	鉴赏和评价中外民族舞、古典舞、现代舞、芭蕾舞、社交舞等不同舞种及其音乐的特色及风格。	#《东方红》第3单元第一目	了解祖国历史，感受祖国的伟大，激发学生的爱国情感。	引导学生对作品的欣赏，了解不同少数民族舞蹈的特点。
	音乐与戏剧表演	欣赏中国戏曲、中外歌剧、音乐剧及戏剧和影视配乐等，了解戏剧构成的主要元素，认识音乐在不同类别的戏剧艺术中的地位与作用。	#《看天下劳苦人民都解放》第3单元第11节	理解公民有为民族解放和人类幸福生活作出奉献和牺牲的责任。	可指导学生查找资料、了解剧情，通过视频欣赏，体验作品中蕴涵的大无畏的牺牲精神和革命乐观主义精神。
和谐社会教育	音乐鉴赏	了解不同音乐流派及其重要代表人物的生平、作品、贡献等。	#《第九交响曲》第8单元第15节	理解作品所表达的对自由、平等、博爱的追求。	可指导学生通过对作品的赏析，对《欢乐颂》主题的背唱，认识作者对自由、平等、博爱的追求。
		聆听有代表性的通俗音乐作品，了解中外通俗音乐的发展简况，对其作出评价。	#《思念》第17单元第33节	学会尊重、理解、宽容和关爱他人。	可指导学生阅读歌词了解作品内容，听赏歌曲，体验歌曲所揭示的真善美的真谛，体验作品中所表达的对朋友、对他人的关爱，对友谊的呼唤，加强理解建设和谐社会的基石与元素——人与人的和谐。

续表

主题	内容标准领域	具体目标	内容示例	与可持续发展教育的结合点	教学提示
和谐社会教育	音乐鉴赏	理解民族民间音乐与人民生活、劳动、文化习俗的密切关系。	♪《牡丹汗》第3单元第一目	了解维护民族团结是建设和谐社会的基础。	可指导学生通过欣赏,感受作品气势宏大、充满哲理的特点,理解作品所表现的维吾尔族人开阔坦荡的胸怀和真诚、豪放的个性。
		认识、理解音乐作品的题材内容、常见音乐体裁及表演形式,认识音乐要素在音乐表现中的作用。	♪《战争安魂曲》第2单元第二目	增进学生对他人的爱心,对世界和平的渴望。	可指导学生通过聆听和对作品音乐要素的分析,理解和感受作品所表达出的期盼和维护世界和平与发展的情感,体味作曲家对战争的痛恨和对和平的渴望之情。
	歌唱	学习歌唱的基本技能,运用正确的呼吸方法、有气息支持的发声、圆润的音色、清晰的吐字咬字,有感染力和艺术表现力地歌唱。	#《故乡的亲人》第4单元第一目	增进学生对他人的爱心,保持良好的人际关系。	可指导学生抓住作品的内在情感,体会亲情、家乡情的可贵,并学习气息绵长、声音圆润地歌唱。
		欣赏优秀的声乐作品,感受人声的丰富表现力与美感。	#《在幼发拉底河岸》第6单元第一目	理解化解与减少社会冲突、争取民族与世界和平的重要性。	可指导学生通过欣赏视频,了解歌剧故事内容,欣赏人声的丰富表现力与美感,欣赏混声合唱的唱段。

续表

主题	内容标准领域	具体目标	内容示例	与可持续发展教育的结合点	教学提示
和谐社会教育	演奏	在欣赏优秀的合奏作品、进行合奏排练和演奏活动的过程中，学习合奏的基本技能，自信地、有表情地演奏。	#《真的爱你》吉他模块第4单元第18节	增进人与人之间的友谊，保持良好的人际关系。	可在指导学生演奏并与乐队共同排练作品《真的爱你》的过程中培养其主动与他人合作的精神；在讨论环节中将自己的见解与他人交流，培养学生的团队精神，并懂得感恩与回报是和谐社会精神世界的基础。
	创作	学习音乐材料组织与发展的基本形式及声乐作品中的词曲结合关系。	#《铁蹄下的歌女》第1单元第一目	激发学生反对战争、维护世界和平的情感。	可通过对作品的分析和欣赏，使学生体验作品中表达的中国人不当亡国奴的情感和决心；深刻理解人类和平的意义，明白化解和减少人类冲突，争取和平，才能实现人类社会的可持续发展。
	音乐与舞蹈	结合欣赏和排练，了解舞蹈的起源、发展、体裁及相关文化知识。	#《社交舞》第8单元第一、第二目	增进人与人之间的友谊，保持良好的人际关系。	可通过指导学习和实践，使学生了解社交舞主要用于维系和增强人际关系，也是绅士教育的重要组成部分。
	音乐与戏剧表演	欣赏中国戏曲、中外歌剧、音乐剧及戏剧和影视配乐等，了解戏剧构成的主要元素，认识音乐在不同类别的戏剧艺术中的地位与作用。	#《雪绒花》第4单元第14节	激发学生反对战争、维护世界和平的情感。	可指导学生通过对作品的欣赏，感受作品所反映的渴望和平的美好情感。

（二）文化领域

主题	内容标准领域	具体目标	内容示例	与可持续发展教育的结合点	教学提示
中华优秀传统文化及世界遗产教育	音乐鉴赏	学习中国传统音乐和世界民族民间音乐，感受、体验音乐中的民族文化特征。	#《独特的民族风》第2单元第3节	了解不同风格民族音乐的艺术特色。	可用对比聆听的方法，帮助学生加深对不同风格民歌的音乐特色的感受，理解和感悟各地区、各民族民歌的风格特征，研究形成各种风格特征的原因，进而激发学生对探究我国各民族文化的兴趣和情感。
		了解中国音乐发展的主要线索和成就。	#《广陵散》第14单元第24节	教育启发学生尊重历史文化，弘扬民族宝贵文化艺术，从全人类优秀文化的视角保护民族悠久文化。	可指导学生听辨乐器演奏形式，记忆中国民族乐器的独特音色和技法，体味音色和技法表现的作品情感，并探究这种情感所蕴涵的中华民族优秀的文化精神。
		感受、体验音乐中的民族文化特征。	#《海岛冰轮初转腾》第4单元第8节	了解京剧等中国传统戏剧的艺术特点。	可教学生熟悉唱段和"梅派"唱腔特点，感悟京剧文化的博大精深，理解以京剧为代表的中国戏曲的审美追求。
		学习中国传统音乐和世界民族民间音乐，感受、体验音乐中的民族文化特征。	#《蒙古的呼麦》第5单元第10节	了解人类口头与非物质文化遗产代表作。	可通过多媒体手段，介绍蒙古呼麦的音色特点和演唱方法等知识，指导学生体验这种独特的演唱形式的艺术魅力。

续表

主题	内容标准领域	具体目标	内容示例	与可持续发展教育的结合点	教学提示
中华优秀传统文化及世界遗产教育	音乐鉴赏	学习中国传统音乐和世界民族民间音乐，感受、体验音乐中的民族文化特征。	♪《蝶恋花·答李淑一》第5单元第五目	了解中国传统曲艺音乐文化的特征与精神。	可指导学生了解歌词内容和创作背景，创设欣赏音乐的情境，体味我国曲艺音乐的魅力，感受体验音乐中的民族文化特征。
		学习中国传统音乐和世界民族民间音乐，感受、体验音乐中的民族文化特征。	♪《日出》第3单元第二目	了解人类口头与非物质文化遗产代表作。	可指导学生感受佳美兰音乐独特的音乐风格特点，帮助学生理解保护世界文化遗产的重要性。
	歌唱	在合唱中，注意倾听各声部的声音，保持声部间的和谐与均衡。	#《半个月亮爬上来》第7单元第一目	了解不同风格民族音乐的艺术特色。	在合唱实践中指导学生体味民族音乐的宁静与和谐，强调作品整体的情绪和风格，注意旋律中变化音的音准，将独特的民族艺术之美渗透到每一个音符中。
		欣赏优秀的声乐作品，感受人声的丰富表现力与美感。	#《渔歌》第3单元第一目		可指导学生通过对作品的欣赏，了解高山族民歌的音乐风格，充分体会民族风格合唱的音乐美。

续表

主题	内容标准领域	具体目标	内容示例	与可持续发展教育的结合点	教学提示
中华优秀传统文化及世界遗产教育	演奏	结合器乐作品，学习音乐基础知识。	#《中国民族管弦乐队》乐队部分第1单元第1节	了解中国民族管弦乐队特点，并尝试表现。	可指导学生分组收集、整理中国民族管弦乐队不同乐器组的相关知识，在互相介绍和讨论活动中进一步了解中国民族管弦乐队的特色。
		在合奏中，学习调整自己的乐器并使其符合乐队的演奏要求，按总谱的要求演奏自己的声部；排练中，注意声部间的和谐与均衡，理解作品的创作意图。	♪《步步高》第3单元第二目		可指导学生通过互动排练，进一步理解作品内容，感受作品情绪情感。
	创作	学习音乐材料组织与发展的基本形式及声乐作品中的词曲结合关系。	#《教我如何不想他》第3单元第一目	深入理解中国传统音乐文化的内涵和意义。	可通过分析作品，引导学生理解学习作曲应根植于肥沃的民族音乐文化土壤，深入理解中国传统音乐文化的内涵和意义，为继承和传扬优秀的中国传统音乐文化作出贡献。
	音乐与舞蹈	鉴赏和评价中外不同舞种及其音乐的特色和风格。	#《春江花月夜》第4单元第一目	了解中国古典舞的艺术特色。	可指导学生通过对作品的欣赏，感受中国古典舞的独特魅力，探索作品中体现出的中国古代文化的审美追求。

续表

主题	内容标准领域	具体目标	内容示例	与可持续发展教育的结合点	教学提示
中华优秀传统文化及世界遗产教育	音乐与戏剧表演	了解我国传统戏剧及中外歌剧的起源、发展、流派风格、主要代表人物及艺术成就，对具有代表性的作品进行评价。	#《牡丹亭》第2单元第3节	了解昆曲等中国传统戏剧的艺术特色。	可指导学生了解作品内容，欣赏作品，感受中国传统戏剧中"水磨调"唱腔的魅力，感受昆曲唱、念、做、打、舞相结合的独特审美追求。
文化多样性教育	音乐鉴赏	学习中国传统音乐和世界民族民间音乐，感受、体验音乐中的民族文化特征。	#《南部之子》《不知为何》第13单元第23节	了解世界不同文化的主要特征，认识文化差异，尊重不同的文化形态，形成较高的国际意识和促进人类文化共同繁荣的责任感。	可通过对比聆听，引导学生感悟不同国家、不同风格的民歌，探索各地区、各民族民歌的风格特征，研究形成各种风格特征的原因，加深对其他国家音乐文化的理解和包容，并激发对世界各民族多元文化的兴趣和认同。
			#保加利亚、苏格兰、罗马尼亚的三首歌曲第6单元第12节		
			♪《索兰调》第3单元第二目		可引导学生通过欣赏，体验作品独特韵味，理解不同区域的文化各有特色，渗透尊重文化多样性的价值观。

续表

主题	内容标准领域	具体目标	内容示例	与可持续发展教育的结合点	教学提示
文化多样性教育	音乐鉴赏	欣赏中外作曲家的优秀音乐作品,感受、体验其民族风格、地域风格和时代风格。	♪《春之轮舞》第5单元第三目	理解各种文化的存在价值,认识和尊重多元文化。	可引导学生通过观赏舞剧片段和感受舞剧音乐,增进对世界音乐文化的了解,对舞剧艺术产生兴趣。
	歌唱	学习歌唱的基本技能,运用正确的呼吸方法、有气息支持的发声、圆润的音色、清晰的吐字咬字,有感染力和艺术表现力地歌唱。	#《回忆》第5单元第一目	正确认识不同民族、社会群体间的文化差异。	可引导学生通过实践练习,掌握良好的气息支撑的方法和咬字吐字的技巧,运用所学技术表达作品和自己的情感。
	演奏	学习合奏的基本技能,自信地、有表情地演奏。	#《混合乐队》乐队部分第1单元第4节	感受世界是开放的,各国文化联系日益紧密,加强对世界各民族、各地区文化的理解。	可引导学生在参与混合乐队排练时感受不同种类乐器的音色和演奏技法上的不同,体验世界多姿多彩的音乐文化。
		在重奏中,独立承担一个声部的演奏任务,力求与其他声部默契、和谐。	♪《春天》第2单元第一目		引导学生在重奏排练实践中,感受不同音乐文化带来的艺术冲击,享受独特的艺术魅力。

续表

主题	内容标准领域	具体目标	内容示例	与可持续发展教育的结合点	教学提示
文化多样性教育	创作	学习音乐材料组织与发展的基本形式及声乐作品中的词曲结合关系。	#《铃儿响叮当》第2单元第二目		可指导学生通过聆听和分析，掌握作品创作的手法，理解不同文化的差异，尊重多元文化。
	音乐与舞蹈	鉴赏和评价中外不同舞种及其音乐的特色和风格。	#《大河之舞》第6单元第一目	理解各种文化的存在价值，认识和尊重多元文化，树立尊重文化多样性的价值观。	可指导学生通过对作品的欣赏，感受作品中蕴涵的情感，并讨论中国藏族踢踏舞与爱尔兰踢踏舞肢体语言表达上的不同之处，进而帮助学生理解文化的差异性。
	音乐与戏剧表演	欣赏中国戏曲、中外歌剧、音乐剧及戏剧和影视配乐等，了解戏剧构成的主要元素，认识音乐在不同类别的戏剧艺术中的地位与作用。	#《老人河》第4单元第14节		可播放经典唱段的视频，使学生了解剧情，感受不同戏剧文化的表现手段带来的独特韵味，进一步理解多元文化的价值。

（三）环境领域

主题	内容标准领域	具体目标	内容示例	与可持续发展教育的结合点	教学提示
环境保护与污染防治教育	音乐鉴赏	聆听丰富多彩的音乐，体验音乐的美，享受欣赏音乐的乐趣，增进对音乐的热爱，培养欣赏音乐的习惯。	♪《山林的呼唤》第1单元第二目	认识人与自然相互依存的关系；在享受美好生活时，树立环境保护的意识。	可引导学生在欣赏作品时，感受作品中描绘的自然风光和在良好环境中生活的人们的美好心境，唤起学生保护环境的意识。
	歌唱	学习歌唱的基本技能，运用正确的呼吸方法、有气息支持的发声、圆润的音色、清晰的吐字咬字，有感染力和艺术表现力地歌唱。	#《春之歌》第4单元第一目		可引导学生通过歌唱实践，感受作品风格，联想作品中描绘的美景，体验大自然美好的景致带给人们身心的愉悦。
	演奏	学习演奏乐器的基本技能，演奏与学生技术水平相当的曲目，把握和表现乐曲的情感。	#《橄榄树》吉他部分第3单元第13节		可引导学生通过表演实践，理解歌词中描绘的山涧清流、宽阔草原是大自然对人类的最好馈赠，它们带给人类美好的精神享受。

续表

主题	内容标准领域	具体目标	内容示例	与可持续发展教育的结合点	教学提示
环境保护与污染防治教育	创作	学习音乐材料组织与发展的基本形式及声乐作品中的词曲结合关系，力求掌握音乐作品结构的一般常识及基本的作曲手法。	#《狩猎哥哥回来了》第1单元第一目	认识人类与自然之间的关系，理解、尊重并保护生物的多样性。	可引导学生听赏和分析作品，了解作品内容，领悟保护生物多样性的意义。
		利用各种不同的音源材料，进行某一主题的命题创作。	#《母亲的哭泣》第6单元第一目	了解环境法规，能够利用法规保护当地环境，增强环保意识。	可指导学生分组用各种音源材料进行"被水污染的水域"和"被酸雨破坏的森林"等与环保相关的命题音乐创作活动。
	音乐与舞蹈	鉴赏和评价中外民族舞、古典舞、现代舞、芭蕾舞、社交舞等不同舞种及其音乐的特色与风格。	#《春江花月夜》第4单元第一目	认识人与自然相互依存的关系；在享受美好生活时，树立环境保护的意识。	可引导学生通过作品欣赏，感受自然美景带给人情绪情感的美好体验，反思并引发对环境保护相关话题的讨论。
	音乐与戏剧表演	选择适当的题材，创编有配乐的戏剧小品或小型音乐剧，并参与排练及演出。	#《春天的诉说》第4单元第17节	了解环境法规，能够利用法规保护当地环境，增强环保意识。	可指导学生分组收集、整理材料，编排并表演有关环境保护与污染防治主题的音乐剧，利用多种艺术表现手段，描绘学生自己心目中的春天美景，表达自己对春天的渴望，对美好家园、美好环境的保护之情。

（四）经济领域

主题	内容标准领域	具体目标	内容示例	与可持续发展教育的结合点	教学提示
循环经济与绿色消费教育	音乐鉴赏	理解民族民间音乐与人民生活、劳动、文化习俗的密切关系。	♪《索兰调》第3单元第二目	了解全球面临的资源与能源危机。	可引导学生看图片、听赏作品，想象渔民捕鱼时愉悦的劳动场景，引发对相关问题的思考。
农村发展与可持续城市化教育	音乐鉴赏	以思想性与艺术性相统一的原则，对接触到的音乐作品或社会音乐生活现象进行评价及选择。	#《谁不说俺家乡好》第17单元第30节	关注家乡的建设与发展情况。	可引导学生聆听歌曲，体验作品中的思想感情。
			♪《歌唱美丽的家乡》第3单元第一目		可播放一些乡村的资料，引导学生收集一些农村的资料，让学生认识了解农村的生活环境、风俗习惯及其对城市作出的贡献，使学生主动关注农村的发展建设。
	演奏	欣赏优秀的器乐作品，感受器乐的丰富表现力和美感。	#《丰收锣鼓》乐队部分第1单元第1节	了解新农村建设的情况，关注城乡的均衡发展。	可通过多媒体展示，引导学生体验农村丰收的喜庆气氛。感受这部农村题材作品热烈、欢快、振奋的音乐风格，引发学生对当前农村可持续发展问题的思考。
	创作	鼓励学生在当地进行采风活动，采集优秀的民间音乐，作为创作和改编的素材。	#《采风与观摩》第6单元第一目		可组织学生深入偏远农村，观摩农村生活，理性地思考农村发展面临的问题和解决办法，从而获得真实的情感体验，创作出具有深刻情感的音乐作品。

续表

主题	内容标准领域	具体目标	内容示例	与可持续发展教育的结合点	教学提示
农村发展与可持续城市化教育	音乐与舞蹈	鉴赏和评价中外不同舞种及其音乐的特色和风格。	#《春天》第2单元第一目	关注农村生活和农村的发展。	引导学生通过对作品的欣赏，理解作品情感，引发对农村生活的关注。
	音乐与戏剧表演	选择适当的题材，创编有配乐的戏剧小品或小型音乐剧，并参与排练及演出。	#《美丽的村庄》第4单元第17节	了解新农村建设的情况，关注城乡的均衡发展。	可指导学生通过资料收集，了解农村生活情况，分组编排演出农村题材音乐剧，引发学生对农村生活与农村发展的思考。

三、音乐学科教学实施可持续发展教育的建议

音乐课程特别关注人和社会的发展及文化的传承。音乐的情感性特点，是音乐学科成功实施可持续发展教育的有力"武器"，广大音乐教师应该用可持续发展教育的思想和理念重新审视音乐教材，对音乐教材中含有的可持续发展教育思想进行认真的挖掘、提炼，充分发挥音乐学科的特点，使学生能够在情感、态度与价值观上理解和认同可持续发展教育的思想和理念，充分调动以直接领悟为特点的音乐审美理解，再用音乐的手段表达自己的情感。

（一）认清在音乐学科教学中实施可持续发展教育的意义

作为学校美育工作的主渠道，音乐课程在以审美为核心的指导下，有许多切入点可以实施对学生可持续发展思想的培育，使学生珍爱地球、珍重生命、尊重文化、保护环境，进而帮助学生认识美、认识人生、认识社会，初步形成科学的世界观、人生观和价值观，做合格的公民。因此，教师应首先清晰地认识到在音乐学科中实施可持续发展教育的意义。

1. 完善人格，奉献社会，重视学生道德、情操的培养

在可持续发展教育中，人是最宝贵的资源，是至关重要的因素，而这一因

素受人的道德水平的直接制约。因此，在人格塑造中，核心部分是道德人格的塑造。音乐课程的价值取向，充分考虑到对学生良好品德情操的培养，教学内容中用美好的音乐作品给学生以教益和陶冶的例子很多，着力强化了热爱生命、热爱生活、热爱自然的旋律，培养学生对生命与自然的关注，对自身生存环境的关注，培养学生的爱心和社会责任感。

2. 重视体验，丰富情感，提高学生的审美能力

胡宗祥先生在《审美学》中指出："美是人们的生活理想，又是人们的力量源泉。"尼采说过"美是生命力的充盈"。对美的追求使人精神愉悦，富有朝气，内心世界多姿多彩，情感趋向高尚。"音乐学科要以审美为核心"，就是要使学生在不断丰富审美感受的基础上，建立健康的审美观，培养学生对美好事物热爱和关注的情感与态度。这种情感与态度反映在生活中必然促进对美好新生活的追求与创造，进而提高人的生存质量，这是一种良性发展，反之则会导致消极的生活态度。在音乐教学中实施可持续发展教育，应该从培养学生感受自然美、生活美和艺术美出发，逐步发展学生的审美能力，陶冶学生情操。无论存在于自然界、艺术品中，还是实际生活中，美作用于人，并产生巨大精神作用，这一点是肯定的。教师应充分利用这一点，创设特定的审美环境，将学生置身于最直接受陶冶的氛围中，让学生自主感受，心领神会，以利于审美能力的提高。一个善于在生活中感受美的人，一定是情感丰富、心地善良、乐观积极、向往光明的人，这样的人无疑是社会进步的追求者和推动者。因此，音乐教学要着力于对学生审美能力的培养，以期与社会的文明、发展相统一。

3. 增长智慧，勇于创造，促进学生实践能力的发展

音乐教育在开发智力、培养形象思维能力和创造能力方面具有独特的作用。从可持续发展的角度来看待人才培养，人力资源的另一个重要侧面——智力资源的开发，是音乐教育在挖掘人的潜能服务于社会方面的又一项任务。新的人才观给音乐教育提出了更高的要求，必须以全新的教育观念和方法来面对当前的形式：强调面向全体学生，承认他们在智力、能力上的差异，鼓励学生在自身基础上努力进取，爱护他们闪现出的创造火花，使学生在艺术实践中增长智慧，提高能力。启发引导学生将艺术感受、体验和创造紧密地与生活联系在一起，在参加艺术实践的同时，培养认真关注生活的态度和解决实际问题的能力。音乐学科发展史中有许多为人类文明作出杰出贡献的大师，他们的精神和他们的不朽之作是人类精神文明的财富。教师有责任帮助学生认识他们，了解他们，尊重他们，以这些优秀的文化遗产激励学生不断进取，最大限度地开

发自身潜能，为文化的传承、文明的创造，为人类的可持续发展作出有益的贡献。

（二）突出音乐课程价值和理念，科学制订音乐学科教学实施可持续发展教育的教学目标

音乐课程"三维"教学目标的制订应以音乐课程的性质为依据，并体现可持续发展教育的内容、目标和基本原则。通过教学及各种生动的音乐实践活动，培养学生爱好音乐的情趣，发展音乐鉴赏能力、表现能力和创造能力，提高音乐文化素养，丰富情感体验，陶冶高尚情操，使学生形成可持续发展价值观念、行为与生活方式，为促进青少年终身全面发展与和谐发展奠定基础。

1. 情感、态度与价值观目标

通过学习音乐，使学生的情感世界受到感染和熏陶，在潜移默化中建立起对亲人、对他人、对人类、对一切美好事物的挚爱之情，进而养成珍视生命、理解公民的权利和责任、人与人和谐相处的价值观念及生活方式，思考并规划人生，树立终身学习的愿望。

通过对我国优秀音乐作品的审美体验，增进学生对祖国音乐艺术的热爱，培养学生弘扬中华传统文化的责任感及行为方式；同时，学习不同国家的音乐传统及优秀的音乐作品，理解与尊重不同民族、国家、地区的文化，养成与各国人民友好交往的行为方式。

通过对音乐作品的音响、形式、情绪、格调、人文内涵进行充分的感受和理解，培养学生音乐鉴赏能力和评价能力，形成健康向上的审美观；培养关爱自然、珍视生物多样性的情感和态度，理解地球资源的有限性、脆弱性及其同人类生产、生活的重要关系，逐步形成节约资源、保护环境的可持续发展生活方式。

2. 过程与方法目标

体验。音乐教学过程应是完整而充分地体验音乐作品的过程。要启发学生在对音乐的积极体验中，充分展开联想与想象，保护和鼓励学生的独立见解，促使学生形成高尚的情操和价值观。

比较。通过比较音乐中体裁、形式、风格、表现手法和人文背景等方面的不同，培养学生分析和评价音乐的初步能力。在比较——分析——评价中彰显个性，树立积极乐观的生活态度和对美好未来的向往与追求。

探究。在学生进行音乐探究和创造活动中，倡导开放式和研究式的学习方式，发展学生的创造性思维能力，培养学生树立以人为本，全面、协调、可持

续的科学发展观，学会运用科学发展观，认识并参与调查解决社会、文化、环境与经济等领域可持续发展中的实际问题。

合作。在教学实践中，以音乐为媒介，引导学生加强与他人的合作与交流，增强协作能力和团队意识，培养集体主义精神。

3. 知识与技能目标

在知识方面，结合教材内容和学生的实际，在欣赏不同时期、不同民族、不同体裁和不同风格的音乐作品时挖掘可持续发展教育的结合点，了解音乐的历史与发展，认识音乐的社会功能。

在技能方面，通过对歌唱、演奏、创作、音乐与舞蹈、音乐与戏剧表演的学习，使学生掌握必要的基础知识和基本技能。

（三）挖掘音乐学科教学实施可持续发展教育的结合点

结合高中音乐学科的教学内容，在教学中实施可持续发展教育时，可考虑从以下几方面挖掘结合点。

①理解生命的价值和意义，追求美好的人生；追求高质量的生活，品味多彩的人生。

②理解"公民责任"的含义，使学生具有较强的社会责任感，认真履行公民责任。

③能正确认识现实社会中的不和谐现象，积极为构建更加美好、和谐的社会作出努力。

④理解和平与发展是相辅相成的，明白化解与减少人类与自然和社会的冲突、维护世界和平，才能实现人类社会的可持续发展。

⑤认识世界各国相互依存的关系，加强国际交流合作，关心人类的共同发展。

⑥理解中国传统文化的内涵和特征，积极保护和传扬中国传统文化；认识中华民族在当今世界发展中面临的现实问题，积极为实现中华民族伟大复兴而努力奋斗。

⑦了解各国的世界遗产，尊重和保护世界遗产。

⑧积极学习和传承世界先进文化，汲取世界先进文化精华，创造性地应用于实际生活和学习中。

⑨认识人与自然相互依存的关系；在享受美好生活时，树立环境保护的意识；尊重并保护生物多样性。

⑩树立建设社会主义新农村的远大志向和坚定信念。

（四）巧妙选择音乐学科教学实施可持续发展教育的教学方法

教学方法是师生在教与学的活动中为了有效地完成一定教学任务而采用的方式与手段的总称，它既包括教师的教法，又包括学生在教师指导下的学法，是教授方法和学习方法的有效结合。决定教学方法的基本要素是教学目标、教学对象、教学内容，由于音乐教学目标和教学内容的特殊性，音乐学科的教学方法不同于其他学科普遍采用的教学方法。选择音乐教学方法要注意培养和发展学生音乐审美能力，注意调动学生学习的积极性、主动性，培养学生学习音乐的兴趣和爱好。因此，教师既要正确对待经长期教学实践检验的传统教学方法，还要科学合理地吸取新的研究成果，采用现代化的教学手段，创造出切合音乐教学实际的教学方法，以有利于在音乐教学中更有效地实施可持续发展教育。

1. 音乐学科教学实施可持续发展教育的基本教学方法

探究性教学法：是一种按照教学规律进行，在教师的组织和指导下，学生运用已有的知识经验和技能进行尝试性的探究学习，结合教师的点评，学生再体验，不断提高学习能力的教学方法。在课堂教学中，教师应鼓励学生开展探究性活动，在探究中有收获。应充分利用教材中每课设置的"探究活动"中与可持续发展教育有关的内容开展教学。可将音响、画面、语言等进行组合设计，创设一定的问题情境，让学生的多种感官同时受到刺激，引起兴趣。此外，教师还应尊重每一个学生的个性差异，并在教学设计中有所体现。应善于发现和鼓励学生的优点，肯定学生富有个性的体验与表达。在交流感受时，教师应以平等的身份参与到与学生的交流中去。同一段音乐大家能唱出多种不一样的处理，教师加以引导指正，学生及时修改，这样的充满人文关怀的课堂氛围中成长的孩子才会是心理健康、快乐的孩子。

教学媒体设计行为教学法：根据本单元教学内容和教学目标，教学过程在多媒体网络环境下运行。有针对性地运用多媒体辅助教学，充分调动学生的听觉与视觉，取其容量大、手段新、强度大等优点，灵活呈现教学内容，能够增强学生的感性认识，调动学生的形象思维，增大课堂信息量，加强视觉感受，在有限的教学时间内使学生能更高效地学习、掌握音乐知识，引导学生由感性认识上升到理性认识，拓展学生的音乐视野，发挥学生创造能力，体现现代教育的效能观。

情感培养教学法：在教学中抓住以音乐审美为核心的基本理念，通过音乐学习，使学生的情感世界受到感染和熏陶。教师通过对蕴涵感染力的教学内容的重组，组合运用富有艺术性的教学手段，激发、强化、发展学生对音乐情感体验的内在需求，激起学生情感共鸣，唤起学生的情感呼应，在音乐课堂上营造出浓厚的音乐情感氛围。学生通过对音乐的感受与体会，体验音乐的独特魅力，从而愉悦身心，发展人格，体现现代教学的素质观。教师精心设计的导语和创设情感性情境来激励学生的思维活动，使学生成为了学习创造音乐的主人，倡导了一种自主、研究的学习和尝试音乐的方式。他们可以按照自己对音乐的理解来表现音乐，感兴趣的内容让他们更乐于主动探究。学生对成功的渴求，希望在展示中获得同学、老师肯定的愿望，使得交流既有广度又有深度，实现了课堂的优质高效，在调动学生的主动性、创造性，发展个性化的教学方面也提供了广阔的空间。此外，真正尊重学生的创意，热情鼓励和激发学生的艺术想象力和创造力，可建立起全新的师生关系。教师的情感对学生具有潜移默化的巨大作用，形成师生情感沟通、融合统一的教学情境。

交流对话教学法：创设教学情境，运用图片、视频，把音乐常识内容动态地展示在学生面前，激发学生的学习情绪，使学生身临其境，从而获得真切感，把认知活动和情感活动有机结合起来。教学中，教师应充分运用语言直接交流的优势，创设的情境，引导学生进行体验，给他们"动眼看、动耳听、动口说、动脑想"的机会，精心设计，突破重点和难点。应引导学生运用自己喜欢的表达方式表述并进行音乐体会，通过欣赏领悟每段音乐，分析音乐要素，体验音乐表现的不同。训练学生对音乐理解，语言表达、体会音乐情感的重要过程。让学生感受音乐美妙的情景，掀起学生诗意般的情感波涛，振奋学生积极向上的精神。同时利用现代教育技术让学生进入情景，体会意境，在音乐的氛围中进行语言表达能力训练，加深对音乐的理解，同时也培养学生思维的深刻性，收到较好的教学效果。

2. 在高中音乐各模块教学中实施可持续发展教育的教学方法

（1）音乐鉴赏模块中实施可持续发展教育的教学方法

①选择具有典型意义的教学内容：高中音乐鉴赏，以鉴赏、聆听音乐作品为主。教师要选择能够准确反映可持续发展教育理念的典型音乐作品，使学生易于接受，易于理解，能够用作品直接打动学生情感，使学生在情感、态度与价值观上认同可持续发展教育各领域、各主题的理念。

②找准结合点，对学生恰当地引导：高中音乐教材中的部分音乐作品与可持续发展教育内容存在着一定的距离，有的内容距离较大。教师在备课的过程中应作好充分的准备，挖掘作品与可持续发展教育的结合点，在教学中不能牵

强附会，引起学生反感，应力争做到"润物无声"。

③培养学生的发散性思维：发散性思维是对同一个问题，从不同的方向、不同的侧面，横向拓展思路、纵向深入探索、逆向反复比较的思维过程和方法。它能从一种问题情境中取得一个或多个合理设想或猜想。教师在音乐教学中着力培养学生发散性思维，有利于学生自主地把音乐学科知识与可持续发展教育的理念很好地联结起来。

④调动学生丰富的情感，培养学生理性思维能力：音乐是"情感"的艺术，它首先是"感性"的，而可持续发展教育的内容更多的是对事物的"理性"思考。教师要注意把音乐的"感性思维"与可持续发展教育的"理性思维"很好地结合起来，在课堂上引导学生带着一定的"理性思维"去关注、分析身边的事物，在感性上与可持续发展教育的理念产生共鸣，从理性上提升分析和处理身边事物的能力。

⑤多种教学方法的综合运用：为达到可持续发展教育的目标，要把讲授法教学、启发式教学、开放式教学、探究性教学、形象直观法、归类比较法、情感体验法、交流对话法、讨论法、尝试创作法、多媒体音乐教学、自主性学习等教学方法综合运用到教学之中，使教学方法灵活多样，从而更有利于教学内容被学生接受。

（2）演唱与演奏模块中实施可持续发展教育的教学方法

演唱与演奏同属音乐的表现领域，都是实践性很强的学习内容，是培养学生音乐表现能力和审美能力的有效途径。在演唱与演奏的教学过程中，应遵循音乐教学的普遍规律，注重学生对音乐的感受和实践，并融入可持续发展教育的相关内容，使高中演唱与演奏教学在九年义务教育音乐教学的基础上得到提高和发展。

①鉴赏与观摩：充分运用鉴赏的方法，使学生对不同的演出版本作出评价，在评价过程中提高自己的审美能力。通过对演出视频的观摩，使学生直观地感受音乐表演的魅力，进而从中感受音乐表演的丰富表现力与美感，感受作品中所要表达的高尚的思想内容，从而培养学生珍视生命、理解与尊重文化、关爱自然的可持续发展的生活态度。

②基本技能训练：学习并逐步掌握演唱与演奏的基本技能，并将其融入表演实践中。通过坚持不懈的努力，力争达到有感染力和艺术表现力地表演。在教学中应根据学生的不同水平，设置分层的教学目标，以体现以人为本、因材施教、全面、协调的可持续发展观。

③综合性排练与表演：在积累大量欣赏曲目和掌握表演基本技能的基础

上，激发学生表现的兴趣与愿望，设置合唱、重唱、独唱等实践活动并举办各种类型的演唱会、音乐会，为学生提供充分展示音乐表演才能的机会，从而培养学生之间和谐相处的价值观和行为方式。

（3）创作模块中实施可持续发展教育的教学方法

①在音乐创作教学中，教师应鼓励学生大量接触民族民间音乐，熟悉民族民间音乐的旋律，深入理解中国传统音乐文化的内涵，为继承和传扬优秀的中国传统文化作出贡献。

②利用采风、参观等活动，使学生亲身体验民间生活，感受劳动人民淳朴的情感，思考人生的价值和意义，从而更加热爱生活、珍惜生命。

③学生在音乐主题分析、创作过程中，深入思考生命的意义，深入理解生命伦理；理解维护和平对实现人类可持续发展的重要意义；了解绿色消费、农村发展、环境保护等与人类可持续发展有关的主题。

（4）音乐与舞蹈模块和音乐与戏剧表演模块中实施可持续发展教育的教学方法

音乐与舞蹈模块和音乐与戏剧表演模块同属音乐与相关文化领域，是学生以音乐为本、认识和了解其他姊妹艺术表现形式与审美特征的教学模块，是学生拓宽审美视野，提升审美能力的有效途径。这两个模块最基本的教学方法是体验与表现。学生通过观摩各种类型的舞蹈与戏剧表演，体验不同表演形式程式化的表现特点和表达情感的独特艺术手段。在大量观摩与体验的基础上，学生参与特定内容的实践表现活动，在表现中进行模仿与体验，理解并把握不同表演艺术的风格和审美特征，进而培养热爱生命、热爱生活的积极态度；理解中国优秀传统文化的内涵和特征，唤起保护和弘扬中国优秀传统文化的意识；同时能够领略世界多元文化的魅力，培养尊重多元文化的精神。

（五）开发、利用与音乐学科相关的可持续发展教育资源

①教材是音乐课程实施可持续发展教育的最重要的基本教育资源。依据《普通高中音乐课程标准》要求，经教育部审查通过的教材，包含诸多实施可持续发展教育可利用的资源。

②除教育部审查通过的教材外，地方和学校应结合当地人文地理环境和民族文化传统，开发的具有地区、民族和学校特色的地方与校本课程，也是实施可持续发展教育的重要资源。

③师生自身及其周边生活环境中的资源开发是实施可持续发展教育的关键

因素，合理运用这些资源在教学中容易激发师生的情感共鸣。

④学校的广播站、电视台、校园网、礼堂、室内体育馆等宣传媒体和设施，也应成为音乐学科实施可持续发展教育的重要资源。

⑤学校采取走出去或请进来的方式开展的课外音乐活动与音乐交流活动，如组织学生听音乐会、采访民间艺人，或请音乐家到校表演、举行音乐讲座等，亦是重要的可持续发展教育资源。

（六）音乐学科教学实施可持续发展教育应注意的问题

1. 在音乐学科教学中实施可持续发展教育要尊重学生个人独特的情感体验和见解

高中学生具有人格渐趋成熟、渴望得到尊重、遇事越发有主见的年龄特点，在教学中教师必须根据高中学生的生理和心理特征进行教学活动，要充分尊重他们对音乐作品的独特体验和见解，培养他们独立的人格。应注意尊重学生的体验，给予学生充分的发表见解的空间和时间，在沟通中实现对可持续发展观念的思想内化过程。此外，在可持续发展教育内容选择上要多注意用显性内容，使学生好理解、好接受，教师也好把握、好操作。应注意从直观现象入手，逐步推进到对现象的简单分析，引发学生较深层次的思考，最终达到认识上的共识和情感上的认同。

2. 音乐是时间艺术，音乐学科是情感性和表现性学科，应根据音乐学科自身的特性进行可持续发展教育

（1）充分利用音乐的情感体验过程，适时、适度实施可持续发展教育

音乐教学是情感体验的过程，学生通过欣赏富有情感的音乐作品，在情感上与作品产生共鸣，最终树立自己良好的、健康的情感。由于音乐作品中蕴涵着各种丰富的情感，教师可直接挖掘可持续发展教育的结合点，要做到适时、适度地渗透，用作品的情感直接感动学生，达到"润物细无声"的境界，切忌过多地进行牵强和苍白的说教。

（2）音乐是时间的艺术，音乐欣赏是完整体验作品的过程

音乐是一门实践性很强的学科，需要在音乐的进行中去进行学习体验，因此，保持音乐的完整性、持续性很重要。在音乐教学中进行可持续发展教育必须保证音乐听赏和音乐活动的时间，让学生在充分的音乐活动中体验、感悟音乐。同时，音乐教学是音乐音响活动的过程，教师要注意在教学中对音乐音响活动时间的把握。不能把讲解、分析、思考、总结等活动游离于音乐音响活动之外，要在音乐中感受、体验、理解、分析。

3. 注意突出音乐学科的审美特点，在审美过程中用对比的方法促使学生形成可持续发展的价值观

音乐是学习和进行审美的学科，音乐活动过程就是学生审美的过程。教师可运用对比的方法让学生区别"美"与"丑"、"善"与"恶"、"真"与"假"，在审美过程中用对比的方法促使学生形成可持续发展的价值观。

4. 注意采用丰富多彩的教学活动形式

教师可采用分组演唱比赛、模拟音乐会等教学活动形式，注意以兴趣为动力，提高学生参与音乐活动的积极性和能力，努力创设有利于音乐学习的情境，引导学生进行联想和想象，从而提高可持续发展教育的有效性。

5. 注意在高中音乐各个模块教学中充分融入可持续发展教育思想

高中音乐学科有"音乐鉴赏"、"歌唱"、"演奏"、"创作"、"音乐与舞蹈"和"音乐与戏剧表演"六个模块的教学内容，涵盖了音乐艺术创作、表演与欣赏的各个环节，并且也涉及了舞蹈与戏剧等姊妹艺术的内容。在高中音乐教学中应该注意在各个模块中融入可持续发展的思想，并努力做到各个模块的相互配合，这样才能使学生更快、更好地树立可持续发展的思想。

ii 学科教学实施可持续发展教育实践案例

【设 计 者】 北京市第一五九中学 王 键
【年　　级】 高中一年级
【所用教材】 人音版教材《音乐鉴赏》
【课　　题】 《独特的民族风》（第2单元第3节）

一、教学背景分析

（一）本课教学目标

※知识与技能目标

1. 学会判断不同少数民族民歌的音乐特点及风格特征。
2. 认识"呼麦"、"囊玛"、"木卡姆"、"农乐舞"、"冬不拉弹唱"等民歌体裁，了解它们申请"人类口头与非物质文化遗产"的情况。
3. 认识了解蒙古族、藏族、维吾尔族、哈萨克族、朝鲜族的代表性乐器。

※过程与方法目标

以倾听—辨别—分析—判断—体验—领悟—掌握为教学活动的主线，在音乐实践活动中创造条件，引导学生在听、看、学、唱、舞的亲身感受体验中，学习了解各少数民族民歌的音乐风格，激发学生对我国各民族多元文化的兴趣和情感。

※情感、态度与价值观目标

聆听欣赏蒙古族、藏族、维吾尔族、哈萨克族、朝鲜族民歌，感受了解不同少数民族民歌的民族特点及风格特征，感悟不同民族民歌与其自然环境、生活习俗、宗教文化的渊源关系，产生对我国各民族多元文化的兴趣和情感。

（二）本课教学重点与难点

※教学重点

1. 从给出的条件中感悟总结不同民族民歌风格及特点。
2. 理解与尊重不同民族、地区的音乐文化，珍惜人类共有的文化遗产。

※教学难点

学会判断不同少数民族民歌的音乐特点及风格特征。

（三）可持续发展教育点及设计思路

※可持续发展教育点

文化领域"中华优秀传统文化教育"、"文化多样性教育"主题中，通过学习不同民族、不同时代的作品，感知音乐中的民族风格和情感，了解不同民族的音乐传统，热爱中华民族的音乐，使学生建立弘扬中华民族优秀传统文化的责任感，培养学生尊重文化多样性，理解与尊重不同民族、地区的文化，珍惜人类共有的文化遗产，提高与不同民族、地区人民友好交往的文明素养。

※渗透可持续发展教育的设计思路

本课共设计了五个少数民族音乐的教学环节，在每一个环节中除了采用听赏、模唱、舞蹈、对比鉴赏等方式，并对歌曲本身的民族特点、风格特征及历史沿革进行介绍以外，还要对其所处的自然环境、生活习俗、宗教文化的渊源关系等纵深方面延展挖掘，使学生不但对欣赏的歌曲有所了解，更重要的是对所代表的该民族的音乐文化有所关注，欣赏趣味也不只是流行歌曲，对传统经典的少数民族音乐不再采取排斥甚全拒绝接受的态度，能够尊重文化的差异与多样性，理解与尊重不同民族、地区的文化，珍惜人类共有的文化遗产。为形成可持续发展价值观，积极投身可持续发展奠定良好的知识与能力基础。

（四）教材分析

本课是人音版教材《音乐鉴赏》第2单元《腔调情韵——多彩的民歌》中的第3课《独特的民族风》。

本单元的总体要求旨在引导学生感受、体验民歌的不同地域风格及不同的民族风格，认识民歌中常见的一些体裁形式，进而认识我国民歌是我国传统文化中重要的精神财富，是世界优秀音乐文化中的绚丽瑰宝，也是人类精神文明的智慧结晶。作为21世纪的中国青少年应该对祖国的民歌感兴趣，对祖国的民族文化有感情，更应当肩负起继承、发扬、光大民族音乐文化的重任。

本节课内容更侧重于对我国少数民族民歌进行重点学习，教材中涉及蒙古族、维吾尔族、藏族民歌，教师还可进行拓展，例如朝鲜族、哈萨克族民歌等。通过对少数民族歌曲风格特征、体裁形式的介绍，旨在使学生在初中少数民族音乐知识的基础上更深入地从不同角度识别少数民族的音乐，加深对它们的认识和理解。认识"只有民族的，才是世界的"，要继承和发扬具有我们民族特色的文化，中华民族才能屹立于世界民族之林。

（五）教学方法

使用复习法、比较法、讨论法、分析法、体验法、探究法等教学方法，通过听赏、模唱、舞蹈、对比鉴赏等形式，引导学生主动参与音乐实践活动。

（六）教学资源开发与利用的基本思路

1. 充分利用网络、阅览室、图书馆等资源，引导学生结合相关知识自主收集整理所需要的文字、音响和音像等学习资料，整理相关音乐作品及作者的资料。

2. 充分利用教师自身积累的知识与所具备的技能，结合具体教学设计上网收集资料，精选多媒体材料，精心制作课件，每一个信息点的出现时机（问题的设置、图片的启发、音频视频的使用时间、创设规定情境）都要把握好，为什么出现，何时出现，都要有设计，都要以培养和调动学生自主学习的习惯和能力为出发点，使学生身临其境地感受少数民族民歌的音乐风格，并感悟总结出不同民族民歌的风格及特点。

3. 充分利用课本和配套的课件资源，运用各种媒体如录音机、电视机、VCD机、电脑等多媒体资源。

二、教学过程

（一）指导预习探究

【内容】查找蒙古族、藏族、维吾尔族、哈萨克族、朝鲜族民歌的背景材料。

【预习方式与要求】学生可通过上网等途径收集相应资料，为进一步学习打下基础。

【预期效果】对蒙古族、藏族、维吾尔族、哈萨克族、朝鲜族民歌的内容有初步了解。

（二）课堂教学过程

【第一环节】导入——回顾学过的少数民族歌曲（3分钟）

1. 播放歌曲并提问：播放《青春舞曲》片段，并提问：这首歌曲的名字和创作背景是什么？（学生倾听、思考并回答。）

2. 追问：除了《青春舞曲》，你还知道哪些少数民族的歌曲？（学生回忆原有知识并回答。）

3. 小结：我国是一个多民族的国家，他们有一个共同特点是能歌善舞，少数民族歌曲在我国民族民间歌曲中占有很重要的位置，是我国民族音乐的瑰宝，但是由于他们生活的环境、自然条件、生存状况、宗教信仰有很大不同，所以歌曲的风格也有很大区别。（学生倾听。）

4. 介绍本课学习要求：今天我们将学习五个少数民族的民歌，请同学们按照民族、体裁、表演形式、特性乐器、音乐要素特点将学习内容进行归纳，填写学案表（见表1），分清各少数民族歌曲的民族风格特征。

表1 《独特的民族风》学习学案

民族	体裁	表演形式	特性乐器	音乐要素特点

【本环节预期效果】引发学生的学习兴趣，使学生建立起已有知识与新知识间的连接，并明确本课的学习要求。

【第二环节】学习朝鲜族歌曲并"挥一挥"（6分钟）

1. 播放歌曲并提问：播放朝鲜族歌曲《阿里郎》片段，要求学生跟着音乐用手打拍子，体会歌曲的节拍特点。（学生边听边用手打拍子体验音乐的节拍特点。）

2. 提问：《阿里郎》是哪个民族的民歌？出示图片（见图1）进行启发，提示学生注意观察该民族服饰和乐器特点。（学生思考并回答。）

3. 总结朝鲜族音乐的特点：三拍子、舞蹈性、与"阿里郎"流行组合的关系等。（学生倾听并思考。）

图1

4. 验证所学：复习音乐要素在音乐中的实际应用，进一步体验朝鲜民族音乐的三拍子特点。

5. 播放歌曲并提问：播放朝鲜族歌曲《桔梗谣》片段，要求学生跟着音乐继续用手打拍子，体会跟上一首的区别，引导学生思考：歌曲的热烈情绪是音乐要素中的节奏还是速度发生了变化？（学生倾听、思考。）

6. 课堂知识拓展：《桔梗谣》是一首劳动歌曲，表现了春天朝鲜妇女上山采摘野菜的喜悦心情，在朝鲜族歌曲中有一种体裁叫"农乐舞"，专门表现劳动人民在春种秋收等劳动时的喜悦心情。（学生倾听。）

7. 课堂知识拓展：播放朝鲜族乐曲《田野小曲》片段并展示朝鲜族主要乐器图片（见图2）。根据音响次序依次介绍朝鲜族一般使用的三件主要乐器：筚篥、伽倻琴、长鼓。（学生倾听。）

 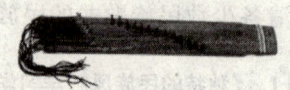 

图 2

【本环节预期效果】

1. 了解朝鲜族称民歌为"民谣"，其旋律优美，自然流畅，富有很强的感染力与表现力。

2. 了解伽倻琴弹唱、顶水舞、扇子舞、长鼓舞、农乐舞等是受人喜爱的传统歌舞节目。

3. 了解朝鲜族代表乐器有伽倻琴、筚篥和长鼓。

【第三环节】学习蒙古族歌曲并"唱一唱"（7分钟）

1. 播放歌曲并提问：播放蒙古族马头琴演奏的音乐《天边的风》片段，并出示图片（见图3），启发学生思考：这是哪个民族的民歌？使用哪种民族特性乐器演奏？（学生思考并回答。）

2. 师生交流活动：讨论蒙古族的生活环境、生存方式特点。蒙古族俗称"马背上的民族"，为什么？蒙古族绝大多数人民是常年逐水草丰美之地不断迁徙的游牧民族，经常在一望无际的草原上生活，蓝蓝的天空是被，连绵不断的草原是床，想象一下，这样的

图 3

生活状态下他们的歌曲是什么样的?(学生思考并回答:高亢嘹亮的、绵长不断的、快速奔跑的……)

3. 播放视频并提问:播放视频《辽阔的草原》片段,了解体会一下,蒙古族人民的生活状态和歌曲真正是什么样的?最后的画面停留在什么乐器上?(学生观看、思考并回答。)

4. 讲授:马头琴是蒙古族人民可以倾诉情感的亲密朋友。注意马头琴的音色很容易与大提琴混淆,都是宽厚温暖深沉的,但是马头琴的旋律更委婉,颤音比较多。(见图4)

5. 提问:看一下《辽阔的草原》的谱例,旋律的节拍能划分出来吗?能分出乐句吗?另外谁还能发现有什么特点,说明什么?(学生思考。)

6. 分析与归纳特点:"节奏自由,气息宽广,情感深沉,舒缓自由,字少腔长,并有独特而细腻的颤音装饰。"具备这种特点的歌曲体裁叫"长调"。

7. 播放歌曲并提问:播放歌曲《嘎达梅林》要求学生跟着录音学唱,并体会:跟上一段有什么不同吗?能打出拍子吗?能分出乐句吗?(学生边跟着录音学唱边体会区别。)

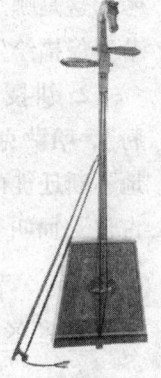

图4

8. 分析与归纳特点:"篇幅较短小,曲调紧凑,节奏整齐、鲜明,音域相对窄一些。"具备这种特点的歌曲体裁叫"短调"。

9. 课堂知识拓展,播放蒙古族歌曲《呼麦颂》视频片段,介绍歌曲体裁"呼麦",与"长调"一起先后被联合国批准为"人类口头与非物质文化遗产"。

10. 归纳小结:蒙古族音乐的风格还与其长期居住地区的特点、经济形态、文化交流有关。"长调"一般多在牧区传唱,"短调"一般多在农区城镇传唱,因为生存空间相对狭小,因此"短调"的篇幅、曲调、节奏、音域都相对比较紧凑、短小、狭窄一些。

【本环节预期效果】

1. 了解蒙古族音乐宽广辽阔,民歌主要分为长调和短调两种。长调流行于内蒙古草原牧区,其旋律舒展,起伏跌宕,已经被联合国教科文组织批准为第四批"人类口头与非物质文化遗产"。短调也被称为短歌,流行于内蒙古东南及辽宁等半农半牧地区,旋律优美抒情,节奏紧凑,多用切分音。

2. 了解蒙古族歌唱中的一种特殊的唱法——呼麦,平实之中自有一种洗净铅华的兼容并蓄、淡远悠长。

3. 了解蒙古族的代表性乐器：马头琴。

【第四环节】学习哈萨克族歌曲并"听一听"（5分钟）

图5

1. 播放歌曲并提问：播放哈萨克族冬不拉演奏的《草原骏马》片段，并出示图片（见图5），启发学生思考：这是哪个民族的民歌？使用哪种民族特性乐器演奏？节奏像描绘生活中的什么活动？（学生倾听并回答。）

2. 讲授：我们经常说"骏马和歌声是这个民族的翅膀"，哈萨克族与蒙古族牧民一样也是常年逐水草丰美之地不断迁徙的游牧民族，不过他们的临时居所不叫"蒙古包"而叫"毡房"……听到的音响是由冬不拉演奏的（见图6），节奏型是 ×× ×× ×× | ×× ×× ×× | ×× ×× ×× | ，像描绘生活中的什么活动？（学生回答：快速奔跑的马、马蹄声……）

图6

3. 讲授：关于哈萨克族的生活环境、生存方式及音乐特点和代表性乐器，介绍乐器"冬不拉"及代表性的歌唱形式"冬不拉弹唱"，"冬不拉弹唱"歌手称"阿肯"。

4. 师生交流活动：播放哈萨克族民歌《玛依拉》音频，提问：节奏是疏松的还是紧密的？（学生思考并归纳哈萨克族民歌节奏特点：紧紧紧松，松紧结合。因为他们的歌曲兼有马蹄的节奏和草原广袤无垠的抒情特点。）

5. 归纳小结：哈萨克族民歌带有很强的牧歌特点，曲调中普遍具有呼唤性的音调，使其具有宽广、豪迈的性格，一般都比较短小，曲调优美动听，易于上口。

【本环节预期效果】

1. 了解哈萨克族是一个酷爱音乐的民族，素有"骏马和歌是哈萨克的翅膀"之说。哈萨克族民间音乐按照传统可分为"奎衣"和"安"两大类，所谓"奎衣"就是器乐曲，"安"就是歌曲。

2. 了解"奎衣"主要是用冬不拉演奏的"冬不拉弹奏"，"冬不拉"是哈萨克族最有代表性的乐器。"冬不拉弹唱"是他们最有代表性的歌唱形式。专门从事"冬不拉弹唱"的歌手叫"阿肯"。每年都有"阿肯弹唱会"，也就是唱歌比赛。

【第五环节】学习维吾尔族歌曲并"敲一敲"（8分钟）

1. 谈话：同样是在新疆还有一个民族，是这个地区最大的少数民族，只不过生产方式和生存方式都不同于哈萨克族，我们想想是哪一个民族？它与哈萨克族有什么区别？（学生思考并回答。）

2. 播放歌曲《牡丹汗》，提示学生注意音区、旋律、节奏，感受其音乐特点。（学生欣赏并思考。）

3. 提问：学习感受了解维吾尔族音乐的特点和相关知识。出示图片（见图7），看图片的服饰，注意帽子的形状、使用的乐器及音乐特点与哈萨克族有什么区别？（学生思考。）

图7

4. 归纳总结：我们已经注意到节奏比较紧凑，旋律上起伏多，相对委婉，节奏鲜明（因为手鼓）虽然也有较长的音，但由于音区较低所以并没有哈萨克族"呼唤性"的感觉。维吾尔族与哈萨克族的区别不仅在服饰上，在音乐风格上也有很多不同，维吾尔族音乐继承了古代西域地区的"龟兹乐"、"疏勒乐"、"回纥乐"等传统，吸收了中原音乐、印度音乐、波斯—阿拉伯音乐的有益营养，形成了维吾尔族音乐的民族风格。《牡丹汗》是一首新疆伊犁民歌，是王洛宾随南疆军区文工团前往伊犁地区慰问演出时收集整理的一首爱情题材的民歌。这首伊犁民歌的旋律，与节奏高亢欢快的南疆民歌相比，似乎多了一些深沉和悲伤的情调。（学生倾听。）

5. 介绍"麦西来甫"：维吾尔族人非常热情好客，当有客人来访时，经常组织"麦西来甫"进行款待，不管会跳不会跳都会被邀请起来跳舞，他们注重的是参与欢聚的过程。（学生倾听。）

6. 播放视频并提问：观看维吾尔族歌曲《侉侬》视频片段，他们的生活环境和生存方式与哈萨克族一样吗？（学生思考回答：有区别，没有草原，不能牧马……）

7. 课堂实践：学习"麦西来甫"，老师邀请学生一起即兴跟音乐起舞，从而对"麦西来甫"是一种群众性娱乐活动有切身感受。（学生学习并亲自实践。）

8. 讲授：了解维吾尔族的生活环境和生存方式与音乐特点形成之间的关系。维吾尔族集中生活在有固定居所的城镇周围，生存方式是半工、半农、半商，生存空间相对狭小，人口密集，正是这种生活环境和生存方式决定了维吾尔族民歌的特点是短小精悍、节拍规整、节奏鲜明、热情奔放。（学生倾听。）

9. 播放视频并提问：播放《新疆手鼓》视频片段，出示维吾尔族群众集体打手鼓的图片（见图8）。提问：你注意到伴奏乐器了吗？维吾尔族最典型最有代表性的乐器是什么？（学生思考并回答。）

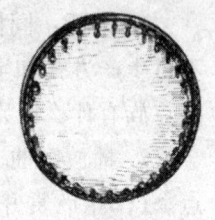

图8

10. 课堂实践：介绍维吾尔族的手鼓节奏。边敲击手鼓边介绍手鼓的外形、构成、演奏方法及典型的切分音节奏：×××××｜×××××｜×××××｜。（学生用双手一长边一短边持书高举，模拟手鼓节奏进行敲击练习，亲身体验维吾尔族常用的音乐节奏。）

11. 课堂知识拓展：播放"新疆木卡姆"视频。介绍我国"新疆十二木卡姆"及与中亚、西亚国家"木卡姆"的异同，并简单介绍各国与我国"新疆木卡姆"的申遗情况。（学生观看视频并倾听。）

新疆"十二木卡姆"是大型音乐歌舞套曲之意，全部演唱完需20多个小时。木卡姆体裁多样，节奏错综复杂，曲调极为丰富。生动的音乐形象和音乐语言，深沉缓慢的古典叙诵歌曲，热烈欢快的民间舞蹈音乐，流畅优美的叙事组歌，在艺术成就上是无与伦比的，已申请并被联合国教科文组织批准为"人类口头与非物质文化遗产"。

【本环节预期效果】

1. 了解维吾尔族民间音乐内容丰富，形式多样，特色浓郁。可分为民间歌曲、歌舞音乐、说唱音乐、器乐曲和包括歌、舞、乐的大曲《木卡姆》五大类。

2. 了解爱情歌曲在维吾尔族民歌中占有很大比重，大都反映青年男女的坚贞爱情和反抗旧社会的封建婚姻制度等。歌舞音乐"麦西来甫"，维吾尔语中意为"集会"、"聚会"，它是维吾尔族人民集取乐、品行教育、聚餐为一体的群众性民间娱乐活动。"新疆木卡姆"已经被联合国批准为第三批"人类口头与非物质文化遗产"。

3. 了解维吾尔族代表性的乐器：手鼓。

4. 了解维吾尔族的文化遗产"新疆木卡姆"，并懂得对传统经典的少数民族音乐不应采取排斥甚至拒绝接受的态度，应该尊重文化的差异与多样性，理解与尊重不同民族、地区的文化，珍惜人类共有的文化遗产。

【第六环节】学习藏族歌曲并"跳一跳"（8分钟）

1. 播放歌曲并提问：播放藏族民歌《格桑拉》，并提问：这是哪个民族的歌曲？音乐节奏速度声音风格有什么特点？

2. 讲授：出示图片（见图9），介绍藏族的生活环境（地域和海拔）、生存方式和宗教信仰对音乐的影响，感悟藏族民歌的音乐特点。藏族是世界上站得最高、离太阳最近的民族，稀薄的空气，没有污染的环境造就了这天籁之声。

3. 课堂实践：播放藏族民歌《阿玛嘞火》，介绍藏族传统歌舞音乐体裁——囊玛。要求学生随着音乐自由舞动，亲身体验藏族的音乐节奏及特点，藏族民歌的音乐特点需要随着音乐动起来感受，请学生都站起来一起体会。（学生先随着音乐的节拍屈膝，接着一小节向一侧迈腿四步，下一小节向另一侧迈腿四步，再加上手的简单上扬动作。）

图9

4. 欣赏歌曲《宗巴朗松》。播放藏族歌曲《宗巴朗松》片段。提问：歌曲有什么特点？（学生随考并总结歌曲高亢明亮、开阔自由、纯净深情……）

5. 提问：片中骑在马上的年轻小伙子脖子上挎着的乐器叫什么？（扎木聂）介绍藏族的代表性乐器"扎木聂"。（见图10）

6. 归纳总结：藏族民歌具有结构整齐、节奏舒缓、速度较慢、声音高亢明亮、音色纯净、风格典雅、舞蹈性强的特点。

图10

【本环节预期效果】

1. 了解藏族人民生活方式以农牧为主，主要生活在我国青藏高原以及甘肃、四川、云南等省的部分地区。青藏高原幅员辽阔、雪峰连绵、山峦起伏、风光神奇而壮美，风俗习惯和宗教息息相关，被称为神秘民族。

2. 了解藏族音乐一般被分为寺庙音乐、宫廷音乐和民间音乐三类。囊玛是藏族歌舞中非常重要的形式，通常许多人称其为宫廷歌舞或古典歌舞。

3. 了解扎木聂，又称扎年，是藏族弹弦代表性乐器。

【第七环节】教学反馈及总结（3分钟）

1. 音乐小测试。

（1）少数民族民歌风格听辨：播放五段少数民族民歌片段（选择没有讲过的蒙古族、藏族、维吾尔族、哈萨克族、朝鲜族民歌片段），要求学生听辨其音乐风格是哪个民族的。（学生听辨。）

（2）少数民族代表性乐器识辨：出示五个少数民族代表性乐器图片，根据乐器图，要求学生说出乐器名称和民族。（学生回答。）

2. 课堂总结：这堂课，我们从五个少数民族的民歌中感受了他们不同的风格特点，用民歌反映了这些民族的精神文化生活，用音乐展示了他们的生活习俗、民族风情，当然，同学们课后还可以去了解我国其他少数民族的音乐特色，甚至亲自去感受他们的生活，我相信大家会因为喜欢而进行了解并因为了解会更加喜欢！

【本环节预期效果】复习巩固本课所学内容。

（三）课后延伸

【内容】了解我国其他少数民族的音乐风格特征，扩大音乐视野。

【方式与要求】通过各种传媒渠道包括广播、电视、网络、舞台、少数民族节日等多方了解其他少数民族的音乐内容。

【预期效果】对我国少数民族音乐越来越有兴趣。

专家点评：

高中学生尤其是生活在大城市的高中学生，他们大多喜欢流行的通俗歌曲，不太喜欢传统的民间歌曲。这种审美倾向的成因，既不能简单地归于审美客体，如传统的民间歌曲缺乏时代感，也不能盲目地归于审美主体，如高中学生的审美品位不高。那么，如何看待高中学生的这一审美倾向？如何转变高中学生对传统的民间歌曲的情感态度呢？北京市第一五九中学音乐教师王键在设计《独特的民族风》的教学案例时，进行了认真的思考和有益的探索。

高中学生对通俗歌曲和民间歌曲的不同态度，既有客观原因，也有主观原因。解决这一问题的关键，在于转变高中学生对民间歌曲的认识，应使其从尊重中华优秀传统文化和尊重文化多样性的价值观的层面去认识民间歌曲的价值，而这正是可持续发展教育所强调的重点。音乐教师可围绕这一根本目标继续深入实践，为探索如何在高中音乐教学中融入可持续发展价值观提供更多可供借鉴的经验。

（沈一民）

XI 体育与健康

i 学科教学实施可持续发展教育指导意见

高中体育与健康课程是一门以身体练习为主要手段,以体育与健康知识、技能和方法为主要学习内容,以增进高中学生健康为主要目的的必修课程,它具有鲜明的基础性、实践性和综合性,是高中课程体系的重要组成部分,是实施素质教育和培养德智体美全面发展人才不可缺少的重要途径。课程改革提出该课程应坚持"健康第一"的指导思想,培养学生健康的意识和体魄;改革课程内容与教学方式,努力体现课程的时代性;强调以学生发展为中心,帮助学生学会学习;注重学生运动爱好和专长的形成,奠定学生终身体育的基础。

可持续发展教育是一个新的教育理念。在中国,该理念是科学发展观在教育领域的具体落实,它充实并综合渗透于国民教育体系中的各级各类教育以及非国民教育体系中的企业教育、社区教育及各级各类社会教育之中,是贯穿人的一生发展的教育。它是现代教育的新亮点、教育国际化的重要标志。体育与健康课程是现行教育体系的有机组成部分,作为基础教育的一门学科,该课程有不少内容与可持续发展教育密切相关。因此,它必然肩负着对学生进行可持续发展教育的重要使命。

同时,体育与健康课程的特殊性也要求学生既要学习体育方面的健康知识,还要掌握一定的技能,通过锻炼的形式提高学生的整体素质。该课程目标除了身、心健康外,还特别提出了社会适应性,即要培养学生和谐的人际关系、积极的社会责任感、良好的合作精神和道德品质。要完成这一目标,教师应在教学过程中注重研究如何利用一项体育活动来尽可能地实现多个目标;通过体育活动,增强学生之间相互沟通的能力、相互学习和解决问题的能力。总之,在体育与健康课程中实施可持续发展教育,既要注重培养学生对体育的兴趣,养成经常锻炼身体的习惯,培养终身体育意识,逐渐形成较为正确的体育价值观,又要兼顾德育和智育的协调发展。应将可持续发展的意识和内容寓于各种体育锻炼之中,使学生在参加体育活动的同时,激发出向往美好的生活的情感，并致力于追求和创造美好的生活。

一、用可持续发展教育理念审视体育与健康课程的目标要求

第一，体育与健康课程以身体运动为载体，其目标旨在培养学生具有良好的身体素质、心理品质、合作精神，对社会有责任感，拥有健康的生活方式和生活态度，这与可持续发展教育的目标要求具有一致性。

第二，体育与健康课程包括运动参与、运动技能、身体健康、心理健康、社会适应五个领域，这些领域的具体目标与可持续发展教育具有一致性。例如，运动技能和身体健康领域的学习将会广泛涉及体育锻炼中的安全及保护帮助，从而教育学生注意自我保护，珍惜生命；体育文化领域涉及奥林匹克知识的教育，同时，也可以使学生了解各国的文化差异，这与可持续发展教育的具体目标相一致。

第三，体育与健康课程的拓展内容与可持续发展教育具有关联性。体育与健康的拓展游戏、远足、登山等项目均涉及环境保护、户外安全、团结协作、挑战自我、克服困难等方面内容，与可持续发展教育环境保护、生命与安全、和谐社会等主题具有关联性。

第四，教师应以可持续发展的眼光看待体育与健康课程。应着重思考怎样实现"健康第一目标"，怎样培养学生的"终身体育意识"，怎样增强青少年体质。要用可持续发展的目光"透视"教材，观察学生。

二、体育与健康课程中和可持续发展教育相关的内容与要求[①]

★运动参与

运动参与领域是促进学生发展体能，获得运动技能，养成坚持体育锻炼的习惯，提高整体健康水平的基础。教师应引导学生运用科学的方法经常参加体育锻炼，并在坚持参与体育锻炼的基础上带动同伴进行体育锻炼。高中

---

① 本部分内容参考《普通高中体育与健康课程标准》、人民教育出版社普通高中课程标准实验教科书（以下简称"人教版教材"）《体育与健康》教师教学用书。

阶段的学生已经基本形成自我的运动兴趣和项目，教师应指导学生根据自身的爱好与特点制订出简单的体育锻炼计划。例如，喜欢打篮球的学生经常询问教师如何提高弹跳能力，教师可以介绍一些练习的方法（蛙跳、跳台阶、跳深、负重提踵等），让学生根据自己的体能状况安排简单的锻炼计划，进行一段时间的练习后将锻炼效果记录下来并与教师沟通，并逐步完善自己的锻炼计划。

★ 运动技能

运动技能体现了体育与健康课程以身体练习为主的基本特征，学习运动技能也是实现本课程其他目标的主要手段之一。在义务教育阶段学生已学习多种基本运动技能的基础上，学校应充分尊重高中学生的不同需要，引导其认识多种运动项目的价值；关注国内外的重大体育赛事，根据自己的具体情况选择运动项目进行较系统的学习，促进学生形成自己的运动爱好和专长，为终身体育奠定基础。教师应注重各个运动项目之间的关联，激发和提高学生的运动兴趣，以期达到事半功倍的效果。例如，在教授田径项目时经常会遇到学生没有兴趣，不好学的现象，这时可以将田径项目和球类项目相关联，田径项目要求掌握的短跑技能可以在球类比赛中得到练习。同时，教师还应指导学生安全地进行体育锻炼，使学生具有安全进行体育活动的意识与能力，掌握运动创伤时和紧急情况下的简易处理方法，重点以预防为主。

★ 身体健康

身体健康与学生的体能状况紧密相关，而良好的体能是通过持之以恒的锻炼获得的。因此，应指导高中学生通过体育活动全面发展体能，增强自我保健、预防疾病及关注身体健康的意识，懂得营养与运动的关系、环境和不良行为对身体健康的影响等，从而提高改善身体健康状况的能力，逐步形成健康的生活方式，以有效地提高学生的身体健康水平。讲授这部分内容应从学生个体出发，指导学生对自己的身体健康状况进行评价，制订科学合理的自我锻炼计划，鼓励学生按计划进行科学的体育锻炼。

★ 心理健康

20世纪90年代，世界卫生组织（WHO）把健康定义为"心理健康、身体健康、社会适应和道德等四方面健全"。人的身心是一个统一体，它们相互影响、相互作用，只有两个方面保持和谐的统一，才能真正达到健康的状态。心理健康领域注重学生获得丰富的情感体验，增强积极的自我价值感，了解体育活动对心理健康的作用，认识身心发展的关系；正确理解体育活动与自尊、自信的关系；学会通过体育活动等方法调控情绪；形成克服困难的坚强意志品质，同时具有预防心理障碍和保持心理健康的能力，逐步形成健康的人格。

★社会适应

社会适应领域包含两方面内容：一是建立和谐的人际关系，具有良好的合作精神和体育道德，旨在培养学生与他人和社会共处的能力；二是使学生学会获取现代社会中体育与健康知识的方法，主要培养学生终身学习的能力。这些能力与素质的形成，将对个人生活和事业发展具有重要意义。应注重培养学生关心他人、社区和社会健康问题的责任感，提高人际交往技能，正确处理合作与竞争的关系，表现出良好的体育道德。体育活动对于发展学生的社会适应能力具有独特的作用，因此，应引导高中学生学会将体育活动中培养的社会适应能力迁移到日常学习和生活中。例如，引导学生在比赛与竞争中尊重对手、尊重裁判；引导学生在不同的团队中找到自己的角色位置，充分与团队成员合作，促进团队完成共同的目标。

（一）社会领域

主题	内容标准领域	具体目标	内容示例	与可持续发展教育的结合点	教学提示
生命与安全教育	学习领域二：运动技能（水平五）	较好地掌握成套的体操练习方法和手段，作出单一的体操动作。	支撑后回环 第九章第五节	在完成整个动作过程中，互相保护帮助，安全完成动作，进而培养安全地进行体育锻炼的意识。	①通过教学图片让学生知道身体的哪些部位应得到保护； ②准备活动要充分练习到头部、颈部、胸部及腰腹部； ③教会学生保护帮助的方法，使学生知道自己的安全需要他人保护，同时需要保护他人； ④注意练习方法的运用。

续表

主题	内容标准领域	具体目标	内容示例	与可持续发展教育的结合点	教学提示
生命与安全教育	学习领域二：运动技能（水平六）	掌握游泳的技能、卫生与安全的常识及注意事项。	游泳：蛙泳、自由泳 第十一章	了解人在水中保护自身生命安全的方法；学会在水中生存，并能够在危险的情况下自救。	①根据学生游泳水平的不同，课前将学生划分层次；②注重必要的准备活动，避免水下抽筋，保障学生生命安全；③要求学生不要潜水，以防窒息或被人踢、撞、碰；④引导学生学会关注水温和水质，识别深度标尺；⑤引导学生关注并了解自己的体能状况；⑥严格遵守游泳课的课堂常规。
	学习领域三：身体健康（水平五）	科学地锻炼身体。	全面发展体能 第一章第二节	运用科学方法全面提高体能，增进身体健康。	①利用实践课传授科学锻炼身体的内容和方法；②向学生介绍科学发展体能的内容与方法；③指导学生为自己设计制订个人体能发展计划。
	学习领域三：身体健康（水平六）	确立健康的生活方式。	生活方式对健康的影响 第二章第一节	了解健康与寿命的关系。	①将课内与课外学习相结合，指导学生利用校园文化活动、网络、媒体等，了解和收集健康的相关知识；②引导学生设计健康的生活方式；③学生间交流对健康生活方式的理解，互相提出建议。
	学习领域四：心理健康（水平五）	保持心理健康。	不安全性行为及预防性侵犯的方法 第三章	懂得应杜绝性行为，学会预防性侵犯的方法，保护自我身心安全。	①使学生了解不安全性行为的危害；②介绍性侵犯的概念；③引导学生学习如何避免性侵犯；④介绍案例，使学生学会遭到性侵犯时的应对方法。

续表

主题	内容标准领域	具体目标	内容示例	与可持续发展教育的结合点	教学提示
公民权利与责任教育	学习领域五：社会适应（水平五）	认识个人参与体育与健康活动的权利和义务。	参与体育与健康活动的权利和义务 第四章第二节	了解国家有关体育与健康的主要法规，表现出有责任感的社会行为。	①介绍体育活动中的相关体育法规； ②引导学生认识正确履行体育活动中的权利和义务是个人健康发展的前提，是国家与社会发展的必要条件； ③可将本课内容与其他体育与健康基本理论知识相互穿插渗透。
	学习领域五：社会适应（水平五）	了解体育活动中的人际交往。	提高人际交往能力，正确处理合作与竞争的关系	了解体育活动中人际交往的方式、竞争与合作的关系，提高社会适应能力。	①介绍体育活动中人际交往的形势与特点； ②引导学生思考如何在体育活动中提高自我团队的人际交往能力； ③如何处理好体育活动中竞争与合作的关系。
和谐社会教育	学习领域五：社会适应（水平六）	具有良好的体育道德。	体育道德的内涵；将团队意识和行为迁移到日常学习和生活中 第四章第三节	懂得在体育活动中表现良好的体育道德，明确自己的角色与团队的关系。	①介绍什么是"体育道德"，使学生了解体育道德的具体内容； ②通过录像、案例让学生自己判断体育比赛过程中体育道德的具体表现，评价自己在体育活动中体育道德的表现； ③引导学生之间相互评价，使学生从自我出发，真正了解体育道德的内涵所在； ④引导学生将体育活动和比赛中体现的团队意识和行为应用于日常的学习和生活中。

（二）文化领域

主题	内容标准领域	具体目标	内容示例	与可持续发展教育的结合点	教学提示
中华优秀传统文化及世界遗产教育	学习领域三：身体健康（水平五）	了解我国的传统养生理论与方法。	我国传统养生理论的产生与发展及健身方法 第二章第四节	了解中国传统习俗及民间传统体育文化。	①重点介绍《黄帝内经》；②播放我国传统养身武术视频，激发兴趣；③了解民间传统体育文化；④加强武德教育渗透。
	学习领域二：运动技能（水平六）	学习武术拳术组合动作。	形神拳 第二章第四节	通过形神拳的武术套路学习，了解中国武术的起源与发展及中华武术精神。	①引导学生在家上网查询中华武术发展的资料；②练习中注意场地和学生位置，以活跃氛围；③可采取挂图演示法，以形象模仿为主；④注意练习的密度和集体练习的次数，可分组展示和观摩；⑤可以采取比赛的形式调动学生的积极性，从精气神和动作两方面评定；⑥加强武德教育的渗透。
文化多样性教育	学习领域二：运动技能（水平五）	获得运动基础技能。	了解踢毽、空竹、竹竿舞等民族特色运动 新课程标准教师拓展	理解体育文化的多样性及健身价值，传承美德，终身体育。	①通过展示图片进行讲解；②通过视频增加学生的学习兴趣；③介绍踢毽、空竹等项目的基本技术要领；④重点让学生自我体验；⑤帮助学生发现动作变化规律；⑥引导学生了解项目产生的起源及民间背景。

续表

主题	内容标准领域	具体目标	内容示例	与可持续发展教育的结合点	教学提示
文化多样性教育	学习领域四：心理健康（水平六）	了解奥林匹克运动。	奥林匹克运动产生的背景及奥林匹克主义、宗旨、精神和格言的内涵 第五章	了解古代奥林匹克运动的文化内涵及现代奥林匹克运动对人类文明的作用。	①介绍奥林匹克运动的起源及其深远意义，引导学生了解国家间的文化差异；②引导学生理解和平是奥林匹克运动的永恒主题；③用运动员成功背后的艰辛鼓舞学生，培养其意志品质；④介绍和平年代奥林匹克运动的新含义；⑤引导学生理解2008年北京奥运会是世界文化的交汇。

（三）环境领域

主题	内容标准领域	具体目标	内容示例	与可持续发展教育的结合点	教学提示
环境保护与污染防治教育	学习领域三：身体健康（水平五）	了解环境对健康的影响，掌握不同环境中锻炼的注意事项。	环境对健康的影响 第二章第三节	了解环境对人类健康的影响，学会选择适宜的环境锻炼，懂得保护环境的重要性。	①介绍大气污染对人类健康的影响，使学生了解空气质量的等级，懂得选择适宜的天气参加体育锻炼；②引导学生思考不利于健康的环境有哪些；③运用实例说明在参加体育锻炼的同时可能也会对环境造成破坏；④可安排学生交流，通过实例理解我们与环境的关系，懂得从自己做起保护环境。

续表

主题	内容标准领域	具体目标	内容示例	与可持续发展教育的结合点	教学提示
自然灾害预防教育	学习领域二：运动技能（水平五）	预防运动损伤，掌握简易的自我处理方法。	常见运动性损伤的预防 新课程标准教师拓展	理解安全预防、灾害预防对人类可持续发展的重要性。	①可与健康课相结合，使学生认识损伤和灾害；②可让学生讲一些亲身经历；③讨论预防运动损伤的注意事项；④实战演练受伤的处理；⑤培养学生保持遇事冷静，危险中能作出正确选择的良好心态。

（四）经济领域

主题	内容标准领域	具体目标	内容示例	与可持续发展教育的结合点	教学提示
循环经济与绿色消费教育	学习领域三：身体健康（水平五）	了解体育与健康资源。	远足与野外活动 新课程标准教师拓展	节约开支，体验低消费锻炼的乐趣。	①明确远足和野外活动的意义；②教育学生远足和野外活动比健身房更具有节约价值；③加强安全和环境卫生教育；④结伴组合，合作实践体验；⑤引导学生学会遇到困难时应冷静应对。
农村发展与可持续城市化教育	学习领域四：心理健康（水平六）	了解绿色奥运的内涵。	我国为奥林匹克运动增添辉煌 第五章第三节	了解北京奥运会的行动规划，理解绿色奥运、人文奥运和科技奥运的内涵。	①通过视频重现开幕式的经典时刻；②以奥运为切入点引出循环经济与绿色消费概念；③引导学生分析并理解北京奥运的成功举办对城市发展的促进作用；④引导学生观察奥运后身边的变化（环境、人文、经济）。

三、体育与健康学科教学实施可持续发展教育的建议

（一）如何制订在体育与健康学科教学中实施可持续发展教育的教学目标

体育与健康学科以个体的积极主动活动为主，在该学科中实施可持续发展教育，教师应在掌握专项运动知识和技能以及健康知识与方法的同时，结合本学科特点制订与可持续发展教育内容相关的教学目标。例如，通过健康教育，使学生懂得健康生活方式的意义，树立"健康第一"的思想意识，懂得健康的身体是个人发展的前提，是国家与社会发展的必要条件，从而重视健康、珍爱生命。又如，通过体育实践课的学习使学生提高人际交往能力，尊重他人参与体育活动的兴趣和需要，正确处理比赛中的各种关系。再如，通过对奥林匹克运动的了解，理解奥林匹克文化的独特内涵，认识奥林匹克运动会对世界文化的贡献。总之，教师可以选择不同的内容（校本教材、课外书籍、网络资源），采用不同形式和方法去制订与可持续发展教育相关的教学目标。

（二）如何选择在体育与健康学科教学中实施可持续发展教育的教学方法

在体育与健康学科的教学过程中，教师为实现体育与健康学科的教学目标及可持续发展教育的相关目标，完成教学任务，可选择以下几类教学方法。

1. 以语言传递信息为主的教学方法

这种教学方法即教师通过简明、生动的口头语言向学生系统地传授体育知识及运动技能，包括讲解法、问答法和讨论法等。教师可以运用逻辑分析、论证、形象的描绘、陈述、启发诱导性的设疑、解疑，使学生在较短的时间内清晰地获得全面而系统的知识。要鼓励学生间的讨论与质疑。在教师指导下，学生可以以全班或小组为单位，围绕中心问题各抒己见，通过讨论或辩论活动，获得体育知识或学习辅助运动技能。例如，讨论大型比赛（奥运会、足球世界杯）中出现的矛盾冲突，引导学生思考解决方法，促进全体学生积极参加学习活动，培养合作精神，同时，还可以激发学生的学习兴趣，提高学习情绪。

2. 以直接感知为主的教学方法

这种教学方法即教师在教学中通过展示各种实物、直观教具、视频等，让学生借助观察获得感性认识，包括动作示范法、演示法、纠正动作错误与帮助

法等。例如，教师可以利用多媒体技术在传统文化和奥林匹克教育等模块中为学生提供大量素材，使学生产生更加直观、深入的认识，这一方面可以使学生增强理论联系实际的能力，为学生学习运动技能提供丰富的感性材料；另一方面，也能激发学生学习的兴趣，提高体育学习的效果。

3. 以身体练习为主的教学方法

这种教学方法包括完整练习法、分解练习法和循环练习法。完整练习法即教师在教学中从动作开始到结束，不分部分和段落，完整、连续地引导学生进行练习，先让学生体会动作结构的完整性，形成对动作技术的整体概念和动作间的联系；分解练习法，即将完整的动作合理地分成几段或几部分，逐段或按部分进行练习，有效地解决动作的重点和难点；领会教学法，即从强调掌握动作技术转向培养学生的认知能力和兴趣，这种教学方法是体育教学方法指导思想的转变；循环练习法，即根据教学和锻炼的需要，学生按规定顺序、路线和练习要求，依次练习并循环的方法，这种教学方法有助于巩固提高运动能力。

4. 以情境和竞赛活动为主的教学方法

这种教学方法即教师在教学中创设一定的情境和比赛活动，使学生通过更生动的运动实践，提高运动能力及运动参与兴趣。同时，使学生正确处理比赛中的各种关系，认识公正比赛的重要性，包括运动游戏法、运动竞赛法、情境教学法等。教师应根据不同教学内容选择不同的教学方法，同时在教育教学过程中不断创新。

（三）如何开发、利用与体育与健康学科相关的可持续发展教育资源

体育与健康课程资源是指形成体育与健康课程的因素来源与必要而直接的条件。新一轮的基础教育课程改革要求教师更新观念，打破原有课程的框框，将课程视为开放系统，拓展课程的时间和空间，全面开发和利用资源。体育与健康课程资源的开发必须遵循健身性、兴趣性和适应性等原则，进行严格的筛选，选取最佳的资源加以利用。

1. 教学模式的转变

学校体育与健康教育为学生综合素质的发展提供广阔的空间，教师应通过实践摸索出适合学校的体育模式，为学生个体的可持续发展提供保障。

2. 学科课程资源的开发与利用

开发学科课程资源有助于课堂教学内容的丰富，有助于激发学生进行体育学习和活动的兴趣，有助于形成学校的体育特色。新的体育与健康课程除继续

重视一些传统的运动项目内容外,还鼓励各地、各校对现有的运动项目进行改造,并大力开发新兴运动项目、民族民间传统体育项目。

3. 课外和校外体育资源的开发与利用

课外体育资源主要包括早晨上课前的体育活动、课间体育活动和课外体育活动等,校外体育资源主要包括家庭体育活动、社区体育活动和竞赛、少年宫体育活动、体育俱乐部活动、节假日体育活动和竞赛等。大力开发课外和校外体育资源,有利于增加学生的活动时间,培养学生坚持体育锻炼的习惯,增进学生的身心健康。

4. 跨学科资源的开发与利用

体育与健康学科可以结合地理学科自然地理方面的相关内容,例如空气、阳光、水、季节、气候、地理条件等内容开展教学。同时,可以结合历史学科相关内容开展教学,例如中国传统文化、世界体育文化、奥林匹克运动等方面的知识。

5. 体育信息资源的开发与利用

在一堂体育与健康课上,学生所能获得的信息是十分有限的,因此,要鼓励学生充分利用广播、电视、网络、体育书刊等途径获取相关信息。课程应走出学校运动场,与学生的课余活动、家庭和社区生活结合起来,这也是现代体育课程发展的必然要求。

(四)体育与健康学科教学实施可持续发展教育值得注意的问题

1. 全面把握可持续发展教育的内涵

全面把握可持续发展教育的内涵是实施可持续发展教育的重要前提。可持续发展教育主要包括三个层次的内涵:第一,可持续发展教育的核心是可持续发展价值观的教育;第二,可持续发展教育的目标在于提高公众,尤其是青少年的可持续发展意识和形成可持续生活方式和行为方式;第三,可持续发展教育内容主要包括社会、文化、环境、经济等领域多个专题内容,体育与健康学科在这些领域实施可持续发展教育的潜力极大。

2. 要注意突出体育与健康学科的特色

突出本学科的特色,就是要求从可持续发展教育的大局出发,在完成体育与健康学科教学任务的基础上实施可持续发展教育。在体育与健康学科的教学中进行可持续发展教育的终极目标,一是培养学生可持续发展的知识、技能和价值观;二是学生和教师等行为主体获得可持续发展的能力;三是使体育与健康教学本身也获得可持续发展,形成良性循环。

第一，要注意分析体育与健康学科与其他学科间的联系，避免重复，对可持续发展教育在体育与健康学科中的实施进行总体设计和整体安排。由于受各种条件的限制，体育与健康课程标准尚没有将可持续发展教育作为一项重要的教育任务纳入自己的教学目标，仍有相当多有价值的课程资源没有能够在体育与健康教材中得到体现，因此，教师进行教学设计的出发点首先应该是体育与健康学科的教学要求，而不是以可持续发展教育的总体要求为依据。

第二，实施可持续发展教育，要注意激发学生的学习动机，将教学内容结构网络化，改变重说教、轻能力的现状，精心设计问题，使学生建立新问题与已有知识的关联，避免只是从消极方面对人类活动加以限制，而要从积极角度理解人与自然、人与人之间的发展方向。

第三，在学习评价实施过程中，应注意促进评价方式的变革。可以建立体育与健康学习档案，对学生的体育与健康学习进行长期、稳定的综合考察和较为全面的评价。体育与健康学习档案一般由教师、学生及家长共同建设，档案内容主要包括：考试成绩、生理机能指标、体育与健康习作、调查报告、体育与健康学习过程中的各种表现、师生和家长的评语等。

3. 体育与健康学科教学实施可持续发展教育的关键在教师

可持续发展教育是国际教育改革的方向，每一位教育工作者都是实施可持续发展教育的主体。对于体育与健康教学来说，教师自身的可持续发展教育能力是实施可持续发展教育成功与否的关键，可持续发展教育教师培训是提高体育与健康教师专业化发展的有效环节。教师要自觉承担起实施可持续发展教育的时代责任，要有崇高的使命感和强烈的责任感。要认真学习科学发展观，注重对学生进行可持续发展价值观教育，在实施素质教育的实践中不断进行理论研究与应用研究。要注重进行教学反思，时刻捕捉与记录教育教学中的感受、问题等有价值的信息，并将收获与体会成果进行交流和宣传。

ii 学科教学实施可持续发展教育实践案例

【设 计 者】 北京市第一六一中学　宋　歌
【年　　级】 高中一年级
【所用教材】 人教版教材《体育与健康》（全一册）
【课　　题】 《古代奥林匹克运动会》（第五章）

一、教学背景分析

（一）本课教学目标

※知识与技能目标

1. 了解古代奥林匹克运动会产生的背景，对古代奥林匹克运动有初步的理解和认识。
2. 了解现代奥林匹克运动的复兴及蓬勃发展。

※过程与方法目标

通过小组竞赛活动，培养学生的合作学习意识。

※情感、态度与价值观目标

了解奥林匹克运动的宗旨、精神和内涵，培养学生勇于拼搏、公平竞争、身心和谐发展的品质。

（二）本课教学重点与难点

※教学重点

辩证地看待古代奥林匹克运动会和战争的关系。

※教学难点

理解现代奥林匹克运动的精神实质。

（三）可持续发展教育点及设计思路

※可持续发展教育点

社会领域"和谐社会"主题与文化领域"文化多样性"主题中"理解尊重不同国家和地区的文化差异，倡导世界和平与发展的奥林匹克精神"的相关内容。

※渗透可持续发展教育的设计思路

1. 创设情境：以2008年北京奥运会的盛大开幕为契机导入主题，激发学生学习兴趣。
2. 分组教学：将学生分为若干组，以小组为单位，采用比赛的形式，调动学生积极性。
3. 多媒体教学：辅以图片、视频等使学生更加生动、直观地了解古代奥林匹克运动会的起源。

（四）教材分析

本课属于理论课，由于本课内容丰富，涵盖面较广，应该积极引导学生进行课前预习，收集资料，而后进行自我探究学习，提高学习效率。在课程教学中设计小组活动，使学生在一种积极、竞争的情境下丰富、拓展教材内容，掌握教材所体现的内涵。

（五）教学方法

情境设置法、竞赛法、分组探究法、多媒体教学法。

（六）教学资源开发与利用的基本思路

网络与多媒体资源：让学生自主上网，广泛阅读课外资料，课上展示图片和课件，更多地了解古代奥运会起源与战争的关系及现代奥林匹克运动的发展及思想体系。

二、教学过程

（一）指导预习探究

【内容】收集有关奥林匹克运动的相关材料，注重重要事件产生的背景及对现代奥林匹克运动产生的影响。广泛阅读，拓展知识。

【预习方式与要求】学生自愿结合成若干小组，学习委员及课代表给各小组分配信息收集任务（教师不参与意见，但教师也作相关准备，以便互相交流）；根据小组收集内容，提出重要事件产生的背景及对现代奥林匹克运动产生的影响。

【预期效果】每个小组更多地了解古代奥林匹克运动会的有关知识，并通过分析形成初步意见。

（二）课堂教学过程

【第一环节】激发兴趣，导入课题（5分钟）

1. 提问：你了解的有关古希腊的历史有哪些？（学生回答。）

2. 提问：你了解的有关奥运会起源的神话与传说有哪些？（各小组同学讲述关于古代奥林匹克运动起源的神话传说，同时简要说明该神话传说产生的背景。）

【本环节预期效果】学生初步了解古代奥林匹克运动产生的时代背景，调动学生积极性。

【第二环节】小组竞赛（25分钟）

1. 指导小组展示：教师做统计表格于黑板，记录小组得分。（学生以小组为单位，采用比赛的形式说出古代奥运会的一些知识点。每组选派一名同学做本组代表，从第一组开始每组说一个所知道的奥运会的知识点，采用淘汰的形式，最后留下的组获胜。）

2. 引发学生思考：展示图片与播放教学短片，使学生进一步认识奥林匹克运动会发展和兴衰及奥林匹克运动精神实质。（学生观看并思考。）

3. 补充相关的知识点：通过竞赛项目设置表的对照引入，从当时历史背景和政治原因进行分析，阐明奥林匹克运动的宗旨。（学生自主阅读"奥林匹克神圣休战"的材料,钻研古代奥运会项目设置表,深入了解二者的关系,得出结论,并在课堂上进行交流。)

4. 深化认识:分清战争、体育竞技和奥林匹克运动会的关系。(学生思考并发表看法。)

【预期效果】通过活泼的方式,丰富学生对奥林匹克运动的了解,理解奥林匹克运动的精神实质。

【第三环节】课程延伸(10分钟)

1. 提问:古代奥运会传承至今的内容有哪些?它们对我们现代和谐生活有什么影响?(学生思考并举例回答。)

2. 联系现代奥运会,引导学生深入思考:奥林匹克运动给我们的生活带来了哪些变化?和谐社会的真正含义是什么?(学生积极思考、讨论并回答。)

【预期效果】学生能够联系生活,进一步自我思考和谐社会的真正含义。

(三)课后延伸

【内容】分小组制作以古代奥运会为主题的展板。

【方式与要求】突出主题,内容多样。

【预期效果】各组选定主题并围绕主题展开设计,通过不同主题体现的不同内容,使学生了解不同文化背景下的奥运会,进而理解体育文化对现代生活的影响。

专家点评:

本教学案例以古代奥林匹克运动会为主题,整体教学设计完整,各教学环节紧密相扣,教师的主导性和学生的主体性都得到充分的发挥。教师课前布置预习作业,让学生带着知识和问题进入课堂,学生的主动参与大大调动了学生的学习积极性。同时,教师也注意对学生的阐述进行进一步的总结和补充,在教学中对学生进行及时指导,提高了课堂教学实效。

作为一节体育知识的理论课,教师对本课可持续发展教育结合点的分析到位,结合自然,使学生能够理解体育文化的可传承性和体育文化对现代人们生活的影响,为将来更好地了解体育文化、参与体育活动、形成健康的生活方式打下基础。

体育理论课易让学生产生枯燥、乏味的感觉，本节课教师能够采用多种教学方法和手段，调动学生的学习兴趣。如采用图片和信息技术的手段，给学生以直观的感受和体验，小组的合作竞争，很好地培养了学生的协作探究精神。

（田　晶）

XII 美　术

i　学科教学实施可持续发展教育指导意见

　　普通高中美术课程是艺术学习领域中的必修课程之一，该课程既与义务教育阶段的美术课程相衔接，又具有自己的特点，是高一层次的美术课程。它力求体现我国普通高中教育的培养目标，鼓励学生在感受、体验、参与、探究、思考和合作等学习活动的基础上，进一步学习基本的美术知识与技能，体验美术学习的过程与方法，形成有益于个人和社会的情感、态度与价值观。它对于提高学生的整体素质，发展学生的审美能力，培养学生的创新精神和实践能力有积极的作用。

　　高中生即将（或已经）成为社会的公民，将承担起一个公民应尽的义务和社会的责任，也应该初步具备规划自己一生成长发展道路的能力。《普通高中美术课程标准》指出，普通高中美术课程具有人文学科的特征，通过该学科的学习，学生能够陶冶审美情操，提高生活品质；理解美术文化，形成人文素养；激发创新精神，增强实践能力；调节心理状态，促进身心健康；拓宽发展空间，帮助规划人生。

　　高中美术课程注重素质教育，注重与社会文化的紧密联系，注重培养学生对大自然及人类美好生活的热爱之情和责任感，这说明了高中美术课程与可持续发展教育在许多方面具有共同性。虽然两者在教育的角度、教育的形式等方面有所不同，但是在最终的育人目标上是一致的，最终的目标都是为了人的全面发展、社会的和谐进步、物质和精神生活质量的提高。而且，各自的不同正可以互相补充，丰富完善对人的整体培养。总之，高中美术课程是实施可持续发展教育的有效途径。

一、用可持续发展教育理念审视美术课程的目标要求

　　第一，在美术课程中实施可持续发展教育，要重视尊重人，促进人的发展。可持续发展教育强调尊重当代人与后代人的发展需求，高中美术课程既为学生提供了多样的美术基础知识和技能，提高学生的美术能力，帮助其形成未

来公民基本的美术素养，又陶冶学生的审美情操，完善人格，帮助其树立正确的价值观，为将来一生的发展打好坚实的思想基础。

第二，在美术课程中实施可持续发展教育，要特别关注中华优秀文化及世界多元文化。高中美术课程要使学生广泛地接触中外优秀美术作品，增强对中华优秀文化的理解，尊重世界多元文化，拓宽美术视野，探索人文内涵，提高鉴别和判断能力，抵制不良文化的影响。通过美术学习，要使学生加深对文化和历史的认识，加深对艺术的社会作用的认识，提高学生人文精神的涵养。

第三，在美术课程中实施可持续发展教育，要加强综合性的学习和实践性的探究。高中美术学科与其他学科或领域有许多关联，有益于学生综合性学习能力的提升。同时，美术学习又具有很强的实践性，有益于培养学生跨学科资源整合与利用的能力，有益于培养学生通过实践对事物进行探究的能力，有益于培养学生自主创新的能力。可持续发展教育的重要特征之一是跨学科性与整体性，特别关注培养学生积极参与调查和解决社会、文化、环境与经济可持续发展实际问题的意识与能力。因此，美术教学应促进学生在积极的实践中，逐步形成可持续发展需要的知识结构、创造精神、实践能力与生活方式，为促进学生终身和谐发展奠定基础。

二、美术课程中与可持续发展教育相关的内容与要求①

普通高中美术课程设置了五个内容系列：美术鉴赏、绘画·雕塑、设计·工艺、书法·篆刻、现代媒体艺术，共包括九个模块：美术鉴赏、绘画、雕塑、设计、工艺、书法、篆刻、摄影摄像、电脑绘画·电脑设计。这些模块均与可持续发展教育相关专题具有一定联系。

★**美术鉴赏**

美术鉴赏是运用感知、经验对美术作品进行感受、体验、联想、分析和判断，获得审美享受，并理解美术作品与美术现象的活动。"美术鉴赏"内容系列是在九年义务教育阶段美术课程中"欣赏·评述"学习领域的基础上更高层次的拓展与延伸。美术鉴赏活动能帮助学生在欣赏、鉴别与评价美术作品的

---

① 本部分内容参考《普通高中美术课程标准》、人民教育出版社普通高中课程标准实验教科书（以下简称"人教版教材"）、人民美术出版社普通高中课程标准实验教科书（以下简称"人美版教材"）《美术》。表格中标"〇"为人教版教材示例，标有"★"为人美版教材示例。

过程中，从美术与自我、美术与社会、美术与自然等方面认识美术的价值和作用，在文化情境中认识美术，逐步提高审美能力，形成热爱本民族文化、尊重世界多元文化的情感和态度。

通过"美术鉴赏"内容系列实施可持续发展教育，可以引导学生通过欣赏美术作品，提高对生命伦理的认识；认识公民的责任，认真履行公民责任；分析社会不和谐现象，掌握应对的方法；理解中国传统文化的内涵和特征，积极保护和传扬中国传统文化；了解全球化背景下世界文化的发展趋势，理解世界各国的相互依存关系及维护世界和平的重要性。

★绘画·雕塑

绘画、雕塑是以一定的材料和工具，运用造型方法和手段进行美术创造的活动，"绘画·雕塑"内容系列是在义务教育阶段美术课程中"造型·表现"的基础上进一步的提高与拓展。绘画、雕塑活动能帮助学生认识造型活动的基本规律和过程，提高表现生活和表达自己思想、情感的能力。

通过"绘画·雕塑"内容系列实施可持续发展教育，可以使学生在美术实践中用绘画或者雕塑作品的创作，表现对社会、文化的关注。例如，创作表现世界各国相互依存的关系，以及加强国际交流合作对促进人类共同发展的宣传画等。

★设计·工艺

设计，指在正式制造某种物品前，根据一定的功能和审美要求，预先制订方法、图样或模型的活动；工艺，指创造人工制品的手工技艺活动。"设计·工艺"内容系列是在义务教育阶段美术课程中"设计·应用"的基础上更高层次的拓展与延伸，设计、工艺活动能帮助学生深入生活，广泛地接触材料，认识功能与形式关系，提高策划、设计、绘图、制作能力和形成创造意识。

通过"设计·工艺"内容系列实施可持续发展教育，可以引导学生了解城市总体规划，运用美术手段设计科学、实用的地区规划；了解主要环境法规，运用所学知识表现对环境污染问题的重视；了解全球面临的资源与能源危机，运用废旧材料进行设计创作，体现对再生能源及清洁能源的使用意识及绿色消费意识。

★书法·篆刻

书法、篆刻是用中国特有的传统工具和方法，塑造汉字的艺术形象、抒发情感活动。"书法·篆刻"内容系列的学习能帮助学生提高书写能力，感受中国汉字艺术的独特魅力，了解我国书法与篆刻发展的基本轨迹及与中华传统文化的关系，增强对中国传统文化的认同和理解。

通过"书法·篆刻"内容系列实施可持续发展教育，能够进一步加深对中国民族文化的认识，使学生更加关注世界文化遗产，并且能够随着时代的发展，针对文化遗产保护中存在的实际问题提出合理建议，使古老的文化焕发出新生，积极为保护世界文化遗产作出贡献。

★现代媒体艺术

现代媒体艺术是运用影像设备与技术、计算机设备与技术以及互联网络资源表达观点、思想和情感的新兴视觉艺术形式。"现代媒体艺术"内容系列是为了适应时代发展的要求所增设的反映美术学科发展成果的新内容。运用现代媒体艺术的实践活动，表现生活中有意义的题材，能帮助学生体验现代媒体在艺术表现活动中的独特魅力，提高参与艺术表现兴趣，发展想象力和创造力。

通过"现代媒体艺术"内容系列实施可持续发展教育，可以使学生学会利用媒体快捷地表现社会、文化、环境、经济等可持续发展实际问题，并为促进这些问题的解决作出努力。同时，学生学习"现代媒体艺术"领域的内容，还能培养其良好的网络道德素养，学会健康的生活方式。例如，通过互联网提供的丰富信息认识人类发展与气候变化之间相互影响的关系，学习在自然灾害中自救的各种技能等。

（一）社会领域

主题	内容标准领域	具体目标	内容示例	与可持续发展教育的结合点	教学提示
生命与安全教育	美术鉴赏 绘画 雕塑	从美术与自我、美术与社会、美术与自然等方面，认识生命的崇高价值，懂得尊重生命、热爱生命、珍惜生命。	○视死如生——古代陵墓雕塑《美术鉴赏》中国美术鉴赏第七课 ○古典艺术的发源地——希腊罗马艺术《美术鉴赏》外国美术鉴赏第二课	①分析美术作品中对生命的赞美与歌颂，理解与掌握生命伦理，追求生命的健康品质；	①可指导学生欣赏讨论有关表现生命主题的美术作品，分析作品如何用艺术的形式表现生命的意义与价值及如何揭示生命的本质。

续表

主题	内容标准领域	具体目标	内容示例	与可持续发展教育的结合点	教学提示
生命与安全教育	摄影摄像 电脑绘画·电脑设计		○艺术摄影创作《摄影摄像》第四课 ★现实与理想的凝结——外国雕塑撷英《美术鉴赏》第十二课 ★记录我们的生活——社会文献摄影《摄影·摄像》第七课 ★艺术与科技的融合——数字化时代的新媒体艺术《电脑绘画·电脑设计》第九课	②促使人们关注和思考人的生活质量与其生存的环境的关系。	②可指导学生运用多种美术形式（绘画、雕塑、摄影、电脑绘画、行为艺术等），表现生命的美丽以及对生命与死亡的思考。
公民权利与责任教育	美术鉴赏 绘画雕塑 设计工艺 摄影摄像 电脑绘画·电脑设计	①认识美术作品对人的表现；②遵循以人为本的设计原则，进行生活实用美术品的设计；③从"真、善、美"的角度认识人的自身形象和人在社会活动中的责任。	○传神写照——人物画《美术鉴赏》中国美术鉴赏第十二课 ○追求生活的真实——欧洲现实主义美术《美术鉴赏》外国美术鉴赏第六课 ★培养审美的眼睛——美术鉴赏及其意义《美术鉴赏》第一课	通过分析美术作品中的人及人的活动，设计创作生活实用美术品，为社会活动进行美术设计，从而理解公民责任的具体内涵，认真履行公民责任。	①可指导学生学习中国人物画，体会作品对人的精神思想的表现；②可指导学生学习外国现实主义的人物作品，体会"人本主义"思想在美术作品中的体现；③可指导学生为学校或社区的某项活动进行美术设计，增强作为一名学生或公民应有的责任意识。

续表

主题	内容标准领域	具体目标	内容示例	与可持续发展教育的结合点	教学提示
公民权利与责任教育			★形神兼备 迁想妙得——中国古代绘画撷英 《美术鉴赏》第九课		
			★讲述自己身边的故事——新闻摄影 《摄影·摄像》第六课		
和谐社会教育	美术鉴赏 绘画雕塑 设计工艺 摄影摄像 电脑绘画·电脑设计	①理解美术与自然、与社会之间的关系，认识美术的社会性价值； ②认识美术在表达人对生活的美好追求、促进人与人之间情感交流上具有独特的作用。	○时代风采——中国油画 《美术鉴赏》中国美术鉴赏第十六课	①分析美术作品中表现的社会生活，欣赏与创作促进人与人友好关系的作品，理解建立和谐人际关系的重要意义； ②理解美术作品的艺术美和形式美都是建立在和谐的基础之上的； ③以人与自然、人与人和谐共处为宗旨，掌握科学、健康的设计理念。	①可指导学生鉴赏中外美术作品，体会美术语言对社会生活的生动表现； ②可指导学生学习世界主要宗教的建筑艺术，认识现实社会与人的理想境界之间的关系； ③可指导学生运用自己掌握的美术形式创作促进人与人友好关系的作品。
			○心灵的慰藉和寄托——宗教建筑 《美术鉴赏》外国美术鉴赏第三课		
			○纪实摄影创作 《摄影·摄像》第三课		
			★人类生活的真实再现——外国古代绘画撷英 《美术鉴赏》第十课		
			★把理想变成看得见的样子——设计的特征 《设计》第二课		
			★漂亮是美术鉴赏的标准吗？——艺术美和形式美 《美术鉴赏》第六课		

（二）文化领域

主题	内容标准领域	具体目标	内容示例	与可持续发展教育的结合点	教学提示
中华优秀传统文化及世界遗产教育	美术鉴赏 绘画雕塑 设计工艺 书法篆刻 摄影摄像	①了解中国传统美术的主要特征；②认识中国传统工艺美术和民间美术与生活的联系，并运用其中的元素创作新的作品；③运用中国画的笔墨技法画画，表达感情；④能够认识中国书法篆刻艺术；⑤了解世界文化遗产及非物质文化遗产，认识其价值；⑥探索艺术创作的人文内涵，提高鉴别和判断力，抵制不良文化的影响，增强对祖国优秀文化的理解。	○咫尺千里——古代山水画《美术鉴赏》中国美术鉴赏第十三课 ○美在人间——中国民间美术《美术鉴赏》中国美术鉴赏第十八课 ○中国画的艺术境界和艺术语言《绘画》第二课 ○汉字与书法文化《书法》第一课 ○篆书与印章文字《篆刻》第二课 ★笔墨纸砚 文房清玩——书写工具与材料《书法》第十二课 ★民间生活的写照——剪纸艺术《工艺》第五课 ★不到园林怎知春色如许？——漫步中外园林艺术《美术鉴赏》第十九课	①通过学习中国民族传统美术和民间美术，理解中国传统文化的内涵和特征，积极保护和传扬中国传统文化；②理解摄影术的诞生与发展，为我们记录、传播、保护和分享世界遗产提供了新的途径；③能够关注世界遗产，针对遗产保护中存在的实际问题提出合理建议，积极为保护世界遗产作出贡献。	①可指导学生鉴赏中国古代、近现代优秀的绘画、雕塑及园林作品，分析与中国传统文化的关系；②可指导学生利用当地传统文化资源，参观博物馆、工艺坊，走访民间艺人，考察了解传统的工艺美术；③可指导学生运用民间美术中的元素，例如造型、色彩、图案、材料等，设计创作出新的美术作品；④可指导学生学画中国山水画；⑤可指导学生鉴赏中国书法篆刻作品，尝试练习；⑥可指导学生关注和鉴赏中外优秀的园林艺术之美，树立保护文化遗产的意识并在日常生活中加以贯彻。⑦可指导学生了解北京的世界文化遗产及非物质文化遗产，尝试运用摄影、摄像手段记录和保护文化遗产。

续表

主题	内容标准领域	具体目标	内容示例	与可持续发展教育的结合点	教学提示
中华优秀传统文化及世界遗产教育	美术鉴赏 绘画 雕塑 设计 工艺 书法 篆刻 摄影 摄像		★尽显东方神韵的艺术瑰宝——中国古代雕塑艺术《雕塑》第二课 ★留影的梦想变为现实——摄影术的诞生与发展《摄影·摄像》第三课		
文化多样性教育	美术鉴赏 绘画 雕塑 设计 工艺 摄影 摄像 电脑绘画·电脑设计	①了解世界美术的主要风格流派，认识美术与地域、与历史文化的关系，尊重并理解世界文化的多样性； ②了解世界美术的主要造型语言，初步掌握一定的技能技法； ③认识艺术与科学的关系，关注最新的发展； ④认识现代媒体艺术，运用现代媒体创作艺术作品。	○新的探索——现代绘画、雕塑和工业设计《美术鉴赏》外国美术鉴赏第八课 ○西方绘画的表现图式与艺术特征《绘画》第四课 ○剧情类设想制作《摄影摄像》第八课 ○让世界都知道——网络艺术欣赏与实践《电脑绘画·电脑设计》第十课 ★人类文明的载体——什么是工艺？《工艺》第一课 ★奇妙多姿 变幻无穷——手工扎染《工艺》第八课	认识美术与地域、与历史文化的关系，了解全球化背景下世界文化艺术的发展趋势，理解世界"和平文化"。	①可指导学生鉴赏世界古代、近现代优秀绘画、雕塑作品，分析作品风格流派特点与历史地域文化的关系； ②可指导学生学习西方美术的科学造型方法，例如素描、水粉画，初步掌握一定的基本技法； ③可指导学生根据某一题材，例如风景、花卉、人物、静物等，进行摄影或摄像的活动； ④可指导学生选用相关的计算机软件，进行电脑绘画或电脑设计的创作，例如平面设计、动画设计、三维立体设计； ⑤可指导学生理解中国与世界其他国家和地区的扎染艺术。

（三）环境领域

主题	内容标准领域	具体目标	内容示例	与可持续发展教育的结合点	教学提示
环境保护与污染防治教育	美术鉴赏 绘画 雕塑 设计 工艺 摄影摄像 电脑绘画·电脑设计	在美术活动中树立环境保护的意识，设计具有环保功能的环境艺术方案。	○宛自天开——古代园林艺术《美术鉴赏》中国美术鉴赏第六课 ○营造美好宜人的空间——环境艺术设计《设计》第八课 ○鸟巢的设计与制作《工艺》第四课 ○神奇的三维世界——建设3D立体空间《电脑绘画·电脑设计》第三课 ★开拓雕塑材料的新天地——综合材料雕塑《雕塑》第九课 ★人类用智慧设计世界——设计与生活《设计》第一课 ★给废旧金属以生命——金工小制作《工艺》第十二课	学习美术作品对自然环境和人为环境的表现；学习运用美术的形式进行环境设计，呼吁人类对生存资源和环境的保护。	①可指导学生鉴赏中外优秀的环境艺术，学习尝试为社区、学校设计具有环保功能的环境艺术方案； ②可指导学生将雕塑、建筑、园林、山水等结合起来，进行综合性艺术学习和实践，探索对环境的保护与建设； ③在小制作中指导学生注意废物利用，变废为宝，让它们变成继续陪伴我们的艺术品。

续表

主题	内容标准领域	具体目标	内容示例	与可持续发展教育的结合点	教学提示
自然灾害预防教育	设计工艺 摄影摄像 电脑绘画·电脑设计	了解认识平面构成、立体构成、色彩构成设计和三维动画、多媒体艺术设计。	○创意的王国——海报设计《设计》第四课 ○声光电的艺术——多媒体《电脑绘画·电脑设计》第九课 ★展示创意的舞台——电脑平面设计《电脑绘画·电脑设计》第三课 ★创意的魅力——招贴设计《设计》第五课	学习构成设计、多媒体艺术设计的方法,以"自然灾害预防"为主题设计创作艺术作品。	①可指导学生学习平面构成、立体构成、色彩构成设计和三维动画、多媒体艺术设计,训练形象思维与逻辑思维的能力和动手制作的能力; ②可指导学生以自己掌握的设计形式,以"自然灾害预防"为主题创作出主题突出、形式新颖的艺术作品。

（四）经济领域

主题	内容标准领域	具体目标	内容示例	与可持续发展教育的结合点	教学提示
循环经济与绿色消费教育	绘画 雕塑 设计工艺	能够发现、认识废旧材料的价值,利用废旧材料创作新的艺术品;融入绿色设计理念。	○各种材料的雕塑《雕塑》第四课 ○破蛹成蝶——服装设计《设计》第六课 ○科技与艺术的交响——工业设计《设计》第七课 ○书籍保护的设计制作、靠垫的设计与制作《工艺》第三课、第六课	了解全球面临的资源与能源危机,懂得节约资源,学习利用各种材料（包括废旧材料）设计制作工艺品。	①可先指导学生确定一个主题,再选择废旧材料,巧妙利用废旧材料的元素,创造出新颖的艺术品; ②可指导学生先找来废旧材料,根据废旧材料的特点和可利用的元素,来决定制作成一个什么艺术品; ③可指导学生学习实用美术设计方法,设计生活实用美术品,例如服装设计、家具设计、交通工具等。

续表

主题	内容标准领域	具体目标	内容示例	与可持续发展教育的结合点	教学提示
循环经济与绿色消费教育	绘画雕塑 设计工艺		★开拓雕塑材料的新天地——综合材料雕塑《雕塑》第九课 ★精美的外衣——包装设计《设计》第六课 ★完美的和谐——室内公共空间设计《设计》第十四课		
农村发展与可持续城市化教育	美术鉴赏 设计工艺 摄影摄像 电脑绘画·电脑设计	①了解农村不同地区民居建筑形式的主要特点，理解这些特点与当地人民生活的关系，认识不同民居建筑的审美价值； ②设计有利于农村发展的民居建筑模型； ③认识城市建设与古建筑保护问题的重要性，为如何协调二者之间的关系提出建议。	○科技和艺术的新结合——现代建筑《美术鉴赏》外国美术鉴赏第九课 ○纪录类摄像制作《摄影摄像》第七课 ○电脑工作坊——做个电脑设计师《电脑绘画·电脑设计》第二课 ★关注当今城市建设——城市建设开发与古建筑的保护《美术鉴赏》第二十课 ★凝固的音乐——漫步中外建筑艺术《美术鉴赏》第十八课 ★让世界看到你——网站规划与网页设计《电脑绘画·电脑设计》第七课	了解北京市城市总体规划以及新农村建设，能够对城市及新农村建设进行简单的规划设计。	①可指导学生分析农村不同地区民居建筑的主要特点和审美价值，结合农村的发展设计民居建筑模型； ②可指导学生分析中外历史文化名城的建设开发与古建筑保护情况，讨论与思考城市建设开发与古建筑保护的问题； ③可指导学生在自己所生活的城市进行社会调查，提出城市建设与古建筑保护的建议，运用摄影或摄像形式表现。

三、美术学科教学实施可持续发展教育的建议

青年养德,可持续发展教育对于形成高中生健康向上的思想品德及永不停顿的人生追求有着巨大的作用。在美术学科中实施可持续发展教育,是一项将人的审美修养、道德情操和终身发展有机结合的新的教学研究,需要美术教师对相关问题从了解到认识、从理论到实践进行努力探索,使可持续发展教育在美术学科教学中落到实处,达到有效。

(一) 如何制订在美术学科教学中实施可持续发展教育的教学目标

教学目标是教师专业活动的灵魂,也是每堂课的方向,是判断教学是否有效的直接依据。在美术学科中实施可持续发展教育,要求教师首先认识美术课程与可持续发展教育目标的关联性,制订清晰、明确、具体的教学目标。

1. 确定知识技能与人文精神整合发展的教学目标

无论美术课程还是可持续发展教育,都应首先重视教育的育人功能,即教育教学要"以人为本",把单纯的技能、技巧学习与人文精神的培养有机整合,帮助学生树立起正确的价值观,形成健全的人格,提高参与社会生活的能力,成为一个全面发展的"人"。

2. 确定具有三个维度的教学目标

为了最终促进学生的全面发展,就要制订科学、全面的教学目标。以"三维"目标的框架来制订课堂教学目标,是实施新课程之后对教学目标设计的要求。课堂教学的每一个教学目标应该具有"知识与技能、过程与方法、情感态度与价值观"三个维度。

通过高中美术课程实施可持续发展教育,就应该遵循"三个维度"制订教学目标。教师应考虑这个目标是否含有知识与技能?达到这个目标需要有什么过程与方法?这个目标能帮助学生产生什么情感、态度与价直观?学生学习一定要学到知识与技能;学生学习任何知识和技能都需要经历一个过程,都需要运用一定的方法;在这个学习过程中,学生都要采取一定的态度,表现出一定的情感,总会有一定的价值取向。应使学生初步学会从美术的角度提出问题、理解问题,并能综合运用所学的美术知识和技能解决问题,发展应用意识;学会与人合作,并能与他人交流思维、创造过程和结果。

3. 确定易于有效实施和评价的教学目标

课堂教学目标指引着教学设计的方向,决定着教学的具体步骤、方法和组

织形式。科学、明确、具体的课堂教学目标，是通过美术学科实施可持续发展教育教学活动的出发点和归宿。教师要根据课堂教学目标设计教学活动和实施有效教学，在教学过程中，如果学生出现了预设之外的问题，教师可以依据教学目标不断地调整教学的方式方法，而使教学结果更接近于教学目标。教学结束后，课堂教学目标描述的，要求学生通过教学活动而发生的各种行为表现，就为教学评价提供了科学依据。对学生上完这节课后学习结果的评价，实际上是检查教学目标的达成情况。

（二）如何挖掘美术学科教学实施可持续发展教育的结合点

通过美术学科实施可持续发展教育，二者是互相合作、互为共存的关系。这里所说的是"互相合作、互为共存"，而不是说"互相渗透"。如果说是渗透，就是说原来没有，现在要"渗"进去。而美术学科中的可持续发展教育内容是原来就有、本质上就存在的属性，只不过一般的教学发挥得不够充分、挖掘得不够深刻，因此，教师应按教育科学的本质规律发挥、挖掘。

1. 教师要了解、认识可持续发展教育，树立可持续发展教育的意识

通过美术课程实施可持续发展教育，教师应首先学习、了解可持续发展教育的理念和内容，认识可持续发展教育的宗旨和价值观，把握可持续发展教育的目标方法，树立可持续发展教育的意识，在美术教学中有意识地、自觉地、有效地实施可持续发展教育。

2. 教师要寻找、认识美术课程与可持续发展教育的关系，发挥综合教育的优势

虽然从课程领域来说美术课程与可持续发展教育是不同的，但是两者在根本的育人目标上是完全一致的，而且在教育内容、教育方法等方面有许多的共同性，例如文化、环境、资源、人与自然和谐相处等。同时，美术课程与可持续发展教育又有各自的教育特性，两者综合，正是优势互补，达到"1＋1＞2"的教育效果。关键的问题是美术教师要找到美术课程与可持续发展教育有哪些共性和个性，认识两者的关系，发挥综合的教育优势。

需要指出的是，虽然通过美术课程实施可持续发展教育，丰富、拓展了美术教学的领域，使美术课程的多样性、综合性和跨学科性有了更多的依据，有益于发挥美术课程在素质教育方面的作用，但是应该明确，我们研究的是在美术课程中实施可持续发展教育，而不是单纯的可持续发展教育，更不是单纯的思想政治课，因此，课程性质还是美术课，是通过美术课程实施可持续发展教育。

（三）如何选择在美术学科教学中实施可持续发展教育的教学形式与方法

通过美术学科实施可持续发展教育，可以运用以往的有效的教学形式和方法，还应该积极探索、创造新的形式和方法。无论选用何种教学形式和方法，都应该把握以下两点原则。

第一，引导学生变被动接受性学习为主动探究性学习的原则。教师不应仅仅传授学生前人的知识，而应指导学生在学习中培养探索研究新问题，形成建构新知识的能力。

第二，拓展学生思维领域，加强综合实践，鼓励创新的原则。美术学科本身是一门形象思维与逻辑思维相结合的学科，也是注重实践和创新的学科。在美术教学过程中，往往将欣赏作品与分析道理、学习知识与动手实践、借鉴与创造结合起来，使学生能综合运用所学的美术知识和技能解决问题。可持续发展教育更是关联到许多领域的许多问题，需要运用多项思维来分析、认识，需要通过跨学科的综合实践活动、与各部门配合的专题教育等多种形式，使学生学会与他人交流、合作，提高学生综合处理问题的能力和追求发展的创新精神。

（四）如何开发、利用与美术学科相关的可持续发展教育资源

教育资源的关键是开发，开发的关键是认识什么可以作为教育资源。概括起来可以利用开发的教育资源主要有以下三类。

一类是教材资源。要充分挖掘美术教材中可以实施可持续发展教育的资源（知识结构、知识点、实践活动、图文资料等）。

一类是文字、音像等信息化资源。包括涉及经济、政治、文化、哲学艺术等方面的报刊、书籍、图片、录音、录像、影视作品、网络及电视台经常播放的"公益广告""人与自然""探索·发现"等栏目，都是与社会、文化、环境、经济等可持续发展教育主题密切相关的教育资源。

一类是实践活动资源。包括博物馆、纪念馆、文化馆、自然和人文景观、教育基地等，可组织学生进行参观、调查、访谈等活动。

需要强调的是，教育资源既需要教师的开发，更需要师生的共同开发，学生在开发资源的过程中已经受到教育了。

ⅱ 学科教学实施可持续发展教育实践案例

【设 计 者】 北京市第九中学　王世宏
【年　　级】 高中一年级
【所用教材】 人美版教材《美术鉴赏》
【课　　题】 《关注当今城市建设——城市建设开发与古建筑的保护》（第二十课）

一、教学背景分析

（一）本课教学目标

※知识与技能目标

学会正确地认识文物古迹的价值，懂得保护身边的古建筑。

※过程与方法目标

学会从生活中发现文物古迹保护中出现的问题，并进行思考，通过自己的思考、讨论和调查研究，寻找解决方案。

※情感、态度与价值观目标

主动关注城市建设和古建筑保护问题，力争在生活中积极地关注城市建设开发与古建筑保护的矛盾并树立正确的立场。

（二）本课教学重点与难点

※教学重点

全面认识古建筑价值是正确保护的基础。

※教学难点

探讨保护与开发的协调方式。

（三）可持续发展教育点及设计思路

※可持续发展教育点

经济领域"农村发展与可持续城市化教育"主题中的培养学生明确城市建设中应如何处理城市建设开发与古建筑的保护之间的关系。

※渗透可持续发展教育的设计思路

1. 引导学生通过对教材内容中的典型案例进行预习，明确我们要做什么、怎么做。

2. 进一步在身边发现保护与开发的实例并进行调查、探究。在探究的过程中，注重提高学生运用美术知识解决实际问题的能力，并通过综合运用其他学科相关知识，强化学生在解决问题的过程中体验各学科知识之间的内在联系，培养学生的探究意识和综合渗透意识。

3. 通过互相交流的方式分享尽可能多的信息，学生从中可以得到合作学习的有益体验；而对城市建设和古迹保护的问题向有关部门献计献策，可以使学生为建设、美化城市尽到自己的责任和义务。

（四）教材分析

本课是高中美术鉴赏课中学习"关注当今城市建设——城市建设开发与古建筑的保护"的内容。在学习前必须明确：中国的许多城市在建设开发的过程中总是会涉及大面积的旧城改造、新区建设，难以避免会遇到古建筑的存留以及如何保护的问题。这节课是在对教材中典型案例进行预习和进一步在身边发现保护与开发的实例之后展开的，为学生提供了通过教材和身边典型案例进行研究的机会；帮助学生学会正确地认识文物古迹的价值，懂得保护身边的古建筑，尽早树立起尊重文物、尊重历史的观念。

（五）教学方法

讲授法、小组活动、讨论法。

（六）教学资源开发与利用的基本思路

※本课所用资源

1. 文物保护国际条令和法律法规及保护方法（美术教材及相关书籍资料等）。

2. 身边的古建筑或城市建设开发的资源（如北京历史文化街区之一的石景山模式口）。

※资源开发与利用的基本思路

学生在预习教材典型案例的基础上，通过对各种资源的整合与利用，学会从身边现有的文化资源中汲取营养，既加深学生对古建筑价值的认识，又可以加强保护意识。在资源的获取和整合过程中培养学生的探究意识及合作精神。

二、教学过程

（一）指导预习探究

【内容】

1. 预习教材中的典型案例。

2. 从身边古建筑保护与开发的实例入手，展开探究活动。

3. 发现古建筑保护与开发的矛盾，寻求解决办法。

【预习方式与要求】

1. 学生自愿结合成若干小组，学习委员及课代表给各小组分配调查任务，明确组内人员的具体任务（教师给学生代表一定的指导）。

2. 本次调查要求所有内容"以事实为依据"，收集、整理身边的（石景山模式口地区）城市建设开发与古建筑的保护案例。

3. 以 PPT 的形式呈现调查过程。

4. 根据小组调查内容，提出古建筑开发与保护的建议或本组的观点。

【预期效果】

1. 从教材的典型案例入手拓展至学生身边的实际问题，引发学生进一步探究的动机。

2. 自愿结合的分组方式及组员责任的划分，使每个学生在小组中充分发挥作用。

（二）课堂教学过程

【第一环节】通过视频材料引出课题（2 分钟）

1. 视频导入：播放教师整理的新、旧北京城面貌对比的视频片段。（学生观看。）

2. 引出课题：关注当今城市建设——城市建设开发与古建筑的保护。（学生倾听。）

【本环节预期效果】用生动直观的视频资料使学生直观感受城市建设开发的重要性和古建筑保护的紧迫性。

【第二环节】引发学生思考古建筑的开发与保护问题（5 分钟）

1. 提问：看了上述的视频和教材图片，你有哪些感受？你记忆中"消失的古建筑"和身边的"古建筑遗存"还有哪些？（学生根据新、旧北京城对比，发表自己对所看视频的观后感。）

2. 提问：为什么要探讨城市建设开发与古建筑的保护？（学生讨论与思考，明确城市建设开发与古建筑的保护是摆在我们面前的一个具体而又实际的问题。）

【本环节预期效果】

1. 增强学生对古建筑越来越少的危机感的认识，从而激发学生进一步探究如何进行保护的动机。

2. 学生在独立思考的基础上，参与开发与保护的讨论，锻炼学生的表达能力，培养学生的合作意识和忧患意识。

【第三环节】讨论城市特色与古建筑之间的关系（10 分钟）

1. 提出问题：请围绕古建筑的价值、古建筑与城市的关系，思考城市特色与古建筑之间的关系，并分小组进行讨论。（学生倾听并明确探究问题。）

2. 引导讨论：巡视并对学生的小组讨论进行指导。（学生分小组讨论，了解《威尼斯宪章》是现在世界公认的文物保护经典文件以及《中华人民共和国文物保护法》等关于文物建筑的价值界定；从苏州、北京、南京、凤凰城等地的古建筑中感受城市风貌的点睛之笔；了解巴黎城市轴线的延伸与新区建设的特点；明确城市建设开发与古建筑的保护应该是相互依存的关系；明确建筑也是一座城市的名片，需要一代代的人们共同打造。）

【本环节预期效果】

1. 认识文物保护经典文件、法律法规，进一步了解文物建筑的价值。

2. 在赏析中国著名的古城和世界历史文化名城的过程中，进一步理解古建筑是城市文化的重要组成部分。

3. 学生在对比中，反思"名城"的"名"要靠古今共同的创造与维护，通过对比，学生从中得到自我教育。

【第四环节】展示探究学习成果，明确如何协调城市建设开发与古建筑保护（20分钟）

1. 提问：城市建设开发与古建筑保护有哪些矛盾？如何协调城市建设开发与古建筑保护？（学生结合教材中实例思考并讨论如何妥善解决宏观城市规划可能与个别古建筑的保护产生的矛盾，认识古建筑的深层价值是不能用金钱来衡量的。）

2. 引导展示：引导学生汇报石景山模式口地区古建筑遗存调查成果。要求扼要阐述本组调查报告中的基本观点和调查成果。（学生分小组展示课下探究学习的结果。）

◆ "驼铃古道"组汇报：古隘口、龙形古道、过街楼及古井（结合街景写生、照片或视频）；

◆ "古镇民居"组汇报：不同风格的旧时民居、宅院（结合四合院平面图、照片或视频）；

◆ "寺庙及古墓"组汇报：法海寺、承恩寺及田义墓（结合突出寺庙特色的写生、照片或视频）；

◆ "北京九中与模式口地区的发展"组汇报（结合本地区的整体开发效果图或电脑动画）。

【本环节预期效果】

1. 从宏观（城市建设开发）到微观（身边的古建筑保护）的学习与调查研究，使学生树立"古建筑保护就在身边"的意识。

2. 探讨如何协调开发与保护的矛盾。

3. 从身边的实例入手，用调查汇报（PPT演示）结合实地写生和拍摄的方法，充分调动学生的积极性、主动性，帮助学生发现美、创造美。

4. 分组汇报，加强竞争意识与合作意识，分享共同的劳动成果。

5. 培养学生热爱家乡、建设家乡、美化家乡的情感和态度。

【第五环节】课堂总结（3分钟）

1. 引导总结：引导学生总结从课前预习、调查研究到课上学习汇报全过程中的得与失。（学生思考并回答。）

2. 小结：本课的学习是一种观念的普及和思维的引导，它所起到的作用是深远的，不应该仅仅局限于课堂的学习，美术课能解决的只是一部分问题，愿全社会都来关心和落实古建筑保护。（学生倾听并思考。）

【本环节预期效果】 增强对本课的感性认识，在今后的生活中积极地关注城市开发问题，多观察、多思考，为城市建设和古迹保护献计献策，为城市的美，尽到自己的责任和义务。

（三）课后延伸

【内容】

1. 完善以班为单位的材料汇总。

2. 引导学生向家人（社区）宣讲小组调研报告。

3. 师生共同向有关部门（城市规划、文物保护等）提交关于石景山模式口地区的古建筑保护建议。

4. 提出一些深层次的问题，引导学生更深入地学习。

问题1：四合院的保护有什么价值？

问题2：北京永安门城楼的重修，你认为有必要吗？

【方式与要求】

1. 完成调研报告、手抄报、电子报刊等的撰写和制作（小组、班级）。

2. 给社区网站提供本专题的电子信息。

3. 学生代表和教师一起向有关部门提交建议。

【预期效果】 体现学生的主体性和参与性，使学生树立服务社会的意识。

专家点评：

北京市第九中学王世宏老师的教学案例目标明确，思路清晰，教学重点突出，教学过程体现出教师既把握住了课程目标和教材内容，又有意识、有目的、有效地实施可持续发展教育，是一个较好的案例。

古建筑是人类文明的重要组成部分，是珍贵的历史文化遗产，认识古建筑的价值，关注城市发展与古建筑保护的协调与规划，是对学生进行可持续发展教育的良好素材。本案例紧紧抓住了这一结合点，并组织学生开展身边实例专题调查，进行研究性学习。教学设计完整而有新意，很适合高中学习的特点。

教师提出的深层次的问题："四合院的保护有什么价值？""北京永安门城楼的重修，你认为有必要吗？"等，可以引导学生更深入地学习，通过开展课堂辩论，使课堂气氛更加活跃。高中生的美术研究性学习有助于培养学生的探究精神，但不要过于呆板和枯燥，需要自然、生动、活泼，充满情趣并富有启发性。

（祝庆武）

XIII 跨学科

i 生物、思想政治跨学科实施可持续发展教育教学实践案例

主题	倡导绿色消费		单位	北京市中关村中学	时间	2008.11
学科	教材		内容	教师	授课时间	年级
生物	人教版普通高中课程标准实验教科书《生物》：选修2《生物科学与社会》第2章第4节 倡导绿色消费		倡导绿色消费 森林的开发与利用	祁建欣	25分钟	高二
思想政治	人教版普通高中课程标准实验教科书《思想政治》：必修1《经济生活》第3课 多彩的消费		树立正确的消费观 哲学原理及方法论	朱 军	20分钟	
方式	(1) 牵挂式（ ）；(2) 互动式（√）；(3) 板块式（ ）；(4) 其他（ ）					

一、跨学科主题与内容确定的相关分析

1. 跨学科主题确定的分析

"绿色消费"是指以保护消费者健康和节约资源为主旨，符合人的健康和环境保护标准的各种消费行为的总称，核心是可持续性消费。"绿色消费"是可持续发展教育环境、经济领域的重要内容之一，是培养学生环境保护意识、建立可持续的生活方式与行为的较为有效的选题。

在中学教学过程中，需要教师通过教学活动培养学生树立关爱环境、珍惜资源、维护生物多样性的意识与价值观，帮助他们逐步形成保护环境、节约资源、促进生物多样性发展的科学生活方式与行为习惯，进而培养中小学生逐步

树立以人为本，全面、协调、可持续的科学发展观，形成关注和解决社会、文化、环境与经济可持续发展实际问题的责任意识与初步能力。

"绿色消费"的内容在高中生物和思想政治学科中都有涉及。因此，本课通过跨学科教学，真正使绿色消费、环保、节能等观念入脑、入心，使学生形成有关环境保护和资源合理利用的行为和意识，并落实到学生的行动中，从而改变自身行为方式；同时使学生明确采取"绿色消费"的方式，不仅要考虑满足我们这一代人的消费需求、安全和健康需要，还要考虑满足后代的消费需求、安全和健康需要。

2. 学科内容关联度分析

人教版普通高中课程标准实验教科书《生物》选修2：《生物科学与社会》第2章第5节"绿色食品的生产"与"绿色消费"相联系，选择绿色食品是绿色消费方式之一；本章内容中"生物资源的合理开发与利用"还与必修3：《稳态与环境》中"生态系统的稳定与调节"相关联。

从思想政治学科看，本课教学是高一《经济生活》第一单元中消费原则在生活中的具体体现。同时在研究探讨中，广泛使用了哲学的基本原理与方法论。

高二生物学科利用"生物资源的合理开发与利用"的知识，以"一次性筷子使用"为话题，理解"绿色消费"相关概念。为辨析"绿色消费"的正确行为，借鉴高一思想政治学科《经济生活》中消费原则之"保护环境，绿色消费"的内容，将有助于学生从哲学的层面，客观地认识"绿色消费"的内涵以及建立"绿色消费"的意识与行为。

二、跨学科教学的总目标及学科教学分目标

（一）总目标

- **知识目标**

1. 说出日常生活中的消费行为，通过辨析活动理解"绿色消费"的内涵。
2. 理解生物资源的合理开发与利用，认同有利于环境保护的消费行为。
3. 积极参与"绿色消费"知识的宣传活动，明确倡导绿色消费行为是全球性的问题。

- **能力目标**

1. 通过对"一次性筷子是否应长期使用"的讨论，能够使用联系的、辩

证的观点看问题，形成辩证思维能力，培养批判性思考问题的方式。

2. 通过课堂辩论，培养良好的分析归纳能力和语言表达能力。

3. 通过跨学科教学活动，建立起学科知识间的联系，学会利用不同学科的知识，综合地分析问题及解决问题。

- 情感、态度与价值观目标

1. 通过对绿色消费活动的讨论，形成有关环境保护和资源合理利用的行为和意识。

2. 通过不同时期对一次性筷子使用态度变化的讨论，理解环境和资源等问题，与人类的行为紧密相关，形成有关环境保护和资源合理利用的行为和意识。

3. 通过课后宣传活动，理解科学生产与绿色消费的关系，逐步树立可持续发展的观念，进而改变日常不科学的行为方式。

（二）各学科具体教学目标

1. 生物学科教学目标

- 知识目标

了解森林开发的现状与存在的主要问题，以及合理利用与保护森林的具体措施，分析森林资源综合开发的原因及途径。

- 能力目标

通过具体案例的分析，学习生物学科综合分析的方法，逐步能用生物科学观念对生物现象作出正确的判断和评价。

- 情感、态度与价值观目标

通过对森林资源的合理开发利用问题的讨论，认识森林环境的重要性，逐步形成营造、保护森林的自主性，提高环境保护的意识，树立可持续发展理念，理解生态、经济与社会协调发展时，不仅要考虑满足我们这一代人的消费需求、安全和健康需要，还要考虑满足后代的消费需求、安全和健康需要，理解人与自然和谐发展的意义。

2. 思想政治学科教学目标

- 知识目标

经济：通过对绿色消费行为的分析，从生产和消费行为两方面着手，理解消费行为对生产的反作用。

哲学：通过教学，理解哲学智慧生成于人类的生活和实践活动；学会运用哲学原理及方法论，指导日常的生活与实践。

- 能力目标

评价自身消费行为，认同有利于环境保护的消费行为，参与倡导绿色消费的宣传活动。

通过对资源合理开发与利用的分析，培养透过现象看本质的能力；通过对生活事例的感悟，培养分析问题的能力，锻炼辩证思维能力。

- 情感、态度与价值观目标

通过对"一次性筷子使用问题"的讨论，分析环境、资源与人类行为之间关系的问题，形成有关环境保护和资源合理利用的意识，培养保护环境的良好行为习惯。同时，切实体会到生活需要智慧，生活需要哲学。

三、跨学科教学的重点和难点

重点：绿色消费的内涵。
难点：绿色消费在生活中的实际应用。

四、跨学科教学思路

在本课教学活动中，绿色消费是生物与思想政治学科都能够进行可持续发展教育渗透的切入点。因此，教学活动从绿色消费，尤其是从"一次性筷子使用问题"的探讨入手，使学生在设定的辩题中自觉使用生物学科中"森林资源合理开发"的有关内容，同时在合作讨论中，逐渐形成联系地、全面地、发展地看问题的辩证思维能力。在课后延伸部分的宣传画比赛中，还能使学生的美术赏析和创作能力得以提升。

跨学科教学流程

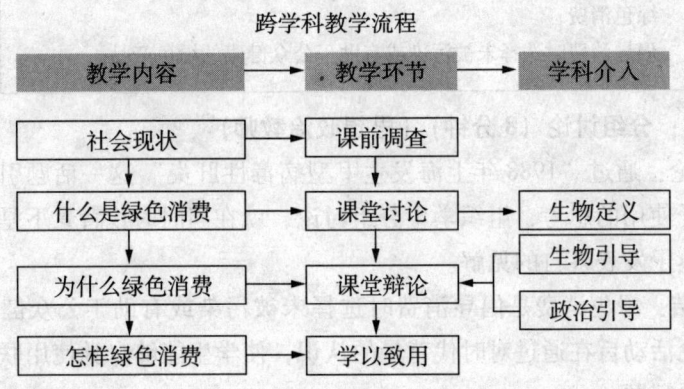

五、跨学科实施的教学过程

【课前预习环节】

课前指导学生预习探究，要求学生对周边地区一次性筷子使用情况进行问卷调查。通过调查，发现社会公众对"绿色消费"的态度以及意识，以便使学生有效地参与本课教学活动之中。

【课堂教学环节】

环节1：新课导入（2分钟）（生物教师）

1. 任务：思考什么是绿色消费；让学生结合课前调查，列举各种消费活动中的一些绿色消费行为。

2. 方式要求：教师启发，列举实例，引发思考。

3. 预期效果：通过对日常消费行为的评价，引发思维冲突，使学生深入理解绿色消费的科学内涵。

绿色消费：
倡导消费时选择未被污染或有助于公众健康的绿色产品。

环节2：分组讨论（8分钟）（思想政治教师）

1. 讨论：通过"1988年上海发生甲型病毒性肝炎"这一话题引发学生对一次性筷子使用的思考，组织学生分组讨论，就在当时时代背景下是否选择使用一次性筷子发表各自的见解。

2. 小结：绿色消费是倡导消费时选择未被污染或有助于公众健康的绿色产品。讨论活动旨在通过对时代背景的认识，使学生能够自觉使用联系的、发展的观点看问题。

思考：
1. 你是否使用一次性筷子？为什么？
2. 当1988年甲型病毒性肝炎在上海大规模流行时，你是否会选择使用一次性筷子？

环节3：分组辩论（15分钟）（生物教师、思想政治教师共同主持）

1. 辩题：一次性筷子是否还应存在于历史舞台。

正方论点为：一次性筷子还将长期存在于历史舞台；

反方论点为：一次性筷子应立即退出历史舞台。

2. 方法：这一活动给学生第二次选择的机会。学生围绕这一辩题再次选择分组，并阐述选择

绿色消费
- 倡导消费时选择未被污染或有助于公众健康的绿色产品。
- 引导消费者转变消费观念，崇尚自然，追求健康，节约资源和能源。
- 在消费过程中注重对垃圾的处置，不造成环境污染。

正方： 一次性筷子还将长期存在于历史舞台
反方： 一次性筷子应立即退出历史舞台

原因，同时站在自己选择的辩题立场与对方展开辩论。在辩论活动结束后，教师小结，引导大家转变消费观念，崇尚自然，追求健康，节约资源和能源。设计这一活动的目的在于通过时代背景变化，从当今生态需求、经济发展、社会稳定等角度，对一次性筷子的使用，以及对森林资源合理开发等问题进行综合性的理论剖析。

环节4：生物学科引导（8分钟）（生物教师）

1. 任务：通过辩论，学生提出"森林资源如何合理开发利用"的问题。生物教师从生物学科角度，引导学生分析森林资源的合理开发与利用，深入理解"适时、适度"原则，进而使学生理解保护生物资源只是一种手段，其目

的是为了可持续利用生物资源。

2. 方式要求：学生在教师指导下研究森林资源的合理开发利用。

3. 预期效果：通过对辩论赛的总结，生物教师从自然科学层面对学生进行理论指导，使学生能够站在自然科学的角度，更为客观地分析辩题。

选择性砍伐

完全砍伐

环节5：思想政治学科引导（5分钟）（思想政治教师）

1. 任务：在生物学科的理论引领的基础上，思想政治教师引导学生对问题探究过程中运用的哲学思想进行概括总结。

2. 方式要求：学生在教师指导下对哲学知识进行概括和总结。

3. 预期效果：通过前期的方法运用及本阶段的理论提升，使学生意识到哲学思想存在于生活之中，从而体会哲学学科的思辨魅力，并由此自觉树立辩证唯物主义思想。

环节6：课堂小结（2分钟）（思想政治教师）

1. 任务：通过对绿色消费真实内涵的理解，总结可持续发展的内涵。

2. 方式要求：学生通过对"一次性筷子在一定时期、一定范围内还将存在"的思考理解，总结"可持续发展"的内涵。

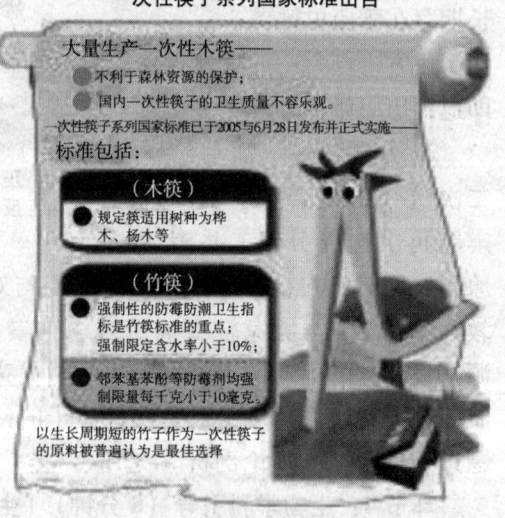

3. 结论：可持续发展包括生态的可持续发展、经济的可持续发展和社会的可持续发展。通过学生对现实生活的抽象概括，促使他们透过现象看本质，进一步用联系的、发展的观点看问题。

【课后延伸】

1. 内容：课后要求学生结合本校环保月和涂鸦大赛活动，进行环保宣传展示活动。

2. 方式要求：学生要在两周内以小组为单位上交作品，并在全校进行展示与交流。通过展示、交流活动，进一步提升学生环保意识。

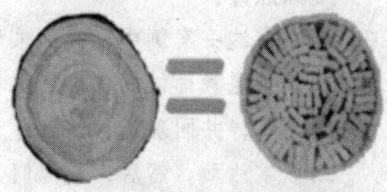

"筷乐"宣传涂鸦大赛

本是同根生
保护森林，停止使用一次性筷子

【教学反思】

随着现代科学突飞猛进的发展，科学朝着综合性方向发展，学科间的交叉、渗透和综合趋势日益增强。本次跨学科教学实践，是我们的一次大胆改革实践，即将自然科学和人文科学进行有机结合。我们采用跨学科教学模式，在教学设计时便在不同教师间建立起学科合作研究开发可持续发展教育教学资源的机制。例如，在本课教学设计初期，我们将生物学科选修部分的"绿色消费"内容与政治学科经济中的"绿色消费"部分知识有机结合；在教学设计中期，随着对教学内容的深入分析，我们明确了以生物"森林合理开发与利用"为主，辅之以政治哲学学科的哲学思想为引导的跨学科教学模式；在教学实践后，我们发动全校不同学科的教师深入挖掘课内外教学资源，以可持续发展教育为载体，建立不同学科知识横纵向的框架结构，以此提高教师整合资源和驾驭综合主题进行教学的能力。

通过这次跨学科教学实践活动，我们深刻地体会到，诸如"绿色消费"等可持续发展问题具有极强的综合性，其相关内容会在不同学科教学活动中都有所涉及。因此，进行有效的教学资源整合，通过跨学科教学的方法实现本节教学目标的要求，可以促使学生深刻理解学科相关概念、原理的基本内涵，建立完整的知识体系，有助于培养学生综合分析问题与解决问题的能力，提升可持续发展对人类的发展和生活质量重要性的认识，并为今后探讨可持续发展的解决方式奠定方法基础。

目前，高中教材中涉及社会、环境、经济、文化可持续发展问题的内容很多，利用多学科知识解决可持续发展问题，对任课教师提出了新的挑战。这次教学，我们采取不同学科教师协同教学的模式，打破了学科本位的"封闭"式教学，弥补了教师的专业限制。通过建立起学科知识间的联系，不仅可以轻松地解决教学的重点难点问题，同时也有利于教师树立开放的综合课程观，从而最终促使教师与学生在这一平台上共同成长。

（朱　军　祁建欣）

> **专家点评：**
>
> 在这一案例中，教师采用的是互动式跨学科教学方式。生物与思想政治课教师依据各自的学科教学任务，围绕共同的主题——倡导绿色消费，共同确定教学目标、教学内容，共同设计了课堂讨论和辩论的教学活动。然后，教师们又根据学生在辩论过程中发现的问题，以及他们对绿色消费的认知需要，在同一节课上交互地组织两个学科的教学活动，帮助学生分别从自然科学和哲学的角度加深对绿色消费问题的理解和认识。在教学过程中，既有围绕主题的整体活动设计，又有不同学科结合各自的功能和学科特点的交互式教学活动设计，让学生在了解绿色消费的科学道理的基础上，进行哲学层面的分析思辨和总结概括，有助于学生对现实生活的抽象概括，促使他们透过现象看本质，进一步加深对可持续发展观念的理解和认识。
>
> （钱丽霞）

ii 地理、物理跨学科实施可持续发展教育教学实践案例

主题	宇宙中的地球	单位	北京市第九中学	时间	2009.9
学科	教材	内容	教师	授课时间	年级
地理	中图版普通高中课程标准实验教科书《地理》必修1第一章	宇宙中的地球	张爱娣	40分钟	高一
物理	人教版普通高中课程标准实验教科书《物理》必修2第六章	行星的运动	肖伟华	40分钟	
方式	(1) 牵挂式（　）；(2) 互动式（√）；(3) 板块式（　）；(4) 其他（　）					

一、跨学科主题与内容确定的相关分析

1. 跨学科主题确定的分析

人类对宇宙的认识、对行星运动规律的认识、对地球本身的认识过程，都充满着曲折与艰辛，充分展现了科学家们勇于为科学献身的崇高科学精神和富有创造而又严谨的科学思维。高一地理和物理教材都涉及这一部分内容。

地理学科教学内容侧重于描述现象，分析其地理意义。如地理课程标准要求学生通过学习能描述地球所处的宇宙环境，运用资料说明地球是太阳系中一颗既普通又特殊的行星，其目的是让学生深刻理解地球在宇宙环境中的地位和价值，重在树立正确的宇宙观和认识地球的独特性，树立爱惜地球、尊重地球生命的意识。物理学科则在尊重历史事实的前提下，让学生处身于历史的背景下，经历自己"发现"天体运行规律的过程，通过合作探究发展学生的科学思维能力，培养科学精神。

2. 学科内容确定关联分析

物理学科从探究地心说与日心说争论的焦点引入，让学生理解这是人类思想的一次重大解放，从此人类的视角超越了地球；地理学科通过头脑风暴，让学生形象感知地球所在的太阳系是什么样的，感知行星运动的规律；再到物理学科对行星运动的规律的由来及内容进行科学解读；最后通过从地理学的视角分析地球上存在生命的原因，对学生进行爱惜地球、尊重地球生命的教育。

物理与地理学科有机地整合，使全课不仅知识性、趣味性强，而且始终将一条科学探究的主线贯穿其中，以对学生进行正确的宇宙观、地球观教育为核心，这也鲜明地体现了可持续发展教育的内涵。

二、跨学科教学目标

（一）总目标

- 知识与技能目标

描述地球所处的宇宙环境，了解"日心说"的建立过程和行星运动的规律，运用资料说明地球是太阳系中一颗既普通又特殊的行星，简述地球上存在生命的原因。

- 过程与方法目标

通过合作探究发展学生的科学思维能力。

- 情感、态度与价值观目标

建立正确的宇宙观，感悟科学是人类进步不竭的动力，培养科学精神；树立爱惜地球、尊重地球生命的意识。

（二）分目标

1. 地理学科教学目标

- 知识与技能目标

描述地球所处的宇宙环境，运用资料说明地球是太阳系中一颗既普通又特殊的行星，简述地球上存在生命的原因。

- 过程与方法目标

通过小组合作对地理图表进行分析归纳，培养学生自主、合作、探究的学习能力。

- 情感、态度与价值观目标

建立正确的宇宙观，培养珍爱地球、珍爱生命的情感。

2. 物理学科教学目标

- 知识与技能目标

了解地心说和日心说的基本内容；知道开普勒三定律的内容；了解开普勒三定律的建立过程。

- 过程与方法目标

在合作、探究、交流的学习过程中，发展学生的科学思维能力。

- 情感、态度与价值观目标

建立科学的宇宙观，感悟科学是人类进步不竭的动力，培养勇于探索的科学态度和科学精神。

三、跨学科教学的重点与难点

重点："日心说"的建立过程和行星运动的规律；地球是太阳系中一颗既普通又特殊的行星；地球上存在生命的原因。

难点：行星运动的规律；地球是太阳系中一颗既普通又特殊的行星。

四、跨学科教学思路

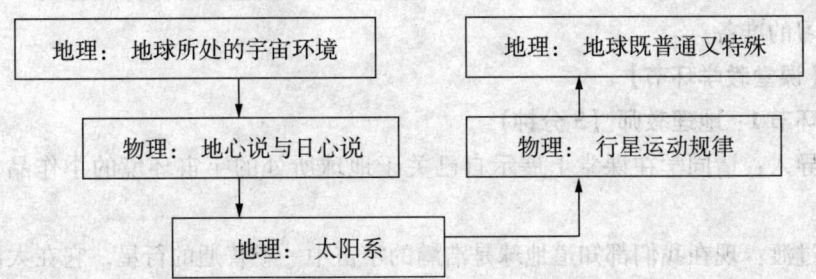

本节课用地理与物理学科互动式的方式进行教学。地理学科的主要任务是，通过展示地球所处的宇宙环境，归纳太阳系的基本特点，分析地球是太阳系中一颗既普通又特殊的行星及地球上存在生命的原因；进而让学生深刻理解地球在宇宙环境中的地位和价值，重在树立正确的宇宙观和认识地球的独特性，树立爱惜地球、尊重地球生命的意识。物理学科的主要任务是，在感知地球所处的宇宙环境的基础上，探究地心说与日心说争论的由来；在图表分析行星运动规律的基础上，对行星运动规律的由来及内容进行科学解读。

五、跨学科教学过程

【课前预习环节】

（一）地理学科

1. **任务**：对地球所处的宇宙环境有初步的感性认识。

2. **方法**：自学教材相关内容或查阅相关资料，选择一种形式（如一篇小短文，绘制一幅图，或者制作一段计算机动画等），向家人和同学讲解地球所处的宇宙环境。

3. **预期效果**：初步感知地球所处的宇宙环境；作好相应的参与课堂学习的准备。

（二）物理学科

1. **任务**：简单了解人类对天体运动的认识过程，对研究天体运动的主要科学家有所了解。

2. 方法：自学教材相关内容或查阅相关资料，搜集哥白尼、布鲁诺、开普勒等科学家的小故事。

3. 预期效果：简单了解人类对天体运动的认识过程；作好相应的参与课堂学习的准备。

【课堂教学环节】
环节1：地理教师（5分钟）
导入：请同学在课堂上展示自己关于地球所处的宇宙环境的小作品，并讲解。

过渡：现在我们都知道地球是浩瀚的宇宙中一颗普通的行星，它在太阳系中围绕太阳运动。但是在古代，科学技术并不发达，人们只能用肉眼或借助简单的仪器来观察宇宙，对地球在宇宙中的位置和运动特点的认识，先后产生了两种具有代表性的观点，这就是地心说与日心说。

环节2：物理教师（20分钟）
任务：了解地心说与日心说的基本内容及争论的焦点。

方法：引导学生阅读教材相关资料，对地心说与日心说的主要观点、依据进行分析解读。

讨论：1.什么是"地心说"，什么是"日心说"？2.哪种学说占统治地位的时间较长？为什么？3."日心说"为什么能战胜"地心说"？试举例说明。4."日心说"的观点是否正确？其价值何在？

小结：经过讨论，我们对"地心说"和"日心说"有了初步的认识，事实上从"地心说"向"日心说"的过渡经历了漫长的时间，并且科学家们付出了艰苦的奋斗，哥白尼就是其中一位。他在哥伦布和麦哲伦猜想的基础上，假设地球并不是宇宙的中心，而和其他天体一样都是绕太阳做匀速圆周运动的行星，从而使许多问题得以解决，也建立起了"日心说"的基本模型。但他的观点不符合当时欧洲统治教会的利益，因而受到了教会的迫害，使得这一正确的观点被推迟一个世纪才被人们接受。（可穿插讲解布鲁诺的故事）

过渡：请地理老师和我们一起做个游戏——形象感知地球所在的太阳系是什么样的。

环节3：地理教师（15分钟）
任务：感知太阳系及其地球在太阳系的位置。

方法：头脑风暴，快速、多角度、全方位发散思考。

出示：从《太阳系示意图》和地理课本第7页《九大行星主要物理性质比较》表中，你和你的小组能获得哪些信息？

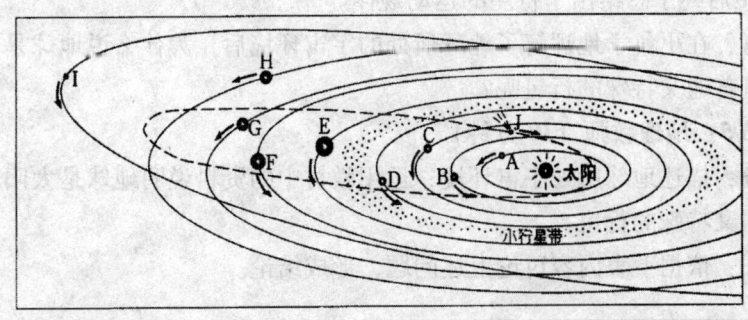

我（小组）能够获得以下信息：

①	⑥
②	⑦
③	⑧
④	⑨
⑤	⑩

过渡：刚才对行星的运动已有了初步感性认识，怎样从物理学视角认识行星运动规律呢？

环节4：物理教师（20分钟）

任务：行星运动规律的认识。

方法：阅读物理教材（p.29），回答下列问题：

1. 古人认为天体做什么运动？2. 开普勒为什么要怀疑他的导师第谷的观点？3. 开普勒是怎样总结出行星运动规律的？4. 回答行星运动规律的内容，比较与你在"头脑风暴"中得到的认识一样吗？

小结：第谷把全身心都投入到行星位置的测量中，并把他一生所测量的数据交给了德国天文学家开普勒。开普勒用了20年的时间对这些数据进行了研究，发现如果行星的运动是匀速圆周运动，那么，计算所得的数据与观测数据不符。开普勒发现这一问题后并未放弃，而是经过四年多的刻苦计算，否定了

19种设想后终于总结出了行星的运动规律。

思考：在更科学地理解了地球所处的宇宙环境后，为什么说地球是太阳系中一颗既普通又特殊的行星呢？

环节5：地理教师（10分钟）

任务：描述地球所处宇宙环境；运用教材中的资料说明地球是太阳系中一颗既普通又特殊的行星。

方法：依据下表内容讨论上述问题，形成结论。

地球所处宇宙环境	地球是太阳系中一颗既普通又特殊的行星	
	普通性	特殊性
你的理由或证据		

环节6：地理教师（8分钟）

任务：探索地球上有生命生存的条件。

方法：依据下表分组讨论后逐一得出结论。

地球为生物的生存提供的良好条件	形成这些条件的原因
①	
②	
③	
④	
⑤	

环节7：地理教师（2分钟）

任务：对宇宙探索的小结

现代的天文观测和实验，越来越支持这样一种观点：宇宙间的天体，只要条件合适，就可能产生原始生命，并逐渐进化为高等生物。人类一直没有放弃寻找地外生命，然而却至今没有结果（可以对地外生命的探求情况作简要介绍）。出示康德语录：

> 有两种东西，我们对它的思考越是深沉和持久，它们所唤起的那种越来越大的惊奇和敬畏就会充溢我们的心灵，这就是繁星密布的苍穹和我们心中的道德律。
>
> ——康 德

几千年来，人类对宇宙奥秘、对科学、对真理的求索从未停止过，哪怕是付出生命的代价。正是对宇宙奥秘锲而不舍的探索，推动了人类社会的发展，我们不会放弃这种求索，但是对当今的人类社会而言，地球只有一个，让我们珍爱地球，珍爱地球上的万物。

【教学反思】

本节是高一地理学科"地球在宇宙中"一节的内容。考虑到高一地理和物理教材都涉及这一部分内容，按照新课程理念培养学生综合认识问题及解决问题的要求，我们尝试利用地理、物理跨学科知识，让学生通过学习了解人类对宇宙的认识，对行星运动规律的认识，对地球本身的认识过程，将一条科学探究的主线贯穿其中，以对学生进行正确的宇宙观、地球观教育为核心，较好地体现了可持续发展教育的内涵。由于物理教材相关内容在高一下学期，而此节课安排在高一上学期，所以在对物理相关教学内容的选择上，重在对人类科学宇宙观和行星运动规律建立过程的探究，避免涉及过多的物理计算知识。同时此课在设计时注重课前预习、图表分析、形象感知，在教与学的方法上突出学生学习活动的设计。整个教学分层巧妙设置问题，引发学生学习兴趣与思考；注意建立合作学习小组，发挥群体智慧研究解决问题。

（张爱娣 肖伟华）

专家点评：

在这一案例中，教师采用的是互动式跨学科教学方式。地理和物理学科围绕"宇宙中的地球"这一主题，根据学生认知和理解的需要，先由物理教师从探究地心说与日心说争论的焦点引入，让学生经历自己"发现"天体运行规律的过程。然后，再由地理教师引导学生运用资料说明地球是太阳系中一颗既普通又特殊的行星，并开展头脑风暴，讨论地球为生命的生存提供了哪些条件，帮助学生深刻理解地球在宇宙环境中的地位和价值。

在本次教学活动中，物理教师和地理教师能够很好地整合各自教材中的内容,使教学活动沿着地球在宇宙中的地位和作用这样一条主线展开,思路清晰,设计合理。本次跨学科教学活动从最初的"地心说"和"日心说"的分辨开始,到地球上生命生存条件的讨论,以及最后关于地外生命的探索,使学生对地球的认识逐步深入,从而形成正确的宇宙观,并认识到地球的独特性,树立爱惜地球、尊重地球生命的意识,使可持续发展的观点自然而然地为学生所接受。

(梁烜)

iii 语文、思想政治跨学科实施可持续发展教育教学实践案例

主题	庄子与普希金	单位	北京市第九中学	时间	2010.4.20
学科	教材	内容	教师	授课时间	年级
语文	《北京市高中课程改革实验版·语文》选修2:《文化论著研读》	理解庄子无为而有为的思想	高笑旭	20分钟	高二
语文	《北京市高中课程改革实验版·语文》必修:《阅读·写作(三)》	理解普希金对沙皇专制的大胆批判	单玉坤	20分钟	
思想政治	人教版普通高中课程标准实验教科书《思想政治》必修3:《文化生活》	1. 中华文化特点 2. 尊重文化多样性 3. 传承中华文化	孙 超	20分钟	
方式	(1) 牵挂式 ( );(2) 互动式 ( );(3) 板块式 (√);(4) 其他 ( )					

一、跨学科主题与内容确定的相关分析

1. 跨学科主题确定的分析

传承中华优秀文化以及尊重文化多样性是可持续发展教育重要的内容之一。北京版高二语文选修2《文化论著研读》部分着重于诸子散文的学习，这正是培养学生对中国古代文化的兴趣、热爱以及传承之情的契机。为了加深对中华优秀文化的理解，学好诸子散文，教师借鉴了高一语文必修《阅读·写作（三）》"外国诗歌"部分的内容，通过中外文化的比较，让学生深刻领会不同国家及不同文化间的异同。

人教版高中思想政治教材必修3中，有关于"文化的多样性与文化传播"的内容。学好这部分内容，掌握好尊重文化多样性以及传播文化的价值判断、认识以及解决问题的方法，首先需要学生对"文化的多样性"与"文化传播"的基本内涵有全面、深入的了解。为此，借助上述高二语文选修2《文化论著研读》以及高一语文必修《阅读·写作（三）》的相关内容，有助于培养学生传承中华优秀文化、尊重文化多样性的情感、态度与价值观。

基于上述的考虑，我们确定了"庄子与普希金"这样的跨学科教学主题，旨在通过语文学科内中外文化鉴赏的跨年级知识整合，以及语文与思想政治不同知识领域的跨学科知识整合，呈现多视角、立体、完整综合地感受中外文化的氛围，使学生认识到中国文化的内敛与精深，认识到中国文人和文化的精神内涵；同时也要尊重外国文化，博采众长，对中国古代文化加以批判地继承与发展。同时，培养学生建立学科间联系以及综合性分析问题、解决问题的意识与习惯。

2. 分学科内容确定的分析

北京版高中语文课标实验教材选修2《文化论著研读》，其专题二、专题三都是诸子散文，这对学生了解中国古代文化和思想有积极的作用，同时这也是传承中国传统文化的契机。庄子的特立独行更有利于学生的个性阅读，培养他们对民族文化的自豪感。

外国文化也是世界文学史上的一朵奇葩，普希金的诗歌更是为世人熟知。通过中外文化的对比，更能让学生在领会不同国家及不同文化间的差异性的同时，更好地继承传统文化，培养学生尊重多元文化的意识。

人教版高中教材《思想政治》必修3中，有关于"文化的多样性与文化传播"的内容。这部分内容揭示了文化的多样性，探究如何传承、发展中华文化。

思想政治学科教学内容是在语文学科分析庄子和普希金思想、对比中华传统文化和外国近代文化的基础上，引领学生感悟中华文化的独特魅力，揭示世界文化的多样性，进而深入探讨如何通过继承传统文化和借鉴外来文化来传承中华文化，推动中华文化的发展、创新，在此过程中通过以小见大，实现文化领域的可持续发展教育。

3. 分学科关联度分析

以语文学科中国传统思想代表《庄子寓言》的分析和近代外国文学大师普希金的《自由颂》的诗歌鉴赏为两个基本点和学习素材，以思想政治学科如何对待中外文化促进中华文化不断发展以及尊重文化多样性为主线，构建多视角、立体、完整综合地感受中华文化的跨学科研究课程。

二、跨学科教学的目标

（一）总目标

- 知识目标

1. 研读、整合相关的文本内容，了解庄子深蕴的哲思睿智。
2. 诵读诗歌，把握文句，体会普希金诗歌中浓烈、直白的思想感情。

- 能力目标

1. 对比庄子与普希金的思想及其在情感表达方面的不同，感悟世界文化的多样性以及中华文化的独特魅力，增强对比分析能力。
2. 在分析庄子和普希金思想及其对后世影响的基础上，探讨如何推动中华文化的传承与发展，提升透过现象分析本质的能力以及理论联系实际的能力。

- 情感、态度与价值观目标

1. 理解中外文人在自己的作品中所表达的精神品质，感悟中华文化特点，培养学生对中国优秀传统文化的认同感和民族自豪感。
2. 引导学生树立平等、合作、创新发展的正确价值观和尊重文化多样性的可持续发展教育的意识和行为。

（二）学科教学分目标

1. 语文学科教学目标

研读、整合相关的文本内容，了解庄子和普希金的思想感情；对比感悟中外文化的特点，培养学生对中国文化的热爱之情。

2. 思想政治学科教学目标

树立对待世界文化多样性的正确态度，探讨推动中华文化发展、创新的途径。

三、跨学科教学的重点与难点

重点：研读庄子寓言和普希金诗歌，理解在各自社会背景下对待社会问题时表现出的思想特质。

难点：如何通过继承传统文化、借鉴外国文化推动中华文化的创新与发展的知识学习，培养学生可持续发展教育中尊重多元文化的意识，理解中外文化的不同。

四、跨学科教学思路

1. 语文教学环节1

品读庄子寓言——理解庄子思想，感受中国传统文化背景下古代文人的精神境界。

2. 语文教学环节2

鉴赏普希金诗歌——理解普希金对沙皇专制的不满与批判，感受在其本身文化背景下作者思想感情的大胆流露，同时感受俄国文学的特点。

3. 思想政治教学环节

在之前语文教师引导学生分别分析庄子思想与普希金思想的基础上，思想政治教师组织学生对比分析二者对于黑暗社会现实的不同态度与做法。

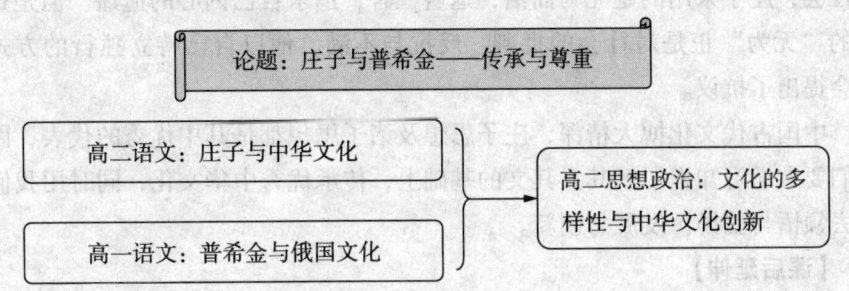

五、跨学科教学过程

- **语文1**（20分钟）

【课前预习环节】

1. 任务：研读教材文本和补充资料中的庄子寓言及其他相关学习资料。
2. 内容：通过阅读寓言和相关资料，对材料进行分析整合。
3. 方式与要求：写一小段文字，表达形式为："如果一定要用一种色彩形容庄子的话，我看庄子是_____（颜色）的。"
4. 预期成果：初步认知庄子的思想个性。

【课堂教学环节】

环节1：

导入新课：学习的主题为庄子研读系列专题——庄子与普希金。

《庄子寓言》研读，研讨课前预习：如果一定要用一种色彩形容庄子的话，我看庄子是_____（颜色）的。

学生讨论，教师加以点拨和指导。

环节2：

任务：庄子思想理解——如何理解"庄子是一棵孤独的守护心灵月亮的树"。

方法：学生讨论探究庄子对社会的无为而治的思想的实质。

环节3：

任务：小结"逍遥与无为"是庄子所有思想的核心。面对当时黑暗污浊的社会，庄子采用的是无为而治，退避三舍，追求自己内心的逍遥。但是这看似的"无为"正是对社会的批判、反抗与不满，他以自己特立独行的方式向社会提出了抗议。

中国古代文化博大精深，庄子思想及诸子思想都是其中优秀的代表，因此我们要在学习知识了解其人其文的基础上，传承优秀中华文化，同时用我们的心去领悟与弘扬，发展与创新。

【课后延伸】

任务：在分析寓言及补充材料的基础上，加深对庄子的思想的理解，感受中国古典文化的深厚底蕴；阅读写作——题目自选：《我心目中的庄子》《一棵看守心灵月亮的树》《庄子，你并不孤独》。

要求：有自己的观点见解，有自己的真情实感；表达有依据有条理。

- 语文2（20分钟）

【课前预习环节】

1. 任务：查找关于普希金的相关资料，并熟读《自由颂》全诗。

2. 内容：了解普希金写作《自由颂》的背景，初步体会诗歌中蕴涵的思想和情感。

3. 方式与要求：对自己感兴趣的小节，写一段赏析文字。

4. 预期成果：了解普希金的生平，初步体会诗歌的情感。

【课堂教学环节】

环节1：

导入：在解读庄子的基础上，对《自由颂》进行研读，探究普希金如何通过《自由颂》对社会进行批判，吐露自己的心声。

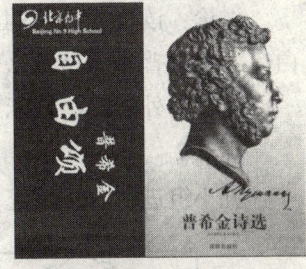

环节2：

诵读诗歌：学生有感情诵读（学生范读、整体齐读），增强学生对诗歌的整体把握，在诵读、聆听中体会诗句中的情感，为诗歌鉴赏打下基础。

鉴赏诗歌：诵读之后请学生感悟这三节诗，说出对哪一节感触最深；学生根据自己的理解与体会表达自己的看法，在理解的基础上穿插诵读，在诵读理解中寻求与作者思想上的共鸣。

环节3：

通过教师小结，使学生深入理解普希金在特定的时代文化背景之中对社会、对沙皇专制制度的直接而强烈的批判。在这里我们看到的是一个发出了自己大胆直白呐喊的普希金，我们看到了不同特质的外国文化。它们也是世界文学史上一朵奇葩。我们应该学会尊重它们，尊重世界文化的多样性，同时为我所用，采长补短，创新发展中国的文化。

【课后延伸】

在对《自由颂》研读的基础上，对普希金的另一部诗作《致恰达耶夫》进行赏析，写出一段赏析文字。

要求：结合时代背景写出对诗歌内容、思想、写作特点等方面的理解（自选角度），300~400字。

● 思想政治（20分钟）

【课前预习环节】

1. 任务：复习思想政治学科必修3《文化生活》第二单元"尊重文化多样性"以及"文化创新"两课内容。

2. 内容：了解如何对待中外文化，如何推动中华文化的发展、创新。

3. 方式与要求：熟悉学科知识，能够做到理论联系实际。

4. 预期成果：知识点清晰，能为材料分析提供依据。

【课堂教学环节】

环节1：

讨论：读罢普希金的诗作，再回味庄子文学，如果说庄子是纯净、内敛的白色，那么普希金是什么色彩的呢？

对比中外文化，揭示世界文化的多样性以及中华文化的特色。

环节2：

分小组进行合作探究

天下污浊，不能用庄重正派的语言与之对话，只好以谬悠之说，荒唐之言，无端崖之辞来与之周旋。

普希金直接把他的笔指向了沙皇的专制制度，激昂慷慨地发出了自己的呐喊——劈向沙皇的惊雷。

请结合庄子和普希金的思想及其对后世影响，谈谈我们该如何正确对待传统文化和外国文化，从而促进中华文化的传承、创新。

对中国传统文化：①批判继承；②更要推陈出新，在传统文化中注入时代精神。

对外国文化：①在尊重世界文化多样性的基础上，借鉴外国文化的优秀之处；②以我为主、为我所用。

环节3：

总结：徐悲鸿一生致力于国画的创新实践，他认为革新中国绘画的要旨在于"古法之佳者，守之；不佳者，改之；垂绝者，继之；未足者，增之；西方画之可采入者，融之"。著名艺术大师徐悲鸿从事艺术创作时始终坚持着这样的原则，我想这段话以及他的作品，正是对如何传承、发展中华文化最好的诠释。

徐悲鸿大师的艺术创造

【教学反思】

通过这次的板块式的跨学科实践，我们深刻体会了教师之间合作的重要性。为了提高教学质量，我们三人根据各自的教学任务和目标，围绕共同的主题，在一起准备教案，设计教学思路、教学方法，探讨教学中可能遇到的问题。在多次、不断磨合之中，我们彼此之间逐渐建立起默契。通过这次授课，我们每个人不仅对本学科的内容有了更深刻的认识，对跨学科的方法也有了新的认识，而且对跨学科这种教学方式也有了更加清晰的理解。在这个过程中，我们每个人都提升了教学能力、课堂教学设计能力以及对课堂的把握能力。

本次教学以语文课为主，辅之以思想政治知识的学习，达到了理解中外文化、传承中国文化的目的，并从小切入点中窥视到了中外文化各自独特的一面，以及世界文化共同的一面，感悟到了如何推动中华文化的传承与创新。语文教学内容为思想政治课程中该部分的教学提供了丰富而典型的素材，学生通过分析两篇文学作品，既完成了语文教学内容的要求，又通过思想政治教师适当点拨，自然生成了思想政治课程需要完成的内容；同时，思想政治课程中生成的对中外文化的理解，又反过来加深了学生对中外两篇文学作品的感悟，升华了语文课程该部分内容学习的成果，可谓一箭双雕，事半功倍。而且在对文学作品感悟的基础上，学生在情感、态度与价值观方面渐趋完善，可以说这是一次有益的尝试。

学生对这种新颖的教学方式也非常感兴趣，注意力集中，参与度高。通过这样的形式，有利于培养学生综合分析能力以及透过现象分析本质的能力，成长为拥有世界眼光的现代中学生，而这也正是可持续发展教育的题中之义。

同类的教学可以尝试打破常规，延长课时到60分钟或70分钟，这样课堂的容量大，分析也会更透彻，学生也会更加体会到跨学科学习中各学科之间的内在联系，在训练学生思维的同时，加深其对所学内容的理解。

（高笑旭　单玉坤　孙　超）

专家点评：

在这一案例中，教师采用的是板块式的跨学科教学方式。语文、思想政治教师依据各自学科的教学任务和目标，将不同学科与之相关的内容有机整合，围绕共同的主题——"庄子与普希金"进行学习，呈现多视角、立体、完整综合地感受中外文化的氛围，使学生感悟世界文化的多样性，并合作探究如何借鉴外国文化实现中华优秀文化的世代传承与不断发展、创新。本主题设计的最大特点是，通过对比分析，让学生领会不同国家的文化差异性，引导学生树立传承中华优秀文化以及尊重文化多样性的意识与行为。

这种教学方式不仅激发了学生的学习兴趣，还有利于加深学生对知识的理解和情感的提升，让学生体会各学科之间的内在联系，从而达到有效学习，也促进了学生的综合分析能力的发展。此外，不同学科教师之间的相互探讨，既可以吸取其他学科教学中的优势和经验，又可以弥补本学科教师认识上的狭隘和局限，促使对本学科的内容有更深刻的理解，同时提升教师的教学设计能力。这种教学方式打破了常规课时界限，提高了效率，让学生从不同视角学习、理解教育的主题，达到了事半功倍的效果。

（徐新容）

责任编辑　刘　灿
版式设计　杨玲玲
责任校对　曲凤玲
责任印制　曲凤玲

图书在版编目（CIP）数据

可持续发展教育实施指南.2，在学科教学中实施可持续发展教育：高中版／张铁道主编．—北京：教育科学出版社，2011.5
（可持续发展教育丛书／陈小娅主编）
ISBN 978－7－5041－5583－2

Ⅰ.①可… Ⅱ.①张… Ⅲ.①基础教育—教育事业—可持续发展—中国②课程—教学研究—高中　Ⅳ.①G521②G632.3

中国版本图书馆 CIP 数据核字（2011）第 058421 号

出版发行	教育科学出版社		
社　　址	北京·朝阳区安慧北里安园甲9号	市场部电话	010－64989009
邮　　编	100101	编辑部电话	010－64981245
传　　真	010－64891796	网　　址	http://www.esph.com.cn
经　　销	各地新华书店		
制　　作	北京金奥都图文制作中心		
印　　刷	保定市中画美凯印刷有限公司	版　　次	2011年5月第1版
开　　本	169毫米×239毫米　16开	印　　次	2011年5月第1次印刷
印　　张	27	印　　数	1－3 000册
字　　数	482千	定　　价	39.80元

如有印装质量问题，请到所购图书销售部门联系调换。